Götter, Gräber und Gelehrte

Roman der Archäologie

Originally published under the title *GÖTTER, GRÄBER UND GELEHRTE*
Copyright ©1949 by Rowohlt Verlag GmbH, Hamburg
Copyright ©1967, 1972, 1999, 2008 by Rowohlt Verlag GmbH, Reinbek bei Hamburg

本书中文版由北京华德星际文化传媒有限公司代理

神祇、陵墓与学者

考古学传奇

[德] C. W. 策拉姆 著

张芸 孟薇 译

生活·讀書·新知 三联书店

Simplified Chinese Copyright © 2025 by SDX Joint Publishing Company.
All Rights Reserved.
本作品简体中文版权由生活·读书·新知三联书店所有。
未经许可，不得翻印。

图书在版编目（CIP）数据

神祇、陵墓与学者：考古学传奇 /（德）C.W. 策拉姆著；张芸，孟薇译. -- 北京：生活·读书·新知三联书店，2025. 1. --（新知文库精选）. -- ISBN 978-7-108-07971-8

Ⅰ．K85

中国国家版本馆 CIP 数据核字第 2024JZ4404 号

责任编辑	曹明明
装帧设计	康　健
责任校对	陈　格　曹秋月
责任印制	卢　岳
出版发行	生活·讀書·新知 三联书店
	（北京市东城区美术馆东街 22 号　100010）
网　　址	www.sdxjpc.com
图　　字	01-2021-4060
经　　销	新华书店
印　　刷	河北品睿印刷有限公司
版　　次	2025 年 1 月北京第 1 版
	2025 年 1 月北京第 1 次印刷
开　　本	889 毫米 × 1194 毫米　1/32　印张 19.75
字　　数	377 千字　图 125 幅
印　　数	0,001－6,000 册
定　　价	89.00 元

（印装查询：01064002715；邮购查询：01084010542）

图1 这或许是世界上最著名的首饰,发掘者的夫人索菲亚·施里曼佩戴着海因里希·施里曼于1873年在特洛伊发现的所谓普里阿摩斯宝藏中最具华彩的部分

图2 19世纪建筑大师戈特弗里德·森佩尔(Gottfried Semper,1803—1879)复原了帕特农神庙部分屋顶结构的原貌。今天我们必须认识到,古希腊的神庙和雕塑实际上是彩绘的

图3 古希腊女性的优雅与美貌：一位头戴遮阳帽手持摇扇的年轻姑娘的陶像。全像高34厘米，制作年代约为公元前300年，属于塔纳格拉陶俑（Tanagra Figuren）系列。该名称源于出土地——维奥蒂亚（Böotien）地区塔纳格拉的墓地。类似陶俑在古希腊各地都有制作，是古希腊雕塑色彩研究的重要证据

图 4　美人来了：娜芙蒂蒂，法老埃赫那顿的王后。这座著名的胸像1911年发现于埃及阿玛纳（Amarna）的图特摩斯（Thutmosis）工作室遗址，由石灰岩与灰泥雕塑而成，是制作娜芙蒂蒂官方肖像的模型

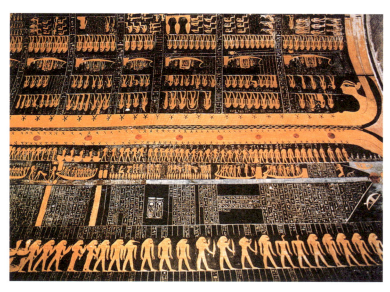

图5 位于国王谷的拉美西斯六世墓室顶壁的壁画描绘了苍穹女神努特,她将身躯舒展成拱形,笼罩着大地,死者的魂灵列队走向彼岸

图6 菲莱（Philae）神庙的内部。19世纪时，迷恋于古埃及文化的大卫·罗伯茨（David Roberts）为这座位于尼罗河菲莱岛上的著名圣地绘制了一幅幅充满异国情趣的图画，这些图片震惊了整个西方社会，从而掀起了一场埃及狂热症

图7 修复后的伊什塔尔门让人感觉到,当年呈现给巴比伦访客的是何等的壮丽和奢华。大门宽15.70米,高14.73米,墙面覆盖着彩色琉璃砖,上面镶嵌着公牛、鲛龙等琉璃浮雕,是尼布甲尼撒二世统治时期巴比伦建筑艺术的经典代表

图8 这座彩釉浮雕高1.83米,刻画了波斯帝国国王大流士一世的近卫军。该浮雕作为"万人不死军"之一装饰着王城苏萨的宫墙

图9 图中的阿兹特克徽章制作于公元1500年前后,是荷南多·科尔特斯进献给帕伦西亚(Palencia)主教的礼物。徽章直径为70厘米,上面是一种神秘的动物或者是当地的一种丛林狼,主要制作材料除木头、皮革、芦苇和龙舌兰纸外,还有多种鸟的羽毛,其中包括金刚鹦鹉和黑面瑟鹭,表面的饰物也均用金箔勾勒了边缘

图10 位于蒂卡尔大广场的"大美洲虎神庙",彰显着权力的荣耀和伟大。蒂卡尔位于危地马拉的北部,属于玛雅文明的中心,是当时最为重要的城市之一

图11 弗雷德里克·卡瑟伍德的画作:玛雅古城乌斯马尔(Uxmál)"总督府"(Casa de Gobernador)北墙的外饰画,这是中美洲古文物展上所展示的卡瑟伍德26幅石版画中的一幅

图 12 数米高的废墟清理之后的图景：眼望赫库兰尼姆遗址时，参观者难以想象，公元79年8月这些街道和房屋发生过怎样可怕的景象

图 13 维苏威火山边上的赫库兰尼姆城覆灭之前，那里的帕皮里庄园看上去很可能就是如此壮观。图中这座现代化的别墅是J. 保罗·格蒂（J. Paul Getty）请人以"莎草纸文卷别墅"为蓝本在洛杉矶附近的马力布（Malibu）修建的

图14 今天人们仍惊讶于施里曼手下的工人需要在特洛伊挖出那么多的土方,而从这些上下前后纷乱交错的墙体中追溯出此处的历史对于这位发掘者而言是多么困难,同样令人惊叹

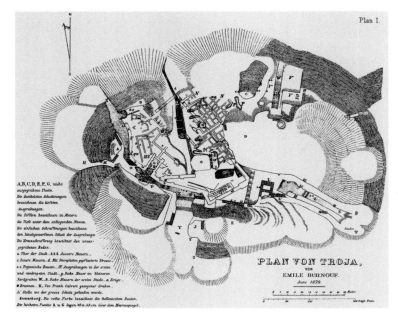

图15 特洛伊发掘初期寻宝运动的发掘者经过若干年逐渐地演变为重视专业人员协助的科学考古发掘者。曾任驻雅典的法国考古研究院院长的埃米尔·比尔努夫绘制了这样一幅发掘特洛伊的草图。他记录下了1879年特洛伊发掘结束后希沙利克土丘当时的状况。自这个阶段以后,海因里希·施里曼就可以寄望于享有盛誉的医学家、政治家和古代文化家鲁道夫·菲尔绍的支持了

图16 小物件展现出来的公元前15世纪的伟大艺术：这个克里特－迈锡尼文明的金质印章戒指描绘了一位庄重端坐于王位的女神正在接受四个手持鸟嘴壶的异兽侍奉的场景

图17 装饰华贵的金、银或者雪花石膏器皿同样属于施里曼在迈锡尼王陵的出土物，此外还有彩绘的陶器和赤陶人俑

图18 产生于大约公元前17世纪的费斯托斯圆盘（Diskos von Phaistos）堪称迄今所知最早的活字印刷文献，陶盘（直径为16厘米，厚度为2厘米）两面都压印有象形文字，字模总数为242个。为此，需要就这些象形文字逐一刻制各自的印模，印模共计45种不同的符号。文字的书写方向、来历、属于何种语言以及含义至今尚无定论

图19 由埃文斯再次重建和复原:克诺索斯王宫北面入口处的柱廊大厅,大厅后壁饰有著名的公牛头浮雕

图20 位于雅典卫城的厄瑞克忒翁神庙（Erechtheion）的女像柱廊，柱顶盘由六个姑娘形象的柱体——也被称作女像柱——支撑。今天，原件已由复制品代替。其中一根女像柱被埃尔金勋爵于1811年带回英国，其他五根存放于雅典卫城博物馆中

图21　帕加马的城堡山。该模型展现了这座公元3世纪的王城。在一个巨大的平台上明显可以看到高高耸立的举世闻名的宙斯祭坛，即"帕加马祭坛"，这座祭坛由帕加马王国的统治者欧墨涅斯二世（Eumenes Ⅱ）为表彰对凯尔特人的辉煌胜利建于公元前2世纪的上半叶

图22　1798/1799年，拿破仑远征军中敢于闯入胡夫金字塔内部的人一定会在科学探险好奇与恐惧战栗这两种情绪间漂浮不定。在1934年旅游指南还告诫旅游者："……因为空气闷热不建议身体不适者参观此处"

图23 吉萨的斯芬克斯像是最宏伟的古埃及的统治者形象。这尊大约塑造于公元前2500年左右的巨大塑像,长达73.2米,高约20米,极具震撼力地体现着法老们神人合一的特性。这张1802年发表的图片表现了当时在拿破仑一世远征埃及期间对斯芬克斯像的测量工作

图24 这是众多阶梯形金字塔中的第一座:左塞尔法老的位于萨卡拉的阶梯形金字塔,由国王信任的建筑大师伊姆贺特普(Imbotep)建造

图25 霍华德·卡特时代古埃及最著名的陵墓群一瞥：考古学家们在"帝王谷"中找到了63座陵墓。前端低矮的石墙后面就是通往图坦卡蒙王陵的通道

图26 惊喜一个接着一个：霍华德·卡特打开第二层镀金龛柜的门，他推测图坦卡蒙的棺椁在这第二层龛柜中，但他却看到了第三层龛柜

图27 图坦卡蒙陵墓中的贴金木质雕像。这些高60厘米的雕像分别再现了作为尼罗河河马的捕猎者(中间)和头戴王冠的上下埃及两国国王的法老形象

图28 绚丽阳光下的绵绵私语:安克姗海娜曼与其国王夫君图坦卡蒙。这幅嵌有釉陶、玻璃和宝石的精美华贵的浮雕像装饰着贴金木质王座的椅背

图29 图坦卡蒙的三层金质棺中的第二层,棺盖图坦卡蒙的头像由贴金木材镶嵌彩色玻璃制成

图30 发掘者与年轻的国王:霍华德·卡特在检验图坦卡蒙的第三层金质棺,它由纯金打造而成,重约110公斤

图31 图坦卡蒙的第三层金棺,棺盖雕刻着这位年轻法老的面容。除了艺术化的权槌之外,国王手执作为权力符号的曲杖。金棺内是法老的木乃伊,上面覆盖着著名的重约11公斤的金质面具

图32　一座由巨型神兽与卫士雕像保卫的雄伟大门的复原图,萨尔贡二世（前721—前705）位于科尔萨巴德的王宫就是被若干座这样的大门所包围

图33　亚述时期一座宫殿的内部图,墙面雕刻有巨大的神兽、卫士雕像和大量浮雕装饰,与发掘者奥斯汀·亨利·莱亚德在其1849年出版的关于尼尼微的著作中设想的那座宫殿一样

图34　很可能是波斯国王全套贵重餐具中的一件：这是一个金质角状酒杯，形状像一头长着双翼的狮子，发现于埃克巴坦那（Ekbatana）。这件制作于公元前500年至前400年间的杰出的手工工艺作品重约900克，很可能也用于宗教目的

图35　在波斯波利斯王宫发现了这个重达9.95公斤的石碑。这块20厘米高的石头上刻有三种语言——古波斯语、埃兰语和新巴比伦语——的铭文，引用了公元前5世纪大流士王的王衔句式，此外阿契美尼德王朝在这一时期的统治者自称为"诸王之王"

图36 刻有朝中高官显贵、有进贡义务的部族、士兵和国王卫队的浮雕装饰着通向波斯波利斯统治者王座大厅,即觐见大殿入口处的阶梯(这座宫殿兴建于前518—前460年)——伟大国王和臣民在仪礼上的协力合作可以被理解为普遍的和平秩序的象征

图37　尼布甲尼撒二世（前604—前562）时期"巴别塔"的模型。这座典型的美索不达米亚阶梯形高塔，即所谓的金字形庙塔，只保留下来了很少的遗迹，因为在古希腊罗马时期它就已经被用作建筑材料的来源地了。这座庙塔高高耸立在边长约91.55米的平地上，顶部为蓝色装饰，此塔又名"埃特曼安吉"，意思大概是"天地之基石"

图38 1902年在苏萨发现了著名的刻有巴比伦国王汉谟拉比(前1792—前1750年在位)法典石碑。它是公元前12世纪作为战利品被运到那里的。高2.25米的黑色玄武岩石碑上的铭文记录下了对诸如盗窃、绑架、谋杀或者身体伤害等罪行的判决。统治者汉谟拉比充满崇敬之意站在太阳神沙马什(Samas)的宝座前,沙马什作为最高法官是"汉谟拉比法典"规定的法令的保证人

图39　刻有马尔杜克-阿普拉-伊丁纳二世（Marduk apla iddina Ⅱ，前721—前711）赠送土地给忠诚的神庙管理人员的证明文书的浮雕，谁要是想反对这一规定或者想要破坏浮雕，神祇就要让他患上便秘、水肿以及其他更多令身体不适的症状

图40 拉加什（Lagasch）的国王古地亚（约前2150—前2125）将自己刻画成苏美尔虔诚的统治者，兴建神庙和其他建筑。今天仍保存下来几尊他的小肖像雕像——大部分都表现为虔诚的祈祷者形象

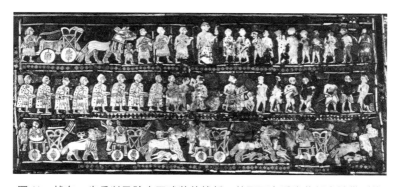

图41 战车、步兵以及除去了武装的战俘，从画面上看这些俘虏被带到位于中央最上方的统治者面前——他的大小超过了其他所有人物形象：战争是著名的"乌尔的马赛克旗"缘饰雕刻花纹的主题。旗帜或许是一个错误的名称，由贝壳、石灰石和天青石镶嵌而成的图案只是一个尺寸为20厘米×48厘米的木板的一部分

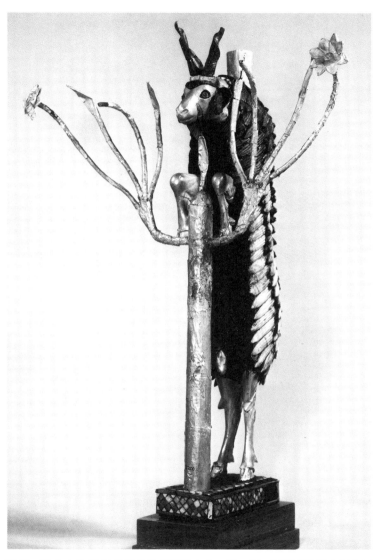

图42 这个大约50厘米高的牡羊雕像由金、银、铜、天青石和贝壳制作而成,撑立在形状像灌木的生命之树上。这件产生于公元前3000年的小型杰作是在乌尔王陵的国王墓穴里发现的

图43 图拉神庙遗址。图拉是公元10—12世纪统治中美洲的托尔特克人昔日的都城。右图是武士像巨型石柱中的一根,这些石柱高高地矗立在平台之上,曾经用以支撑神庙的屋顶

图44 特奥蒂瓦坎（Teotihuacán）古城魁札尔科亚特尔（Quetzalcoatl）金字塔外墙的装饰。有一道宽阔的台阶通向金字塔的顶部。伸出来迎向参观者的是充满想象力的头像，大概是美洲豹和蛇，但是也有雨神的面具。当科尔特斯在16世纪的掠夺战争中从这座金字塔旁经过时，它已经很古老了

图45 "绿松石之主"火神修堤库特里（Xiuhtecuhtli）的面具。这个令人印象深刻的面具产生于1400年至1521年间，由无数颗小粒绿松石固定于香柏木上细工镶嵌而成，眼睛和牙齿分别是由珍珠母和贝壳做的

图46 鲜血和人心用作献祭给神灵的点心:这张插图摘自一部16世纪的古手稿,正如图中所绘,在金字塔顶进行人祭属于中美洲宗教最重要的礼俗之一。不过阿兹特克人为举行这样的宗教仪式杀戮的人数难以估量

图47 阿兹特克人的祭司用以盛放敬献给神祇的人牲鲜血的祭祀用碗,高14.5厘米、直径23.8厘米,由绿色斑岩雕刻而成

图48 位于今洪都拉斯境内科潘的玛雅古城复原图。首位发掘者约翰·劳埃德·斯蒂芬斯仅花费50美元就从一名当地人手中买下了这块坐落着宏伟废墟的土地，今天这片废墟已属于世界文化遗产

图49　爱德华·赫伯特·汤普森对奇琴伊察的圣井进行发掘

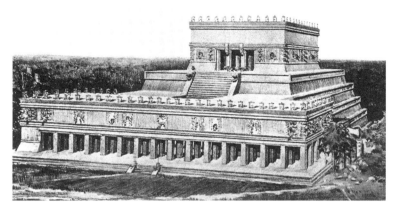

图50 一张复原图中的奇琴伊察"武士神庙"

图51 奇琴伊察"武士神庙"的蛇柱,它的尾部向上伸展,其弯曲处本是用于承载今日已经不复存在的屋顶

图52 今秘鲁境内阿塔卡马（Atacama）沙漠北部荒无人烟的纳斯卡（Nazca）大草原上的蜂鸟线条图。多年以来，这些动物、植物或者螺旋形巨画都是科学上解不开的谜团。今天的学者认为，"地画"之谜已经破解：它们是仪式队列行进的道路，通过移去覆盖着浅色底土的深色石块修筑而成

不存在什么爱国艺术和爱国科学。与所有崇高美好的事物一样，艺术与科学是属于全世界的，二者只有通过所有同时代人之间普遍自由的相互交流、相互作用，在一贯尊重过去遗留给我们的所有已知事物的前提下，才能够得以发展。

——歌德

要认清自己的时代，就要从远处观察这个时代。多远为宜呢？很简单，只要看不清克莱奥佩特拉的鼻子那么远就行了。

——奥尔特加·伊·加赛特

目录
Contents

推荐序　考古学史上激情燃烧的岁月　陈胜前 …… 1

导言　这本书讲什么 …… 1

第一部　雕像之书

第1章　在古典文化诞生之地奏响序曲 …… 3
第一口通向过去的立井*发现赫库兰尼姆*庞贝重见天日*三种死亡*自身葬礼的参加者*"比拉斐尔的杰作美丽得多"*莱辛愿赠十年生命

第2章　温克尔曼：一门新学科的诞生 …… 14
鞋匠之子*改变宗教信仰*《通讯集》*长达2677页的前言*充满问题的墨水瓶*愤世嫉俗的修士*温克尔曼的错误*古希腊罗马时期及其艺术并非如此！*温克尔曼之死

第3章　历史的追踪者 …… 22
我们从何而知？*死去的武士*收藏热*罗马斗兽场用作采石场*谜一样的遗骸*"家庭手工制作的"化石*卡萨诺瓦的弟弟欺骗了温克尔曼*长胡子的普赛克*赫拉的智慧*菲狄亚斯之死

第4章 穷小子发现宝藏的童话 …… 35

恶棍亨尼希*七龄童想去特洛伊*施里曼相信荷马*布纳尔巴什还是希沙利克？*施里曼发现特洛伊*九层遗址*"普里阿摩斯宝藏"*埃尔金勋爵的折本生意

第5章 阿伽门农的面具 …… 55

《阿伽门农》*狮子门*烤房还是宝库？*索菲娅·施里曼帮助发掘*死人的面孔*珠宝与黄金*面具*黄金，黄金，黄金

第6章 施里曼与科学 …… 65

温克尔曼和施里曼*科学和宣传*叔本华之言*伟大的业余爱好者*施里曼的错误*谁买了收藏？*荣誉公民俾斯麦、毛奇和施里曼

第7章 迈锡尼、梯林斯和神秘岛 …… 75

"黄金"城*赫拉克勒斯的出生地*梯林斯的城墙*迈锡尼的鸵鸟蛋*奇特的公牛壁画*事关1612棵橄榄树*施里曼之死*埃文斯寻找古文字

第8章 阿里阿德涅线团 …… 82

克里特，米诺斯的王国*埃文斯发现迷宫*75000升油*米诺斯文明的发展*克里特岛的女性时尚*再现公牛壁画*米诺陶洛斯的祭品*忒修斯的黑帆

第二部 金字塔之书

第9章 转败为胜 …… 95

拿破仑和他的"饱学之士"*"四千年的历史在俯视你们！"*德农作画*发现古埃及*尼罗河*埃及象形文字之谜

第10章　商博良与罗塞塔碑 112

又一个语言天才*异乎寻常的诞生*17岁的学者*一个无名之卒发现了罗塞塔石碑*商博良在巴黎*斯科特上校在南极*埃及象形文字已经破译？

第11章　叛国者破解埃及象形文字 128

12岁的孩子发表政治言论*拿破仑的"百日王朝"*商博良被驱逐*尝试破译*走与荷拉波隆相反的路*国王的名字*托勒密和克莉奥佩特拉*埃及象形文字的本质*丹德拉门廊下的商博良

第12章　"四千年的历史在俯视着你们！" 149

四个伟大的名字*"意大利巨人"*铁锤砸向墓室！*莱普西乌斯编纂历史*曼涅托的"回忆录"*马里埃特发现神牛*富有的提先生

第13章　皮特里与阿蒙涅姆赫特之墓 171

皮特里为挖掘奉献终生*金字塔中赤身裸体的人*"胡夫的地平线"*血泪筑就的陵寝*"卡"*数字神秘主义*皮特里在水中挖掘*沿着盗墓贼的足迹

第14章　"帝王谷"中的盗墓贼 190

一个美国人买到古文物*"帝王谷"的历史是一部掠夺史*三千年前的现代诉讼*被安葬三次的拉美西斯三世*国王的集体墓葬

第15章　木乃伊 202

波科克和布鲁斯在"帝王谷"*古文物的黑市交易*阿卜杜-勒-哈苏尔*盗墓贼的朝代*布鲁格施-贝伊找到40位死去的国王*如何制作木乃伊？*埃及农民护送他们的君王

第16章　霍华德·卡特发现图坦卡蒙 219
考古发现的巅峰*卡纳冯的车祸*卡特吓退盗墓贼*第一级石阶*一扇封闭的门*再次沿着盗墓贼的足迹*前室一瞥*"无比美妙的东西"*侧室里的奇珍异宝

第17章　金质墙 237
有组织的发掘*拉伊斯·阿军穆德·古尔加的信*前室的六七百件器具*黄金龛柜*更伟大的宝藏*卡特谴责古埃及人*图坦卡蒙的黄金棺*这位国王是谁？*揭开木乃伊的裹尸布*12300名游客*瞎编的"法老的诅咒"

第三部　庙塔之书

第18章　《圣经》上的记载 261
惩戒*法国的昆虫收藏家*编辑和考古学家*只有零星的土丘

第19章　博塔发现尼尼微 265
美索不达米亚*外交和科学*在库云吉克附近挖掘*科尔萨巴德附近的第一座亚述王宫*阴谋破坏*运输失败*世界关注

第20章　破译楔形文字 274
一位代课教师打了一个赌*尼布尔的探险之旅*波斯波利斯*交错重叠的文化*格奥尔格·弗里德里希·格罗特芬德*创造性的想法*"伟大的王，诸王之王……"*祖父、父亲和儿子

第21章　用实例检验 288
17岁的编辑*贝希斯敦铭文*"国王大流士曰"*在50米的高空工作

*第二次破译楔形文字*挫折*泥板上的字典*四位专家得出相同的结果

第22章 尼姆鲁德土丘下的宫殿 …… 297

奥斯汀·亨利·莱亚德*第一次旅行*"耶和华面前的英勇猎户"*怀揣60英镑探险*战乱频仍！*伪造的墓地*尼姆鲁德浮出地面*集市上的骚动*族长的话*伦敦的人首翼兽雕像*莱亚德描述土丘

第23章 乔治·史密斯大海捞针 …… 326

二次发掘库云吉克*光华四射的尼尼微*战争、屠杀、劫掠、压迫*岩石上的花园*亚述的独裁者辛那赫里布*夷平巴比伦*亚述巴尼拔的泥板图书馆*霍姆兹德·拉萨姆找到《吉尔伽美什史诗》*史密斯发现一个关于大洪水的传说*巴比伦的挪亚——乌特那庇什提牟

第24章 子弹绕着科尔德维飞 …… 346

一艘小船取名"新鲜乳酪"*一位教授作了一首诗*《来自歌剧和男高音之乡》*威尼斯的强盗*胡乱开枪射击是"这个地区的一大灾祸"

第25章 埃特曼安吉——巴别塔 …… 357

尼布甲尼撒的巴比伦*宽阔的城墙*巴别塔*毁坏*朝拜大道*"巴伦龙"

第26章 千年王室和大洪水 …… 374

我们的迷信源自巴比伦*有一个民族的存在是"推算"出来的*世界上最古老的文明？*"完美绅士"伍莱*马赛克旗*一个可怕的发现

第四部　阶梯之书

第27章　蒙特祖马二世的宝藏 …… 393

科尔特斯站在墨西哥城前*与阿兹特克帝国的皇帝会面*发现中美洲*科尔特斯跌下阳台*西班牙人的"正义事业"*发现宝藏*软禁蒙特祖马二世*科尔特斯击败纳尔瓦埃斯

第28章　被斩首的文明 …… 409

阿兹特克人的宗教*一天献祭二万人*阿兹特克人的反抗*"忧伤之夜"的逃亡*奥图巴峡谷之役*科尔特斯的英勇事迹*最后一位皇帝被绞死*一个文明被遗忘

第29章　斯蒂芬斯先生买下一座城市 …… 426

少得可怜的关于尤卡坦的报道*斯蒂芬斯和卡瑟伍德*中美洲的内战*"戴着锃亮帽子的先生"*科潘废墟*陌生的形状世界*斯蒂芬斯买下科潘*沃尔德克的考古行*玛雅人从何而来？*威廉·希克林·普雷斯科特

第30章　插曲 …… 452

发现一本古手稿*印第安人那里的传教士*迪亚哥·德兰达*没有家畜的文明*仅有的三部玛雅文献！

第31章　弃城之谜 …… 457

莫兹利的收藏*玛雅历法是世界上最精确的历法*日期同步定位的困难*神秘的大迁移*没有耕犁的文明

第32章　通往圣井之路 470

汤普森看到奇琴伊察＊美洲的施里曼＊圣井＊汤普森学习潜水＊水底考古＊黄金和骸骨＊不以植物为主题的雕刻艺术＊凝固的天文学

第33章　森林和熔岩下的梯道 491

伊克特利切特尔王子＊一个比玛雅还古老的文明＊图拉城＊墨西哥周围的金字塔＊蒙特阿尔班宝藏＊托尔特克人、奥尔梅克人、萨波特克人＊每52年世界灭亡一次＊魁札尔科亚特尔

第五部　尚未写就之书

第34章　古老帝国新探 507

赫梯国王雅里姆-利姆＊柯索飞跃"印加古道"＊新一轮破译＊考古学和自然科学

年表 525
参考文献 535
特别致谢 549
策拉姆自传 551
译后记 555

推荐序　考古学史上激情燃烧的岁月

陈胜前

世上有没有天上掉馅饼的好事？大多数人恐怕是不信的，但是考古学史上还真有人被馅饼砸中过，而且不止一次。谢里曼就是这样一位奇人，早年经商，船在港口遇到火灾，就是没有烧到他的船。凭着一本类似武侠小说的史书，他就找到了古希腊传说中的特洛伊古城。尽管层位不对，但他挖到的东西相当丰富。为了找阿伽门农的墓，他神奇地找到一处历史更久远的首领大墓……

有没有人尝过木乃伊的味道？这想来是一件令人恶心的事情，但是皮特里就经历过。年轻的皮特里凭着一腔热情与家传测绘的本事，到埃及闯荡，住在金字塔里，喝着带木乃伊碎片的汤，开始了他的考古学家生涯。

大海捞针有没有可能？也是有的！莱亚德的伊拉克弟子拉萨姆在尼尼微古城遗址中居然找到了《吉尔伽美什史诗》与巴比伦大洪水的泥板文书，与《圣经》的故事十分契合，可惜泥板缺失了一块，正好是故事精彩的部分。伦敦《每日电讯报》出资1000英镑招募能人去寻找，揭榜的正是发现这个问题但从未有过考古经验的史密斯。当时他是个印钞工，业余研究亚述史，在大英博物馆兼职。在成千上万的泥板中寻找半片泥板，无疑是大海捞针。然而，神奇的是，史密斯到伊拉克后不到一周时间就办到了。

《神祇、陵墓与学者：考古学传奇》记载了太多这样神奇的事情。这不是一本道听途说的小报消息汇编，而是一部已经翻译成26种语言的考古学史，仅仅在作者策拉姆的故乡德国就先后出版了200万册。神奇的不只有考古学家，其实还有那个时代以及那个时代的考古学。这个时代何以能够称为神奇？我们可能需要在古今中西比较之中才能认识到，比较之中我们还可以更好地认识自己，认识中国考古学。再者，要认识这个时代的考古学，除了关注考古学家与伟大的考古发现之外，恐怕更要关注那些似乎不在场的关联，那些东西往往更具有决定性。当然，这么来看问题，不免有些混杂，但所有的目的只有一个，就是更好地认识那个时代，以及从历史的镜子中更清楚地看我们自己。

策拉姆描述的时代是从19世纪后期到20世纪初，大约半个多世纪的时间，这正是现代考古学形成的时期。学科的形成与一个人成长类似，处在20岁前后的小伙子，热情四射，敢于冒险，形成阶段的考古学也是如此，我把这段时间称为考古学史上"激情燃烧的岁月"。为什么是这个阶段而不是其他阶段呢？学科的探索在刚刚开始的时候，往往十分艰难，成长缓慢，但在形成期，学科已有一些初步的方法，对世界有了一定的了解，同时还存在大量的空白，需要有人去探索，特别适合闯荡冒险，建功立业。人总是在有所了解但又不是很了解的时候，好奇心最重，尤其是整个社会的氛围都是如此的话，那就会点燃出前所未有的激情。

当然,激情也需要有物质条件的保障,那就是此时有了考古探险的可能。工业革命带来轮船、铁路、电报,后来还有了汽车,探险者由此可以深入不毛之地。他们还可以携带枪支保护自己的安全,也有必要的医药帮助他克服陌生地区的疾病风险。更关键的是,博物馆与私人收藏为接受、展示古代文化遗产提供了条件,电报、报纸能够不断掀起社会热潮,新兴的中产阶级则是这个热潮的忠实粉丝。如此等等的一系列条件共同作用,形成了考古探险的风尚。发现玛雅文明遗址的斯蒂芬斯作为一名早期驴友,基于好奇闯荡埃及、巴勒斯坦与阿拉伯地区,途中他把所见所闻写信告诉朋友,好事儿的朋友把书信发表在报纸上,一炮走红,等到斯蒂芬斯回到美国的时候,他已然是明星。带着这样的光环与人气,他做了更多的考古探险。时势造英雄,正是在这样的时候,产生了这样的人,成就了考古学史上的传奇,一些再也无法重复的传奇。

不可否认每个时代都会有自己的传奇人物,每个时代都会有自己认识世界的方式,每个时代也必然拥有仅仅属于自己这个时代的学术,我们或许将之称为"时代精神"。如果采用更哲学化的表达的话,福柯所谓的"知识型"与之近似。我们说到的这个时代,人们并不比后来的时代更有钱,皮特里去埃及的时候,几乎是不名一文,卡特也是如此,他们寻找资助发掘埃及的陵墓。谢里曼是个例外,他有极其长远的规划,先去挣钱,学习各种语言,甚至娶了一名希腊妻子,目的只有一个,那就是去希腊寻找特洛伊,寻找所谓古代英雄的遗迹。理想,近乎狂热的理想,驱动这个时代的考古学家。我不禁想到徐霞客，一位还要早300年的中国探险达人。明朝的中晚期，中国似乎很有几分近代社会的影子，徐霞客、沈周这类天赋不错的人，放弃科举，努力去做自己想做的事。放纵的"公安三袁"，以解放性灵为目的，他们的老师李贽更是具有思想开创性、大胆质疑儒家思想。东西方社会的发展其实有许多共性，区别在于明朝的中国思想解放运动后来中断了，取而代之的是清朝更加保守的"朴学"。相比而言，西方更幸运，它的近代化运动修成了正果，考古学就是近代化运动的一粒果实。

在近代社会形成之前，人们也对过去感兴趣，也会收藏古物，甚至有人会研究古物，中国称为金石学，西方称为古物学。在中古时代，中国的金石学已经达到了一个相当高的水平，比中世纪的欧洲要发达得多。那个时代欧洲还沉浸在宗教的迷雾中，把过去的一切都看作上帝的奇迹。中国是个宗教氛围有限的国家，有闲情逸致的士大夫们开始收集与研究古董，尤其是周代的铜器。文人聚会或是相互拜访，其中一项主要的内容就是一起欣赏收藏，这或许可以称作私人博物馆的雏形。西方社会在文艺复兴之后，社会发展加速，地理大发现开阔了人们的视野，新兴的富裕阶层开始收集古物，其古物研究还和科学发展结合起来，更注重系统性。伴随着近代社会的兴起，一种新形态的研究过去的学问诞生，这就是考古学。在这种新的形态中，至关重要的一点，就是实地去寻找第一手材料，并尽可能采用科学的方法来获取、系统记录与整理。后来将之称为田野考古学，以调查、发掘与整理资料为中心的一个考古学分支。

这是知识的新边疆，从被动接受古物到主动调查发掘古代遗存，其中的区别远不止被动与主动这么简单。主动调查发掘可以获得遗存原来的位置，可以了解遗存之间的相对关系，就像在厨房里而非卧室发现锅碗瓢盆一样，背景清楚，器物的功能就更容易了解。盗墓与考古的关键区别就在于前者破坏了遗存原有的关联性，给后来的解释带来很大的困难。主动还会激发兴趣与热情，试想一下被动学习与主动学习之间的区别，优秀的学生无不拥有良好的主动性。我们现在相当赞赏科学研究中的"疯子"精神，他们近乎疯狂的努力彻底改变了人类的认识，开辟出新的领域。这种精神的背后就是主动性，就是激情。与之相随的还有理性、逻辑、客观与现实——科学精神。我们在提及科学精神时往往会有意无意地忽视其中包含的激情，其实这两者是相辅相成的。策拉姆笔下的这个时代，虽然说考古学正在形成之中，真正职业的考古学家还是第一代，这些人都是自学成才，可以想见其中还有许多粗糙的成分，如谢里曼就搞错了特洛伊古城的层位，皮特里早期的发掘比盗墓也强不了多少。但是他们迅速成长起来，皮特里后来成了大学教授，成了一名以苛刻闻名的教授，他的方法就是把学生扔到更艰苦的地方去，他似乎认为野外实践才是最好的老师。

新的时代精神，新的时代方法，带来新的学科面貌。当我们重温这段历史的时候，不应该只是看到那些传奇的经历，应该在现象背后看到更深层次的改变，并理解这些变化之间的联系。点燃激情的不仅仅是天生的好奇心，更是"疯子"般的科学精神，探究世界本来的面目，把探索未知当作人生的使命。当然，单纯从科学精神的角度来看，现在应该要比那个时代更好，所不同的是舞台。如今的科学工作更多的可能是在实验室里，难以广为人知，而策拉姆所描述的时代正好是在广阔的野外，在万众瞩目的地方。于是由此成就了一幕幕非常适合电影的传奇画面，卡特看到图坦卡蒙法老金光灿烂的墓室，谢里曼发现了"海伦"的头饰，莱亚德找到了世界上最古老的图书馆……这样的场景真的成了好莱坞电影的素材，《夺宝奇兵》系列如此深入人心，以至于大众以为考古学家都像是印第安纳·琼斯那样的武林高手。不过，那个时代的考古学家，尤其是在中东工作的，动刀动枪还真是有的。

然而，在科学精神的背后还有不光彩的一面，这些在埃及、希腊、美索不达米亚、中南美洲等地探险的考古学家，他们是在殖民地进行考古，拥有高人一等的优势。希腊所属的奥斯曼土耳其虽然当时还不完全算是殖民地，也正在被西方列强宰割。考古学家在殖民地所承担的角色某种意义上说，就是文化掠夺者，他们把从殖民地发现的考古遗物运回欧洲，谢里曼更是将发掘出土物品视为私有之物。19世纪中期开始，欧美的全球猎奇产业蔚然成风，来自殖民地的古物充分满足了公众的好奇，考古学家在享受公众热情关注的同时，他们也在掠夺殖民地的文化财富。他们可以用极其低廉的价格购买古物，斯蒂芬斯甚至要购买一座城市遗址。他们把搜集到的珍宝运回欧洲，只是因为有些物件太大，搬运不便，他们才没有搜刮一空。至今希腊还在向英国索要古希腊的艺术珍品，大不列颠博物馆里满是从各个殖民地抢夺来的文化遗产。那个时候，中国也有大量文物的流失，中国人能够深切理解其中的屈辱与伤痛。在策拉姆津津乐道的考古学传奇背后，还应该看到其中包含的殖民主义。即便是在今天，我们仍然能够看到它的影响，尤其是当它为西方文明与物质主义包装之后，落后成了罪过，成为掠夺合理的借口。

策拉姆笔下的考古学是发现湮没的古城，是发掘宏大的陵墓，是破译神秘的文字，是搜集艺术珍品，是攫取奇珍异宝，不难看出，其中一部分并非考古学。他所描绘的考古学家，按今天的标准也不是真正的考古学家。他的贡献也许在于，他把那个时代考古学工作的全貌展示出来了，并在公众中产生了巨大的影响。对于考古学的观众而言，具体的学术研究通常充满了专业术语，很难理解，而那些与人们生活相关的方面，更能吸引人，这其中最惹人注目的莫过于财富——古物所代表的商业价值。对当代考古学家来说，古物都属于博物馆或是其他公共机构，是属于所有人的文化遗产，因此，无论一件东西多么珍贵，在他眼中并没有商业价值。如果他试图占有的话，那他离锒铛入狱已经不远了。在考古学界有个不成文的规矩，那就是考古学者不要去收藏。这其中有避嫌的职业原因，也有来自19世纪的教训——冒充有钱人的温克尔曼因为显摆而遭杀身之祸。考古学真正的魅力并不在于发现稀罕之物，并不在于所发现的东西值多少钱。这些文化遗产是无价之宝，今天许多人去博物馆、遗址公园参观，它们所带来的社会总体效益是无法用金钱来衡量的。19世纪中期开始，也是考古学逐渐走向公众的过程，它从一项仅仅属于权贵的活动，转向满足更广泛社会群体的文化需要。

读者可能会好奇，为什么策拉姆笔下没有中国？策拉姆所关注的是考古学的一个重要领域——古文明考古。而有关中国古文明的发现从19世纪末的甲骨文研究已经开始了，当时在安阳的殷墟发现商代龟甲，上面刻有文字。策拉姆应该知道此事，但是他没有着墨于此。非常可能的原因是，这些研究都不是欧美学者做的，而他又不懂中文。西方殖民者在世界其他地方都有无与伦比的文化优势，但在中国，在中国古文明考古上，他们并没有。中国的文字一脉相承，文化传统绵延不绝，后人沿着文化脉络上溯，较之西方学者更容易理解物质遗存的意义，在古文字的释读上，并不存在太大的困难，中国古文字不是死文字，许多字形已经融入后来的文字中。西方的考古探险家如斯坦因、斯文赫定也曾经到中国闯荡，也掠夺走不少文物，尤其是敦煌藏经洞发现的古文书。但是，他们基本都没有染指中国古文明的发现。

瑞典人安特生可能是个例外，他在这方面有一些贡献——发现了仰韶文化，这是新石器时代的文化，中国文明的前身。后来他的注意力转移到甘肃青海一带。西方的考古探险者似乎一直想打通欧亚大陆文化联系，进而证明中国文化是西来的。毫无疑问，如果他们的愿望能够实现的话，那么将极有利于在中国殖民。可能就是这个原因，他们忽略了在中国进行古文明的考古。后来，中国考古学家迅速成长起来，李济、梁思永、夏鼐、吴金鼎等学习西方现代考古学，建立起中国考古学自身的研究力量。殷墟、城子崖等直接与中国文明相关的遗址都是由中国考古学家主持发掘的。还有一点非常值得注意的是，有关中国古文明的发现多是近三四十年获得的，尤其是最近的一二十年，如良渚、石峁、三星堆等。这些考古遗存其实早就有发现，但是一直没有认识上的突破。从这个角度说,中国考古学家是幸运的,发现中国古文明的光荣落在自己身上,而不是落在带着鲜明殖民色彩的西方考古探险家身上。

古文明考古是考古学中极其引人注目的领域,包括古希腊、埃及、美索不达米亚、玛雅、印加等,这些领域之所以吸引人,一个很重要的原因是它们与历史的明确关联,不少文化传承下来,是人们耳熟能详的。对西方人而言,古希腊的神话在考古遗存中得到体现,美索不达米亚泥板文书有关大洪水的记载与《圣经》所记载的相当契合。另外一个原因可能是因为古文明时期能够发现规模宏大的陵墓、城址,精美绝伦的出土珍宝是更早阶段的遗址无法比拟的,有时还有文字资料出土,带来解读上的便利,让公众听到更具体的故事,比如美索不达米亚的《吉尔伽美什史诗》。可能有些读者已经注意到策拉姆忽视了有关古印度文明的发现,古印度文明考古完全是英国殖民考古学家做的,按道理来说不应该被忽视。其主要原因可能就是因为哈拉帕、摩亨佐达罗所代表的印度文明有些昙花一现的特征,与后续文明发展之间存在明显的断裂,加之又没有文字,也没有辉煌的陵墓,可写的内容有限,因此就略过了。当然,这只是我的猜想。

回到当下,真实的考古学是什么样呢?激情已经褪去,多了沉稳的日常工作与深沉的反思批判。跟一百多年前的考古学相比,今天的考古学越来越多严格的科学分析,建立起各种各样的实验室。同样是在野外工作,今天的考古学高度强调多学科合作,考古学家更像是项目部的经理,需要协调各个部门的进展。今天,野外工作只是考古学这座冰山浮在水面上的部分,主体在水面之下，除了大量的整理分析，还有理论研究与各种专题研究，还会涉及文化遗产的保护与利用。今天的中国考古学更注意其社会价值的公正与平等，服务于更大多数人的需要。各具特色的博物馆、考古公园成为广大民众文化休闲的热点，自媒体的兴起让所有人都有了参与到考古学中的通道，人们不仅可以围观发现，还可以发表自己的看法，甚至做成短视频，与他人共享。人们不再只是考古信息的接收者，他们同时参与到这个时代考古学的建设中，我们或许正在开创一个考古学新时代的传奇！

导　言

这本书讲什么

　　我建议各位读者不要从第1页开始阅读本书。因为我很清楚，无论作者怎样向大家一再保证本书的内容是多么紧张有趣，都不会有多少人相信；尤其是这本书的副书名是《考古学传奇》，这就表明书中所述是关于古代科学的事情，人们往往会认为，古代科学必定是最枯燥、最无聊的学科之一。

　　我极力推荐大家从本书第二部"金字塔之书"中关于埃及的一章读起。按照这种阅读顺序，即便是最满心狐疑的读者也会怀着某种好感来面对我们的题材，并且下决心将某种成见抛到九霄云外。通过这样的引导进入主题之后，我请求读者为自身阅读收获起见应当把书翻回至第一部"雕像之书"，从头读起。此后，为了更好地理解那些同样令人激动无比的事件，读者也应该循序渐进地阅读。

　　这本书并不具备科研的大志。本书努力做的是，将一个特定的学科以某种方式变成人们观察的对象，这样可以了解研究者和学者们的工作,知道他们内心的紧张,他们一些具有戏剧性的关联,他们与人类的紧密联系。在书写的过程中,有时不免说一些题外话,也不免袒露一些个人的反思,或者难免联系眼下的现实。这样的话,科学家们肯定会称本书为"不科学"。

对此,我只有一个借口,而这正是我的初衷所在。我以为,在这个广袤的学科里面,很多行动交织着户外的探险与书斋的勤奋、浪漫的爆发与思想的自制、时间的漫长与全球空间的宽广,而专业的学术论文却掩埋了这一学科特性。无论这些论文的学术价值多么高,却并不是为了让大众"阅读"而写的。是的,说来奇怪,迄今为止大概只有三四本书,尝试着把这样一种发现过去的旅程加工整理为振奋人心的探险;之所以令人奇怪,是因为只要人们倾向于将探险视为思想和行动的结合,就没有什么比它更能振奋人心的了。

尽管我在此处所用的笔法是纯粹令人生厌的描述,但我在最高程度上尽忠于纯粹的考古学。我别无选择——本书是一曲对考古学累累硕果及其锐利判断和不断努力的颂歌;是对它的研究者的颂歌,尤其是对那些出于真正谦逊而缄默不语的学者的颂歌,他们的谦逊正是需要彰显之处——因为这一点需要后人效仿。我从对考古学的这种忠诚出发,努力避免错误的分类和虚伪的腔调。这本书是巴洛克意义上的小说,在最古老的意义上讲述浪漫的(但绝不违背现实的)事件和一些人物的生平。

但它又是一部"事实小说"。在本书中最严格的意义上这一点意味着:这里所讲述的一切,不仅与事实有关(作者略用幻想加以修饰),而且是由无可置疑的事实组成(对于这部分事实,只要那些小修饰并非来自当时的历史时代，作者就未再做任何锦上添花的处理）。

尽管如此我还是坚信，如果哪位学界人士碰巧读到了这本书，会在其中发现不少错误。例如开始时，我认为撰写人名是一片难以通航的礁石滩——如果不是按照一定的科学原则进行书写，那么有许多地方写出来的东西谁也看不懂。但我读到了德国伟大的历史学家爱德华·迈尔（Eduard Meyer）的一段话——尽管这话他是对学界说的，他在写作《古代历史》一书时也面临同样的问题，并于最后感慨道："……我在此实在无法可想，最后只能毫无原则地进行。"获悉此言，我就容易下决心了。一位学术地位卓著的历史学家都作出了这样的决定，一部简单报告的作者大概也可以这样做了。

当然，在此之外我也肯定会有一些真正事实上的硬伤——我不认为这是可以避免的，因为第一次将整整四个专业学科范围内汗牛充栋的材料压缩成一个综览，很难避免出错。在此我向每位进行相应更正的读者表示感谢。

在此，我不仅仅对考古学科深表谢意，还要对一种特别的文学形式的创建人致以感谢，这本不足挂齿的小书应当对这类文学有所补充。就我所知，保尔·德·克鲁夫（Paul de Kruif），一位美国医生，第一次试着将某个特定学科的发展做了如此引人入胜的描述，使人们能够怀有那种紧张的心情阅读它，就如同本世纪的人阅读侦探小说那样。德·克鲁夫在1927年发现，如果能够正确地看待和正确地归纳细菌学的发展，它也会具有一定的浪漫元素。他进而发现，即便是极端复杂的科学问题，如果人们把它们作为一种工作过程加以描述，也就是说，如果人们将读者引向科学家们所走的路——从灵感显现的时刻开始直到最终的结果，这些问题也可以用一种非常简单易懂的方式展现出来。他还发现，科学家们由于人自身的局限性、由于思考的失误、由于一些干扰性的偶然事件等等不得不走歧路、交叉路和死胡同，可正是这样才充满了那种能够制造极度紧张气氛的活力和戏剧性。他的著作《微生物追杀者》也因此应运而生——单单是书名就将"细菌学"这个冷静理性的名称转入有人情味的范畴，该书经过这样的转换同时也具备了一个文学新范畴，即"事实小说"的系统。

自保尔·德·克鲁夫的首次尝试之后，几乎每个科学领域都出现了这位或那位作者，或者几位作者同时使用这种新的文学方法来解决问题。大多数从事这样写作的作家在真正的学术意义上不过属于玩票性质的非专业人士，但这也未尝不可。我觉得，在进行批评之时，应该基于以下考虑：他们书中的文学与科学之间的关系是怎样的，究竟是"事实"占主导还是"小说"占优势。

我以为，这类书籍中最优秀的作品应该是，从事实许可的"规矩"中赢得浪漫元素，以此保证事实始终占据优先地位。我试着将本书朝着这个目标努力。

最后我要向所有帮助过我的人表示深深的感谢。德国教授欧根·冯·默克林（Eugen von Mercklin）博士、卡尔·拉特延斯（Carl Rathjens）博士、弗兰茨·特默尔（Franz Termer）博士尽心尽力地在各自专业范畴内审阅了书稿。后来库尔特·埃尔德曼（Kurt Erdmann）教授、哈特曼·施默克尔（Hartmut Schmökel）教授和施里曼的研究者恩斯特·迈尔（Ernst Meyer）教授都提出了许多重要的修改意见。他们都给予我很多有价值的提示，从各个方面帮助我，尤其是为我提供了文献资料［就此我还要向明斯特的瓦尔特·哈格曼（Walter Hagemann）教授致谢］，他们还指出了我的失误之处，使我能够加以修正。我不仅要谢谢各位的帮助，还要谢谢各位作为学界专家对一本完全称不上学术的作品表现出来的理解。我同时也不会忘记感谢艾达·罗肯多尔夫（Edda Rönckendorff）和埃尔文·顿克（Erwin Duncker），他们帮我承担了一些相当难的翻译工作。

C. W. 策拉姆

1949年11月

第一部
雕像之书

这是何种奇迹降临?大地啊,我们向你祈求甘泉,你的怀抱将馈赠什么上来?在深深的地下也有生命吗?在火山岩石下是否栖居着一个未知的族群?流逝的还会再归返吗?哦,希腊人、罗马人,你们来了!啊,看吧,古老的庞贝城找到了,海格力斯城①又重新出现!

——席勒

---

① 海格力斯城,即赫库兰尼姆古城,距离庞贝古城8公里,它与庞贝古城一起被维苏威火山的爆发埋没。该城以罗马神话中的大力神海格力斯(即希腊神话中的赫拉克利特)命名。——译者注

利姆尼阿的雅典娜：公元前450年左右，利姆诺斯岛的阿提卡居民在雅典的卫城为这座城市的守护神雅典娜的一尊青铜雕像举行落成典礼。这尊立像的雕塑者是菲狄亚斯（Phidias），他后来还创作了帕特农神庙的雅典娜神像和奥林匹亚宙斯巨像，二者均以黄金和象牙做表面装饰，后者被称为世界七大奇迹之一

第 1 章

在古典文化诞生之地奏响序曲

1738年，萨克森选帝侯奥古斯都三世（August Ⅲ）的女儿玛丽亚·阿玛利亚·克里斯蒂娜（Maria Amalia Christine）离开德累斯顿宫廷，嫁给了两西西里①国王、波旁家族的卡尔（Karl）。

年轻的王后活泼好动，颇有艺术鉴赏力，她穿梭于那不勒斯宽阔的花园和宏大的宫殿间四处搜寻，发现了一大批塑像和雕刻品。这些艺术品有的是在维苏威火山最后一次喷发前偶然发现的，有的是在一位姓德尔伯夫（d'Elbœuf）的将军的倡导之下找到的。

那些裸体雕像虽然残缺不全，只剩下躯干，却依然绽放着美丽的风采，令王后为之着迷，于是她不断恳请丈夫，派人为自己寻找新的雕像。维苏威火山曾于1737年5月大规模喷发，其间山体侧面崩裂，部分山顶也随之灰飞烟灭，沉寂后一年半以来一直平静地伫立在那不勒斯的蓝天之下，国王考虑再三便答应了。

---

① 两西西里指的是意大利西西里岛和亚平宁半岛南部，当时的意大利处于四分五裂的状态，两西西里是封建王国之一。——译者注

继续发掘的地点就选择在当年德尔伯夫停工的地方。国王请来工兵部队的最高指挥官罗科·焦阿基诺·德·阿尔库别雷（Rocco Gioacchino de Alcubierre）骑士共同协商此事。这位西班牙人负责招募工人，提供工具和火药。困难显然超出想象。冷却后的火山岩像石头一样坚硬，足有15米厚，首先就得凿穿它们。工人们从当年德尔伯夫发现的一处立井着手挖掘巷道，并开凿爆破孔实施爆破。镐头终于碰到了金属物品，撞击声宛如铜钟发出轰鸣。最先发现的是3块残片，它们属于比真马还要高大的青铜骏马。

这时才做出了发掘伊始本该考虑的决定，这也是眼下所能做的最明智的决定：请一位专家来协助工作。此人是皇家图书馆的馆长，唐·马赛罗·韦努蒂（Don Marcello Venuti）侯爵，一位人文主义者，他负责监督接下来的发掘工作。随后出土的是3尊大理石塑像，雕刻的是身披宽袍的罗马人，还有彩绘的柱子和一段青铜马的躯干。国王夫妇亲自来到现场视察工作。侯爵身系绳索，命人将自己顺着中空的巷道放至底部，他发现了一截又陡又窄的楼梯。从外形上，他推断这属于一幢大型建筑。1738年12月11日，他的想法得到了证实。那儿出土了一篇铭文，可以从中获悉，这是一位名叫鲁弗斯（Rufus）的人斥资修建的"赫库兰尼姆剧场"。

就此，一座沉陷已久的城市即将重现人间，因为有剧院的地方必定是大型居民点。当年德尔伯夫只管沿着凝固的岩浆形成的宽阔坡面挖掘，径直挖到了剧院顶部的中心位置，可惜他竟然没有发觉！剧场的舞台上到处都是雕像。除了这里，世界上再无其他地方会见到如此众多的雕像这样堆放在一起，简直是一个摞一个，一层又一层。原来剧场的后墙装饰着很多雕像，汹涌澎湃的火山熔岩倾泻而下时，把整面墙推翻到了舞台上，那些石像便轰隆隆倒在一处，静静地沉睡了1700年。

铭文中称这座城市为"赫库兰尼姆"。

火山熔岩是呈高温液态涌动的岩石，含有各种矿物质，冷却后凝固成火山玻璃和新的岩石。赫库兰尼姆就位于厚达20米的这样的岩层之下。火山砾则不同，它是细小的火山碎屑，在火山爆发时，与烟状的火山灰一起喷薄到空中，继而像细雨一般洒落，松散地堆积在地上，用轻便的工具就可以扫除干净。庞贝城①就是被这样的火山砾所覆盖，埋没的深度远不如已挖掘出的姊妹城市赫库兰尼姆。

历史同人生一样，最先选择的经常是一条艰辛的道路，把最远的路当成了捷径。从德尔伯夫动土之日算起，直到开始发掘庞贝古城，已经过去了整整35年。

那位阿尔库别雷骑士，受国王委托一直主管挖掘，但对出土工作并不满意。虽然挖出来的文物足够卡尔国王建起一座世界上举世无双的博物馆，但他同国王还是一致认为，要转移挖掘现场，不过这次不是在地上找到一堆火山渣就盲目地刨下去，而是把动工地点选择在了学者指定的位置：这里就是庞贝，根据古书记载，它跟海格力斯城在同一天覆没！

---

① 庞贝，或译庞培，为古罗马城市之一，位于意大利南部那不勒斯附近，维苏威火山西南脚下10公里处。始建于公元前6世纪，公元79年毁于维苏威火山大爆发。——译者注

接下来发生的事情有点像孩子们玩的那个名为"火与水"的游戏，不过其中一个游戏者不那么诚实，当他接近要寻找的对象时，喊出的是"湿"，而不是"热"。跟那个顽皮的孩子一样，报复心、寻宝欲和不耐烦总在发掘期间暗中作祟。

新一轮的挖掘工作开始于1748年4月1日。4月6日发现了第一幅精美的壁画。4月19日找到第一具古尸。一副骸骨四肢伸展躺在地上，双手似乎要去抓那滚落在地的金币、银币。

这时本该继续挖掘，命人管理出土秩序，评估发掘物品，以便尽快作出结论，是否会有重大发现，可是他们却将挖出的坑洞重新填平，丝毫未曾想到此处正位于庞贝城的中心，转而在别的地方挖开了。

历史会不会发生改变呢？国王夫妇下令发掘，只是因为他们受过教育，有一定的鉴赏力，虽然酷爱艺术，但终究还是门外汉，况且国王本人的艺术修养并不算高；至于阿尔库别雷，他的驱动力只是攻克一个又一个技术上的难题。后来温克尔曼（Winckelmann）曾经非常愤怒地表示，这个人跟古文物压根儿就是"风马牛不相及"；其他参与人员也都各自打着如意算盘，无不盼望镐头下面的金币、银币叮当作响，早点儿发笔大财。（4月6日挖掘现场的24名工人中，一半是囚犯，另一半则酬劳极低。）

那天发现的是露天剧场的观众看台。他们在那儿既没有找到雕像，也没有发现黄金和饰品，于是便转移了挖掘地点。倘若有点耐心，他们就会如愿以偿了。在赫库兰尼姆门附近，他们发现了一幢别墅，毫无依据便宣称这是西塞罗（Cicero）的府邸，谁也不知道，他们凭什么就得出了这个结论。（这类空穴来风的论断在考古史上经常会起到举足轻重的作用，由此取得丰硕成果也并不鲜见。）别墅的墙面绘有精美的湿壁画①，他们把壁画从墙上剥离，复原至他处后，随即便把别墅掩埋了。就这样，奇维塔古城（庞贝的前身）竟被他们弃之不顾约有4年之久。出土更丰富的赫库兰尼姆周边地区再次成为了挖掘地，他们在那里发现了一处古迹，堪称当时最受瞩目的珍宝：一幢有图书馆的别墅，今天被称作帕皮里庄园（Villa dei Papiri），哲学家菲洛德穆②曾在此地潜心读书。

1754年，在庞贝城的南侧终于发现了几处墓茔和古代墙体的遗迹。从那天起直到现在，对这两座古城的发掘工作几乎未曾间断。一个又一个的奇迹重现人间。

只有了解这两座城市遭受的是什么样的灾难，我们才能够理解和明白，它们的重见天日对当时的人们产生了哪些影响。

公元79年8月中旬，维苏威火山表现出最早的喷发迹象，它此前经常如此活跃，因此当地人已然司空见惯。谁想到了8月24日上午，一场前所未有的灾难开始降临。

随着惊雷般的轰鸣，山顶裂开巨缝，状如意大利松的蘑菇云骤现苍穹，电闪雷鸣间，碎石和火山灰像雨点一样噼里啪啦铺天盖地而来，转瞬间天地间黑茫茫一片。断了气的飞鸟从空中坠落，人们惊叫着四散奔逃，动物四处寻觅藏身之处。就在这时，

---

① 湿壁画（Fresken，原意为新鲜），是一种十分耐久的壁饰绘画。——译者注
② 菲洛德穆（Philodemos，约前110—前40或35），诗人，伊壁鸠鲁派哲学家。——译者注

洪流澎湃着冲没了街道，根本分不清它是从天而降，还是由地下涌出。

那本是个阳光明媚的早晨，两座城市一如往日般熙熙攘攘、忙忙碌碌。谁想灾难竟这样突如其来地从天而降，以两种不同的方式彻底把它们毁灭。赫库兰尼姆淹没于一场泥石流，倾泻而下的火山灰夹着洪流般的雨水和熔岩滚滚而来，咆哮着席卷了大街小巷，继而不断升高上涨，没过了屋顶，灌入了门窗，整座城市陷入洪流之中，就像海绵吸满了水分，不管是谁，抑或什么东西，倘若未能以最快的速度及时逃离，统统会被吞没。

庞贝则不同。那里没有发生唯有拼命逃亡才能赢得一线生机的灰石流。最初，火山灰如细雨般从空中飘散而至，稍稍一动即可抖落个干净；接着下起了火山砾，随后坠落的是几公斤重的浮石[①]。显而易见，危险是逐渐增加的，可是等人们意识到这一点，已经为时晚矣。空中弥漫着硫蒸气，它们无孔不入，无处不在，令人们感觉到呼吸越来越困难，可是就算用手帕蒙面，也无法逃避这令人窒息的气体。谁若是为了摆脱这种气味，呼吸点儿空气跑出室外，密密麻麻的火山砾就会劈头盖脸向他们砸来，吓得他们重又逃回家中。可是刚一回到屋内，天花板便砸落下来，将他们全部掩埋。也有人暂时没有生命之忧，他们蜷缩在楼梯支柱和拱廊下面，惊惧不安地残喘了半个小时，然而随着硫蒸气的不断蔓延，气味愈加浓烈，最终还是会窒息而亡，亦无人能够幸免。

48小时之后，太阳突然重现天空。但是此刻，赫库兰尼姆

[①] 浮石，指岩浆凝成的海绵状的岩石，很轻，能浮于水面，故得此名。——译者注

和庞贝业已不复存在,方圆18公里内毁坏殆尽,面目全非,再也看不到昔日原野的面貌。甚至在非洲、叙利亚和埃及都依稀可见少量火山灰的踪迹。此时的维苏威火山,只见一缕轻烟从上方袅袅升起,摇曳在云开雾散的碧空。

大家必须想象一下,对于所有与过去相关的科学来说,这是多么惊人的事件。

就这样,将近1700年过去了。

另外一群认知不同、风俗习惯不同的人在这片土地上挥起了铁锹,让沉寂已久的城市再次沐浴上阳光。简直像是对死者施以魔法,令他们得到重生!

那些沉迷于科学,无视任何宗教虔诚的学者将这种灾难视为特殊的幸运,并大加称颂。"对我而言,知道一些有趣的事情并不容易……"歌德在谈到庞贝城的时候也发出了如此有悖情理之言。确实,若要把一座生机勃勃的城市完整而鲜活地保存下来,以供后世之人研究,除了这样的火山灰雨,几乎再也想象不出更加高明的办法了。不,用"保存"这个词并不准确,一定要用"保持"才能更好地切中事实。这里的古城并未像花儿枯萎般自然衰亡,充满生命力的城市宛如突然触到了魔棒,瞬间凝固在那一刻,所有的时间法则,未来和过去,在它身上全都失去了效力。

第一次开始发掘以前,人们只知道这样一个事实:有两座城市被埋葬在地下。但是现在,人们逐渐了解到那个扣人心弦的过程,古代作家干巴巴的报道也被赋予了生命,鲜活灵动起来。人们意识到那场灾难的可怕和突然,所有日常生活就此戛然而止,甚至未能顾及将乳猪从火炉中拿出,把面包从烤房里取走。

在两座城市的遗骸中，可以寻见披挂着镣铐的奴隶，在那横殃飞祸、城市沦陷的时刻，他们依然未能免除身上的枷锁，这样的城市背后又隐藏着哪样的历史？在一个房间的天花板下面发现了一条狗，同样被铁链拴住，这一幕足以令人想象到当时的情景：火山砾不断从门窗中涌入，越积越多，越堆越高，它也随之不断攀爬，直至紧抵天花板，发出最后一声呜呜，窒息而亡，这样的死亡又在诉说着何等的痛苦？

　　挖掘人员的铁锹之下，多少家庭故事，多少在困境和死亡间挣扎的悲惨场面——展现在世人面前。爱德华·布尔沃－立顿①在那部著名小说《庞贝的末日》最后一章中描绘的景象并非不可能发生：母亲怀抱孩子，用最后一小块面纱为他们蒙住口鼻，直到相继窒息而亡。收拾了金银细软匆忙逃命的男男女女尚未跑到城门口，便被暴雨般倾泻而下的火山砾砸倒在地，从此再未爬起，临死前还竭尽全力紧紧抱住那些饰品和钱币。在布尔沃的小说中被称作格劳库斯（Glaucus）府邸的那栋房子，入口的地板上镶嵌有"小心恶犬"的字样，两位年轻的姑娘刚跑到它的门槛前，又想回房取上贵重物品，迟疑间却错过了逃生的可能。

　　在赫库兰尼姆的城门前，人们发现了紧挨在一起的尸骸，他们俯趴在地上，身上还背负着过于沉重的家用什物。在一个被灰砾掩埋的房间里，发现了一位女性和一条狗的遗骨。仔细观察，

---

① 爱德华·布尔沃－立顿（Edward Bulwer-Lytton, 1803—1873），英国维多利亚女王时代的小说家、诗人、剧作家、政治家，以颇受欢迎的历史小说而闻名，有不计其数的格言传世。——译者注

便可知这里曾经发生过一件骇人的事情：狗的尸骸完整无损，女人的却散落在房间的各个角落。可是，什么东西能够使她的骸骨零乱满地呢？或许用"拖拽得到处都是"来表述更为恰当？会不会是那条狗呢？当它饥饿难耐的时候，体内与生俱来的狼性便会自然萌发，于是便袭击了自己的主人，撕咬残食她的肉体，或许正是这样，它才将生命又苟延了一日。离这儿不远的地方，一场葬礼也因突如其来的灾祸中断，当时正在举行葬礼筵席，前来吊唁的宾客都坐在餐桌旁，1700年后，发现他们的时候，他们早已长眠于此，在无意间参加了自己的葬礼。

还有7个孩子，当时正在房间里嬉戏玩耍，他们对死神的降临尚无所知，就被夺去了生命。另一处发现了34具尸首，旁边还有一只山羊的骸骨，或许它是受惊于颈上铃铛持续不断的异响，试图在简陋的民居中寻求安全的避难所。谁若是因迟疑而耽误了逃亡的时间，勇气也好，谨慎也罢，抑或是力大无比，都无法再为他们挽回生机。被发现的还有一个名副其实的彪形大汉，一位母亲及其14岁的女儿跑在他的前面，他却再也保护不了她们了。三人都倒落在地，或许他还试着拼尽最后一分力气重新站起来。可是硫蒸气熏得他痛不欲生，难以自持，复又重重摔倒，背部触地，辗转反侧，痛苦地挥舞着四肢。火山灰逐渐将他掩盖，包裹了他的躯体，凝固下最后的姿态。虽然他的尸体全部腐烂，但火山灰留下了一个很硬的人形空壳。学者们把生石膏灌进这样的壳模，即可复制出人的轮廓，这就是死去的庞贝人的雕像。

也有人被遗弃或者落下，当他猛然惊觉，赖以逃生的门和路都已被堵死，会从被埋没的屋子里传出怎样的惊呼声呢？当他拿起斧子开始砸墙，会传出什么样的声响呢？当他砸开这面墙，却在背后没有找到出路，会发出什么样的动静呢？当他挥动斧头，好不容易砸穿第二面墙，发现只有碎石尘屑从隔壁的屋子迎面扑来，最终彻底崩溃倒地时，又会发出哪样的声音呢？

鳞次栉比的屋宇，伊希斯神庙[①]，露天剧场……无一不原封不动展现着昔日生机勃发时的样子。书斋中还放着书写用的小蜡版，图书馆里的莎草纸[②]文卷，手工作坊中的工具，浴室里的硬刷子也未改变昔日陈设的样子。客栈的桌子上依旧摆着杯盘，以及最后一位客人仓皇逃离时匆匆扔下的钱币。酒馆的墙壁上四处可见当年题写的或感伤、或绝望的诗句，一定是那些深陷爱河的人儿在这里直抒胸襟。别墅墙面的壁画依然精美如故，如马赛罗·韦努蒂（Marcello Venuti）所述，它们比"拉斐尔[③]的杰作美丽得多"。

直到18世纪，有文化的人才有幸看到如此丰富多彩的发现；文艺复兴之后出生的人们称它们集古典时期的精华于一身。当精密科学开始发展，展示力量的时候，生活在这个时代的人们求知若渴，他们致力于探究事实，不愿拘泥于令人叹服的唯美主义。

然而，要将这两种观点融合在一起，亟须一个既爱好古典

[①] 伊希斯神庙，伊希斯（Isis）是古埃及的母性与生育之神，九柱神之一，她是一位反复重生的神。对伊希斯的崇拜不仅贯穿古埃及的历史，甚至在古埃及文明陨落之后，她还在众多罗马帝国的土地上施加影响。——译者注
[②] 莎草纸是古埃及人广泛采用的书写介质，用当时盛产于尼罗河三角洲的纸莎草的茎秆制成，大约公元前3000年古埃及人开始使用这种莎草纸，并将这种特产出口到古希腊等古代地中海文明的地区。——译者注
[③] 拉斐尔（Raffael，1483—1520），意大利杰出的画家，文艺复兴时期"艺坛三杰"中最年轻的一位。——译者注

艺术，又懂得如何进行科学研究和评判的人。庞贝的发掘工作刚刚启动之时，此人正在德累斯顿为一位伯爵管理图书。这项工作成为了他毕生的事业。其时，他已年过而立，却还未有所建树。不过21年以后，当时著名的学者戈特霍尔德·埃弗拉伊姆·莱辛[①]，而绝非什么无名之辈在为他撰写的悼词中用这样的语句表达了敬意："这是近来第二位倘若能重生，我情愿为他折去自己十年寿命的作家！"

[①] 戈特霍尔德·埃弗拉伊姆·莱辛（Gotthold Ephraim Lessing，1729—1781），德国批评家、剧作家、美学家、神学家和寓言作家诗人，德国民族文学的奠基人。——译者注

第 2 章

温克尔曼：一门新学科的诞生

1764年安格利卡·考夫曼①在罗马为她的恩师温克尔曼画了一幅肖像。画面中温克尔曼的面前是一本打开的书，他手中握着鹅毛笔，睿智的前额下是一双深色的大眼睛，鼻梁高耸，看着有几分像波旁家族的鼻子，嘴和下巴的线条柔和而丰满。从面部来看，他更像一位艺术家而不是学者。

1717年，温克尔曼出生于德国施滕达尔地区的一个鞋匠家庭。在孩提时代，他常常与伙伴们在周围的墓丛间玩耍嬉闹，他喜欢怂恿伙伴们，跟他一起扒出埋在坟冢里的坛坛罐罐。1743年，他成为泽豪森地区学校的校长助理。"我作为教师十分尽职，我让那些蓬头垢面的孩子们也有机会学习基础知识，同时我一面消磨时间，一面渴望了解美的事物，从《荷马史诗》中找寻一些比喻。"1748年他成为德累斯顿附近的比瑙伯爵的图书管理员，毫无遗憾地离开了腓特烈的普鲁士王国。他认为普鲁士是个"专

---

① 安格利卡·考夫曼（Angelika Kaufmann，1741—1807），18世纪最杰出的女性画家之一，出生于瑞士，在意大利北方生活，最擅长的是肖像画。——译者注

约翰·约阿希姆·温克尔曼
(Johann Joachim Winckelmann,1717—1768)

制国家",想起来就令人悚然,"我比别人更加深切地感受到被奴役的滋味"。新地方奠定了他今后人生道路的新方向。他进入了一个由当时重要艺术家形成的圈子。他原打算到埃及去,但在德累斯顿看到了当时德国收藏最齐全的古代希腊罗马藏品后,便放弃了原有的其他所有计划。他的第一批文稿问世后立刻在全欧引起反响。他的精神日益独立,在宗教上从不拘泥于教条,为了能够获得去意大利工作的机会,他转而信奉天主教。对他来说,为了罗马这座城市去做做弥撒还是值得的。

1758年他成为阿尔巴尼(Albani)红衣大主教的图书管理员和文物监管员;1763年成为文物总监,负责罗马城及其周边地区的文物,游览了庞贝和赫库兰尼姆。1768年遇害身亡!

温克尔曼的三部著作从根本上奠定了科学地研究古代艺术的

基础。这三部书是关于赫库兰尼姆考古发现的《通讯集》、代表作《古代艺术史》以及《未发表的古文物》。

对庞贝和赫库兰尼姆的挖掘工作开始时毫无章法。而比毫无章法更严重的是对外秘而不宣，自以为是的统治者禁止外国人——无论是旅游者还是科学家——前往考古发掘现场，以免他们向世界透露新发现。只有一位名叫奥塔维奥·安东尼奥·巴亚尔迪（Ottavio Antonio Bayardi）的酸腐文人获得了国王的许可，为所发掘出来的文物编写第一份目录。此人甚至连发掘地都懒得去看一下就开始写前言，而且写个没完没了。1752年时，他已经写到2677页了，但还没有写到正题。而当另外两个人写了简短前言，很快切入正题时，他竟然用嫉妒和恶意致使这两个人的工作受到官方禁止。

而有的学者得到了一两件文物，本来可以进行更进一步的研究，但因为准备工作不充分，则得出像贾科波·马尔托雷利（Giacopo Martorelli）那样的谬误理论。马尔托雷利写了整整两部书，共652页，书中通过一个发掘出来的墨水瓶来证明在古典时代用的是长方形的书，而不是用纸卷。尽管他已经亲眼见过菲洛德穆的莎草纸文卷，但他还是这么写，真是不可思议。

1757年，第一册对开本的关于古代文物的图书总算是出版了，作者是瓦莱塔（Valetta），国王出资12000金币资助出版。温克尔曼当时备受冷落，就处在这样充满险诈以及酸腐文人恣意卖弄学问的氛围中，他被视为间谍，在历经了无数艰辛之后，总算是得到了参观皇家博物馆的许可。但是，他的行为受到严令限制，哪怕是为收藏在那里的雕像绘一幅小小的素描都不行。

温克尔曼正在为这类规定感到沮丧之际，遇到了一位志同道合的朋友。他在寄宿于奥古斯丁修道院期间，认识了皮亚吉（Piaggi）修士，发现他在做着一件比较奇特的工作。

当年发现帕皮里庄园的图书馆时，大家为找到大量古代文字资料感到高兴。可是拿在手中准备仔细端详时，它们却化作了炭末。

为了挽救这些莎草纸文卷，人们做着种种努力，但是全都徒劳无功。直到有一天，一位修士带来了一个工具，形状类似于"做假发的匠人加工发套用的那种架子"，他声称，可以用它来摊开纸卷。人们让他放手一试，结果成功了。温克尔曼进入他的小屋时，他从事这项艰苦而细致的工作已经好几年了。他虽然在打开纸卷方面很成功，但却不怎么受国王以及阿尔库别雷的待见，因为这些人根本不知道这项工作有多么困难。

温克尔曼蹲在这位牢骚满腹的修士身边，修士一边在对窗外目光所及之处发生的一切发着牢骚，一边小心翼翼地，就像对待最细柔的天鹅绒那样，一毫米一毫米地在他的架子上摊开已经碳化的莎草纸。他谩骂着国王的不作为，数落着官员和工人的无能。当他总算将菲洛德穆写的一篇关于音乐的论文片段展开在温克尔曼面前，令这碳化了的莎草纸文卷重获新生时，又开始骄傲地指责其他人缺乏耐心，并且嫉妒。

温克尔曼对修士的牢骚感同身受，因为人们还是不允许他去参观文物发掘地，他像以前一样只能待在博物馆里，而且还不许他进行临摹抄录。于是他买通了博物馆的工作人员，他们给他看这样那样的藏品。不过在此期间挖出了许多对于全面评判这一古代文化至关重要的物品。这些新出土的雕塑和绘画展现了一种特殊的情色倾向。思想狭隘的国王看到一尊萨蒂尔①与山羊交媾的雕像，不由大惊失色，连忙下令把它们统统送往罗马，严密地封存起来。温克尔曼也因此无缘一睹这些珍贵文物。

尽管困难重重，他还是在1762年发表了第一篇通讯《关于赫库兰尼姆的新发现》。两年以后，他故地重游，再次参观了博物馆，又写了一篇通讯。这两篇作品主要包括温克尔曼在修士的小屋里见到的东西，并对当时的状况进行了辛辣的批判。而那不勒斯的王室成员见到第二篇通讯的法语译文时，对温克尔曼这个德国人大为光火，因为已经破例允许他去博物馆参观了，他竟然还这样恩将仇报。温克尔曼的批判当然是有道理的，他的怨气也是有原因的。但所有这些已经无关紧要了。这篇通讯最重要的价值在于：第一次向世界清晰地、实事求是地介绍了维苏威火山的考古发掘情况。

大概也是在这段时期，温克尔曼真正的代表作《古代艺术史》出版了。这本书中，他成功地将当时出土的大批重要文物按照一定的规则进行了整理，他不无自豪地强调，自己在"没有先例"可循的情况下描述了古代艺术的**发展**进程。古人在这方面留下的记载极少，他仅根据这些零散的资料创建起一套研究体系，以极敏锐的观察力开启了新的知识领域，并以澎湃激昂的语言向全世界的有识之士介绍这些认识，致使整个知识界

---

① 萨蒂尔（Satyr），半人半兽的森林之神，是长有公羊角、腿和尾巴的怪物。他耽于淫欲，性喜享乐，其原型就是牧神潘。在古希腊神话中，半人半兽的牧神是创造力、音乐、诗歌与性爱的象征，同时也是恐慌与噩梦的标志。——译者注

都沉醉于古典理想,这种沉醉奠定了整整一个世纪的"古典主义"的基础。

这本书对考古的影响至关重要。它激发了人们去印证"美"这一愿望,无论它隐匿在何方。这本书提供了通过观察古代文物找到理解古代文化的途径和钥匙,它同时点燃了一种希望,那就是通过考古发掘来找到一些迥然不同的、从未见过的古代文化,它们像庞贝古城一样被埋葬在地下,而且同样令人惊叹不已。

温克尔曼在1767年发表的《未发表的古文物》为新兴的考古学提供了真正的科学研究方法。正是"无先例可循"使他成为了先例!温克尔曼在阐述和解释雕刻艺术品时涉猎了整个希腊神话体系,他善于从蛛丝马迹中进行推断,在他之前,考古工作方法陷入旧语言学研究的窠臼,人们唯历史学家的观点为马首是瞻,而他将考古学从当时的旧工作方法中彻底解放出来。

温克尔曼的许多观点并不正确,不少推论也显得操之过急。他对古希腊罗马时期及其艺术的认识有些过于理想化。在希腊世界中其实不仅生活着那些"像神一般的人类"。尽管他研究了大量资料,但是对希腊艺术品的认识还是十分有限。他所见到的不过是罗马时代的复制品,一些被亿万次雨水冲刷、被沙砾摩擦得洁白无瑕的物品。但希腊雕塑实际上并非那样结构严谨,在明媚的风景中洁白如玉熠熠发光。它是色彩斑斓的,我们即使在今天拥有更多的相关知识,也很难想象这一点。真正的希腊雕塑作品是经过上色处理的。雅典卫城的一尊大理石女神像就被涂上了红、绿、蓝和黄色。而且很多雕像不仅嘴唇鲜红、眼中嵌着闪亮的宝石,还在眼皮上装饰了长长的睫毛,就是拿今天的眼光来看，也颇为奇异。温克尔曼的贡献在于，以一定的规则整理了凌乱的材料，将原先的猜测与传说转为真切坚实的知识；此外，他为德国古典主义作家歌德和席勒打开了古代希腊世界的大门，为今后的研究提供了科学的工具，后来的考古学家可以用这些工具将其他更古老的文化从岁月长河的湮没中整理出来。

1768年，温克尔曼从家乡返回意大利，在的里雅斯特（Trieste）的一家小旅店过夜时认识了一位意大利人。他当时完全没有意识到，对方是一个怙恶不悛的罪犯。

我们现在只能推想，大约此人曾经做过厨师和皮条客，特别善于巧言令色，哄得温克尔曼不仅与他攀谈起来，甚至去他的房间里面吃饭。温克尔曼显然是这家旅馆的贵客，他衣着华贵，举止投足间不似等闲之辈，还不时拿出几枚金币来炫耀，那是玛丽亚·特蕾西亚[①]接见他时的纪念品。意大利人听到这些，就回去准备好了绳索和尖刀；此辈偏偏姓阿尔坎杰利[②]，这个姓似乎与他那么不搭调。

1768年6月8日晚上，温克尔曼已经脱去外衣准备就寝，临时决定再给出版商写几条关于印刷的注意事项，他回到书桌旁。凶案就在这时发生了。意大利人走进来，用绳索套住温克尔曼的脖子。虽然他殊死反抗，但意大利人还是占了上风，在他身上狠狠捅了六刀。

温克尔曼素来身体强健，尽管身受重伤还是挣扎着下了楼，

---

① 玛丽亚·特蕾西亚（Maria Theresia，1717—1780），奥地利女大公、匈牙利女王、波西米亚女王、神圣罗马帝国皇帝弗朗茨一世的皇后。——译者注
② 阿尔坎杰利（Arcangeli），与大天使（Archangel）仅一个字母之差。——译者注

旅馆里的伙计和女佣们见他浑身是血、面色苍白，竟都吓呆了。等他们反应过来找人抢救时，为时已晚。

几个小时后，这位学者便与世长辞了，写字台上放着一张纸，上面是他留下的最后的文字："它应……"刚写完这两个字，凶手便将这位著名学者、一门新学科的创始人手中的鹅毛笔打掉了。

温克尔曼的事业硕果累累。世界各地都有他的门徒。每年的12月9日，也就是他的生辰，考古学者们都隆重纪念"温克尔曼日"。

第 3 章

历史的追踪者

今天，我们打开一本附有古典时期文物图片的艺术史著作时，倘若稍加思考，必然会感到震惊。这些书的作者似乎轻而易举就可以非常准确地在图片下方注释出文字说明。这一尊头像是奥古斯都[①]，是一个农民在平原上发现的。这座骑士雕像是马克·奥勒留[②]，这是银行家卢修斯·凯基利乌斯·尤昆杜斯[③]。或者还会介绍更多，更详细：这是普拉克西特列斯[④]的《杀蜥蜴的阿波罗》[⑤]，这

[①] 奥古斯都（Augustus，前63—14），原名盖乌斯·屋大维，罗马帝国开国君主，统治罗马帝国长达43年。——译者注
[②] 马克·奥勒留（Marc Aurel，121—180），拥有恺撒称号的他是罗马帝国五贤帝时代最后一个皇帝，同时也是一个很有成就的思想家，著有《沉思录》。——译者注
[③] 卢修斯·凯基利乌斯·尤昆杜斯（Lucius Caecilius Iucundus），公元1世纪生于庞贝的银行家。他的居所目前仍然耸立于庞贝的遗址上，但房子的一部分已经在维苏威火山爆发时被毁。这房子亦因它的美丽，及在其中发现的银行记录而著名。——译者注
[④] 普拉克西特列斯（Praxiteles），古希腊古典后期著名的雕刻家，主要创作年代为公元前370年至前330年。——译者注
[⑤] 《杀蜥蜴的阿波罗》，普拉克西特列斯制作的一个著名雕像，内容是年轻的阿波罗手持弓箭，注视着一只趴在树上的蜥蜴。——译者注

是波留克列特斯[①]的《亚马逊族女战士》[②]；或者标写着《宙斯拐走沉睡的少女》，多利斯[③]**未作签名**的花瓶内饰画。

我们当中有谁会绞尽脑汁，苦苦思索，这些注释者从哪儿获得的这些知识，这些艺术品既没有创作者的亲笔签名，也没有雕刻对象的署名，又缘何肯定这些说法就是正确的？

我们漫步于博物馆，看着那些泛黄的、浸淫了数百年的莎草纸文卷，观赏那些残缺不全的花瓶、一段段的浮雕、刻满奇特雕像和符号的圆柱，看那些象形文字和楔形文字。我们知道，有人能够像我们读书看报一样读懂这些符号。可是，在欧洲北部尚属蛮夷之地时，就已经没有人再书写这些文字，使用这些语言了。我们解释得了、破解这些文字和语言背后的奥秘需要有多么强的洞察力吗？我们思考过，究竟能否赋予这些早已弃用了的符号某种意义吗？

我们翻阅历史学家的著作，浏览古老民族的历史，虽然他们兴起于遥远的土地，并且在远古时代业已没落，但我们身上仍然抹不去他们的影子，他们时时呈现在只言片语、风俗习惯和文化作品中。我们寻觅他们的历史踪迹，听到的不是传说，也不是童话，而是数字和数据，我们知晓国王的名字，熟谙他们如何作战，如何治国，如何生活，如何祭神。我们得悉他们的崛起和覆

---

① 波留克列特斯（Polyklet），古希腊著名雕刻家，艺术理论家，写了《法则》一书，系统阐述了人体各部位的比例，提出头与人体之比为 1∶7。——译者注
② 亚马逊（Amazone）是一个十分古老的游牧民族，居住在黑海和里海之间东北部的塞西亚，传说是一个纯女性部族，尚武好战，在希腊神话中总以勇猛无畏的女战士形象出现。——译者注
③ 多利斯（Duris），古希腊著名瓶画家。——译者注

高歌的饮者：一只希腊酒碗的内饰画

灭，可以把时间确定到哪一年、哪一月、哪一天。然而这一切发生时，我们尚未开始用公元纪年，因为当时还没有诞生历法。

那么这些知识从何而来，又如何断定这些历史年表既属实又准确呢？

我们想要讲述考古学的成长，记叙它的发展过程，而不打算进行任何事先铺垫。在我们描绘的过程中，上述大部分问题都会迎刃而解。考古困难程度各异、方法多样，为求略窥一斑，且不会疲于重复，在此仅酌选几例略加详述。

罗马艺术商人奥古斯托·扬多洛（Augusto Jandolo）在回忆录中讲述了他少年时如何在父亲陪同下启封一具伊特拉斯坎人①石棺的经历：

---

① 伊特拉斯坎人，是古代意大利西北部伊特鲁里亚地区古老的民族，居住地位于台伯河和亚努河之间，公元前6世纪时，其都市文明达到顶峰。伊特拉斯坎文化的许多特点，曾被继伊特拉斯坎人之后统治这个半岛的罗马人所吸收。——译者注

移开棺盖可不是件轻而易举的事情,不过最终还是抬动了,并且把它垂直立了起来,它随后重重摔落于另一端。接下来看到的情景令我终生难忘,至死都历历在目。石棺之中长眠着一位年轻的武士,他身披甲胄,头盔、长矛、盾牌和胫甲一应俱全。要强调的是:我看到的不是一具骷髅,而是未腐的肉身,他四肢完整,直挺挺地躺在那里,似乎刚刚下葬。然而这一幕只存留了片刻,随即在火把的探照下迅速风化。头盔滚到了右侧,圆形盾牌掉入了凹陷的胸甲处,胫甲突然跌落在地,左边一块,右边一块。一接触到空气,这具完好无损保存了几个世纪的古尸便在转瞬间化作了尘埃……空气中,似乎有一抹金色的轻烟绕着火把的焰光悠然飘过。

那里曾经安息着这个神秘民族的某位子民。发现者看到了他的面容,他的身躯,然而却仅此一眼,随后他便消失得无影无踪,决绝地离开了这个世界。为什么会这样?发现者的粗疏要承担一定责任。

在这片繁衍了古典文化的土地上,早在发现庞贝之前,人们便已熟知最早的雕像,而且有了足够的认识,不仅看出这些赤裸的人像为异教神祇,而且意识到它们的审美价值。它们或陈列在文艺复兴时期王侯的宫殿里;或为城市的上流阶层、红衣主教、暴发户和雇佣兵的军官所拥有,在这些人眼中,它们不过就是些稀罕物,收藏它们只是一种时尚。在这样的私人博物馆里完全有可能把一尊古代雕像摆在一个双头怪胎的标本旁,让古希腊的浮雕紧挨着一张鸟皮,因为据说这只鸟生前曾经落到过鸟类的朋友

塞浦路斯出土的公元前6世纪的陶塑,高1.02米,
由若干残片复原而成。公元前2000—前1000年,
塞浦路斯因其铜矿在青铜时代的政治及经济领域举足轻重

圣弗朗西斯科①身上。

直到19世纪,由于无法抑制的贪婪和无知,许多人为了发财大肆挖掘文物,只要能从中牟利,甚至不惜把它们毁坏。

古罗马广场②曾是罗马人的集会地,在昔日的广场上,环绕

---

① 圣弗朗西斯科(der heilige Franz),是一位清贫的圣者,居于意大利的古城阿西西,曾向小鸟传教布道。——译者注
② 古罗马广场,位于意大利罗马帕拉蒂尼山与卡比托利欧山之间,是古罗马时代的城市中心,包括一些罗马最古老与最重要的建筑。——译者注

卡比托利欧山①矗立着一片恢弘壮丽的建筑群，16世纪时，却在这里烧起了石灰窑，把修建神庙的石头变成了建筑材料。教皇们任意取用那些大理石来装饰自己的喷泉。塞拉皮雍神庙②被用火药炸毁，只为装饰某位英诺森③教皇的马廊。卡拉卡拉浴场（Caracalla-Thermen）的石料成为了高价商品。罗马斗兽场被当作采石场长达4个世纪。1860年，庇护九世④为节省开支，从这些异教徒的遗迹取材装饰一座基督教建筑，仍在继续着破坏活动。

到了19世纪和20世纪，呈现在考古学家面前的只剩下一片废墟，假如那里的古迹保存完好，考古学家必能从中获得更多的信息。

不过即便在一个未曾发生过这一切的地方，即便没有人未经许可大肆破坏，没有盗贼暗自搜寻地下的宝藏，即便考古学家看到的是没有任何损毁的历史——这种情况是多么罕见！——他们同样需要面对其他困难，如何正确阐释这些古迹文物成了新问题。

1856年，德国杜塞尔多夫附近出土了一些骨骼残骸。今天我们业已证实，它们是尼安德特人⑤的遗骸。但在当时，人们通常

---

① 卡比托利欧山（Kapitol），古罗马七丘中最小的一座，在古罗马统治时期，政治和宗教仪式多在此举行。帝国时期这里是罗马的卫城，现为罗马市政厅的所在。目前的建筑群由米开朗基罗于16世纪完成。——译者注
② 塞拉皮雍神庙（Serapeum），是一座石窟式神庙，供奉的是埃及-希腊的冥神与圣牛。——译者注
③ 英诺森（Innozenz），为教皇称号，史上共有13位英诺森教皇。——译者注
④ 庇护九世（Pius Ⅸ，1792—1878），出生于意大利贵族家庭，是至今在位最久的教皇，也是最后一位兼任世俗君主的教皇。——译者注
⑤ 尼安德特人（Neandertalmensch），一个在大约12万到3万年前冰河时期的人种，本来居住在欧洲及西亚，是现代欧洲人祖先的近亲，常作为人类进化史中间阶段的代表性群居的通称。——译者注

视其为动物的骨骸，只有埃尔贝费尔德（Elberfeld）高级中学的教师富尔罗特博士（Dr. Fuhlrott）对这一发现作出了正确的阐释。

除此以外，一时间众说纷纭。波恩的迈尔教授认为，这是1814年阵亡的一位哥萨克士兵的遗骸；哥廷根的瓦格纳称其为荷兰人；巴黎的普鲁纳-贝却说是一个老迈的凯尔特人；著名医生菲尔绍①则言之凿凿地表示此人生前是患有痛风的耄耋老者，这位医学界的泰斗运用权威时常常过于草率，以至阻碍了很多科学的发展。

大约过了50年，才最终从科学上确定，埃尔贝费尔德高级中学教师的说法是正确的。

诚然，与其将这个事例归于考古学范畴，不如说它属于史前古墓研究以及人类起源和发展学的研究范围。不过，另一个例子就要恰当得多，即确定古希腊最著名的雕塑之一拉奥孔群雕②的创作年代。温克尔曼把它归入亚历山大大帝③时期。到了19世纪，它被视为罗德岛艺术学派的杰作，雕刻时间大约在公元前150年前后。还有一些人认为它是罗马帝国早期的作品。如今我们已经知道，它是雕刻家阿格桑德罗斯（Hagesandros）、其子波利多罗斯（Polydoros）和阿塔诺多罗斯（Athanadoros）于公元

---

① 鲁道夫·路德维希·卡尔·菲尔绍（Rudolf Ludwig Karl Virchow，1821—1902），德国医学家、人类学家、公共卫生学家、病理学家、古生物学家和政治家。菲尔绍是第一个发现白血病的人，并且以多项科学发现而闻名。——译者注
② 拉奥孔群雕（Laokoon-Gruppe），大理石群雕，高约184厘米，1506年在罗马出土，震动一时，被推崇为世上最完美的作品。——译者注
③ 亚历山大大帝（前356—前323），是欧洲历史上最伟大的军事天才，马其顿帝国最负盛名的征服者，是世界古代史上最著名的军事家和政治家。——译者注

前1世纪中叶共同创作的一件雕刻品。

好的,现在应该清楚了,即使古文物或者遗迹从未受到过损坏,也很难对它们作出相关阐释和说明。但是倘若必须质疑这些史料本身的真实性,情况又会怎样?

维尔茨堡的贝林格(Beringer)教授就曾因此上当受骗,成为这一恶作剧的牺牲品。1726年他发表了一本著作,书名为拉丁语,长达一页半,在此就不作赘述了。书中谈到了贝林格和他的学生在维尔茨堡附近发现的化石:有花,有青蛙,有一只刚捕到苍蝇的蜘蛛,这只蜘蛛跟猎物一起变成了化石;有一块像星星,还有一块像半钩月;有刻着希伯来文字的板状物;以及极为罕见的一些物品。书中配有大量插图,完全按照化石原样绘制成非常精美的铜版画,看着这些图片便可知文中描述的内容。该书卷帙浩繁,言辞中不乏针对异议者的大肆抨击和诋毁。在真相大白之前,这本书极为畅销,并且备受赞赏。后来真相揭晓了,原来是几个小学生把他给捉弄了。他们在家里手工制作了这些"化石",然后设法把它们埋在了教授经常挖掘的地方。

既然提到了贝林格,就不该忘记多梅内奇(Domenech)。巴黎军械图书馆仍保存着这位法国传教士的一部鸿篇巨制,书中附有228幅整页插图,书名为《美洲图画文字抄本》(*Manuscrit pictographique américain*),1860年以摹真本形式出版。后来证实,这些"印第安人的图画"不过是一个土头土脑的德裔美籍孩子绘在图画本上的稚拙的速写,他的父母说的是低地德语。

会有人认为,这类事情只在贝林格和多梅内奇身上发生过吗?这么想就错了,伟大的温克尔曼也曾在阴沟里翻船,被卡萨诺瓦①的弟弟给骗了。此人为温克尔曼的著作《未发表的古文物》绘制了插图。除此之外，他还在那不勒斯完成了三幅画作：一幅画的是朱庇特和该尼墨得斯②，另外两幅画的都是正在翩翩起舞的女子。他把这些画送给了温克尔曼，并且大言不惭地宣称，它们是在庞贝城里从墙上揭下来的，为了让这一说法真实可信，他还添油加醋地编了一个跌宕起伏的故事：一位军官偷偷摸摸把这些画一件接一件弄了出来。在黑黢黢的深夜，冒着生命危险，古墓鬼影幢幢——卡萨诺瓦的弟弟熟谙如何渲染气氛以达到最佳效果。温克尔曼终于上钩了！

他不仅相信这些画是真品，而且对整个故事深信不疑。他在著作《古代艺术史》的第五章里详细描述了这一发现，并且指出，绘有该尼墨得斯的这幅画极为特别，"迄今为止从未见到过同类作品"。这一点他倒是说对了，因为除了卡萨诺瓦的弟弟以外，他是第一个看到这幅画的人。"他不愧是朱庇特所爱之人，堪称古代流传下来最美丽的形象，他的容颜冠绝天下，他的身上散发着最原始的欲望，似乎生活的全部不过是悠长一吻。"

免于被欺骗的技术，或者说从众多特征中判断出一件作品的真伪、风格和历史，也就是对作品进行阐释的方法，被称作诠释学（Hermeneutik）。

光是研究如何阐释古希腊、古罗马时期著名文物的文献就堆

---

① 卡萨诺瓦（Casanova，1725—1798），是一位极富传奇色彩的意大利冒险家、作家、花花公子。——译者注
② 该尼墨得斯（Ganymed），古罗马神话中的英俊少年，朱庇特爱上了他。——译者注

满了图书馆,从中可以查询到每一个阐释,上至温克尔曼最初的尝试,下到今天对同一研究对象意见相左的学者之间的争论。考古学家是历史的追踪者。他们有着侦探一般敏锐的洞察力,借助于这种能力常常可以像拼图一样,把一条条细微的线索联系在一起,直到得出合乎逻辑、不容辩驳的结论。

考古学家的工作真的比侦探更容易?他们是跟死的东西打交道,难道这些东西就不会反抗,不会再故意制造错觉,也不会伪造踪迹?的确,没有生命的石头不会抗拒任何观察。但是谁能说清它们本身早已暗含了多少虚假伪赝?最早的发掘报道本身又会存在多少错误内容?因为这些遗存之物的原件散落在欧洲以及世界各地的博物馆,任何考古学家都不可能看个遍。今天,摄影技术虽然可以把它们准确地记录下来,但是绝非全部,一直以来仍需要人工绘图作为辅助手段,由于主观原因必然会产生色彩上的偏差,甚至出现误读。因为绘图者对神话或者古代文化通常知之甚少,所以摹画的图样也就不准确,而且充满了误解。

今天,巴黎卢浮宫展出着一副石棺,上面雕刻了爱神丘比特和普赛克[①]的组像,丘比特的右前臂已经折断,右手仍抚在普赛克的面颊上。在两位法国考古学家出版的著作中,这只手被画成了胡须。普赛克竟会有胡须!这些插图显然很荒谬,尽管如此,另一位法国人,也是卢浮宫馆藏目录的编撰者却这样写道:"这幅石棺的雕刻者并未理解这组人物,因为他创作的普赛克虽然身

---

① 普赛克(Psyche),希腊著名的神话人物,后被转化融入到罗马神话中来,外表和心灵美丽无双,后与丘比特结为夫妻。——译者注

穿女装，却长着胡子。"

人们会有意识地在历史上寻踪觅迹，难道这样就不会出错吗？或许问题要更加错综复杂。

现在，威尼斯有一组浮雕，表现的内容是两个男孩拉着一辆双驾牛车，车上还站着一个女人。这组浮雕是两百多年前修复过的。当时的阐释者把它视作希罗多德①笔下一则故事的图解。故事的主人公是赫拉的祭司库狄普（Kydippe），有一次她要去神庙参加众神举行的庆典，平时她都是乘牛车前往，不巧这天拉车的公牛放牧未归，她的两个儿子克琉比斯（Kleobis）和比同（Biton）就将自己套上了牛轭，代替公牛拉车，把她送到了神庙。他们的母亲备受感动，恳求众神赐予儿子人世间最大的幸福。赫拉征得了众神的同意，谕旨让他们在睡梦中安然离世，因为人间最大的幸福莫过于在少年时代悄然死去。

这组浮雕就是按照这样的阐释进行了修复。女人脚边的栅栏改成了带轮子的牛车，一个男孩手中正在编结的东西变成了车辕。装饰花纹增多了，轮廓延展了，刻痕深化了。就这样，新阐释出来的细节越来越多。根据修复的内容，浮雕的创作年代得以确定，不过是一个完全错误的时间；装饰花纹被视作雕像，庙宇被当成墓龛，这些阐释全都彻底背离了原作；为希罗多德虚构的故事添枝加叶，纯属胡编乱造的补充，这样修复的结果必然都是错误的。因为原来的浮雕根本就不是以希罗多德笔下的故事作为

---

① 希罗多德（Herodot，约前484—前425），伟大的古希腊历史学家，著有《历史》一书，被誉为"历史之父"。——译者注

题材雕刻而成的。牛车是修复者凭空臆造出来的，车辕同样如此，以至于看上去就像套在动物脖子上的项圈。这个例子是否可以说明，一个错误的阐释可能会成为一连串错误的源泉？

上文中提到了希罗多德。他的著作一直还在源源不断为我们传递启示，帮助我们确定文物所属年代，向我们提供艺术品及其创作者的信息。那些古代作家，不管属于哪个年代，他们的作品都为注释学寻根究源提供了线索。不过考古学家由于笃信书中之言，从而指鹿为马的事情也是屡见不鲜！作家的创作难道不能源于真实，高于真实吗？为了创造艺术形象，他们难道不能把历史当作纯粹的题材进行改变，重新塑造，加入自己的想象吗？反正神话是这样的。

在不懂艺术的人看来，作家都在撒谎。如果我们把这种缺乏科学准确性的诗意自由称之为谎言，那么古人撒的谎可不比现代人少。考古学家需要花费很大力气，才能从古人纷繁冗乱、错综复杂的说法中找到一丝头绪。例如菲狄亚斯用黄金象牙装饰而成的非常著名的奥林匹亚宙斯巨像，要想确定它的创作年代，很重要的一点就是了解菲狄亚斯之死。但在这一点上却出现了截然不同的说法，埃福罗斯[①]、狄奥多罗斯[②]、普鲁塔克[③]和菲洛科鲁斯[④]各执一词。有的说他死于狱中；有的说他逃

[①] 埃福罗斯（Ephoros，约前400—前330），古希腊历史学家。——译者注
[②] 狄奥多罗斯（Diodor），公元前1世纪古希腊历史学家。——译者注
[③] 普鲁塔克（Plutarch，约46—120），罗马帝国时代的希腊作家，以《希腊罗马名人传》一书闻世。——译者注
[④] 菲洛科鲁斯（Philochoros），公元前3世纪希腊历史学家。——译者注

脱了；有的说他被处死于伊利斯[①]；还有的说他在伊利斯安然离世。最新发现的莎草纸文卷证实了菲洛科鲁斯的说法。这篇文稿于1910年在日内瓦公开出版。

由此可见，考古学家依靠铲子和洞察力进行发掘时，总会遇到意想不到的困难。各种研究方法便因此应运而生：深入观察，绘制草图及添加文字说明，借助于神话、文学作品、铭文、钱币和器具进行诠释，结合其他雕刻品、发掘地、摆放方式和周围环境进行诠释——逐一解释这些方法，已超出了本书旨在探讨的范围，因为本书重在趣味性和消遣性，所以选择题材时不应违背这一宗旨。

---

① 伊利斯（Elis），位于伯罗奔尼撒半岛西北部，南境奥林匹亚为古希腊著名的奥林匹亚竞技场所在地。——译者注

第 4 章

穷小子发现宝藏的童话

下面要讲的是一个童话般的故事,一个穷小子的童话。7岁时,他梦想找到一座城市,39年之后,动身追寻梦想,结果不仅找到了那座城市,同时还发现了一处宝藏,这是自西班牙征服者掠夺美洲以来世人见到的最可观的一笔财富。

这个童话故事就是海因里希·施里曼的一生,此人不仅在考古界,而且在所有笃信科学的人之中,都可称作最具传奇色彩的人物。

故事是这样开始的:在德国北部梅克伦堡州一个小村庄的墓地里,一个小男孩站在一座坟冢前。里面埋着一个名叫亨尼希(Hennig)的恶棍,人们都把他称作煎烤杀人魔。传说他曾将一个牧羊人活生生扔进了烤炉,生煎火烤之后,还狠狠踩上一脚。这个恶魔也因此遭到了报应,死后的亡灵也未能得到安宁,套着丝袜的左脚每年都要像植物一样从坟墓里长出来。

男孩在墓前痴痴等了许久,然而什么都没有发生。于是他请求父亲,挖开坟冢,好好查看一下,这只脚今年大概会长在什么位置。

离此处不远有一座小山。据说那里埋藏了一个黄金摇篮。教堂司事和接生婆都讲过有关它的故事。男孩就问他的父亲,一位没落的穷牧师:"你不是没钱吗?为什么我们不去把这个摇篮给挖出来?"

父亲经常给男孩讲一些传说、童话以及传奇故事。他是一个守旧的人文主义者,因此也会讲荷马笔下英雄间的战斗,讲帕里斯(Paris)与海伦(Helena),阿喀琉斯(Achilleus)与赫克托耳(Hektor),讲强大的特洛伊(Troja)以及它如何遭受大火洗礼并化为灰烬。1829年圣诞节,他送给儿子一本耶厄尔(Jerrer)的《图解世界史》。其中有一幅画描绘了埃涅阿斯[①]怀抱幼子、身背老父逃出火光冲天的特洛伊城的情景。男孩看着这幅画,盯着那雄伟的城墙和坚固的斯坎门向父亲问道:"特洛伊城是这样吗?"父亲点点头。"那么所有这些都被毁掉了,彻底毁于一旦,以至于再没有人知道它们在哪儿了吗?""没错。"父亲回答说。

"我不信。"小海因里希·施里曼说:"等我长大了,我一定会找到特洛伊,还有国王留下的宝藏!"

父亲闻言大笑。

61岁的施里曼已是举世闻名的考古发掘者,当他借一个偶然的机会再次回到故乡时,还打算好好考察一下恶棍亨尼希的坟墓。他在著作《伊萨卡》(Ithaka)[②]的前言中写道:"1832年,也

[①] 埃涅阿斯(Aeneas),是古代希腊、罗马神话中特洛伊战争的英雄,逃出特洛伊城后,长期流浪在外,最后到达了意大利南部,传说中,就是埃涅阿斯家族的后代子孙在稍后的时代建立了罗马城。——译者注

[②] 伊萨卡(Ithaka),是古希腊西部海上一个美丽岛国,在《荷马史诗》中是英雄奥德修斯的故乡。——译者注

海因里希·施里曼
(Heinrich Schliemann, 1822—1890)

就是我10岁的时候,我曾写过一篇文章作为圣诞礼物送给父亲,内容是关于特洛伊战争的主要事件,还有奥德修斯(Odysseus)以及阿伽门农(Agamemnon)的冒险之旅。当时我并未意识到,36年以后我会把一本同样题材的书呈献给读者,而且在此之前我竟有幸亲见这场战争的古战场以及荷马笔下不朽英魂的故乡。"

从施里曼的书信和两部自传中可以看出,少年时代的梦想无时无刻不萦回在他的心头。他渴望有朝一日能够找到《荷马史诗》中英雄们建功立业的那些远古城市,于是倾其全力进行考察研究。为此,他竟然对了解希腊语表现出一种鲜有的抵触,因为他害怕自己会为之着迷,并为此过早放弃自己的生意,从而不能为自由从事科学研究奠定坚实的物质基础。就这样,直到1856年,他才开始学习现代希腊语,并在六周后完全掌握。他又用了三个月的时间,克服种种困难,精通了《荷马史诗》六音步诗行的奥秘。为此他需要付出什么样的努力啊！"我正全身心投入于对柏拉图的研究，假如六周后他收到我的信，一定能看得懂！"

随后的几年里，他曾经两度距离荷马歌颂过的土地近在咫尺。有一次，他取道巴勒斯坦、叙利亚和希腊，准备前往尼罗河的第二大瀑布，谁料路上突发疾病，不得不中途放弃，也因而错过了伊萨卡岛。不过旅行期间，他顺便学会了拉丁语和阿拉伯语。

1864年，他正打算探访特洛伊平原，却临时改变计划，踏上了为期2年的环球之旅。这次行程的收获是，他用法语完成了第一部著作。

当时，他已经了无羁绊和束缚，可以独立做自己喜欢做的事情。这位梅克伦堡州牧师的儿子虽出身卑微，却早已练就了非凡的商业头脑，他像具有拓荒精神的美国人一样白手起家，成为了名噪一时的富商。他曾在一封信中谈到自己的"铁石心肠"，诸如怎样在1853年爆发的克里米亚战争中充分利用贸易政策获取巨额利润；怎样在美国南北战争期间大发横财；一年以后又如何靠进口茶叶狠赚了一笔。可是不管做什么，幸运之神都对他青睐有加。克里米亚战争期间，他不得不变更航线，将两船货物运往默默尔[①]。谁料默默尔港的仓库突发大火，里面的所有货物全都付之一炬。唯有海因里希·施里曼的货物因当时库房紧张，被意外挪到了一处偏僻的木板棚，从而逃过此劫。

他为此写下了这样的文字，虽寥寥数语，字里行间却难掩自

[①] 默默尔（Memel）地区由普鲁士控制长达500年，直到1920年其中一部分被划归法国政府所辖，1926年立陶宛派兵占领了这一地区，随后国际组织承认了立陶宛对这片土地的主权。——译者注

第4章 穷小子发现宝藏的童话

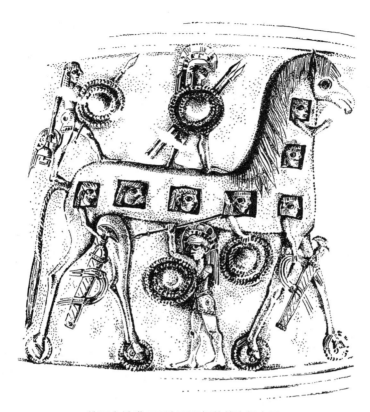

绘于古希腊双耳陶器颈部的特洛伊木马。
希腊艺术作品中，很早就以特洛伊的毁灭这一神话传说作为表现题材。
该陶器制成于公元前670年前后，高1.34米，作存贮之用，出土地是米科诺斯[①]。
图中可以看到，希腊占领军尚有几人正从窗户一样的瞭望孔向外张望，
而其他士兵已经走出了安装在轮子上的木马（原件本身存在裂纹和破损，
描摹时特意留白）

[①] 米科诺斯（Mykonos），是希腊爱琴海上的一个小岛。在希腊神话中说，该岛是由被大力神海格力斯杀死的巨人破碎的身体变成的。——译者注

得之情:"上天以一种不可思议的方式庇佑着我的生意,令我还未到1863年底便拥有了一笔可观的财富,纵使我雄心勃勃,此前也未敢有过如此期冀。"接下来,他言之凿凿地描述了随后的行为,虽然他说的好像理所当然,读者却感到难以置信。事实上,他正是这样做的,这件在别人看来完全不可思议的事情,只有海因里希·施里曼认为是顺理成章的。

"因此我结束了所有的商业活动,"他直截了当地写道,"只为能够全身心投入对我最具吸引力的研究工作。"

1868年,他途经伯罗奔尼撒半岛和特洛阿斯[①],行至伊萨卡。根据其著作《伊萨卡》前言中的说法,这一天是1868年12月31日。该书的副标题为"海因里希·施里曼的考古研究"。

有一张照片记录下了施里曼在圣彼得堡的日子,上面是一位身穿厚毛皮大衣的阔绰绅士。他把这张照片送给了一位护林员的妻子,二人是幼时的相识。他在照片背面骄傲地题写道:"亨利·施里曼的照片,昔日在菲斯滕贝格(Fürstenberg),他是许克施泰特(Hückstaedt)先生的学徒,现今则是圣彼得堡第一商会的批发商,世袭俄罗斯荣誉市民,圣彼得堡商事法庭的法官以及圣彼得堡皇家银行的董事。"

这难道不是童话吗?为了追寻年轻时的梦想,一个财运亨通、成就斐然的商人竟会义无反顾地放弃所有生意,并且断绝一切退路?为了依靠铁锹挖掘,用事实来澄清迄今为止数百本书中

---

① 特洛阿斯(Troas),位于小亚细亚,即希腊神话中特洛伊战争的爆发地,特洛伊古城周边地区。——译者注

混乱不堪的说辞,一个脑袋里除了荷马几乎别无所知的外行竟敢以一己之力抗衡科学界,用笃信来回击质疑荷马之声,而且视语文学家的作品如同草芥?正是因为有了这童话故事般不可思议的行为,他的伟大人生才迈入一个崭新的阶段。

在施里曼的时代,荷马被视作遥远的史前时代的吟游诗人。当时的学界不仅质疑诗歌的内容,甚至怀疑是否真有其人。直到很久以后,才有人大胆称荷马为最早的战地记者,这与之前的观点相去甚远。荷马笔下争夺普里阿摩斯城堡[①]之役的真实性无从考证,这个故事只是流传于那些古老的英雄诗歌,甚至还笼罩着浓郁的神话色彩。

《伊利亚特》(*Ilias*)不是以"远射神阿波罗"在亚该亚人[②]的军队中降下瘟疫揭开序幕的吗?宙斯不是跟"白臂神赫拉"一样亲自干预这场战争了吗?那些神不也化身为凡人吗?他们同样会受伤,就连爱与美之神阿佛洛狄忒不是也未能逃过铜矛的利刃吗?

神话、传说、传奇——荷马充满了神的灵感,不愧被称作最伟大的诗人之一,但也只能被纳入诗人之中。

此外,《伊利亚特》把希腊描写成一个具有高度文明的国家。但是出现在最早文字记载中的希腊人,据我们所知,在当时不过是一个陋简的小民族,既没有豪华的宫殿,也没有强大的国

---

① 普里阿摩斯(Priamos),特洛伊战争时的特洛伊国王,帕里斯之父,普里阿摩斯城堡即荷马笔下的特洛伊古城。——译者注
② 亚该亚人(Achäer)是古希腊大陆上的四个主要部族之一(另三个为爱奥尼亚人、伊奥利亚人和多利安人),也是伊利亚特中对希腊军队的集体称谓。——译者注

王,更没有成千上万条战船组成的庞大舰队。事实上,人们很难想象古希腊在经历了发达的文明时代之后,会陷入原始的野蛮状态,随后又重返灿烂文明的巅峰,而更容易相信书中所述都源于荷马本人富有诗意的灵感。

但是施里曼已经深深沉迷于荷马笔下的世界,这样的斟酌思考实在不足以动摇他的信念。他在诵读《荷马史诗》时,把它当作纯粹的事实,深信不疑。

当他读到关于阿伽门农手中戈尔贡①盾牌的详细描述时,当他得知盾牌的挽手上饰有三头蛇的形象时,当他从书中了解到那些描绘得细致入微的战车、武器和器具时,他坚信不疑,呈现在自己面前的是一个真实的希腊。所有这些英雄,不管是阿喀琉斯和帕特洛克罗斯②,还是赫克托耳和埃涅阿斯,他们的行为事迹,他们的深厚友谊,他们的爱恨情仇难道都是臆造的吗?施里曼相信这些英雄人物曾经存在过。他知道所有古希腊人都相信他们的存在,清楚自己的想法跟希罗多德和修昔底德③也是一致的,这两位伟大的历史学家始终认为特洛伊战争是真实的事件,所有这些参战者在历史上确有其人。

怀有这样的信念,46岁的百万富翁海因里希·施里曼并没有前往今天的希腊,而是直接奔赴昔日亚该亚人统治的王国。他在

---

① 戈尔贡(Gorgon)是希腊神话中的蛇发女妖三姐妹,是海神福耳库斯的女儿。她们的头上和脖子上布满鳞甲,头发是一条条蠕动的毒蛇,长着野猪的獠牙,还有一双铁手和金翅膀,任何看到她们的人都会立即变成石头。——译者注
② 帕特洛克罗斯(Patroklos),墨诺提俄斯之子,阿喀琉斯最好的朋友。——译者注
③ 修昔底德(Thukydides),古希腊历史学家,著有《伯罗奔尼撒战争史》。——译者注

伊萨卡结识的第一个人是位马掌匠，此人的妻子名为珀涅罗珀①，两个儿子一个叫奥德修斯，另一个叫忒勒玛科斯②，虽然这样的巧合并不能证实他的想法，但足以令他振奋不已了。

接下来的这件事听起来虽然令人难以置信，但是确确实实发生了：这天晚上，这个阔绰且奇怪的外国人坐在村中的场院里，为那些逝去了三千年的故人的后代子孙诵读《奥德赛》（*Odyssee*）的第23章。他自己深受感动，不由热泪满面，聆听的村民也跟着他一起哭泣！

不管怎么说，当时发生的事情一直令人惊诧不已。因为纵览世界史，哪有什么事情是仅凭一腔热情就可以成功的？若是幸运长时间眷顾某人，此人必定能力出众，从这个角度来看，把幸运一词放在这里并不是很合适。因为若说施里曼在科学考古意义上能力非凡，即所谓的行家里手，这的确有待商榷，至少对他从事考古发掘的头几年存有争议。但幸运之神却从未像眷顾他那样眷顾过别人。

如果《荷马史诗》属实，跟施里曼同时代的学者大部分都认为当时名为布纳尔巴什（Bunarbaschi）的小村庄很可能就是昔日特洛伊的所在地。这个村子之所以与众不同，只是因为村中每一座房子的屋顶都筑有鹳巢，最多达到了12个。那儿还有两眼清泉，大胆的考古学家便由此认为，特洛伊古城或许曾坐落在这个

---

① 珀涅罗珀（Penelope），《奥德赛》中的人物名，珀涅罗珀是奥德修斯忠贞的妻子，丈夫远征特洛伊失踪后，拒绝了所有求婚者，一直等待丈夫归来。——译者注

② 忒勒玛科斯（Telemach），奥德修斯之子。——译者注

地方，因为《荷马史诗》第一部《伊利亚特》第22章的第147行至第152行诗文这样描述道：

> 他们一直跑到了清澈见底的两股泉水旁边，
> 正是汹涌的斯卡曼德罗斯河①的源头。
> 一股是温泉，总是热气腾腾，
> 水蒸气萦绕在泉上，如同烈火的浓烟，
> 另一股则是冷冽的泉水，即使在炎热的夏日，
> 也冷得像冰雹，像长年的积雪和凝固的冰块。

施里曼用45皮阿斯特②雇佣了一个向导，跨上一匹既无辔头也没鞍具的骏马，初次踏上孩提时代便已向往的这片土地。

"我承认，当广袤的特洛伊平原展现在眼前时，曾经浮现于童年梦境中的画面在这一刻成为了现实，我不由激动万分，几乎难以自持。"

不过这第一印象却已向他言明，这个地方可能并不是特洛伊的故地。因为这儿距离海岸线足有三个小时的路程，而《荷马史诗》中的英雄们却能够每天在战船与城堡间往返数次。此外，据说普里阿摩斯城堡共有62间房屋，城墙巍峨雄壮，足智多谋的奥德修斯献计建造的巨型木马可以通过城门甬道，这样一座宏伟

---

① 斯卡曼德罗斯河（Skamandros）是特洛伊地区的主要河流，也是《荷马史诗》中特洛伊战争的主要战场。希腊联军的大本营就设在河口。——译者注
② 皮阿斯特（Piaster），尤指埃及、叙利亚、苏丹、土耳其等国的辅助货币。——译者注

的城堡可能屹立在他脚下的这座小山丘上吗？

施里曼仔细查找泉眼，继而更是摇头不已。他在方圆500米的范围内发现了34处泉水，而不是荷马在诗中提到的2处。向导竟然还断言他数错了，坚称实际泉眼数为40处，当地也因此得名"四十眼"。

荷马不是说有一眼温泉，一眼冷泉吗？施里曼像以前的神学家研读《圣经》一样，完全按照字面意义去理解《荷马史诗》，他取出袖珍温度计，逐个查验34处泉眼，却发现它们的水温完全相同，都是17.5℃。

他还是没有放弃。他翻开《伊利亚特》，重读描写阿喀琉斯大战赫克托耳的诗行，读到赫克托耳如何在"勇猛的飞毛腿阿喀琉斯"追逐之下奔逃，二人"就这样围着普里阿摩斯城堡奔跑，一连绕城三匝"，"众天神看得目不转睛"。

施里曼开始按照书中描述的路线绕山头而行。他发现一处山坡非常陡峭，以至于不得不手脚并用倒退着爬下去。他把荷马对地形的描述看作军事地图，这下便更加相信，荷马绝不可能让自己笔下的英雄在"急速狂奔中"三次跑下这段陡坡。

他一手拿着表，一手拿着《荷马史诗》，从传闻中埋藏了特洛伊的这座山丘一直走到据称当年亚该亚人停靠战船的那个海岬，步测了这条路的距离。他按照《伊利亚特》第2章至第7章的描写，在脑海中将特洛伊战争的第一个战斗日重新上演了一遍，结果发现，假如特洛伊的位置在布纳尔巴什，那么亚该亚人在长达9个小时的鏖战中至少得连续奔跑84公里！

他越发怀疑特洛伊遗址是否真的在这里，因为他丝毫寻不见废墟的踪迹，甚至连碎陶片的影子都没看到。通常来说，有废墟的地方，碎陶片是屡见不鲜的，由此流传着这样一种说法："根据考古学家在墓中发掘出的古文物推断，那些古老的民族除了制作这些花瓶外，再无什么事儿可做了，而且在他们覆灭前不久，低劣的民族性总会暴露无遗，他们会把所有的成果彻底毁坏，只留下那些美丽的碎片如同拼图游戏供后人拼复。"

施里曼在1868年著文写道："迈锡尼（Mykenä）和梯林斯（Tiryns）在2335年前便彻底覆灭了，但是从它们现存的遗迹来看，似乎再过上千年都不会有什么损败。"特洛伊的毁灭不过比它们早了722年，宏伟的城墙不会就这样踪影皆无，然而却找不到任何的蛛丝马迹。

可是另一处却有着不少的遗迹，稍加观察便可发现它们的存在，地点就在新伊利昂①遗址的中间，现在名为希沙利克（Hisarlik），大致是"宫殿"的意思，具体位于布纳尔巴什向北约两个半小时路程的地方，到海边则只需一个小时。此地有一座土丘，施里曼两次考察了丘顶，一个边长约233米的四方形平台。种种迹象让他相信，自己找到了特洛伊的所在地。

于是他开始着手搜集证据。这时却发现，这种信念并非他自己独有。只不过与他看法相同的人为数甚少，弗兰克·卡尔弗特就是其中之一，此人原籍英国，现任美国驻当地的副领事。希沙

---

① 新伊利昂（Neu-Ilium），古希腊人将特洛伊称为伊利昂，因此《伊利亚特》又译为《伊利昂纪》。到了罗马帝国时期，奥古斯都曾于此处建成一座名为伊利昂的城市，直至君士坦丁堡建成后于拜占庭帝国时期迅速没落，故被称为新伊利昂。——译者注

利克这座土丘的一部分属于他的地产，那儿的一幢别墅也归他所有。他自己在那里挖掘过好几次，从中得出了跟施里曼一样的观点，但并没有取得什么成果。此外还有苏格兰的学者查尔斯·麦克拉伦（Charles MacLaren）和德国人古斯塔夫·冯·埃肯布莱歇尔（Gustav von Eckenbrecher），可是他们的意见无人理睬，最终渺无声息了。

荷马提及的泉眼曾是把布纳尔巴什视作特洛伊遗址的主要依据，这里的情况又是如何呢？施里曼在布纳尔巴什附近发现了34处泉水，在这个地方却恰恰相反，一处泉水都**没有**找到，这令他一度疑惑不定。可是没过多久，卡尔弗特观察到的情况便帮他拭去了心中的不解：有些火山温泉会短时间消失，随后再度重现。这附带着的注释使得施里曼不再拘泥于迄今在学者看来如此重要的依据。当初的驳辞在这里成了他的证据。而且希沙利克的这座土丘坡度平缓，完全可以成为赫克托耳和阿喀琉斯二人追逐厮杀的战场。如果他们绕城三匝，就必须跑15公里，施里曼根据个人经验判断，这对于决斗中满腔仇恨、不共戴天的勇士而言并不为过。

古人的看法重获施里曼的青睐，他认为这比同时代人的渊学博识更加重要。希罗多德不是报道过吗，薛西斯①曾经到过新伊利昂，参观了"普里阿摩斯的帕加马"②，并且向特洛伊的雅典娜女神献祭了1000头牛？

---

① 薛西斯（Xerxes，约前519—前465），波斯帝国皇帝，大流士之子。——译者注
② 普里阿摩斯的帕加马（Priams Pergamos），原是安纳托利亚西北部的一座古希腊殖民城邦，在亚历山大东征后成为一个独立王国。——译者注

神祇、陵墓与学者

面值为4德拉赫马①的古希腊银币上亚历山大大帝的头像。这位马其顿国王头系象征王权的发带，上面饰有预言神宙斯-阿蒙②的牡羊角，以此表明他是神祇的后裔

根据色诺芬③的记载，斯巴达的海军统帅门达拉斯（Mindaros）不是也到过特洛伊吗？阿里安（Arrian）在著作中提到亚历山大大帝无休止地从特洛伊取走献祭品和武器，因为他认为这些东西会带来幸运，于是让他的卫队在战斗中随身携带，不是同样如此吗？恺撒一方面出于对亚历山大的钦佩，另一方面认为有确凿证据表明自己与伊利昂人有亲缘关系，不是也为新伊利昂做了很多事情吗？

---

① 德拉赫马，为古希腊银币单位及希腊加入欧元区前的货币单位。——译者注
② 宙斯-阿蒙神（Zeus-Ammon），希腊人向来有将自己的祖先追溯到神话传说中的某一位神或英雄的习俗，亚历山大和他的家族都自认为是希腊主神宙斯和希腊英雄赫拉克勒斯的后裔。阿蒙是古埃及的太阳神，征服埃及后，亚历山大被当地的祭司尊为宙斯-阿蒙神的后裔。——译者注
③ 色诺芬（Xenophon，约前430—前354），古希腊历史学家、作家，雅典人，苏格拉底的弟子，著有《远征记》《希腊史》以及《回忆苏格拉底》等。——译者注

难道他们这些人都是在凭空幻想？难道他们都伪造了当年的事实？

施里曼在其著作中独辟一章，列举了种种证据来证明自己的观点，但在末尾却一改前文的学术性，将目光投向了令他沉醉的当地风光，他描述得如此激动人心，仿佛自己如果是个孩子，就会纵情高呼："……因此我还想稍作补充，在踏上特洛伊平原，看到希沙利克这座美丽土丘的那一刻，人们会立即为之震惊，造物主创造它似乎就是要用来筑建一座宏伟雄壮的城堡。的确，若是在这里修筑防御工事，就可以掌控整个特洛伊平原，在这片土地上，别的地方都不具有它这样得天独厚的优势。"

"从希沙利克远远望去，也看得到伊达山[①]，朱庇特曾在它的顶峰俯视特洛伊城！"

现在，施里曼着了魔似的工作起来，就像当年从商业学徒一跃而成百万富翁那样，为实现自己的梦想，铆足了全部的干劲。为此，他义无反顾地投入了所有财力、物力和精力。

1869年，施里曼娶了一位希腊姑娘为妻，她叫索菲娅·恩加施特罗门努斯（Sophia Engastromenos），有着娇美的容颜，完全符合施里曼想象中海伦的形象。不久，索菲娅也投身于这项伟大的使命，跟她的丈夫一起寻找荷马笔下的那片土地，为他分担辛劳、困苦和忧愁。施里曼于1870年4月开始发掘工作，1871年挖了两个月，在随后的两年，每年挖四个半月。手下大约有100名工人可供调遣。他无休无息地工作，任何事情都无法阻止

---

① 伊达山（Ida），位于克里特岛的中部。——译者注

他寻找的步伐：沼泽地里蚊虫叮咬引发了高烧，很可能因此感染病毒，甚至有生命危险，并未把他吓倒；清洁水源严重匮乏没有令他退缩；工人们的反抗，当局的行动迟缓，全世界科学家的不理解，讥讽他为傻瓜或者说得更难听，也都无法改变他的决心。

荷马在诗中指出，城中最高处耸立着雅典娜神庙，波塞冬和阿波罗修建了帕加马的城墙。据此，施里曼认定在土丘的中央一定可以找到这座神庙，神庙的四周，远古的土层上必是天神筑就的城墙。于是他便从丘顶掘起，先是挖到了几堵墙体，不过他觉得无关紧要，就命人拆除了。接着他发现了武器、家用什物、饰品和花瓶，这一切极其有力地证实了，这里曾是一座富饶的城市。不仅如此，他还有其他发现，海因里希·施里曼这个名字也因此第一次响彻全球：在新伊利昂遗址的下面，他发现了另外的废墟，其下又有新的遗迹，整座土丘宛如一个巨大的洋葱需要一层一层剥落开来。每一层似乎都有人居住，而且分属完全不同的历史时期。一群群民众在这里生存、死亡，一座座城市在这里兴起、毁灭。刀剑无情，烈火肆虐，一个文明为另一文明所取代，死人的城市一次次被夷为废墟，活着的人在上方又建起新的城市。

每一天都会有意想不到的收获。施里曼来到此地，本是为找到荷马笔下的特洛伊，可是在为期几年的挖掘工作中，他和手下的工人发现了不止七座陷没的古城，后来又发现了两座！九次发现让世人了解到一个迄今闻所未闻、无从知晓的史前时代！

但是这九层古城中，究竟哪一层才是荷马笔下那个英雄会聚、激战纷仍的特洛伊呢？显然，最底下那层距今时间最久远，最为古老，那时的居民还不懂得使用金属，而最上面的一层必定是年代最近的。

施里曼不停地挖掘着，寻找着。在从下向上数的第二层和第三层，他发现了焦痕，找到了雄壮围墙的残垣和宏伟城门的遗余。他确信，这些墙体环围着普里阿摩斯的宫殿，这座城门就是斯坎门！

他在无意间寻到了宝藏，科学意义上的宝藏。他把这些东西运回家，交付专业人士评估，就这样，一个远古时代的影像逐渐清晰起来，最终形成一幅完整的画卷，每一处细节都被勾勒得清清楚楚，直至重现这个民族的全貌。

整个世界都为之轰动了。施里曼在跟工人们一起挖出超过25万立方米的泥土之后，觉得应该把这儿的工作停一停了。他开始将目光投向其他任务，于是把1873年6月15日暂定为挖掘工作的最后一天。然而，就在停工的前一天，他又有了新发现，这个发现为他的工作镀上了金色光环，令世人欣喜万分。

发现的经过充满了戏剧性。直至今天，当人们读到这一事件时，也会紧张得透不过气来。那是一个大热天的早晨，施里曼同妻子一道监督工人们工作，挖掘过程一如往常，虽然此时的他已不再相信，还能挖出什么重要的东西来，不过还是像平日那样自始至终全神贯注。挖掘现场位于地面以下8米多的深处，夫妇二人站在一堵断墙上，施里曼认为那就是昔日普里阿摩斯宫殿的围墙。突然，他的目光被什么东西吸引住了，与此同时他的想象力飞速驰骋，迫于形势，他必须立刻采取行动，因为那些工人个个都跟强盗一般，若是他们看到了自己发现的东西，谁晓得能干出什么样的事情来。施里曼抓住妻子的胳膊，在她耳边低语："金子。"索菲娅心中一惊,目瞪口呆地盯着他。"快",他又急匆匆补充道,"把工人们打发回家,马上!"——"可是……"这个美丽的希腊女人刚一开口,便被他打断:"没有可是,跟他们说,你想做什么,就跟他们说,今天是我的生日,我刚刚才想起来,他们所有人都会放假一天!快点儿告诉他们,快!"

工人们全都散去了。"取你的红围巾来!"施里曼一边喊着,一边跳进坑洞,拿刀子拼命挖了起来。巨大的石块以及沉积了数千年的瓦砾块在他头顶上方摇摇欲坠,越来越危险,他却对此全然不顾。"我用一把大刀以最快的速度把宝藏挖了出来,要想做到这一点,必须倾尽全力,还得冒着极大的生命危险。因为我所挖之处正是那城堡围墙的墙角,这堵墙又高又大,随时都有可能在我头顶上方倾圮。但是看到那么多每一个都价值连城的珍宝,我便无所畏惧,顾不上生命安危了。"

象牙闪烁着幽暗的光泽,黄金叮当作响。施里曼的妻子拿来围巾,裹了满满一包。全都是无价之宝。这些一定就是普里阿摩斯宝藏!它们是远古时代最强大的一位国王搜罗收藏的黄金珍宝,上面沾满了鲜血和泪水,是这位像神一样的王者的饰品,在地下埋没了3000年,被7个先后失落的王国的断壁残垣所掩盖,最终在这一刻重见天日。施里曼一直认为他找到的就是普里阿摩斯宝藏,而且对此从未有过些许怀疑。在他去世前不久,才有证据显示,他被热情冲昏了头,以至于张冠李戴,特洛伊的位置既不在第二层,也不在第三层,而是在第六层,这批宝藏的主人是比普里阿摩斯还要早1000年的一位国王。

施里曼夫妇像做贼一样,偷偷摸摸、蹑手蹑脚地把宝藏带回了他们的木屋。随后立刻将这些黄金饰物堆放在简陋的粗木桌上,里面有王冠、别针、链子、盘子、纽扣、金丝、蛇杖和金线。"很可能是普里阿摩斯的家人匆匆忙忙把这些财宝装到箱子里,还没来得及拔出钥匙便抱着就跑,谁料刚逃到城墙上就遭遇敌军或者身陷大火,不得不将箱子弃置不顾。旁边的王宫仍是火光冲天,很快就坍塌了,灰烬和石块倾覆而下,把它埋了五六英尺深。"

爱幻想的施里曼拿出一副耳环和一条项链,为年轻的妻子佩戴上——3000年前的首饰装扮着20岁的希腊姑娘!他目不转睛地看着她,轻声唤道:"海伦!"

这些黄金宝藏究竟下落如何呢?施里曼没能保守住挖到宝贝的秘密,这个消息渐渐传播开了。在岳父家的帮助下,他几经风险终于把它们运到了雅典,又从那儿送到了乡下。当土耳其公使下令查封施里曼的住所时,连黄金的影子都没有找到。

施里曼算不算盗贼呢?——当时,土耳其政府有关古代文物的立法模糊不清,整个社会专制横行。这样一个曾因一个梦想而改变整个人生,眼下又充满了成就感的人打算为自己,从而也为欧洲科学界救出这批黄金宝藏,有什么奇怪的呢? 70年以前,埃尔金[①]及金卡丁[②]的伯爵托马斯·布鲁斯[③]不是以类似的方式偷运过另一批宝藏吗?当时的雅典仍然属于土耳其管辖。这位埃尔金勋爵弄到了一张通行牒牌,上面附注着:"此人可从雅典

---

① 埃尔金(Elgin),苏格兰东北部一座小城的名字。——译者注
② 金卡丁(Kincardine),苏格兰东部旧郡。——译者注
③ 托马斯·布鲁斯(Thomas Bruce,1766—1841),既是埃尔金第七伯爵也是金卡丁第十一伯爵,英国贵族。——译者注

卫城运出一些刻有铭文的石块或雕像，任何人不得阻拦。"埃尔金勋爵别有用心地放大了这句话的含义。他把200箱帕特农神庙的石雕饰品运到了伦敦。这些古希腊艺术珍品究竟该归谁所有，这个问题一直争论了很多年。埃尔金勋爵为购置这些石雕花费了74240英镑。1816年，英国国会决定全部买下这些收藏品，偿付给他的金额连当年的一半都不到，只有35000英镑！——施里曼挖出"普里阿摩斯宝藏"时，油然感到人生如此，夫复何求。

他已经取得了这样辉煌的成就，还有可能百尺竿头更进一步吗？

第 5 章

阿伽门农的面具

有的人一生之中成就斐然，功绩累累，以致后人为他著书立传时，必须斟酌辞令，以免文章伊始便极尽溢美之言，待到后文更需礼赞之处却无从下笔了。可是也有人缔造了一生的传奇，宛如一部自始至终都在用夸张笔法撰写的戏剧。施里曼就属于后者，他的奇特个性越来越令人惊讶，他在考古方面取得了非凡的成功，三次筑就了这一领域的巅峰奇迹，第一次是找到了"普里阿摩斯宝藏"，第二次应该就是发现了迈锡尼的王陵。

古希腊神话最阴霾、最灿烂的篇章中有这样惊心动魄、暗藏杀机的一幕，那就是迈锡尼珀罗普斯[1]王室的故事，即阿伽门农凯旋后遇害身亡的经过。阿伽门农率军出征，围困特洛伊长达十年。埃癸斯托斯[2]则趁机鸠占鹊巢。

---

[1] 珀罗普斯（Pelopiden），在希腊神话中是塔坦罗斯之子，塔坦罗斯的父亲便是宙斯，迈锡尼之王阿特柔斯即珀罗普斯之子，阿伽门农又是阿特柔斯的儿子。——译者注
[2] 埃癸斯托斯（Aigisthos），是提厄斯忒斯之子，提尼斯忒斯与阿伽门农的父亲阿特柔斯系兄弟，因为争夺王位相互仇恨。埃癸斯托斯在阿伽门农出征特洛伊期间与其妻通奸，阿伽门农胜利归来后，两人串通谋杀了他并僭居阿尔戈斯城王位达15年之久。——译者注

> 我们舍命苦战在遥远的他乡，
> 日日祈盼重返故国家园，
> 他却安然自得，
> 躲在骏马之都阿尔戈斯①的角隅，
> 用那花言巧语，
> 引诱着阿伽门农之妻。

他安插了一名哨兵负责通报阿伽门农归家的消息，一收到报信，便埋伏下20名勇士，然后设宴为阿伽门农庆功——"却暗中策划卑鄙的阴谋"——"在酒宴上杀死了他，就像将一头公牛宰杀于食槽。追随阿伽门农的士兵和朋友全部遇害，无一逃脱。"阿伽门农之子俄瑞斯忒斯（Orestes）逃亡八年以后，才重返故乡，杀死失节的母亲克吕泰涅斯特拉（Klytaimnestra）和弑父的凶手埃癸斯托斯，报了父仇。

这一事件已成为悲剧作家钟爱的题材，埃斯库罗斯（Aischylos）最有代表性的作品写的是阿伽门农，法国作家让-保罗·萨特（Jean-Paul Sartre）则以俄瑞斯忒斯为主人公创作了剧本《苍蝇》。阿伽门农作为伯罗奔尼撒的统治者，堪称历史上最强大、最富有的人，人们从未忘记过这位"人民之王"。

然而，迈锡尼不仅仅弥漫着血雨腥风，而且黄金遍地。按照荷马所说，特洛伊已属富庶之城，而迈锡尼比它还要富有，"黄

---

① 阿尔戈斯（Argos），希腊最古老的城市之一，自早期青铜时代起就有人定居，在希腊神话中是阿伽门农的故乡。《荷马史诗》中多次以阿尔戈斯人代指伯罗奔尼撒半岛人，甚至是希腊人。——译者注

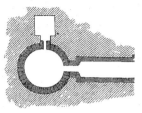

王陵所在地：
迈锡尼城堡地下"阿特柔斯宝库"的截面图和轮廓图

金"一词是它最惯用的修饰语。发现了普里阿摩斯宝藏的施里曼更加执迷，他决定去寻找新的宝藏。尽管所有人都认为这不可能，但他却找到了！迈锡尼位于"骏马之都阿尔戈斯的最远角"，也就是从阿尔戈斯到"科林斯地峡"①的途中。若是从西向东眺望这座昔日国王的城堡，便会看到一大片废墟，都是些高城厚墙的残垣，后面耸立着埃维亚山（Euböa），山势由缓至陡，上面坐落着先知埃利亚斯（Elias）修道院。

大约公元170年，帕萨尼亚斯②行游至此，记述下了当日所见。那时的遗迹远远多过呈现在施里曼眼前的景象。不过，这位考古学家此次的任务与此前在特洛伊相比有一点不同，那就是迈锡尼古城的所在之地确凿无疑。虽然废墟之上覆盖了数千年的尘埃，虽然昔日王室的领地已成为羊群觅食之所，但是这些遗迹仍

---

① 科林斯地峡（Korinthos' Landesenge），位于希腊大陆和伯罗奔尼撒半岛之间，将科林斯湾与萨罗尼加湾隔断。科林斯地峡南端有古庙宇遗址，古代在此举行两年一度的地峡运动会。——译者注
② 帕萨尼亚斯（Pausanias），生活在公元2世纪的希腊地理学家、历史学家和旅行家，著有十卷本《希腊志》，书中内容多为后世考古学发现所引证。——译者注

举目可见，见证着曾经的宏伟、奢华和庄严。

"狮子门"是通向王宫的主要入口，至今依旧巍然屹立，其肃穆壮观令行至此地者惊叹不已，可与之媲美的还有所谓的"宝库"。这些隐匿于地下的屋室以前曾被当成了"烤房"，其中最有名的一座莫过于珀罗普斯王朝的开国之君、阿伽门农的父亲阿特柔斯（Atreus）的宝库。这间地下室高度超过13米，形状像钟罩，整座墓室为独特的叠涩穹隆结构，由一块块彼此没有接合的巨石垒砌而成。

施里曼发现，不少古代作家都把这个地方描述成阿伽门农以及跟他同时遇害的战友的坟茔。城堡的位置很明确，这些墓穴却难觅其踪。如果说施里曼找到特洛伊全靠悖逆学者们的共识，仅以荷马所述为依据，那么这次他坚持自己对帕萨尼亚斯所著的某段文字的解读，断定整个科学界对此处的翻译和理解都有错误。此前公认的观点来自当时最著名的两位考古权威，英国人多德韦尔（Dodwell）和德国人库尔提乌斯（Curtius），他们认为，帕萨尼亚斯所说的陵墓位于城墙的外面。施里曼却宣称，陵墓一定在城墙之内，而且在《伊萨卡》一书中就提出了这个观点。他又一次宁可固守古籍之言，也不愿相信科学思考得出的结论。然而说这些似乎没什么意义了——因为他坚定不移地展开了挖掘，结果表明这次他又对了。

"1876年8月7日，我和63名工人一起开始了这项伟大的工作……"——"从8月19日起，我平均每天投入125名工人和4辆垃圾车，工作进展迅速。"

最先挖出的是大量花瓶，接着还是花瓶，随后他便有了第一个重大发现：一座由双排立石砌成的非常特别的圆形建筑。施里曼果断地指出这就是迈锡尼的圆形广场，他认为这个特殊的石圈是当年的环形长椅，城中贵族曾在这里召开会议、参政议政、审判案件，欧里庇得斯（Euripides）的剧作《厄勒克特拉》（*Elektra*）中的宣谕官就是站在这个地方召集民众前来广场的。

那些"学识渊博的朋友"证实了他的想法。他发现帕萨尼亚斯曾经就另一个广场写下过这样一句话："他们在这儿修建了议会的场所，以便能将英雄们的坟茔容纳其中。"因此他认为，阿伽门农的陵寝就在自己脚下，他像着了魔一般坚信自己的判断，当初他正是凭着这股执迷劲儿才得以在6层古城遗址之下找到了普里阿摩斯宝藏。

紧接着，他发现了9座墓地，其中四座仍遗存着完整的浮雕，这一切打消了他最后的疑虑，科学工作者应有的审慎也随之被置于脑后。他写道："事实上，我毫不犹豫地宣告，我在这里找到的墓穴就是当年帕萨尼亚斯根据传统习俗确认的阿特柔斯的陵墓以及人民之王阿伽门农、他的车夫欧律墨冬（Eurymedon）、卡珊德拉[①]和他们同伴的坟茔！"

与此同时，在狮子门附近发掘宝库的工作进展缓慢。因为该处废墟的地质极为坚硬，由此增加了挖掘难度。不过，直觉告诉他这个地方一定会有所发现："传说中这些神秘建筑是远古的国王用来贮藏财宝的，我深信这种说法完全属实。"为了找到入口，

---

① 卡珊德拉（Kassandra），是《荷马史诗》中特洛伊末代国王普里阿摩斯之女，能预知祸事，随阿伽门农回到迈锡尼，并同时被害。——译者注

他不得不把挖出来的废土碎石清理到一边，没想到就在这垃圾堆里发现了第一批出土物，不管是造型的精美程度，制作的工艺水平，还是原材料的质量方面，它们都要超过在特洛伊发现的同类物件，其中包括墙壁带状缘饰的碎块、彩绘花瓶、赫拉女神的陶俑、浇铸饰物用的石模（一经发掘，施里曼便推断说："这些饰物可能都是金银制品"）、釉陶的纹饰、玻璃珠和宝石。

施里曼和工人们的挖掘量到底有多大，从下面这段注释中便可略窥一斑："就目前的发掘工作而言，我尚未发现哪个地方挖出的废土瓦砾超过8米深，就算是这个深度也仅限于高大的穹隆形外墙旁边的地带；随着巨石墙体陡然隆起的弧度，覆盖在上面的废土瓦砾的深度在4到6米之间。"

功夫不负有心人。1876年12月6日，按照施里曼的记载，是第一座陵墓出土的日子。勘察现场必须要非常仔细。索菲娅不愧是一位好助手，她跪在地上，用小折刀刮，用双手挖，一寸寸清理着废墟，不知疲倦地干了25天。最终，他们一共发现了5处墓穴，并在里面找到了15具尸骸。随后，施里曼发了一封电报给希腊国王，向他通报发掘成果：

> 尊敬的国王陛下，我怀着无比喜悦的心情向您禀报，我已经发现了传说中阿伽门农、卡珊德拉、欧律墨冬及其同伴们的陵墓，他们同在庆功宴上被克吕泰涅斯特拉和她的情夫埃癸斯托斯所害。

这些活生生的历史人物，曾经奋战在特洛伊的英雄，一直被视为纯属虚构的神话角色。如今，当施里曼一个接一个发现他们的遗骨，当他注视着这些头颅时，激动之情可想而知。英雄的面目虽然已被岁月蚀食，仍依稀可辨昔日的样子，他们的眼窝空洞无物，鼻子荡然无存，嘴巴业已扭曲，形状极为可怕，好像仍处于最后一眼亲睹罪行时的惊惧中，有些骨骼上还残黏着肌肉，手镯和饰品因彼此撞击而叮当作响，这就是三千多年以前生活在爱恨情仇中的先人的遗骨。

施里曼丝毫不怀疑自己的结论。的确，许多事实似乎都可以证实他的想法。"他们身上简直铺满了黄金珠宝。"他在文中这样写道，继而又提出了质问，倘若死者是普通人，会有人用这么多珍宝给他们陪葬吗？他还发现了武器，各种各样珍贵的武器，以备死者九泉之下防身之用。他指出焚尸显然是仓促之举。殓葬者几乎等不及将一切焚烧殆尽，就倾倒土石把它们掩盖了，如此的迫不及待难道不是因为凶手企图毁尸灭迹吗？尽管陪葬的珍宝会让人推断出安葬是根据通常的习俗进行的，但埋葬方式及墓地本身却有失体面，只有满腔仇恨的凶手才会这样处置被杀的仇敌，所有的发现不都在暗示这一点吗？难道他们不正是"像不洁净动物的尸体一样被扔进促狭的洞穴"吗？

施里曼再次请出他心目中的权威——古代的作家们，援引了埃斯库罗斯的《阿伽门农》、索福克勒斯（Sophokles）的《厄勒克特拉》和欧里庇得斯的《俄瑞斯忒斯》作为佐证。他从未怀疑自己想法的正确性，然而正如我们今天知道的那样，他的结论是错的。他的确发掘出了王陵，不过并不是阿伽门农及其同伴的坟茔，墓中人生存的年代很可能比他们还要早400年。

这个错误并不重要。重要的是：他在探索失落的史前世界的道路上又迈出了非常重要的一步；他再次验证了《荷马史诗》的真实性；他发掘的物品不管在科学意义上还是在物质意义上都属于无价之宝，并让我们找到了欧洲文化的鼻祖。"对于考古界而言，这的确是一个崭新的、完全出乎意料的世界，发现它的人就是我！"

迈锡尼出土的黄金宝藏数量惊人。直到很久以后，卡纳冯（Carnarvon）和卡特在埃及发掘的文物才打破这一纪录。施里曼写道："全世界所有博物馆的黄金藏品加在一起，数量也不及它的五分之一。"

在第一座墓室中，他发现了三具骷髅，每一具上面都有五顶纯金王冠，还有黄金月桂叶和十字架。另一座墓室葬有三具女尸，他在里面搜寻到至少701片薄金叶，上面雕饰着精美的花纹、动物、花卉、蝴蝶和墨鱼，同时还发现了各种造型的黄金饰物，如狮子、其他小动物和浴血奋战的武士，还有其他装饰品，形状包括狮子、猛禽、卧鹿和与鸽子相伴的女子。其中一具骸骨

迈锡尼出土的王室御用黄金器皿

的头部佩戴一顶黄金王冠,王冠的额带上钉有36片金叶,叶片垂直向上,绕头一周。剩下的两具遗骸都带有非常漂亮的冕状头饰,一具颅骨几近完全风化,另一具颅骨还有部分残余粘连在头饰上。

此外,他还找到了五顶同样要用金线固定于头部的黄金冕饰、不计其数的金十字、黄金玫瑰花饰、胸针和卷发夹、水晶、玛瑙、扁豆状的缠丝玛瑙和紫水晶,以及柄部为水晶的银质镀金节杖、金酒杯和小金盒、雪花石膏雕刻而成的装饰品。

这里出土的最重要的文物就是那些黄金面具和护胸甲,根据传说,这些东西用于保护国王的遗体不会因任何外界因素受到损毁。它们是在发掘第四座墓穴时被发现的,清理时施里曼又是双膝跪地,在妻子的协助下,小心翼翼刮去覆盖在五具古尸上的黏土。尸体的头部显露出来以后,仅过了几个小时,便风化为灰烬。但是那些黄金面具依旧熠熠生辉,保持着原有的形状。因为每个人的面部特征都很独特,所以面具的形状也彼此迥异,它们的样子"截然不同于理想化的神祇或者英雄,由此可以肯定,每一个面具都呈现了死者生前的相貌"。

他发现了镶有精美凹雕宝石的印章戒指,发现了手镯、额头饰带和腰带、110朵金花、68枚没有凹雕宝石装饰的金纽扣以及118枚镶嵌着凹雕宝石的金纽扣。当然,出土的文物远不止这些,施里曼描述挖掘工作时,清清楚楚记录了所有发现,他在下一页又提到了130枚新的金纽扣,另一页上有他介绍的一个由黄金制成的神庙模型,再下一页他又大谈找到的一条金墨鱼。这样的描述,施里曼不厌其烦地写满了206页,这里毋须再做赘述。

他找到的除了黄金，黄金，还是黄金！

晚上，当天色逐渐暗去，夜幕降临到迈锡尼的卫城，施里曼便命人点燃"2344年以来第一堆"篝火。这火光用于护卫发掘现场，却不由令人回想起了当年，那时燃起篝火是为了通知克吕泰涅斯特拉和她的情人，阿伽门农即将抵达。这次的火光则是用来吓退那些觊觎宝藏的窃贼，以免他们从古代王陵中偷取任何一件稀世珍宝。

第 6 章

施里曼与科学

施里曼在第三次伟大发掘中没能再次找到黄金。但是这次，他挖出了梯林斯的一座古堡，这一发现连同他在迈锡尼的挖掘成果以及十年后英国考古学家埃文斯在克里特岛出土的古文物加在一起，才完整地呈现出一个曾经在地中海沿岸盛极一时的史前文化形态。

不过首先应该对施里曼在他那个时代的境遇有所了解。因为即使到了今天，这种情况亦如当年一样存在，每一位饱受公众和学界批评攻击的研究者都要与之抗争。施里曼所写报道的受众群体不同于温克尔曼笔下的"通讯"读者。温克尔曼，这位18世纪远见卓识的学者，写作的对象是受过教育的文化人、少数享有特权的人，以及拥有博物馆或者至少可以入内参观的人，而当时的博物馆全部归宫廷所有。庞贝城的发现让这个小圈子里的人们激动不已，每挖出一座雕像都会令他们欣喜若狂，不过他们的兴趣所在总是脱离不了阳春白雪的审美艺术。诚然，温克尔曼的影响是巨大的，但是在他那个时代，若要使这种影响力跳出那狭小的文化圈，辐射得更深更广，则需要通过文人墨客的宣传介绍。

施里曼却不需要任何中间媒介，而是以自己的方式直接施加影响。他将每一件发掘物都公布于众，而且对其极力称颂。他的书信寄往世界各地，他的文章投递到所有报纸。倘若当时已经有了收音机、电影和电视，施里曼也会向它们借助一臂之力。

他从特洛伊出土的文物并不单单在文化界这个小圈子里引起轰动，而是震撼了每一个人。温克尔曼描绘的雕像只能令美学家感兴趣，让内行着迷。施里曼发现的黄金宝藏则吸引了整整一个时代的人，这个时代在施里曼的祖国被称为"德国经济繁荣年代"，也就是说对这些宝藏感兴趣的人正处于经济蓬勃发展的风口浪尖，他们欣赏这位白手起家的成功者，他们能够理性思维、独立判断，当那些"纯科学家"对施里曼这个"外行"嗤之以鼻、百般诘难时，他们站到了施里曼这一边。

1873年，报纸刊载了施里曼的报道，几年以后，一位博物馆的馆长就此回忆道："这些报道一经发表，便在学术界及公众间引起了巨大轰动。无论在家里还是在街上，在邮政车里还是在火车上，无处不在谈论特洛伊。人们既充满了惊奇，又满腹的疑问。"

如果说温克尔曼如同赫德尔（Herder）所言，向我们"揭示了古代希腊人的秘密"，那么施里曼发现的就是他们的史前世界。他凭借着难以置信的大胆，把考古学从书斋的煤油灯下解放出来，让它沐浴上希腊大地的明媚阳光。他一步迈出古典语文学的领地，踏入了生动的史前时期，拓展出一门围绕史前史建立的古典科学。

采取一系列颠覆性举措的速度，接踵而来的成就，令人捉摸不透的性格，既不是彻头彻尾的商人，也并非不折不扣的学者，却又在两个领域都取得了非凡的成绩，以及所发文章呈现出的"沽名钓誉的姿态"，这一切无不引起国际学术界的震惊，特别是德国学术界。在施里曼从事发掘工作的几年间，学者们向他发动了猛烈的炮轰，光是以特洛伊和《荷马史诗》为主题发表的文字便多达90篇，数量之多足以见反应之强烈。他们的批判抨击，火力集中于施里曼的行为纯属业余爱好。纵贯考古发掘的历史，我们一再会遇到诸如此类科班出身的考古学家。倘若有谁为探索一个未知世界突然提出了新的主张，他们便会群起而攻之，令其焦头烂额、苦不堪言。对施里曼的攻击可以说是本性使然，因此有必要在这里为他多说几句，并且援引一些文字。首先听一下怒火中烧的哲学家阿图尔·叔本华（Arthur Schopenhauer）的仗义执言：

> 半瓶醋，半吊子！这完全是以牟利为己任者对那些出于爱好和兴趣从事某种科学或艺术的人的贬低之词，因为他们本人所爱的只是通过科学、艺术行为获取的金钱。这样藐视他人，原因在于他们无耻地相信，若非为困顿、饥饿所迫或者贪欲的驱使，没有人会真正投身于什么事业。公众的思维与之相同，见解自然也与之一致：因此人们普遍敬仰"专业人士"，对半瓶子醋的业余爱好者抱有怀疑。事实上，事业对业余爱好者而言是一种目的，对内行之人来说不过是一种手段。只有那些全身投入于一项事业，出于内心的热爱从事

它的人，才会真正严肃认真地对待它，用爱来推动它。最伟大的成就从来都属于这些人，而不是那些唯利是图的奴隶。

施里曼的同事、顾问和挚友威廉·德普费尔德是德国国内支持施里曼的少数专家之一，1932年他还撰文写道："施里曼在特洛伊和伊萨卡进行挖掘时，陪伴他的是一些学者的冷嘲热讽，特别是德国的语文学家，他却始终不解其故。后来，我也因为遵循《荷马史诗》的指示展开发掘遭到了几位著名科学家的百般耻笑，我对此一直深表遗憾，在我看来，他们的说法不仅不合理，而且没有科学依据！"

"专家"对成功的"外行"充满不信任，实质上是庸人对天才的怀疑。生活有保障者总会瞧不起那些游荡不安、把"事业归入虚无"的人。这种鄙视是不公平的。

只要我们随意回顾一下科学研究的发展过程，就不难了解，无数伟大的发现都是由那些"半瓶子醋""外行"，甚至是"自学成才者"成就的，因为这些人会执着于某个想法，他们感受不到专业教育带来的束缚，也没有专家们的自以为是和闭目塞听，所以能够越过迂腐的传统设置的重重障碍。

17世纪德国最伟大的物理学家奥托·冯·居里克[①]原本是个律师。德尼·帕潘[②]曾是名医生。制皂工人的儿子本杰明·富兰

[①] 奥托·冯·居里克（Otto von Guericke, 1602—1686），德国物理学家、政治家，曾任马德堡市市长。——译者注

[②] 德尼·帕潘（Denis Papin, 1647—1712），法国物理学家、数学家和发明家，高压锅的发明者。——译者注

克林①没有上过一天中学，更不用说接受大学教育，但是后来不仅成为一名活跃的政治家（或许正是教育程度低成就了他政治生涯的辉煌），而且还是著名的学者。生物电的发现者伽伐尼②本人是医生，正如威廉·奥斯特瓦尔德③在《电化学的历史》一书中所说，伽伐尼认为这个发现恰恰归功于自己在这方面的知识有所欠缺。约瑟夫·冯·夫琅和费④在光谱研究方面著述有杰出的论文，但在14岁以前却是个文盲，不会读写。最著名的自然科学家之一迈克尔·法拉第⑤是马掌匠的儿子，职业生涯始于装订工人。能量守恒定律的发现者尤利乌斯·罗伯特·迈尔⑥是名医生。赫尔曼·冯·亥姆霍兹⑦也是医生，26岁的他发表了第一篇论文，内容同样关于能量守恒。乔治-路易·勒克莱尔·布丰⑧是数学家和

---

① 本杰明·富兰克林（Benjamin Franklin，1706—1790），美国著名政治家、科学家，同时亦是出版商、印刷商、记者、作家、慈善家，更是杰出的外交家及发明家。他曾经进行多项关于电的实验，发明了避雷针、双焦点眼镜、蛙鞋等等。——译者注
② 伽伐尼（Galvani，1737—1798），意大利解剖学和医学教授、物理学家。——译者注
③ 威廉·奥斯特瓦尔德（Wilhelm Ostwald，1853—1932），出生于拉脱维亚的德国籍物理化学家。——译者注
④ 约瑟夫·冯·夫琅和费（Joseph von Fraunhofer，1787—1826），德国物理学家，主要贡献集中在光学方面。——译者注
⑤ 迈克尔·法拉第（Michael Faraday，1791—1867），英国物理学家，也精于化学，在电磁学及电化学领域贡献颇多。——译者注
⑥ 尤利乌斯·罗伯特·迈尔（Julius Robert Mayer，1814—1878），德国物理学家，热力学的奠基人之一。——译者注
⑦ 赫尔曼·冯·亥姆霍兹（Hermann von Helmholtz，1821—1894），德国物理学家、生理学家。——译者注
⑧ 乔治-路易·勒克莱尔·布丰（Georges-Louis Leclerc Buffon，1707—1788），法国博物学家、数学家、生物学家、启蒙时期著名作家。他的思想影响了之后两代的博物学家，包括达尔文和拉马克。——译者注

物理学家，出版的最重要的书籍却属于地质学领域。第一部电报机的设计者是解剖学教授托马斯·索默林[①]。塞缪尔·莫尔斯[②]和路易·达盖尔[③]都是画家，前者创建了最早的电报码，后者发明了摄影术。费迪南德·冯·齐柏林（Ferdinand von Zeppelin）伯爵、汉斯·格罗斯（Hans Groß）和奥古斯特·冯·帕塞瓦尔（August von Parseval）制造了第一艘可以控制的飞艇[④]，他们都是军官，对技术一窍不通。诸如此类不胜枚举。倘若将这些人及其影响从科学史中剥离开去，那么整座科学大厦也会随之坍塌。然而他们在各自的时代也不得不承受种种讥讽和嘲笑。

本书所涉及的考古科学在其历史上也不乏此类杰出之士。威廉·琼斯（William Jones）翻译的梵语著作是最早的优秀译本，不过他并非东方学者，而是孟加拉高等法院的法官。格奥尔格·弗里德里希·格罗特芬德（Georg Friedrich Grotefend）最先破译出了一种楔形文字，他本人却是古典语文学家，继承他事业的亨利·克莱斯维克·罗林森是军官和政治家。在破译埃及象形文字这条漫漫长路上迈出第一步的托马斯·扬（Thomas Young）是位医生，最终到达目的地的让-弗朗索瓦·商博良（Jean-François Champollion）原本是历史学教授。发掘出帕加马

[①] 托马斯·索默林（Thomas Sömmering，1755—1830），德国医生、解剖学家、人类学家、古生物学家和发明家。——译者注
[②] 塞缪尔·莫尔斯（Samuel Morse，1791—1872），美国发明家，摩尔斯电码的创立者。——译者注
[③] 路易·达盖尔（Louis Daguerre，1789—1851），法国发明家、艺术家和化学家。——译者注
[④] 这里所说的飞艇即齐柏林飞艇，是一种或一系列硬式飞艇的总称。——译者注

的卡尔·胡曼（Carl Humann）是一位铁路工程师。

上述名单足以说明问题了吧？这里就不再累述。所有这些成果，倘若是专业人士取得的，其价值可能就不会受到质疑。但是，在方法和手段无可非议的情况下，难道不是结果最重要吗？难道我们不应该特别感谢这些"外行"吗？

的确，施里曼在最初的挖掘工作中犯了严重的错误。他拆毁了宝贵的古建筑，破坏了本可以提供重要线索的古墙。德国著名历史学家爱德华·迈尔[①]却对他的工作予以认可："施里曼径直挖到了远古的地层，事实证明这种蛮干对于科学的发展极有裨益；倘若当年他按照一定体系有计划有条理地挖掘，那么就很难深入到土丘湮没下更为古老的地层，我们也就无从找到真正的'特洛伊'文化。"

不幸的是，施里曼最初的阐释以及对年代的判断几乎全是错误的。不过当年哥伦布发现美洲时，也误认为自己到达了印度，他的功绩因此有所贬低了吗？

毋庸置疑，如果说施里曼来到希沙利克土丘进行挖掘的第一年，就像一个孩子为了看看玩具里面是什么，便拿起榔头向它砸去，那么当他发掘迈锡尼和梯林斯的时候，就完全可以被称作懂得科学发掘的考古人员了。德普费尔德证实，施里曼在方法上有了极大改进。英国人埃文斯也表示认同，不过态度有所保留。

---

① 爱德华·迈尔（Eduard Mayer，1855—1930），德国历史学家，著有《古代史》一书，提出"历史循环论"，即在希腊、罗马的历史发展中也有过封建主义和资本主义。——译者注

温克尔曼曾经饱受普鲁士这个"专制国家"的奴役,对于施里曼来说,这里虽然是生他养他的土地,而且赋予了他童年的梦想,但他同样苦于得不到这个国家的理解。尽管他的发掘成果已经展现在世人面前,某位叫作福希哈默尔(Forchhammer)的人仍于1888年再版了他的著作《伊利亚特注疏》,书中仍妄自试图将特洛伊战争解释为海中水流与陆上河流、特洛伊平原上的大雨与浓雾的战争,即一种象征。施里曼则极力反驳,像狮子一样捍卫自己的成果。反对施里曼最激烈的是一位名为伯蒂歇尔(Boetticher)的上尉,此人胸无点墨,却又自以为是,他竟肆意宣称,施里曼为了让人们相信特洛伊古城的存在、消除质疑之声,在挖掘期间故意破坏古墙外观。于是施里曼自掏腰包,请他来希沙利克参观考察。二人会面时,在场的专家向他证实施里曼和德普费尔德是对的。上尉铁青着脸,仔细巡视了一番,便回家了,随后却声称"所谓的特洛伊"不过是古代一座规模宏大的火葬墓地。1890年,施里曼对希沙利克土丘进行第四次发掘时,邀请了一批国际学者莅临现场。他在斯卡曼德罗斯峡谷(Skamandros-Tale)边靠近土丘的位置搭建了简易木板房,可供14位科学家住宿。应邀前来的科学家有英国人、美国人、法国人和德国人(其中包括菲尔绍)。他们被眼前所见征服,面对无可辩驳的证据,一致认为施里曼和德普费尔德的看法正确。——施里曼的收藏价值连城。他在遗嘱中表示,死后这些藏品应归"我最热爱、最珍视"的那个国家的博物馆所有。他先后表示愿意将古文物出售给希腊政府、法国政府。1876年,他写信给圣彼得堡的一位俄国男爵:"几年前,有人询问我收藏的这批特洛伊古文物卖多少钱,我开价80000英镑。但是我一生中有20年时间是在圣彼得堡度过的,我对俄国充满了好感,我也衷心希望,这些藏品能够保存在那里,所以俄国政府只需支付50000英镑便可成交,必要的话,我甚至愿意把价格降到40000英镑……"

不过,施里曼真正最爱的是英国,因为他的成就在那里反响最强烈。所有德国报刊仍然拒登他的稿件时,英国《泰晤士报》的专栏已随时为他敞开;英国首相格莱斯顿(Gladstone)甚至为他的著作《迈锡尼》写了前言(在此之前,他的著作《特洛伊》是由牛津大学的著名学者阿奇博尔德·亨利·塞斯[1]作的序)。

这些藏品最终还是运往了柏林,"永远归其所用,不得分开保管",促成这件事的又是一个业余考古爱好者——多么讽刺啊——著名医生鲁道尔夫·菲尔绍,在他的努力下,施里曼成为了人类学协会的名誉会员,最后还与俾斯麦及毛奇[2]一起成为柏林的荣誉公民。

施里曼曾经像盗贼一样在官方行动之前保护并藏起了他的宝藏。几经周转,他从特洛伊搜集到的重要古文物最终在柏林史前和早期历史博物馆安家落户。这些宝藏在那里保存了几十年,安然度过第一次世界大战。不久,第二次世界大战爆发了,一颗颗炸弹从空中坠落。藏品中有一部分仍然保存完好,被转移到了安

---

[1] 阿奇博尔德·亨利·塞斯(Archibald Henry Sayce,1846—1933),语言学家,亚述学家。——译者注
[2] 毛奇(Moltke,1800—1891),普鲁士帝国和德意志帝国总参谋长,军事家,德国陆军元帅。——译者注

全的地方。"普里阿摩斯黄金宝藏"先是存放在普鲁士国家银行，继而又被运往柏林动物园边的防空掩体。（1945年以后，这批特洛伊珍宝在很长一段时间里下落不明。直到1993年才有消息称，战争一结束，它们即刻被非常秘密地运往莫斯科，在那里的普希金博物馆一藏就是将近50年。）

第 7 章
迈锡尼、梯林斯和神秘岛

1876年,54岁的施里曼开始在迈锡尼挖掘;1878—1879年,他在菲尔绍协助下,对特洛伊进行第二次发掘;1880年,他在荷马笔下的第三座"黄金之城"奥尔霍迈诺斯(Orchomenos)揭开了弥倪阿斯(Minyas)宝库的面纱;1882年,他和德普费尔德一起第三次来到特洛阿斯展开挖掘;两年以后开始在梯林斯发掘。

我们已经熟知的一幕再次发生。梯林斯城堡的墙体暴露在地面上,曾经的一场大火将石头烧成了石灰,黏合石头的黏土也因此烧制为真正的砖。于是考古学家认为这些断墙残垣是中世纪的遗迹,希腊向导也声称,在梯林斯看不到什么与众不同的东西。

不过,施里曼还是相信古代作家的说法,满腔热情地在那里挖了起来,结果竟毁掉了科菲尼翁(Kophinion)一位农民的荷兰芹种植园,并且不得不为此偿付275法郎的罚金。

梯林斯是传说中赫拉克勒斯的出生地。它那坚实的城墙在古代被视作奇迹。根据帕萨尼亚斯的记载,它可以跟埃及的金字塔相媲美。据称,传说中梯林斯的国王普洛托斯(Proitos)召来七个独眼巨人为他修砌了城墙，随后，其他地方纷纷仿建，首当其冲的便是迈锡尼，以至于欧里庇得斯把整个阿尔戈利斯（Argolis）地区称为"巨人国"。

施里曼锲而不舍地挖掘，终于发现了一座古代宫殿的墙基，其规模令此前所有发现都望尘莫及，也不由让人对那个修建了这座王宫的史前民族肃然起敬。

整座城堡形同堡垒，雄踞于一座石灰岩山崖之上。城墙由长2至3米、高1米、厚1米的巨石砌成。城堡总高度为16米，底层只是用作杂役房舍及厩棚，墙体厚度为7至8米，统治者居住在城堡上层，那儿的城墙厚度最多达到了11米！

遥想当年，城堡里驻守着全副武装的勇士，随身兵器当啷作响，又会是一番何等壮观的景象。《荷马史诗》中虽然提到过很多宫殿，但是在发掘出这座城堡之前，人们对它们的布局一无所知，因为墨涅拉俄斯[①]、奥德修斯和其他统治者的宫殿早已灰飞烟灭，没留下一丝痕迹；即使是特洛伊的普里阿摩斯城堡，从它的遗迹中也无法再看出昔日的结构。

然而在这个地方，通过考古发掘，荷马笔下的一座宫殿重又昭现天日。这里有廊柱大厅和圆柱，有筑有祭坛的侍从厅，有包括过厅和穿廊的正殿，甚至还辨认得出荷马诗中英雄们沐浴及涂抹油膏的洗澡间。这里，在施里曼的铁锹之下，《奥德赛》中描绘的画面有了直观的依托，诸如足智多谋的英雄重返家园、求婚者穷奢极侈的筵席以及大厅内的血腥屠杀。

---

① 墨涅拉俄斯（Menelaos），希腊神话中的斯巴达国王。——译者注

不过，另外有一些东西更加引人注意。那就是出土陶罐及壁画的风格。施里曼很快觉察到，这里发现的所有陶器，不管是花瓶、陶罐，还是其他陶制容器，都跟他在迈锡尼找到的有相似之处；他进而明确指出，它们同样类似于其他考古学家在阿辛那（Asine）、纳夫普利翁（Nauplion）、埃莱夫西斯（Eleusis）及若干岛屿上的发现，克里特岛就是这些岛屿中最重要的一座。施里曼不是在迈锡尼的废墟中发现过一个鸵鸟蛋（不过最初他把这东西当成了雪花石膏花瓶）吗——这难道不是跟埃及有关吗？他在这儿不是发现了公元前15世纪由腓尼基人①带到图特摩斯三世②宫廷的那些饰有所谓"几何"图案的花瓶吗？

于是他著文详加解释，并试图以此证明，他发现了一个起源于亚洲或者非洲的古代文明圈，一个存在于希腊整个东海岸的文明，它涵盖了爱琴海的大部分岛屿——很有可能——这个文明的中心就在克里特岛。

今天我们把这个文明称作克里特-迈锡尼文明。施里曼最先意识到它的存在，真正发现它还要留待另一个人去完成。

王宫中所有的房间都抹上了石灰。每一面墙都绘有带状缘饰壁画，壁画下端大多镶有一道黄蓝相间的色带，沿齐眉高处绕室一周，将墙面拦腰截为两段。

壁画之中有一幅极为引人注目。蓝色的背景上绘有一头强壮

---

① 腓尼基，是古代地中海沿岸兴起的一个民族，一个亚洲西南部城邦国家，由地中海东部沿岸的城邦组成，位于今叙利亚和黎巴嫩境内。——译者注
② 图特摩斯三世（Thutmosis Ⅲ，前1514—前1450），埃及第十八王朝法老，以尚武著称，被誉为"古埃及的拿破仑"。——译者注

的公牛，身上有红色斑点状花纹，以进攻之势高高跃起，怒目圆睁，野性毕露，尾巴高高竖起，宛如挥动中的鞭子。公牛上还立有一个人，姿势很奇特，半似跳跃，半似跳舞，一只手还抓住公牛的一个犄角。

施里曼在《梯林斯》一书中引用了一位博士的观点，此人名为法布里丘斯（Fabricius），他这样解释说："……于是人们大概能够想到，牛背上的人可以解释为骑师或者驯牛师，他正跃上狂奔中公牛的背部，以展示自己的娴熟技巧，就好像《伊利亚特》非常有名的一段文字中提到的驯马高手，他快速驱赶四匹被系在一起的奔马，在马背上往返飞跃。"如此看来，当时施里曼认为，对于这样的解释无须再作任何补充了，但是这一说法并不充分。此后，若是施里曼像通常那样坚持自己的想法，若是他去了克里特岛，很可能在那里有所发现，再联系起这幅壁画就可以证实他的许多猜想，而他的毕生事业也会因此提升到新的高度。

去克里特岛，特别是在克诺索斯（Knossos）附近进行挖掘的计划，陪伴施里曼直到生命的终结。那里废墟众多，很可能会有大量发现。他在离世的前一年写道："我想用一项伟大的事业来结束一生的工作，那就是发掘克里特岛上克诺索斯国王的宫殿，它属于遥远的史前时代，我想我在三年前已经找到了它。"

但是他需要面对重重阻力。虽然他从克里特总督那里弄到了许可证，不过土丘的所有人却不同意在那里进行任何方式的"挖掘"，若想从此人手中买下这块地皮，就得支付10万法郎的天价。经过磋商，施里曼把价钱压到了4万法郎。为达成这次交易，他在一次旅行结束以后又来到此地，谁料他在清点新地产上种植的橄榄树数量时,却发现划定给他的地区与原协议不符,本来他可以拥有2500株橄榄树,现在只剩下了888株。于是他放弃了这次交易。施里曼秉持的生意观战胜了他对考古的兴趣。为了这门科学,他曾经挥金如土——这次却因少赚取从区区1612株橄榄树炼取的橄榄油钱,坐失破解史前之谜的良机,虽然他在此前的发掘过程中发现了这些谜团,但是距离获取全部的真相还相差甚远!

遗憾吗?无须如此,因为当他在1890年被死神夺去手中的铁锹时,一生已是丰富多彩、充实无比了。

1890年,施里曼本想回家同妻儿共度圣诞节。当时的他备受耳疾折磨。然而因为忙于新计划,只在途经意大利的时候,匆匆咨询了几位不知名的医生。他们全都认为无关大碍,让他放宽心。谁料圣诞节那天,他便突然病发,跌倒在那不勒斯的圣诞市场上,虽然神志清醒,却丧失了语言功能。有同情心的人把这位百万富翁送往医院,但被拒绝接收,又把他送往警察局,在那里搜遍他的全身,才找到一位医生的地址,当即请他前来。医生向众人解释了施里曼的身份,要求雇一辆马车来运送他。人们看了看痛苦地躺在地上的病人,只见他衣着朴素,一副寒酸相,于是纷纷提出,谁来付钱,这时医生高呼道:"他有的是钱!"说着把手伸到他外衣的里面,掏出了一个钱袋——满满一袋黄金!

海因里希·施里曼被痛苦又折磨了一夜,神志一直很清醒,继而离开了人世。

他的遗体运到雅典以后,希腊国王和王储、各国外交使节、地方大员以及当地所有科学机构的负责人都前来为其送葬。他们站在荷马的胸像前,衷心地感谢这位挚爱希腊的逝者,因为他把人们对古代希腊的认识扩展了上千年。灵柩旁站着他的妻子及两个子女。

他们分别取名为安德洛玛刻(Andromache)和阿伽门农。

阿瑟·埃文斯出生于1851年,施里曼去世时,这位杰出的英国人时年39岁——如果说施里曼在古老的历史图谱中发现了一道神秘裂纹,那么他就是将这个缝隙几近弥合之人。

埃文斯跟施里曼属于截然相反的类型。他先后就读于哈罗公学、牛津大学和德国哥廷根大学,逐渐对难以辨识的文字产生兴趣,发现了促使他前往克里特岛的字符。他前往那里旅行,并且于1900年开始在当地进行发掘。1909年,埃文斯被聘为牛津大学史前考古学的教授,在成为科学权威的道路上他走得缓慢而平稳,终有一日,他的名字前面得以冠上"爵士"一词。他获得了无数荣誉,1936年还被授予珍贵的英国皇家学会科普利奖章(Copley Medal)——简而言之,他的性格和经历都与游历四方、狂傲不羁的施里曼截然不同。

但是他的研究成果也十分有趣。他从理论上对那些令他特别感兴趣的字符作出了解释,他此番前往克里特岛,就是为了证实这一想法。

他并没有打算逗留太久。但是当他漫步在这个小岛,看到曾经令施里曼着迷的大量废墟和遗迹,也不由为之吸引。于是有一天,他把阐释神秘字符的理论抛到一边,拿起了铁锹。这一年是1900年。一年以后,他宣称,要把有助于科学研究的全部发掘成果公之于众,至少还需要一年的时间。不过他错了。事实上,

阿瑟·埃文斯
(Arthur Evans, 1851—1941)

25年以后他仍在进行挖掘,位置恰恰是当年他并不认为需要久留的地方。

跟施里曼一样,他也是追寻着传奇和传说中的记载进行发掘。同样跟施里曼一样,他也挖出了宫殿和宝藏。他就像是为施里曼的绘画配上了画框,同时自己也绘制了其他画卷的草图,只是尚未着色。

他将铁锹插入克里特的土地,刺向了一座神秘岛。

第 8 章

阿里阿德涅线团①

有一条山脉形如弯弓,始于希腊,穿越爱琴海延伸至小亚细亚,克里特岛就位于这道弧圈的最外缘。

爱琴海并不是民族间的分界线。当年施里曼在迈锡尼和梯林斯出土过一些文物,它们肯定来自遥远的国度,当时就已经证明了这一点——据说埃文斯在克里特岛也发现了非洲的象牙和埃及的雕像。贸易和战争推动了不同地区之间的交往——不管是在古代那个小天地,还是今天这个大世界,同样都是和平与掠夺并存。于是这些岛屿连同它们的两个祖国②构成了一个经济和文化的共同体。这里所说的祖国并不等同于大陆——下面很快就会证实,真正的哺育它们的土壤(因为有创造性的活动发生)是这些岛屿中的一座,即克里特岛。

据传说,宙斯出生于岛上迪克特山的山洞中,他的母亲是大

---

① 阿里阿德涅线团。据希腊神话,克里特王米诺斯的女儿阿里阿德涅(Ariadne)用小线团帮助情人忒修斯逃出迷宫。线团因此成为在迷宫中寻找方向的隐喻,现在用来比喻帮助某人摆脱麻烦、困境的办法。——译者注
② 克里特岛先后属于土耳其和希腊。——译者注

地女神瑞亚①。蜜蜂用蜂蜜喂养他,山羊阿玛尔忒亚(Amalthea)用乳汁哺育他,众仙女照料他。有战斗力的年轻人围聚在他身边,保护他不被自己的父亲吃掉,他的父亲就是吞食亲生子女的克洛诺斯(Kronos)。

据说米诺斯②本人曾经是克里特岛的统治者,这位传说中的国王是宙斯之子,最强大的君王之一,古代人视他为荣耀。

埃文斯发掘的地点在克诺索斯附近。被湮没的墙体紧挨着地表。只挖了几个小时便初见成效。几周以后,工作进展便令埃文斯感到惊讶,呈现在他眼前的建筑遗迹覆盖了800平方米。随着时间的流逝,若干年过去了,这座宫殿的遗迹才逐渐显露出地面,占地达到了2.5公顷(1公顷为1万平方米)。

宫殿布局明确,跟梯林斯和迈锡尼的王宫相类似(尽管外观上极为不同)。

王宫中心是最大的庭院,呈长方形,占地广袤,环其四周沿各个方向都耸立着厅堂殿庑,宫墙用土坯筑成,平平的屋顶由立柱支撑。房间、走廊以及各层大厅的布局极为凌乱,使得游客很容易迷路。传说中曾经提到,米诺斯国王拥有一座迷宫,修建者为代达罗斯③,后来的所有迷宫都是仿造它建成的。若是那些普

---

① 瑞亚(Rhea),原文中将瑞亚误称作大地女神,按照希腊传说,地神应为瑞亚之母盖亚(Gaia),瑞亚为时光女神。——译者注
② 米诺斯(Minos)是希腊传说中宙斯与欧罗巴之子,克里特的国王,以严明的法治而著称于世,死后成为冥府的判官之一。在他统治期间,克里特成为富庶发达的文明之地。——译者注
③ 代达罗斯(Daidalos),据希腊神话,代达罗斯是墨提翁之子,雅典国王厄瑞克透斯的曾孙。他是一位伟大的艺术家、建筑师和雕刻家。因逃避刑罚躲到克里特岛后成为国王米诺斯的朋友,受其委派为牛怪米诺陶洛斯修建一座迷宫充当住宅。——译者注

通游客对此一无所知，来到此地也会脱口而出，惊呼"迷宫"。

埃文斯毫不迟疑地向世界宣布，他发现了米诺斯的王宫，米诺斯是宙斯的儿子、阿里阿德涅和淮德拉（Phaedra）的父亲、迷宫以及住在迷宫里的牛怪米诺陶洛斯（Minotauros）的主人。

埃文斯正在发掘的这座建筑堪称奇迹。对于曾经居住在这里的民族，施里曼仅仅发现了它的存在，而在此之前，人们只不过从传说中略有所闻，这个民族富甲一方，乐享人生，很可能在鼎盛之际就已经陷入了骄奢淫逸的堕落深渊，也因此为日后埋下了覆灭的种子，因为堕落本身就滋生于玫瑰花瓣铺就的软床上。

仅仅经济上的繁荣便可以成为这样一个堕落文明的源泉。今天的克里特岛跟昔日一样，仍然是葡萄酒和橄榄油的盛产地。以前它还是贸易中心。因为它是座岛屿，所以是海上贸易的枢纽。随着发掘工作的初步完成，全世界都惊诧万分，因为这座古希腊史前时代最为奢华的宫殿竟然没有任何防御设施和防护屏障，这个疑惑通过出土的贸易物资得以解释，这些物资需要一个较为强大的武装力量来护卫，相比只能作为防御之用的围墙，它更具攻击性，它就是：一支称霸海洋的舰队。

在过去的那些年代，当船只逐渐驶近时，这座宫殿看起来并不像一座堡垒，它巍然屹立在岸边，连同那白石灰的柱子和装扮了石膏花饰的墙壁，在克里特炙热的阳光下熠熠生辉，就像一颗海上明珠，向四面八方展示着它的华丽与富饶。

埃文斯发现了宫中的储藏室，里面罐子挨着罐子。巨大的陶罐上绘有漂亮的图案，风格同此前在梯林斯出土的文物一样。埃文斯花费了很多精力来估算储油室的总容量。他得出的结果是

75000升，而且仅仅是一座宫殿的储备。——享有这些财富的会是什么人呢？

不久，埃文斯就发现，这些出土物可能并不都属于同一时期，因为宫墙不是在同一年代筑成的，陶器、釉陶和绘画表现出了各种不同的风格。他运用敏锐的观察力对跨越数千年的历史文物进行了梳理，很快就判断出米诺斯文明有几个重大转折点。他把这个文明划分为以下几个阶段：从公元前3000年至公元前2000年为早期米诺斯文明；公元前2000年至公元前大约1600年为中期米诺斯文明；此后至公元前1200年左右为晚期米诺斯文明，随着它的戛然而止，该文明最短的一个阶段也就此终结。他还发现了一些人类活动的遗迹，它们所属的年代甚至要早于早期米诺斯文明。我们将那个时期称之为新石器时代，因为当时还不懂得使用金属，所有的器具都是由石头制成。埃文斯估计这些最古老的出土物有10000年的历史，然而其他研究人员并不认为有那么久远，但是肯定它们至少有5000年的历史。

这些年代是如何确定的？时期又是如何划分的呢？

埃文斯发现，每个历史时期都有异域的物品，特别是埃及的陶器，它们准确标示出所属法老的朝代。他认为，米诺斯文明的全盛时期是由中期发展到晚期的过渡阶段，也就是公元前1600年前后的几十年，当时的统治者很可能就是舰队的统帅、海洋的霸主米诺斯。在那个年代，人们都享受着富裕的生活，也由此衍生为挥霍无度、好求奢华。他们表现出对美的狂热崇拜。壁画上绘着年轻的小伙漫步草地，采摘萼片修长的番红花，美丽的姑娘徜徉在片片百合花丛中。这时，米诺斯文明正在穷奢极欲中走向

克诺索斯的王宫南部阶梯复原图

倾覆。这时，绘画不再是受制于形式的装饰品，而是强调色彩绚丽夺目的视觉大餐。这时，居住不再仅仅满足于生活必需，而是追求奢华，穿衣不再是天性和礼俗要求下的遮羞蔽体，而要注重品位和精美。

埃文斯用"现代"一词来描述他的发现，并不奇怪。克诺索斯的王宫规模不逊于英国的白金汉宫，里面的设施包括排水渠、豪华的盥洗室、通风系统、污水井和垃圾池。然而，埃文斯之所以将其与现代性挂钩，更多的是源于对人的观察，包括他们的举止、服装和**时尚**。

呈现在画面上的人物是这样的：有的行动如弱柳扶风；有的横卧花园长椅慵懒妩媚；有的戴着手套嬉戏；有的三两交谈，目光和表情散发着巴黎人特有的魅力——数千年之前的女子似乎不可能如此优雅迷人。

米诺斯艺术的传统题材："跳牛者"，
雕刻于克里特岛出土的一块宝石上

若要忆起那只是遥远的过去，只需要看一下画中男性的形象。他们无一例外全都只穿着一块缠腰布。

埃文斯出土的所有精美绘画中（"甚至连我们雇用的毫无文化修养的工人也会为之吸引，为之陶醉"），有一个画面出现频率特别高，其内容我们在上文已经提到，即跳牛者。

他是舞蹈家？或者是驯牛师？施里曼在梯林斯发现这样的画面时，做出了如是猜想。那里没有任何东西能让施里曼回忆起古老的传奇故事，想到公牛以及神庙中的祭品和热腾腾的鲜血。

但是埃文斯则不同，他所站之处不正是半人半牛的怪物米诺陶洛斯的主人米诺斯国王的领地吗？传奇故事里是怎么说的呢？

米诺斯是克诺索斯、克里特和整个爱琴海的国王，他派儿子安德洛革俄斯（Androgeus）前往雅典参加体育比赛。安德洛革俄斯比所有雅典人都强壮，轻而易举就获得了胜利，结果被嫉妒他的雅典国王埃勾斯（Aigeus）杀害。身为父亲的米诺斯闻讯震怒，遂派舰队驶往雅典，向其开战，之后大败雅典人，并向其索要残酷的赔偿：每9年，雅典人都要精选出7对童男童女向克里特进贡，作为献祭给牛怪米诺陶洛斯的牺牲。第三次惨绝人寰的献祭期限将至时，埃勾斯的儿子忒修斯（Theseus）因为除暴安良耽误了行程，才刚刚远道回国，他自告奋勇前往克里特岛，杀死那个怪物。

> 克里特的海上扬起风帆，
> 船头闪耀着蓝色光芒。
> 上面载着忒修斯

和七对爱奥尼亚青年。

船桅悬挂着黑帆,出发前忒修斯跟父亲约定,若是计划成功便在返航时升起白帆。阿里阿德涅见到这位决然赴死的勇士,不由心生爱慕之情。于是她送给忒修斯一把利剑用于搏斗,又交给他一个线团,让他步入迷宫猎杀牛怪时拿在手中,自己则手持线团的另一端。经过一番恶战,忒修斯战胜了那个怪物,并且循着线团找到了出口。他带上阿里阿德涅和他的同伴匆匆逃离,返航回家。然而死里逃生令他过于激动,以至于忘记了按照约定更换船帆。忒修斯的父亲埃勾斯远远看到船桅仍挂着黑帆,以为儿子已经丧命,悲痛欲绝,纵身投海身亡。

这段传奇故事可以作为阐释这个画面的依据吗?两个小姑娘和一个男孩正在同一头公牛嬉戏。这真的是一场游戏吗?难道不可能关乎生死吗?这幅画描绘的或许就是被献祭的童男童女面对米诺陶洛斯的情景吧。而且,米诺陶洛斯的字面意思难道不是"米诺斯的公牛"吗?

但是,如果把传奇故事跟已经出土的实物进一步加以比较,还是会发现其他的问题。传奇故事已经包含了事实最核心的内容,也就是已经被发现的迷宫。可以假定,忒修斯的胜利象征着来自大陆的征服者的胜利,是他们摧毁了米诺斯的王宫。不过,米诺斯因爱子之殇索要的祭品数量并不算多,而且纯属个人的报复行为,若要将其视作整个王国覆灭的根源,却是极不可信的。

然而,这个王国的的确确灭亡了,而且毁灭得如此彻底、如此突然,以至那些破坏者根本无暇去看、去听或者去学习它的文

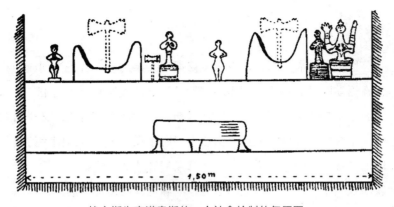

埃文斯为克诺索斯的一个神龛绘制的复原图。
陶制神像旁边的物品象征着公牛角,牛角中间曾经是一枚小型双面斧[①]

化——彻底得就像3000年以后蒙特祖马(Montezuma)的帝国被一小拨儿西班牙人消灭,除了废墟和一堆不会说话的碎石瓦砾,什么都没有留下。

他们究竟从哪里来,最终又去往何处?对于所有从事古代史研究的考古学家和科学家来说,克里特岛上这个富裕民族的起源和终结至今仍是个不解之谜。

按照荷马的记载,这座岛上居住着五个不同的民族。希罗多德指出米诺斯不是希腊人,而修昔底德则表示他可能是希腊人。埃文斯对此研究得最多、最深入,他认为这个民族起源于非洲的利比亚。德普费尔德曾跟施里曼合作多年,1932年,这位80岁高龄老人还严词批判埃文斯,称腓尼基是克里特-迈锡尼艺术的发源地;正如同埃文斯所说,这个民族并非形成于克里特岛。

---

① 双面斧,象征人们崇拜的大地女神。——译者注

威廉·德普费尔德
（Wilhelm Dörpfeld，1853—1940）

哪里可以找到阿里阿德涅线团，为我们在这个众说纷纭的迷宫中指引出路？

文字或许正是帮助走出这个迷宫的线团。埃文斯正是因为研究这些古文字来到了克里特岛。1894年，他就对第一批克里特文字进行了描述。他发现了大量遍布象形图案的铭文，并且在克诺索斯附近找到了2000块陶土板，上面刻着的符号属于某种线形文字。但是汉斯·延森（Hans Jensen）在一部全面介绍"文字"的作品中冷静客观地指出："克里特文字的破译工作至今仍处于初级阶段，所以我们还不是很清楚这些文字的本质究竟是什么。"

克里特王国是如何覆灭的对于我们来说跟它的起源和文字一样神秘莫测。学者们提出了各种各样的理论和大胆的假设。埃文斯意识到，这个王国的毁灭分为三个明显的阶段。前两次事发后都又重建了宫殿,第三次才将它最终夷为平地。

埃文斯发现,米诺斯宫殿肯定是毁于某种自然现象产生的强大威力。在宫殿的房间中,他发现了一些只有死亡或者毁灭才会留下的痕迹,类似于当年德尔伯夫和韦努蒂在维苏威火山脚下第一次见到的景象,诸如倒在地上的工具,尚未完成的工件和艺术品以及突然中断的家务活。

于是,他从理论上形成了一个合理的解释,并且通过个人经验加以确证。1926年6月26日晚上9点45分,埃文斯正躺在床上看书,突然发生了强烈地震。他的床左右摇摆,屋子的四壁不停晃动,各种物件纷纷跌落,桶里的水泼溅出来,大地先是发出叹息和呻吟,继而怒吼咆哮,仿佛米诺陶洛斯复活了。不过地震持续的时间并不长。当大地恢复平静时,埃文斯立刻跳下床,飞快跑了出去。他奔向王宫。修复后的宫殿完好无损。因为多年以来,只要位置允许,他都尽可能使用钢制支柱和托架对其进行复原。然而,周围的村庄直至首府干尼亚①都在地震中遭到了严重破坏。

正是这次亲身经历令埃文斯更加确信他的理论。该理论形成之初,他正是考虑到克里特岛曾经是欧洲最活跃的地震带之一。地震会突然间撼动大地,将它撕裂,吞噬一切人造之物,只有这样的地震释放的威力才能将米诺斯的王宫摧毁殆尽,以致废墟之上除了几间寒陋的茅屋,再没有其他建筑。

---

① 干尼亚(Kandia),克里特岛第二大城市,1971年之前曾是克里特岛的行政中心,保存着浓厚的威尼斯遗风。——译者注

第二部
金字塔之书

士兵们！四千年的历史在俯视着你们！

——拿破仑

哦！母亲努特（Nut），展开你的双翅护佑我，就像那永恒的星辰！

——法老图坦卡蒙棺椁上的铭文

拉美西斯二世（Ramses Ⅱ，前1279—前1213），古埃及最著名的君主之一，画面上的这位年轻法老佩戴着古埃及最典型的权力标志，如双顶王冠、头巾、盘蛇头饰和装饰胡子

第 9 章
转败为胜

说到埃及考古发现，要先说拿破仑一世（Napoleon Ⅰ）与维万·德农。皇帝与伯爵。一位征战沙场的将军与一位艺术行家。他们结伴同行了一段路，他们相互都比较熟悉，但他们的秉性却迥异。他们两位分别握起笔来时，一位在发号施令、颁布诏书、签发法典；而另外一位则用于写一些轻浮、有伤风化的文字，甚至是诲淫小说，或者用笔来画黄色图片。

拿破仑的运气真是太好了，选中了这么个人作为他进行远征时候的艺术随员，不过这一点要后世才能够正确地认识到。

1797年10月17日，坎波福尔米奥条约[1]签订了。意大利远征就此结束，拿破仑回到了巴黎。"拿破仑的英雄岁月结束了。"司汤达[2]这么写道。但诗人错了。英雄时代才刚刚开始呢。但在

---

[1] 坎波福尔米奥条约（der Frieden von Campo Formio），是第一次反法同盟战争中，由法国与奥地利签订的和约。条约签订于1797年10月17日，标志着第一次反法同盟的崩溃、拿破仑在意大利战场的最终胜利和第一波法国大革命战争终结。——译者注
[2] 司汤达（Stendhal），原名马利-亨利·贝尔（Marie-Henri Beyle，1783—1842），法国作家，代表作有《红与黑》《帕尔马修道院》。——译者注

拿破仑如一颗彗星般照亮全欧上空、最终燃尽之前，他整天沉浸在病态的狂想中。他烦躁不安地在狭小的房间里来回踱步，十分焦虑，他自比亚历山大，对属臣十分绝望，他写道："巴黎压在我身上，有如一件沉重的大衣。整个欧洲就是鼹鼠掘起的一个小土堆。只有在居住着6亿人的东方，才可以创立伟大的帝国，实现伟大的革命。"〔将埃及高度评价为通往东方之门的说法在拿破仑之前就有；歌德就预言过修建苏伊士运河并准确地在政治上进行了评估。更早之前，莱布尼茨（Leibniz）在一份备忘录中致信给路易十四，他在其中正确地论述了埃及对法国帝国政策的重要性，所谓正确，意即与后来的政治发展相吻合。〕

1798年5月19日拿破仑率领由328艘船只组成的舰队，舰上载有38000人，由土伦（Toulon）出海。目标：经马耳他抵埃及！

拿破仑的目光穿过埃及直抵印度。海上征战的目的在于，在一个环节上彻底击垮在欧洲大陆全局中难以把握的英国。英国舰队的统帅纳尔逊（Nelson），在地中海上徒劳无功地巡视了整整一个月，有两次拿破仑的舰队目力可及，但是还是两次与他失之交臂。

7月2日拿破仑踏上了埃及的土地。艰难地行军穿越沙漠之后，士兵们可以在尼罗河中洗浴了。7月21日开罗城出现在晨曦中，400多个伊斯兰教寺院纤细的塔尖、市内最大的甲米-埃尔-阿沙（Djami-el-Azhar）清真寺的圆顶，一切犹如《一千零一夜》中的景象。但正是在凌晨轻雾缭绕着的这些金碧辉煌的纤巧装饰之旁，在这个充满了魅力、富丽堂皇、巧夺天工的伊斯兰世界之外，巨大的建筑物的轮廓矗立在黄色的沙漠中，它们对着莫卡塔姆山脉（Mokattam）的灰紫色山壁，冰冷、宏伟、拒人千里之外；这就是吉萨金字塔①，是石制的几何、永恒的沉默，是一个在伊斯兰教尚未产生之前业已覆灭的世界文明的证明。

但士兵们根本就没有工夫去感受这种震撼，没有时间去赞叹。那里埋葬着逝去的历史，开罗是充满魅力的未来，摆在他们面前的是战争现实：他们要面对马穆鲁克②军队。一万名骑兵、剽悍的训练有素的战马、闪着寒光的穆斯林战刀；在这支骑兵的最前面是埃及的统治者穆拉德（Murad），他骑着膘肥的雪白骏马，头上裹着绿色嵌着宝石的头巾，身边是23名猛将。拿破仑指着金字塔，他不仅以军队统帅、大众心理学家的身份对士兵训话，而且是以一个欧洲人面对世界历史时说话："士兵们！四千年的历史在俯视你们！"

两军交锋异常惨烈。东方人的激情没有获胜，欧洲刺刀的战斗力胜利了。一场战斗接着一场战斗。7月25日，拿破仑进入开罗城。通往印度之路貌似已经走通了一半。

但是8月7日却发生了阿布基尔湾（Abukir）海战③。纳尔逊终于找到了法国舰队，于是像复仇天使一般扑向他们。拿破仑陷于困境中。他在埃及的军事冒险的结局已经明朗。不过战事一年

---

① 吉萨金字塔（die Pyramiden von Gizeh），是一个群体的总称，而不是一座单独的金字塔，是古埃及时期的最高建筑成就。其中三座最大、保存最好的金字塔是胡夫金字塔、卡夫拉金字塔和孟卡拉金字塔。——译者注
② 马穆鲁克（Mamelucken），原义为"奴隶"，是穆斯林军队的主要组成部分。从十字军东征时代到拿破仑战争以前，马穆鲁克奴隶兵是一群令人闻风丧胆的军队，不过，随着火枪的发明，他们渐渐溃败，更于拿破仑战争后销声匿迹。——译者注
③ 阿布基尔湾海战，也称尼罗河河口海战，是法国大革命战争中一次重要的海战。在这场战役中，法国舰队大败，拿破仑军队被困于埃及。——译者注

之后才完全结束。法军的德赛（Desaix）将军打下了埃及北部；在拿破仑舰队覆灭的海域阿布基尔湾的岸上，他的陆军也临时占了上风。但军事冒险除了胜利还带来了困境、饥饿和瘟疫。大批士兵因为埃及眼炎①而失明，这种眼病席卷了拿破仑的各个部队，因而获得了"军事眼病"之称。

1799年8月19日，拿破仑丢下军队自己逃走了。8月25日，他伫立在"米尔隆"（Muiron）号战舰的甲板上，望着法老之国的海岸线渐渐地远去，沉入海平面之下，随即回过头来，将目光转向欧洲。

拿破仑的这次军事远征从军事上看是失策的。但长远看来，它在政治上开启了现代埃及，在科学上促进了对古代埃及的研究。因为法国舰队的甲板上不仅装备有2000门大炮，而且还有175名"饱学之士"，水手和士兵们简单而错误地称他们为"驴子"。他们除了携带上所有在法国能找到的有关尼罗河之国的图书，还搬来了几十个盛满各种科学仪器和测量工具的箱子。

1798年春季拿破仑第一次在法兰西学院的大厅里面对科学家们谈及他的计划。他手执由卡斯滕·尼布尔（Carsten Niebuhr）所著的两卷本《阿拉伯及其邻近国家游记》，用食指关节重重地敲打着书脊用以强调他的话，解释着在埃及的科考任务。几天之后，天文学家、测量学家、化学家、矿物学家、技术专家、东方学者、画家和诗人与他一同站在远征舰队的甲板上。他们中间的

---

① 埃及眼炎，即沙眼，在地中海国家的贫穷地区和远东地区较为常见，早期具有传染性，不及时治疗会导致视力下降，甚至失明。——译者注

多米尼克·维万·德农
（Dominique Vivant Denon，1747—1825）

一位较为特别，他是由风华绝代的约瑟芬（Josephine）向拿破仑推荐的绘图人员。

此人的全名是多米尼克·维万·德农。路易十五统治时期，他曾经主管王家宝石收藏，被视为蓬巴杜夫人[①]的宠臣。后来他作为公使秘书前往彼得堡，又深得叶卡捷林娜大帝的青睐。他眼界开阔、风度翩翩，喜欢女人，对所有的艺术都略知一二，谈吐带着几分狡黠，富有机锋，交友甚广。在瑞士当外交官时，他经常出入伏尔泰（Voltaire）的府第，创作了著名的油画《费尔内的早餐》。而他的另一幅带有几分伦布朗（Rembrandt）风格的画《牧人的祈祷》竟然使他成为艺术院的成员。在佛罗伦萨，在充

---

① 蓬巴杜夫人（Madame Pompadour，1721—1764），法国皇帝路易十五的情妇、社交名媛，凭借自己的才色，影响到路易十五的统治和法国的艺术。——译者注

满艺术气息的托斯卡纳沙龙中,他得到了法国爆发资产阶级大革命的消息。他急急地赶往巴黎。头一天还是公使,还是富有、独立的"普通绅士",现在他突然发现自己的名字出现在放逐者的名单上,他的庄园被查封,他的财产被充公。

他在巴黎的贫民窟里度日如年,穷困潦倒,举目无亲,靠卖画勉强糊口。在集市上闲逛时,见到市政厅广场上不少他的昔日故交人头落地。正在此时,他生活中的一位救星雅克-路易·大卫(Jacques-Louis David)不期而至,此人是法国资产阶级大革命的画家。当时大卫想在时尚界也来一次彻底的革命,他设计了许多服装草图,而德农为他的草图进行制版。德农通过这项工作完全获得了大卫这位"坚定不移"的革命者的好感。他刚刚从蒙马特这个巴黎贫民窟的泥泞中跋涉出来,在上流社会站稳了脚跟,就立刻施展开他的外交才能,罗伯斯庇尔发还了他那些被充公的家产,并且把他从放逐者的名单中划掉。他接着认识了美艳的约瑟芬·德博阿尔内(Josephine de Beauharnais),因而有机会在拿破仑前露面,从而获得了参加埃及远征的机会。

德农从尼罗河畔回来之后,旋即成为一名久经考验、功成名就、德高望重的人,成为全法国博物馆的总监。他紧紧追随着在欧洲战场南征北战、所向披靡的拿破仑,到处搜刮掠夺(在他的词汇中是"收集")了大堆文物,使它们成为法兰西的一笔财富。

1793年首次出版的版画《春宫集》就出自他的笔下。这本作品的标题很了然地揭示了它的内容,即十分露骨地刻画阳具和性爱。有趣的是,很多考古界常年研究德农,且为之著文立传的专家并不知道他竟然还有这一面。爱德华·福克斯(Eduard

Fuchs）是一位严谨的文化史学家，他作为风化史研究专家曾经用过整整一个章节的篇幅来写历史上的色情作家，令人觉得好笑的是，他像是不知道德农在埃及考古学的最初阶段的重要性。

德农是位多面手，在很多方面都令人惊叹，但实际上他的一件事就足以让我们永远记住他了：拿破仑用刺刀征服了埃及，但他的武力占领只持续了一年时间；而德农却用画笔为我们占领了这个法老之国并且持续到永远，他猛然将这个国度拉入我们的意识中。德农一直是个活跃于各种沙龙的人，当他踏上埃及这片土地时，迎面扑来的沙漠热浪、刺眼闪亮的沙砾一定让他觉得着迷，只要他能够感受到从巨大的金字塔传出来的五千年的气息，这种着迷就会一直持续下去。

他被指派到路易-夏尔-安东瓦尼·德赛（Louis-Charles-Antoine Desaix）的部队去，这支部队此时正在埃及北部忙着追击逃窜的马穆鲁克大军的指挥官穆拉德。这时德农已经51岁了，德赛将军跟他儿子年龄相仿，他深受将军的欢迎；德农不畏疲劳和恶劣气候，也赢得了部队里小伙子们的尊敬和赞扬。他有时骑着一匹驽马，跑在先头部队的前面，第二天却有可能落在辎重部队的后面。他有时清晨就离开帐篷去作画，无论是宿营还是行军他总是画个不停。就是在吃饭时，他三口两口把饭吞下，也不忘随身携带临摹本。警报声响了！他被困于战火中，于是挥舞着画纸，为士兵们鼓劲。他只要看到一个值得画的场景，就马上忘了自己在什么地方，立刻开始绘画。

他看到了面前的古埃及象形文字，一个字也不识。军中也没有人可以满足他的求知欲。但他径直把这些文字画下来。虽然他并非行家，但善于归纳总结，马上就能区分出象形文字的三种基本类型，并准确地确认这三种形态源于三个不同的时期：凹陷、平整、镂空。在萨卡拉（Sakkara）他画下了阶梯状的左塞尔（Djoser）金字塔，在丹德拉（Dendera）画下了古埃及晚期数量众多的金字塔残迹，在宽广的古城底比斯（Theben）的废墟上，他不知疲倦地穿梭于上百个废弃的城门之间，拔营的命令使他绝望，他还没来得及画上他眼前的一切。他骂骂咧咧，找到几个士兵，急急忙忙地挖开一个雕像头部周围的泥土，因为这个雕像的面部表情让他着迷。

就这样冒险进军到阿斯旺（Assuan），抵达尼罗河上的第一道瀑布。德农在象岛①画下了一座美妙的、四周被柱子环绕的阿蒙诺菲斯三世（Amenophis Ⅲ）时期的小祈祷堂，他精准的画作是这个建筑物留下的唯一见证，因为1822年它就坍塌了。法国军队在塞迪曼（Sediman）一役胜利，歼灭了穆拉德统帅的马穆鲁克军队，班师回朝，多米尼克·维万·德农子爵满载着他的画纸返回家乡，他的东西比所有法国兵的战利品，比马穆鲁克的首饰更有价值。无论他如何对异域世界的文化欣喜若狂，他的绘画的精确性一点也没有走样。他以老派铜版画家的精细来进行绘画，作品完全可以用于科学研究，他不放弃任何细节，画面上既看不出他的主观印象也看不出他的自我表达，简直可以说他的作品"匠气"十足，但这个词却不含任何贬义。他的速写为进行研

---

① 象岛（Elephantine）是埃及阿斯旺附近尼罗河中的一座岛屿，南北长1.2公里，东西宽0.4公里，为著名景点。该岛在古埃及时称为"阿布"，是埃及和努比亚的边界，建有要塞。——译者注

究和比较的学者们提供了无比珍贵的材料。奠定了古埃及学学科的重要著作《埃及记述》(*Description de l'Égypte*)主要是在这些绘画的基础上写就的。

与此同时,埃及研究院在开罗成立。德农在进行绘画的时候,同行的其他学者和艺术家进行着测绘、计算、研究等工作,并且在埃及大地上收集着他们能够找到的一切。因为地面上尚未接触过的材料如此丰富,充满了未解之谜,也就根本没有必要拿起铲子进行挖掘工作。除了石膏模子、笔记、抄件、速写、动植物以及矿石材料,收藏品中还有27个残破的石雕和几只石棺。收藏中还包括一个非常特殊的藏品,一块黑色磨得十分光亮的玄武岩碑,这块石头上用三种语言、三种不同字体镌刻着文字,以"罗塞塔(Rosette)三语石碑"而闻名,它应该就是揭开埃及所有秘密的钥匙。

1801年9月亚历山大市(Alexandria)投降后,法国人虽然极不情愿,却必须将拿破仑在埃及掠来的所有文物交给英国人。约翰·希利-贺钦森(John Hely-Hutchinson)将军负责押运回国,国王乔治三世(George Ⅲ)将最珍贵的物品、当时最稀有的一级文物交付大英博物馆。法国看来是徒劳无功了,一年的辛苦似乎全无意义,几位患了埃及眼炎的学者看来也白白地丧失了视力。但事后证明,散落到巴黎的一些文物,也足以让一代学者为之付出心血。而且,所有的文物都做了副件和副本。第一个将埃及远征显而易见的、永久的成果呈现在世人面前的是德农,他于1802年出版了《上下埃及游记》(*Voyage dans la Haute et la Basse Égypte*)。同时弗朗索瓦·若马尔(François Jomard)在科学委员会,尤其是在德农提供的材料的基础上,开始编辑一本著作;这在考古史中是绝无仅有的一次,这本书让一个虽然未如特洛伊一样被覆埋,但与特洛伊一样遥远,一样充满了未解之谜,时至此时只有少数旅行者得以一见的文化一下子成为现代社会的关注焦点。

《埃及记述》的出版用了四年时间,从1809年到1813年。这套24卷本的厚重书籍所引起的轰动大概只有后来的保罗·埃米尔·博塔的第一部关于尼尼微(Ninive)发现的书籍以及再后来的海因里希·施里曼所著关于特洛伊的书可与之相比。这套内容丰富的书中有很多铜版插画,不少画还是彩色的,装帧精美,只有十分殷实的家庭才买得起,他们像守候知识的珍宝一样珍藏着这套书。在那个时代这套精美的书的意义很难被充斥着滚动媒体的现代社会所理解。在现代社会,每一个有价值的科学新发现马上会传遍全世界,以图片、影像、音频、文字等形式被复制百万遍,以各种不同的出版形式出现,一种形式比另一种形式更加招摇。每个人都可以购买,很快也会被每个人忘却。因为很快又会出现别的更新的东西吸引他的注意力;今天,没有什么能够留存下来,有价值的湮灭于无价值之中。今天也只能去想象一下那种感动,人们把《埃及记述》的最初几卷拿在手上时,读到从未所闻所见的事物,了解一个他们从不知道的生活世界,将目光投向几千年前,这会让他们比我们更加因敬畏而战栗。

因为埃及是古老的,它比当时所言及的任何一种文明都古老。当最早在卡比托利欧山的元老院召开集会确定世界帝国罗马的政策时,埃及文明已经很古老了;当日耳曼人和凯尔特人在北

两国统一的见证：
公元前3050年前后的所谓纳尔迈（Narmer）调色板上表现出这位上埃及的君王对尼罗河三角洲"懂得利用莎草造纸的下埃及人"的征服

欧的森林里捕捉熊和野牛时，埃及文明已经很古老并且不复存在了。大约5000年以前，埃及的第一个王朝开始统治时，也就是可确定的埃及历史开始时，最早值得惊叹的文化形式已经存在。而埃及的最后一个王朝，也就是第二十六个王朝衰亡覆灭后，还要经过500年才进入我们的纪元。利比亚人先统治着这块地方，随后是埃塞俄比亚人、亚述人、波斯人、希腊人和罗马人，伯利恒（Bethlehem）马厩上才亮起了星辰[①]。

---

① 根据《圣经》，玛利亚在伯利恒的马厩生下耶稣，耶稣出生年被作为公元元年。——译者注

当然人们听说过尼罗河畔的巨石建筑物奇迹。但那只是传说,对之了解甚少。只有少数文物进入博物馆,供人们观瞻。去罗马的游客可以观赏到元老院台阶上的石狮(今日业已不复存在了),还可以看到托勒密王朝国王们的石像,这些作品的年代比较晚些,那时候古埃及的光芒早就烟消云散,而亚历山大的希腊文化已经高度发展了。另外就是些方尖碑(有12座位于罗马)、一些摆在红衣主教花园里的浮雕,再有就是些刻成蜣螂样子的宝石,古埃及人把这种虫子视为圣物,称之为圣甲虫,因为这些圣甲虫宝石的肚子上刻有神秘的花纹,所以在欧洲被视为吉祥物,后来又被当作首饰和印章用石。

巴黎的书店中能够提供的用于科学研究的信息材料相当有限。1802年出版过斯特拉波(Strabo)的一套五卷本文集,是对他的地理文集的极佳翻译,以前只有少数学者可以读到,现在所有人都可以读了。斯特拉波在奥古斯都大帝时代游历过埃及。希罗多德这位令人惊异的古代游客在他的第二部著作中,也提供了一些有价值的资料。但他的著作又有谁读过呢?谁的记忆中留存有那些古代作者们的点点信息呢?

"光就是你穿着的衣服……"赞美诗中这样唱道。清晨太阳从湛蓝的天空升起,按照它的轨迹运行,它那黄色、刺眼、灼热的光芒,照耀在褐色、黄色、米黄色和白色的沙砾上。阴影如蓝墨水一般泼在沙上,宛如清晰的剪影。这个永远被烈日烘烤的沙漠根本不知道"天气"一词,不知道什么是雨、雪、雾、冰雹,从未听过隆隆的雷声,从未见过抽搐的闪电,沙漠将空气烤干,五谷不生,一切生物都无法存活,沙砾粗大而脆。就在这样一个沙漠中奔涌澎湃着尼罗河,它是众河之源,被称作"万物之父尼罗河"。它迸发于这个国度的深处,黝黑、湿润、位于热带的苏丹的湖泊和降水滋养着它,它涨水,漫过河岸,淹没沙地,吞噬着沙漠,吐出肥沃的七月泥浆,几千年来年年如此,淤泥堆积厚达16肘尺[①];梵蒂冈的一座大理石的尼罗河神群雕,16个健壮的孩童嬉闹地围着一个河神,就是对此的象征。河水慢慢地退回河床时,它不仅吞噬了沙漠,还带走了大地的干燥和沙漠的贫瘠。褐色的河水所经之处,植物开始发芽,谷物窜出沃土,带来两倍或者四倍的收获,带来"丰收的年份",并以丰年的收成来供给歉收的年景。每年都会有新的埃及出现,正如2500年前希罗多德在书中所说,埃及是"尼罗河的礼物",这里是古代的"粮仓",如果河水太低或者河水泛滥,连罗马人都会跟着挨饿。

在这片风景中,现在可见到闪光的圆顶和伊斯兰寺院林立的纤细塔尖,城市中穿梭着各个种族和各种肤色的人们,法拉欣人[②]、阿拉伯人、努比亚人[③]、柏柏尔人[④]、科普特人[⑤]、贝都因

[①] 肘尺(Elle)为古埃及最重要的长度单位,原本指的是小臂的长度,但是钦定为固定长度单位后,通常超过一个成年人从肘至中指尖的长度,1钦定肘尺约合0.52米。——译者注
[②] 法拉欣人,是埃及在古埃及文明被基督教文明和阿拉伯文明取代以后,仍继续在尼罗河冲击河谷及中东其他地方耕耘的、主要带着古埃及种族基因的佃农。——译者注
[③] 努比亚人,古代努比亚人生活在非洲东北部的一个地区,即今埃及南部和苏丹北部。——译者注
[④] 柏柏尔人,为非洲北部民族,主要分布于摩洛哥、阿尔及利亚、利比亚、突尼斯和马里等地。——译者注
[⑤] 科普特人,指埃及的基督教徒,是埃及的少数民族之一。他们是在1世纪时皈依基督教的埃及人的后裔。目前,在埃及的科普特人是中东地区最大的基督教族群。——译者注

人①和黑人穿梭于城市之间，城里回响着上千种不同的语言，就在这个环境中，一个来自另外一个世界的问候，来自昔日庙宇、古墓、廊柱大厅废墟的问候出现了。在那个世界里金字塔耸立在寸毛不生的荒漠、排列在骄阳烈日之下，它们是国王们的宏伟陵寝，单是其中一个就耗费了250万大石块，由几十万奴隶花了整整20年时间才建成。

那里卧着斯芬克斯（Sphinxe）狮身人面像，半人半兽，它头上的鬃毛已经磨平，只有眼睛和鼻孔可以看到孔穴，马穆鲁克将它的头部作为实弹射击的靶标，它在那里已经休息了数千年，半卧着面向永恒，它的身躯如此宏大，某位名号为图特摩斯的法老尚未登基时，在它的前爪之间立起一块石碑，因为他梦想通过这样的举动可以获得王位。

那里的方尖碑如针一般刺破苍穹，它们是庙宇的守护者，是沙漠之指，塔尖高达28米，向国王和神祇表达着敬意。此外还有许多由人工和天然洞穴建成的庙宇、从"村长"至法老的雕像、石棺、双塔式门、各种雕塑、浮雕和绘画。曾经统治过这个王朝的人们步入这无尽的长廊——表情僵直，举手投足都显出大气，以侧面轮廓出现，向着同一个目标——"埃及人的生命在于通向死亡之旅"；埃及墙壁浮雕着重表现了对这一目标的追求，以致现代文化哲学家所说的"道路"都被解释为埃及的原始象征了，欧洲的"空间"概念和希腊的"躯体"概念的深刻内涵

---

① 贝都因人，是以氏族部落为基本单位在沙漠旷野过游牧生活的阿拉伯人。主要分布在西亚和北非广阔的沙漠和荒原地带。——译者注

大概也不过如此。在泥土所掩埋的所有这些巨大的文物古墓群上都覆盖着象形文字。各异的象形文字有符号、图片、轮廓、暗示、符码等，充满神秘和谜团，还有人、动物、神兽、植物、果实、器具、衣物、编制物、武器、几何形态、波纹和火焰的象征符号。它们在木块、石块和无数的莎草纸上随处可见。在殿堂的墙上、陵墓的墓室中、棺椁上、墓碑上、雕塑上、神像上、匣子中、瓶瓶罐罐上，甚至在书写工具和木棍上都有这样的象征符号。看来埃及人是个十分热爱书写的民族。"如果有人乐意把埃德富（Edfu）神庙的铭文抄写下来，他就是从早到晚抄个不停，就是抄上二十年也抄不完！"

《埃及记述》一书将这个世界展现在欧洲眼前，展现给进行研究中的欧洲，而欧洲要踏上溯源之旅，欧洲此时接受了拿破仑的妹妹卡罗琳（Carolines）的动议，开始以崭新的热情挖掘庞贝城，而欧洲那些从温克尔曼那里学到了最初的考古研究和观察问题的方式的学者们，也都正在跃跃欲试地尝试这些新的方法。

现在，在对《埃及记述》一书堆砌了这么多的溢美之词之后，也该指出这本书的一些不足之处了：这本书通过描述、绘画和复制展示了丰富的材料，但在展现埃及时，此书也只局限在展示上。收集者仅仅停留于展示。而大多并不对此进行解释，因为他们也不知该对此进行何种解释，而他们偶尔进行解释之处，却又往往都是错的。

因为他们展示的所有纪念碑，都沉默不语。他们尝试的所有系统都是感觉和揣测的，而非有意识地组织起来的。所有的象形文字都无法解读，所有的符号都无法进行阐释，语言是陌生的！

埃德富的荷鲁斯神庙正面浮雕的复原图

《埃及记述》展现了一个崭新的世界；而这个崭新的世界所在的环境，所处的系统，还有其意义，都完完全全是个谜。

如果有人能够成功地让人读懂埃及象形文字，那么人们能够知道多么多的事情啊！但这可能吗？巴黎伟大的东方学家德萨西（de Sacy）宣称："问题太复杂了，科学无法解决这个问题！"另一方面：不正是一位来自德国哥廷根的名叫格罗特芬德的小教员出了一本小册子，指出了通往揭开古都波斯波利斯（Persepolis）楔形文字秘密之路吗？不正是他已经拿出了他的解读神秘文字的第一批成就了吗？格罗特芬德的材料不是少得可怜吗？而这里摆在面前的已出土的象形文字数不胜数。不是拿破仑的一个士兵找到了一块奇特的黑色玄武岩神碑（也有说是大理石材质）吗？不仅所有见到它的学者，就连最初报道过它的报纸也声称，这块神碑很幸运地恰巧提供了破解古埃及象形文字的一把钥匙。但真正地懂得使用这块神碑的人又在哪里呢？

在找到这块神碑后不久，报纸《埃及通讯》在这个具有革命性的一天以"共和国7年果月29日[①]，罗塞塔碑被发现"为题发表了一篇专稿。一个非常奇异的偶然巧合将这份在埃及出版的报纸带到了一个人的家里，而此人通过其无与伦比的天才性的工作，在整整20年之后解读了这块黑色神碑上面的铭文，从而揭开了埃及象形文字之谜。

[①] 果月，法国大革命时期法兰西共和历的第12个月，共和国7年果月29日即公元1799年9月15日。——译者注

第 10 章

商博良与罗塞塔碑

著名的颅相学①研究者弗朗兹·约瑟夫·加尔（Franz Josef Gall），为传播其颅相学说在法国四处奔波，一路上他受到各种惊叹、谩骂、敬仰和污蔑；在巴黎的一次聚会上，有人向他介绍了一位非常年轻的学生。加尔马上以其犀利的学者眼光打量着这位学生的头颅，发出了被深深折服的惊叹："啊！这是一位多么了不起的语言天才！"这位站在颅相学家面前的16岁的少年除了拉丁语、希腊语之外已经掌握了好几种东方语言，对于此人，此时这位颅相学家加尔还一无所知。

19世纪流行着一种传记书写方式，专门热衷于寻找天才们的蛛丝马迹，比方笛卡尔（Descartes）3岁时就面对欧几里得（Euklid）的半身塑像发出了"啊！"的惊呼，又比方去收集歌德的洗衣账单，以便在衣襟装饰与衣袖的分类中去印证天才。

第一个例子表现的不过是研究方法上的一种瞎扯，第二个例

---

① 颅相学，是一种认为人的心理与特质能够根据头颅形状确定的心理学假说。目前已被证实是伪科学。——译者注

子可能是荒谬可笑。从这类源头涌现出不少各种名人逸闻掌故，而对逸闻掌故又何必较真呢？既然笛卡尔3岁时的故事也是值得写在报纸副刊上的，写在令人轻松愉快思忖的不牢固的基础上，可以将那些一天24小时都板着脸严肃不堪的人排除；那么在此我们也不必忌讳，详尽地叙述一下商博良的一些异象。

1790年中期，法国小城菲雅克（Figeac）的书商雅克·商博良（Jacques Champollion）在听到医生承认他们无能为力之后，在久病瘫痪的妻子的床边喊出了"魔法师"雅克（Jacqou）的名字。菲雅克位于法国东南部的有着"七个奇迹"之称的道菲尼（Dauphiné）省，是全法国最美丽的地区之一，上帝肯定就住在这样的地方，此地的居民坚韧而保守，很难改变他们的麻木状况，但他们一旦从麻木状况清醒过来，又会倾向于一种蔓延的狂热状况：这个地区的人恪守天主教的清规戒律，容易相信神秘、灵异的事物。

魔法师让病人——这个逸闻和下列的故事都是目击者所叙述的——躺在烧热的草药上，让她喝葡萄酒，并且马上宣布，这个病人马上就会痊愈，而且预言她将生一个男孩（这使全家都惊讶不已），并且宣称这个还在母亲体内的男孩将会获得万世流芳的荣誉！

第三天病人就起来了。在1790年12月23日凌晨两点左右让-弗朗索瓦·商博良出生了，他就是后来的埃及象形文字的解读者。魔法师的这两个预言都实现了。

如果说魔鬼生的孩子长着马蹄足，那么经历了魔法师之手的孩子也显现出一些不那么显著的异于常人的特征，也就不令人惊奇了。医生在检查了幼小的弗朗索瓦之后，非常惊讶地得出结论，这孩子的角膜是黄色的，而这一点只有在东方人那里是普遍的，在中欧人中这样的角膜极其罕见。而且这个孩子的肤色也异乎寻常地暗，皮肤几乎是棕色的，而且他的脸部轮廓看着也非常像东方人的。20年后，人们都称他为"埃及人"。

这是个革命时代的孩子。1792年菲雅克宣布成立共和国。1793年4月起，恐怖时代来临。商博良家的房子距离荣军广场（Place d'armes，后来这个广场以他的名字命名）只有30步之遥，人们在这个广场上竖立起了自由之树。他的最早的记忆是《卡马尼奥拉》[①]闹腾的音乐和那些因躲避喧嚣的暴民而到他家里来寻求庇护的人们，这些人中有一位牧师，后来成了他的启蒙老师。

他还是5岁的孩子时———一位为他写传记的作者动容地记录着——就已经开始他最早的解码工作了，他把背下来的东西跟印刷的文字相比，这样教会了自己阅读。还不到7岁时，他第一次听到了"埃及"这个充满魅力的字眼，它"在海市蜃楼的具有欺骗性的光圈中"，因为比他大12岁的哥哥雅克-约瑟夫（Jacques-Joseph）想参加埃及考察的计划破灭了。

少儿时代的见证人和种种说法声称，他是一个学习不好的学生。所以1801年，他的哥哥，一位对考古学十分感兴趣的非常有才华的语言学家，把他带到了伊泽尔省（Isère）首府格勒诺布尔（Grenoble），开始自己来教他。11岁的弗朗索瓦不久就在拉丁语和希腊语上表现出了不同寻常的天赋，而且以令人惊讶的

---

① 《卡马尼奥拉》（*Carmagnole*），是法国大革命时期最有名的一首歌曲。——译者注

进度开始全力地学习希伯来语,他哥哥一想到这个弟弟将来的作为会为他的家族带来何种荣耀,尽管这位哥哥本人也具备十分出众的才华,就决定十分谦逊地只是称自己为菲雅克的商博良,以后仅称自己为菲雅克。在同一年,约瑟夫·傅里叶(Joseph Fourier)与年少的弗朗索瓦进行了谈话。傅里叶参加了埃及征战,是一位著名的物理学家和数学家,是开罗"埃及研究院"的秘书长、埃及政府的法国委员和领事长官、科学委员会的灵魂式的人物。而现在他成为伊泽尔省的最高长官,在格勒诺布尔置办了房屋,很快在他的周围形成了一个品位精神高贵的圈子。在一次视察学校时,他与小弗朗索瓦进行了一场讨论,他记住了这个孩子,请他到自己的家里来,给这个孩子看了他自己从埃及带来的收藏品。这位深色皮肤的孩子着迷地盯着他见到的第一批埃及莎草纸残片,仔细端详着石质碑上的象形文字铭文。"有人能看得懂这个吗?"他问道。傅里叶摇摇头。"我一定要读懂它!"小商博良坚定地说(后来他常常讲述这个故事)。"几年后,等我长大了,我一定会读懂它!"

这个故事不禁让人想起那位对父亲说过"我一定要找到特洛伊城!"的小男孩吗?也同样坚定,带着一种梦想中的确信。但是他们实现少年时代梦想的道路多么不同,方法多么不一致啊!施里曼完全是个自学成才者,而商博良没有一秒钟离开为他规划好的学术训练的道路(而他在这条道路上的行走速度把他所有的同学都远远地甩在了后面)。施里曼在开始他的伟大的事业的时候,并不具备任何专业基础;而商博良则装备上了他那个世纪所能为他提供的所有知识。

他的哥哥为他的教育尽心尽力。他想约束一下这位少年的收罗一切的贪婪求知欲。他没能做到，商博良能够找到浩瀚无涯的学海中最边缘的知识，在所有的知识山峰中纵横驰骋。12岁时他就写了他的第一部著作，论述一个引人注目的题目——"名犬的历史"。因他缺乏对历史的概括性了解，这多少妨碍了他的工作，于是他草拟了一份历史发展图表："亚当至商博良年青一代的谱系表"。

　　13岁时他开始学习阿拉伯语、叙利亚语、迦勒底语而后又学习了科普特语。值得特别注意的是：他所学的一切，他所做的一切，他所为之奔忙的一切，都或多或少跟充满魅力的埃及有关。他研习中国古代文字，只是为了试图证明它与埃及古老文字之间的某种血缘关系！他学习赞德文①、巴列维文②和帕西文③的示例文本，学习这些冷僻的语言，翻阅只能以傅里叶的名义运送到格勒诺布尔的最冷僻的资料，学习摆到他面前的一切，1807年夏天，这位17岁的少年就草绘出第一幅埃及历史图，第一幅法老帝国的地图。

　　当时关于埃及，除了《圣经》中一些只言片语，大多是用拉丁语、阿拉伯语和希伯来语写的残缺不全的文本，以及一些与科普特语的比较，此外再没有任何相关材料，而科普特语是当时唯一所知的有可能构架起通往古代埃及的桥梁，因为这种语言一直

---

① 赞德文，是波斯中后期神学文本用语。——译者注
② 巴列维文，是伊朗的经典伊斯兰时期用语。——译者注
③ 帕西文，是主要立足于印度次大陆的一个信仰琐罗亚斯德教的民族的语言。——译者注

让-弗朗索瓦·商博良
(Jean-François Champollion，1790—1832)

到17世纪在上埃及地区还有人使用，只有设身处地地了解了这一情况，才能理解商博良这一尝试的大胆性。

同时他将不同的材料组织起来，要写一本书。他下决心要去巴黎。而格勒诺布尔地区的学院希望他能够提交一份毕业论文。那里的绅士们希望他写的是对于一般言谈的组织加工，以为他写的可能是有关修辞学的内容。而商博良却草拟了《法老时代的埃及》一书。

1807年9月1日，他在口试中朗读该书的导论部分。一位消瘦的年轻人，高挑的个头，散发出早熟少年之美，他这样站在学院的考官面前。他所说的一切，设论大胆，逻辑严密。他引起了一片轰动。这位17岁的少年被一致推举为学院成员。约瑟夫·勒诺东（Joseph Renauldon），学院的主席站起来，将他拥入怀中:"尽管您如此年轻,学院还是将您推举为其成员,这说明学院一直在关注您所做的一切。但学院更期待着,您在将来所能够做的一切!学院坚信,您一定不会辜负学院对您的厚望,有朝一日您的工作使您闻名遐迩之时,您会想起来,您从学院里得到了最初的鼓励。"

一夜之间,商博良从这个学院的学生成为这个学院的一名成员。

而在离开学院大楼时,他迷失了。他在这段时间里面极度敏感,他在气质上是个活泼灵敏的人,却又带有一丝忧郁,不仅在精神上高度发展,已经被许多人公开地称为天才,身体的发展也超出了他的年龄段(离开中学以后,他决定结婚,这可不仅是中学生式的幻想)。他知道,他面临着人生的一个新阶段。他面前是一座巨大的城市,欧洲的中心,各种思想、政治和奇遇的交汇点。当他和哥哥所乘坐的笨重马车,在摇摇晃晃中度过了70个小时之后,慢慢地接近了巴黎城时,他已经进行了长时间的思考,他在梦境与现实中摇摆,发黄的莎草纸在他的头脑中舞动,十几种语言在他的脑海中回旋,写满象形文字的石块沉甸甸地压着他的内心,其中也包括那块神秘的黑色玄武岩石块,即罗塞塔石碑,几天前他与傅里叶话别时才第一次见到它,上面的文字一直出现在他的眼前。

这时,他突然转向他的哥哥——这可是有根有据的——说出了他总在想的、一直萦绕在他内心间却在猛然间明了的事情,他的深色的脸上黑眼睛熠熠放光:"我会破解埃及象形文字!"他说道,"我知道的!"

第 10 章 商博良与罗塞塔碑

人们一直将道特普尔（Dhautpoul）称为罗塞塔碑的发现者。但实际上道特普尔只是那个天才军队的指挥者、真正找到石碑者的上级长官。也有一些人认为是布夏贺（Bouchard）发现的石碑。而布夏贺实际上只是对败落的罗塞塔港口，当时已经被称为朱利安（Julien）要塞，进行加固的军官，这个地方在尼罗河西北方的7.5公里处，而且他后来负责将这块石头运到开罗去。

石碑的真正发现者是一位不知名的士兵。我们已经无从知道，当他的镐尖碰到这块石头时，他是否因为碰巧受过一定程度的教育所以知道这一发现物的价值；也无从知道，当他一眼看到这块密密麻麻地布满各种神秘符号的石碑时，是否发出了拙朴的人的喊叫，拙朴的人在害怕为神秘力量所擒获时，往往发出这样的叫喊。

这块在军事工事的废墟中意外发现的石碑有一张桌面那样大小，石质细腻，"十分坚硬"，是玄武岩。石碑的一面经过打磨。上有三种铭文，分为三栏，有些部分因为历经两千多年的风雨和沙尘已变得模糊不清了。三栏中的第一栏是古埃及象形文字，共14行；第二栏，共计22行，是古埃及世俗语；第三栏，共计54行，是希腊语。

竟然有希腊语！那么就可以读懂，可以理解了！

拿破仑手下的一位将军是一位积极的希腊学者，他立刻着手进行翻译。他马上就确定了铭文的内容：这是孟斐斯（Memphis）地区的祭司群体于公元前196年向托勒密五世（Ptolemaios V）感谢其善举所作的献辞。

亚历山大城投降之后，这块石碑与法国的其他劫财一起被送

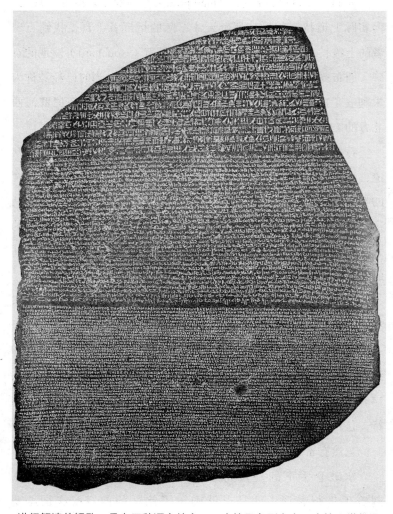

进行解读的钥匙：具有三种语言铭文——古埃及象形文字、古埃及世俗语文字和希腊语——的罗塞塔石碑终于使世人有可能解读埃及的象形文字。让-弗朗索瓦·商博良的名字与罗塞塔碑紧紧相连，他于1822年成功地解读了象形文字

往伦敦的"大英博物馆"。但"委员会"决定，与其他所有的物品一样，在送走之前，都要进行复制。这些复制品就被送到了巴黎，学者们都蜂拥而至，并且开始进行比较。

进行比较——因为还有什么比这种三栏排列更能说明，这里实际上只是同一篇献辞呢？《埃及记述》中提到过，这里就放着通往已逝王国的大门的钥匙，这里就蕴藏着这种可能性，"用埃及人来解释埃及"。在翻译了希腊铭文之后，找出与希腊文字相对应的埃及象形文字中的词语、概念和名字还有什么太大的难处吗？

这个时代的最优秀的人都在绞尽脑汁地进行破解。而且不仅仅在法国。在英国（直接面对石碑原件）、德国、意大利，大家都在动脑筋。但都是徒劳无功！因为他们所有人都是从错误前提出发的，这种错误前提在很大程度上可以追溯到希罗多德，而且错得很顽固，就像人类历史上许多模糊了人们头脑的那些错误想法所特有的那种顽固一样。而要真正地领悟到埃及象形文字背后的秘密，就必须历经哥白尼式的转折，一种顿悟，彻底地从所有传统的辙印中突破出来，就如同照亮黑暗的一道闪电一般。

当17岁的商博良被他的哥哥引见给德萨西，他未来的老师，一位矮小、其貌不扬，而其名声却远远地飘出了法国国界的人时，他一点也不害怕或者拘谨，就如同在格勒诺布尔11岁的他出现在傅里叶面前一样，他使现在的老师也为他着迷。

德萨西对此深表怀疑。他是一位49岁的学者，正值他那个时代知识的巅峰上，他打量着眼前的这位年轻人，此人以超乎寻常的大胆在《法老时代的埃及》一书中要开始实施一项计划，而他本人却认为，实现这个计划的时间尚未成熟。而他后来在回忆这第一次见面时又说了什么呢？这个聪明人，他说着他所获得的"深刻的印象"！德萨西只读过导论部分的那本书在年底之前基本上全部写完了。这位17岁的年轻人早应得到认可，7年后，他的书出版了，他才得到了众人的认可。

商博良沉浸在研究之中。他完全闭门谢客，他完全避开世界之都巴黎的种种纷争，埋头钻入图书馆的书林中，他走访了一个又一个研究所，为格勒诺布尔学院的学者解决各种问题，他们的来信如雪片一般飞来，他在学习梵文、阿拉伯文和波斯文（德萨西称之为"东方的拉丁文"）。波斯语是几乎所有其他东方语言习语的母语，时而他也因为中文语法问题写信给他哥哥，仅仅是为了"消遣"。

他深得阿拉伯思想的精髓，以至于他的声调都发生了变化，在一次聚会中一位阿拉伯人深深地向他鞠躬，把他当成了自己人。他仅仅通过学习就深入地掌握了大量有关埃及的知识，当时最著名的非洲旅行家索米尼·德马涅古尔（Somini de Manencourt）跟他谈话之后，惊讶地叫起来："他对我们所谈论的这些国家的了解与我本人对这些国家的了解不相上下！"

仅仅一年之后，他无论在口头还是笔头上都能够自如地使用科普特语（"我常常用科普特语来跟自己说话……"）。他用科普特语，以古埃及世俗语字符写了大量给自己看的论文来练习使用这门语言。40年后上演了一场好笑的闹剧，一名学者将其中的一篇作为安敦尼[①]时代的埃及古文发表了，并就此发了一通宏论

[①] 安敦尼（Antonine，86—161）是罗马帝国皇帝，为五贤帝之一，在位时间是公元138年至161年。——译者注

进行评价——完全可以跟德国贝林格教授写的那本关于化石的学术著作相媲美，堪称这一笑谈的法国翻版！

而他的生活状况十分不好，极为令人担忧。如果不是他的哥哥无私地援助他，他一定会饿死。他住在卢浮宫附近的一间用18法郎租来的陋室中。他连这点房租都付不起，写信给他哥哥求助，跟他哥哥哭穷，说是自己的日子真的过不下去了。而他哥哥菲雅克告诉他，如果弗朗索瓦不再省着点过，他只能把自己的图书馆典当掉，他就一下子慌了神。可是还能再怎么省着过？他的鞋底已经磨穿，他的套裤已经扯烂了。他都不好意思去参加聚会了。在一个异常寒冷的巴黎的冬天里，他在寒冷和潮湿中病倒了，这次生病给他留下了致命的病根。但两个小小的成绩让他坚持了下来。

皇帝需要士兵。1808年全民征兵令颁布了，所有16岁以上的男子都必须应征入伍。商博良惊呆了。他的内心深处反对强迫；他坚守着精神上最严格的纪律，但在看到宪兵官屈从于愚蠢的纪律，灭绝一切精神活动时，他就不寒而栗。温克尔曼当年不是也受到这类应征入伍的威胁吗？"有时候我觉得，"弗朗索瓦给菲雅克写信，"我简直受不了了！"

一贯支持他的哥哥此刻也坚定不移地帮他。他动员了一切朋友，到处诉说情况，写了无数封信——商博良总算能够继续进行他的研究了，可以在一个枪林弹雨的时代，继续潜心于已经灭失的语言中。

第二件事情是他一直进行的工作，不，应当说，他一直为之着迷、使他忘却了军事化危险的工作，那就是研究罗塞塔碑。很奇怪的是：在这个问题上他很像后来的施里曼，施里曼已经能说能写欧洲的所有语言，但就是不去学古希腊语，而希腊却恰恰是他的所有渴望之所在，他一直犹豫着去不去学希腊语，因为他预感到，一旦开始这最后的学习，他一定会义无反顾地陷进去——商博良也正是如此，他的思想一直围绕着那块罗塞塔三种语言碑转，可以说，围绕这个螺旋转，而这个螺旋越来越紧地锁住了那个所有探寻的目标，但是越是接近目标，他的行动就越慢，他也越来越犹豫不决，因为那种彻底地解决这个大问题的冲动好像还不足，虽然他做了充分的准备，并且具备了当时的所有知识。

然而，现在他突然面对着一份在伦敦制作完成的新的罗塞塔碑的复制品，他突然无法控制住这种冲动了。虽然他这次也没有开始进行真正的解码——他暂时满足于将罗塞塔碑与莎草纸相比较，但是他一下子从黑色石头找出对应"一系列字母正确的意义"。"我给你看看我走出的第一步！"1808年8月30日，这位18岁的年轻人写给他的哥哥。他十分谦虚地向哥哥解释着他的工作方法，透过这种谦虚，这位年轻的发现者的自豪第一次掩饰不住地流露出来。

在这个时刻，他走完了第一步，他也知道自己迈上了通往成就和荣誉的正确道路，而就在这个时刻他收到了一条消息，这消息就如同一道霹雳落在他身上。到此时为止在自己和目标之间他只见到工作、艰辛和匮乏。他愿意承受这一切，坚持往前跋涉。而这时候传来的这个消息，使他此前所做的一切工作，也包括他所希望的、所坚信的和已经研究出来的一切都变得毫无意义：埃及象形文字已经被解读出来了！

在人类研究和努力的其他领域，也就是在长达几十年的征服南极的奋斗中，曾经有过这样的故事，它以一种更加戏剧性、更加显而易见的方式描绘了触目惊心的一刻，商博良目前面临的状况恰恰如此，就是说其他人跑到他的前面去了。当时斯科特（Scott）上校与几个硬汉乘坐狗拉的雪橇，在难以想象的艰难条件下，接近了极点。他又饥又饿，双眼被冰晃得睁不开，但内心里充满了压抑不住的自豪感，自己是第一个到南极极点的人。但他却在理应是处女地无垠的雪原中突然看见了一面旗帜，这是阿蒙森①的旗帜。

上面说过，这个例子有些戏剧性，因为在这个例子后面站着白色的死神。但是年轻的商博良所感受到的大概和斯科特上校所感受到的差不多吧。他身上所发生的一切，实在令人扼腕。这个世纪里有几十个人同时完成了一些发现。他们的感触大概与此时此刻商博良的感触相同。

就算是这个消息犹如晴天响雷一样炸响在商博良的头顶，但这个霹雳很快就过去了。阿蒙森的旗帜结结实实地竖着，彰显着他的胜利。而此时破解埃及象形文字这面旗帜却插得不那么结实。

商博良是在大街上得知这一消息的。在前往法兰西学院的路上，一个朋友急急忙忙告诉了他这个消息，朋友说的时候全然没有意识到，商博良常年来都在为什么目标努力工作，夜以继日地在为什么挑灯工作，又是为什么整天忍饥挨饿，低三下四。当商

---

① 阿蒙森（Amundsen，1872—1928），是一位挪威极地探险家。1911年12月14日他领导的探险队第一个到达南极极点，他们比斯科特领导的探险队早到一个月。——译者注

博良摇晃了一下，重重倒在他身上时，他吓了一大跳。

"亚历山大·雷诺瓦（Alexandre Lenoir）！"朋友说，"他的著作刚刚出版了，一本薄薄的小册子。题目是《新解释》，完全破解了埃及象形文字！想想看，这意味着什么！"

也不看看这话是对谁说的！

"雷诺瓦？"商博良问道，摇摇头，心里升起了一丝希望。昨天他还见到了雷诺瓦。二人认识一年多了，雷诺瓦是一个有些声望的科学家，但也不过如此，不是什么天才。"这不可能！"他说，"从没有人说过这事。雷诺瓦自己也没有说过！"

"你觉得奇怪？"朋友问，"谁会不到时候就透露出这么重大的发现！"

商博良猛然放开朋友。"书商在哪里？"他狂奔而去。他哆哆嗦嗦地数出几枚法郎，放在满是灰尘的书店柜台上：那本小册子只卖出去几本。然后急急忙忙回家，躺倒在沙发上，开始了阅读。

厨房中寡妇梅克朗突然把手中的罐子放到桌子上，因为房间里传出了震耳欲聋的大笑声。她听了一下，然后跑过去，打开房门。让-弗朗索瓦·商博良躺在沙发上，弓着身子，口中喃喃不清地说着什么，但是他在大笑，绝对没错，他歇斯底里地笑得全身晃动。

他把雷诺瓦的书拿在手上。破解埃及象形文字？他可真是过早地把这面胜利的旗帜插出来了！商博良太知道可以从哪些方面来判断，雷诺瓦书里所称全是胡扯，是纯粹的胡编乱造，是臆测与学问在歧途上的一种恣意的组合。

但这个霹雳还是挺可怕的。他忘不了它。他的内心所受到的震撼向他表明，他的任务，让这门死亡的语言重新说话，与他这个人是多么密不可分地生长交织在一起了。他筋疲力尽地睡着了，但狂野的梦还在追逐着他。他的梦使他清楚地看到他自己在艰难的生活实践中所没有看清的事实，那就是他这个人已经彻底地被这个任务所占据，他对埃及象形文字着了魔，他魔怔了。

他的所有的梦都通往成功，这个成功对他而言触手可及。这个18岁的少年在难以入眠地翻转着，他此时还不知道，要达到这个目标他还须花费十几年的时间。他还没有预想到，未来的道路荆棘遍地，他会遭到一次又一次的打击，这位除了埃及象形文字和法老王国什么也不想的学者有一天会被人诬陷为叛国者，遭到放逐。

第 11 章
叛国者破解埃及象形文字

12岁在阅读钻研《圣经·旧约》的原本时,商博良就认定共和国是唯一理性的国家形式。他成长在带来了启蒙主义世纪和引发了大革命的思想潮流中,新的专制主义使他的心灵备受折磨,这一专制主义以颁布各种政令赦令开始,又随着拿破仑的加冕公开地露出了其真面目。商博良与他的哥哥不同,他并没有拜服在拿破仑的魔力之下,面对拿破仑的各种成就他仍然坚持批判的观点,而且在思想上也没有仔细关注这位法国之鹰又攻打到了哪里。

这里不打算对他政治观点的发展进行追溯。但此处该对下面这样一件事三缄其口吗?这位埃及学家受热爱自由的冲动所驱使,手中紧握着大旗,将其插在格勒诺布尔的城头上。商博良不喜欢严峻的拿破仑专制,但更厌恶波旁王室,他曾亲手将象征着王室的百合花旗帜从格勒诺布尔城垛子上拔了出来,升起了三色旗。十几年来波拿巴家族将这面旗帜插遍了欧洲各地,现在对商博良来说,这面旗帜会成为自由的象征?

商博良又回到了格勒诺布尔。1809年7月1日他成为当地大学的历史学教授。年仅19岁，他就作为教授站在他当年作为学生听课的学府里授课，他的学生中有些年轻人两年前还和他一起坐在同一个课堂里。他受到敌视，陷入了那些年岁较大的教授们编织得特别结实的阴谋网中，这些人觉得商博良占尽好处，自己受到他的排挤，但这一切又有什么可奇怪的呢？

这位历史学教授宣传的是些什么样的观念啊！他宣称对真理的追求是历史学研究的最高目标，他理解的是绝对真理，而不是波拿巴王朝的真理或者是波旁王室的真理。为了这个目的，他要求学术自由，而且他所理解的自由也是绝对的自由，而不是圈在各种政令禁令画出的条条框框中的自由，后者需要人们对受制于权势诉求的必然性有所认识。他要求的是那些在大革命初期就经过人们的大脑酝酿进而宣布出来，但从那时起就一年又一年不断遭到背叛的革命理念。

因而他这样的政治家就不可避免地与那些鼠目寸光的政客陷入冲突。他从来没有背叛他的观念，但他时常会失去信心。别人在这种时刻，很可能会援引伏尔泰著作《老实人》（Candide）中的一些名句，作为东方学者的他向他哥哥援引了东方圣书中的句子："使你的土地变成耕地吧！《阿维斯陀》①一书有云：将六块贫瘠的土地变为良田要比打赢24场战役强！我也完全是这个观点。"他越来越陷入种种阴谋中，被弄得身心疲惫，同事们的种种手段使他的薪水减少到原来的四分之一。他后来写道："我的

---

① 《阿维斯陀》（Zend-Avesta），又称《波斯古经》，意为"智慧、经典、谕令"，是琐罗亚斯德教的经典，约于公元前6世纪至公元前4世纪陆续编成。——译者注

命运就是这样了，像第欧根尼（Diogenes）一样贫穷，我也要试着买一个大桶藏身，一个大袋子作为衣服。然后就指望着雅典人的好施乐善来度日。"他写了不少讥讽拿破仑的文字。但当拿破仑被打垮，1814年4月19日神圣同盟的军队攻入格勒诺布尔城时，他又带着苦涩地问，专制者的统治结束了，那么自由理念的统治就真的能够到来吗？他对此十分怀疑。

商博良对于民众自由和科学情感的炙热程度超过他对于埃及研究的热情了吗？他一如既往地取得了令人难以置信的成就。他进行的工作有看似非常不着边的，也有无关紧要的，他在编写一部埃及科普特语词典，同时在为格勒诺布尔城的沙龙写剧本，其中有一个剧本以伊菲革涅亚①为题。他写了很多歌，不少带有政治色彩的歌曲，这些出自他书桌的歌曲在大街小巷传唱着，对德国博学的学者而言，这样的行动是难以令人置信的，但这在法国却是学者的传统，这个传统始于12世纪的彼得·阿贝拉尔（Peter Abaelard）。商博良也在同时进行他一生的主要任务：他越来越深地潜入埃及的秘密中去，在这一点上他锲而不舍，无论大街上的人们喊的口号是"皇帝万岁！"还是"国王万岁！"。他写了无数的论文，准备书籍，帮助世界各地的作者，忙于教学，与资质平平的学生打交道。这一切都在吞噬和损耗着他的神经和他的健康。1816年12月，他写道："我的科普特词典一天天厚了起来，而它的作者却日益单薄起来。"词典编写到了1069页，但

---

① 伊菲革涅亚（Iphigenien），是希腊神话中阿伽门农和克吕泰涅斯特拉的长女，古希腊剧作家所喜爱的悲剧人物。——译者注

还没有写完，他不禁为之长叹。

随后就是"百日王朝"，这一百天使欧洲再次在拿破仑的掌控之中叹息，使刚刚建立起来的秩序再次坍塌，让迫害者变为被迫害者，统治者成为仆臣，国王成为逃难者，这一百天把商博良也赶出了他的书斋：拿破仑回来了！各种报刊似歌剧中花腔高音般不停地变化着调子，简直为虚伪说谎树立了新标杆："怪物逃出来了！"——"狼妖在戛纳（Cannes）登陆"——"暴君在里昂（Lyon）！"——"僭皇距离首都还有60个小时！"——"波拿巴跑得可真够快！"——"拿破仑明天就可以进城！"——"皇帝陛下御临枫丹白露（Fontainebleau）！"

3月7日，拿破仑军队兵临城下，到了首府格勒诺布尔。他用烟斗头敲打着城门。这时是夜间，火炬围绕着他，发出光芒。这真是世界历史上的一个戏剧性场景。因为在令人惊恐的整整一分钟里，只有拿破仑一人以坚强的意志面对着大炮，炮手们在大炮上忙作一团。随后响起了一声高呼："拿破仑万岁！"而后拿破仑"进城时还是个冒险家，离开格勒诺布尔时就成了皇帝了"。因为格勒诺布尔是道菲尼省的心脏，是一个必须赢得的重要战略基地。

商博良的哥哥菲雅克，一直狂热地崇拜拿破仑皇帝，现在更是彻底地为拿破仑所折服。拿破仑需要一个机要秘书。市长就向他举荐了菲雅克，还故意地把他的名字给拼错成了"商破仑"（Champoléon）。拿破仑听了大喜过望："这是个多么好的兆头，他的名字竟然有一半跟我的一样！"商博良当时也在场。拿破仑问起他眼下进行的工作，了解了一下科普特语的语法和正在编辑中的词典。会见时商博良的态度十分淡定,他自12岁起就与帝王们打交道,这些帝王们比拿破仑还要更接近神祇。拿破仑被这位年轻的学者迷住了,与他聊了很久,以皇帝特有的即兴向他保证,在巴黎出版他的两本书。拿破仑兴致所至,几天后还到图书馆去找他,而且一再讨论起商博良的语言研究——这一切都发生在拿破仑重建起其世界帝国的日日夜夜中。两位埃及的征服者并肩而立。其中一位,将尼罗河畔的这个国家纳入他的全球计划中,而且要让这个古老的王国重新建设起来(他当时要建上千个水闸,这样可以一劳永逸地保证经济上的获利),现在听说了科普特语,他又燃起了新的激情,马上决定将其升格为统一的日常用语;另一位此时却从未见过埃及,但将这个陨落的古老国度在自己的头脑中千万遍地研究着,并且今后将要用他的知识力量和理性来征服它。

不过拿破仑的日子屈指可数。他的第二次覆灭与第二次崛起一样迅猛而突然。厄尔巴岛(Elba)是他的逃亡地,圣赫勒拿岛(St. Helena)成了他的辞世之所。——波旁王室再次进入了巴黎。据说他们不强大,不强势,他们不那么急于复仇。但他们不能做点什么别的事吗?他们随即颁布了成百上千个处罚规定,"惩罚如同吗哪①一样落在犹太人的头上",菲雅克也受到了迫害,因为他随着拿破仑进入巴黎城,公开了自己。而人们在进行快速政治审判时,甚至不去区分一下哥哥和弟弟,那些格勒诺布尔人早就对这位年轻的教授嫉妒得发狂,难道他们这么做是因为这些人

---

① 吗哪是《圣经》中记载的以色列人经过旷野时获得的神赐食物。——译者注

把兄弟俩视为学者时也弄混了？在拿破仑"百日王朝"的最后几天，年轻的商博良为了购得一份古埃及的莎草纸文卷，需要竭尽全力凑足1000法郎，从而帮助建立了所谓的"特尔斐联盟"，这个联盟以自由为宗旨，现在却身败名裂，但因此就能这么对待商博良吗？

当保皇党向格勒诺布尔挺进时，商博良在城墙上，鼓动抵抗，他全然没有认识到，更大的自由源自何方。但后来发生了什么呢？当拉图尔（Latour）将军开始炮轰格勒诺布尔的内城区时，当科学和他的工作成果面临危险时，商博良急急忙忙地离开了战斗工事，将政治军事全都撇在一边，冲到他的图书馆三楼，提水搬沙，拼死抢救他的莎草纸文卷，一个人在空荡荡的大楼里面对着攻城的炮火。

这些天里，商博良这个作为叛国者被驱逐、被解职的教授又开始了他旨在彻底破解埃及象形文字的工作。他孜孜不倦地工作着。格勒诺布尔和巴黎又成了他人生中的驿站。针对叛国者的新的审判在威胁着他。1821年，他作为难民逃离了这座将他由学生变为教授的城市。一年之后，他出版了著作《关于象形文字字母发音问题致达西耶先生的书简》，这一著作包含着破解象形文字的基础，也使他的名字被那些关注金字塔和神庙之谜、渴求找到迄今未解问题答案的人们众口传颂。

听起来很奇怪：这种呈现于世界面前的象形文字，在古代就有一系列古典作家对其发表了不少高论，在欧洲中世纪里也不断地出现过新的解读，拿破仑的埃及远征带回来的抄写副本也大量地涌入学者们的书斋，尽管如此，在商博良之前却没有得到破解。这不能仅用无能来解释，而且也因为某种过错；不仅因为许多人的认识不足，而且也是某一个权威误导造成的结果。

希罗多德、斯特拉波和狄奥多罗斯都去过埃及，也都提到了埃及象形文字这种无法解读的图形文字。但只有公元4世纪的荷拉波隆（Horapollon）才留下了对这种文字内容的详细描写（亚历山大的革利兔①和波菲利②留下的阐释让人没法理解）。所以显而易见，因为缺少别的依据，荷拉波隆的著作就成了后来所有见解的出发点。而荷拉波隆却始终将埃及象形文字看作一种图形语言，在图形中去寻找象征意义，在他之后几百年间都是这样。这种方法让那些非学术人士尽情地展开了想象的翅膀，却使科学家们陷入绝望。

商博良破解了象形文字后，人们才认识到，荷拉波隆所说的有多少是真实的，人们看清了象形文字的发展，它从初期的非常明了的象征出发，比方弯曲的线条是水，房子的轮廓是房子，旗帜代表神。大家随着荷拉波隆将这些象征体系运用到了后期的铭文中去，这是一种歧途。

在这种歧途上却充满了各种冒险。耶稣会教士阿塔纳斯·珂雪（Athanasius Kircher）是个十分异想天开的人（他曾经设计过神灯），从1650年至1654年间他在罗马发表了四卷本的对象形文字的翻译，但是其中竟然没有一个是正确的，连原意的一点儿边也没沾上。例如有一组符号意为"独裁者"，是罗马皇帝

---

① 革利兔（Clemens Alexandrinus），是基督教神学家，基督教早期教父，亚历山大学派的代表人物。——译者注
② 波菲利（Porphyrius），为古罗马唯心主义哲学家，新柏拉图主义者。——译者注

的别称，而他却解读成"欧西里斯（Osiris）是繁衍和一切植物生长的创造者，其创造力被神圣的莫夫塔（Mophta）从天堂引入他自己的王国中"。

不管怎么说，此人还是认识到了学习科普特语——这种埃及语言的后继形式——的价值，其他不少学者都否认学习这种语言的意义和价值。

一百年之后，德吉涅（de Guignes）在"巴黎铭文学院"作报告时通过对象形文字的比较宣称道：埃及殖民者是中国人。起码（每个研究者都可以用这个词"起码"，因为每个人总能多少找到一点正确的线索）他还读对了埃及国王"Menes"的名字。当即就有反对者纠正他，认为该读成"Manouph"，这使伏尔泰这位时代精神的尖刻评论家对一些词源学家表示非常不满，他挖苦道："对这些人来说元音算不得什么，辅音也很不重要。"

人们有理由认为，找到罗塞塔这块刻有三种语言的石碑会使各种恣意的猜测消停下来。但实际情况却正好相反。通往解决问题的道路现在变得如此明朗，即便是那些半吊子学者也敢于对之进行描述了。一位来自德累斯顿的无名氏从罗塞塔碑上的简短的象形文字片断中硬是拼读出了整篇希腊文字。一位巴黎的不具名者在一块来自丹德拉祭祀殿的铭文中认出了第100首赞美歌。在日内瓦出现了一片对所谓"潘菲利方尖碑"碑文的翻译，据说碑文内容是对"公元前4000年对虔信战胜邪恶的记述"。

各种奇思妙想愈演愈烈。在巴林（Palin）伯爵那里，奇异的想象与罕见的傲慢和愚蠢紧密地结合起来，他声称，罗塞塔碑的本质让他一眼就识破了。他依据和援引了荷拉波隆的著作、毕达哥拉斯（Pythagoras）伦理观和犹太教神秘教义，仅用了一个通宵就搞明白了整个象征意义，八天之后就公之于众，据他自称，这样的速战速决使他避免了"系统性的失误"，而长时间的思考恰恰会造成这种失误。

商博良就坐在这类天花乱坠破解活动的喧嚣之中，整理着，比较着，校验着，一步一步地赢得解决问题的高度，而且还要时不时地听这样一些消息，圣尼古拉修道院院长坦德奥（Tandeau）写了一本小册子，在书中他严谨地证明了埃及象形文字根本就不是文字，而是一种装饰符号。——商博良丝毫不为其所动，1815年他在一封讨论荷拉波隆的信中写道："这部著作被称为《象形文字》(Hieroglyphica)，但书中根本就没有对我们称之为象形文字的东西进行阐释的部分，有的只是对神圣的象征雕塑的阐释，也就是那些埃及的象征图案，它们与真正的象形文字是完全不同的。这些与通常的观点是相悖的，但是对我的观点的印证，在埃及的纪念碑上就可以找到。看看荷拉波隆所说的神圣雕塑的象征场景吧，那

当年为敬神而竖立：卢克索神庙入口处的两块方尖碑之一。这里展示的是1836年10月25日在巴黎协和广场竖起来的方尖碑的南面图

些吞噬自己尾巴的蛇、天空的雨、无首的男人、衔着橄榄枝的鸽子等等，但在那些真正的象形文字中找不到它们！"

这些年中大家在象形文字中还看到了一个神秘的伊壁鸠鲁主义系统，看到了希伯来神秘主义的、占星学的、灵异学的神秘说教以及现实生活中农事的、商业的和行政管理的知识；在象形文字中人们读出了《圣经》段落和大洪水之前的文字，迦勒底语的、希伯来语的，甚至是汉语的论述。"好像是古埃及人根本就没有自己的语言来表达似的。"商博良评论道。

而这类阐释的尝试无一例外或多或少地建立在荷拉波隆的基础之上。只有一条路来进行破解。就是与荷拉波隆相反的路。商博良正是走在这条路上。

精神领域的重大发现在时间上很难确定。它们是无数思考过程、经年的思想训练，有意无意地将明确的关注和杂乱的梦想都集中在一个问题的结果。很少通过灵光一闪就找到解决问题的方法。

在仔细地研究过伟大发现的发现史后，伟大之处就好像也没什么了不起了。了解了这个原则后，对后来者而言，歧途显得十分明显，错误设想具有蒙蔽性，问题显得很简单。今天很难想象，当初商博良一步一步地反对整个建立在荷拉波隆学说基础上的学界见解，并提出他自己的看法，这一切究竟意味着什么。大家不应该忘记，学者们和公众并非因为荷拉波隆是个大权威，才持他的观点，在这一点上与中世纪的学者们对亚里士多德（Aristoteles）的奉崇，后世的神学家们对教会领袖的敬仰是不同的；而是因为他们就是在进行最大程度的怀疑时也根本无法看到其他的可能性，只能看到一个事实：象形文字就是图形文字！因为此处一种权威观点与眼见为实的方法结合在了一起，这才是科研的大不幸。提出荷拉波隆观点的人的生活年代，离最后书写象形文字的时代近一千五百年；而且，他说的东西，人人都可以看见：这里有图形，除了图形还是图形！

商博良确定象形文字的图形就是"字母"（确切地说是"注音符号"，他最早的表述是"并非严格的字母，而是注音的"）的那个时刻，那个灵感降临的时刻，我们今天已经无从考证。那个时刻出现了转机，这个转机使他完全背离荷拉波隆，最终彻底地破解了象形文字。在经历了这样的一种人生、这样艰辛的工作之后，还能够说这是一个灵感吗？能说是一个幸运时刻的突现吗？这种想法第一次出现在商博良头脑中的时候，他立刻抛弃了它。突然有一天，他认定一条横卧蛇的图形是字母"f"时，他觉得这个判断无法自圆其说，把它撇在一边。当越来越多的学者，斯堪的纳维亚人佐伊加（Zoëga）和阿克布拉德（Akerblad），法国人德萨西，但首先是英国人托马斯·扬，认出了罗塞塔碑中的埃及世俗语部分是"字母文字"，他们部分解决了问题。但他们却无法继续下去，他们放弃了，或者抛弃了这一观点，德萨西在象形文字面前彻底投降，这种文字在那里就像"神圣的约柜一样不可冒犯"。

即便是托马斯·扬，因为他"注音"地阅读罗塞塔碑埃及世俗语部分，在取得了破解的重大成绩之后，也在1818年放弃了自己的观点，他在解读托勒密这个名字时，将符号任意地分解为字母、单音节和双音节。

此处出现了两种方法和两种结果。扬是自然科学家，毫无疑问是个天才，但他没有受过语言学训练，他按特定的模式进行工作，通过比较，通过充满机智的推导改动，还是解读出几个词来。商博良后来向他证实，他在列出的221个象征符号群中解读对了76个，这是他良好直觉的一个奇妙的证明。商博良自己掌握了十几种古老的语言，以他对科普特语的了解比任何人都更接近古埃及语的精神，他却不像扬那样去猜出单个词或者单个字母来，而是去认识整个**系统**。他不进行阐释，而是将文字变得可读可教。在他识破了整个系统的基本轮廓之时，他又可以真正富有成效地再次拾起他所摒弃的灵感，这个灵感作为一种猜测早就回响在他的头脑中了：必须通过国王的名字来破解。

为什么要从国王的名字开始呢？这个灵感是显而易见的，这个想法今天看来也很简单：罗塞塔碑的铭文里是一种信息，祭司们批准向国王托勒密五世致以特别的敬意。希腊文可以马上读出来，是一目了然的。现在，大概猜测在象形文字的铭文中可能写着国王名字的地方是一组以椭圆形的圈围起来的符号，人们熟悉了这个圈，将其称为"Cartouche"，即装饰圈。

装饰圈是唯一加重语气的标记，写在它中间的内容一定是唯一值得特别强调的，那么圈子里的词猜起来很可能就是国王的名字，这一点不是显而易见吗？这看起来不就是一种初具智识的学生所从事的工作吗？将托勒密这个名字归入相应的埃及象形文字的符号下，然后（以旧的书写方式）将八个想象符号与八个字母进行对等认定。

大道至简，事后看起来确实如此。商博良这里所做的是，彻底与荷拉波隆的解读传统决裂，这个传统千百年来搅乱了许多头脑。发现者的功绩并不因此变得不重要，从天而降的机遇马上完美地证实了他的发现。1815年发现了所谓的"菲莱（Philae）方尖碑"，考古学家班克斯（Banks）于1821年将它带到英国，碑上同样也有象形文字和希腊文的铭文（第二块"罗塞塔石碑"）。碑上也同样有"椭圆形的装饰圈"，圈起来的是托勒密的名字。但上面还有第二组铭文符号被圈起来。商博良通过方尖碑下端的希腊铭文引导，确认出这个装饰圈里面的文字是埃及艳后克莉奥佩特拉（Kleopatra）的名字。

这听起来又是极为简单：当商博良将两组铭文依照他猜测的名字一一写下来（此时用我们通常用的书写方式），当在克莉奥佩特拉名字中第二个、第四个和第五个符号与托勒密名字中的第四、第三和第一个符号相同时，这就找到了破解埃及象形文字的钥匙。这仅仅是通往陌生文字的钥匙吗？——这是通往古埃及的封闭之门的钥匙。

今天我们知道，埃及象形文字的文字系统是多么复杂。这些当年无法识别的东西，今天的学生们学起来十分便捷，学生们学的东西都建立在商博良通过辛勤耕耘而取得的最初的研究成果上；这些东西在当年确实让人一头雾水，因为它们在过去的三千年里被弄得相当混乱。今天我们知道象形文字经过变化，知道其从古老的象形图形到一种书写文字，即所谓的文字"等级"的演变过程，这一过程在持续不断地进行中，再往后，经历了再度简

"装饰圈"或者是"名字圈",上有图坦卡蒙的出生名,他作为储君一直到登基即位一直用这个名字

化和再度削减,最后形成了实用文字,即演化成了埃及"世俗文字"。而与商博良同时代的学者们并没有看到这种演变。所以一些考古新发现,可以对一个学者在解读某篇铭文有所帮助,而在解读另一篇时则毫无用处。今天的欧洲人哪个有能力读出12世纪修士们手书的文字,尽管现代语言中的某种一直在使用中?那些没有受过训练的人大概甚至不会将中世纪文献中极为花哨的首个字母认作字母吧?时间上我们距离这种属于我们自己的文化圈的语言文字还不到千年。而商博良这位将目光盯住埃及象形文字的学者,在一个其他文化圈子里看到了一种文字三千年以来的发展!

今天在"注音符号""词符号"和"示意符号"中进行区别并不困难，同样进行特定的区分用最初的系统来整理不同性质的符号和图形也不困难。今天如果遇到不同的铭文，有的从右向左，有的从左往右，第三篇铭文从上往下阅读，就不会再让人觉得混乱；因为人们已经知道这是在不同时代使用这种文字时的习惯。数十万片莎草纸文卷被带到欧洲，不断地有新的来自陵寝、纪念碑、神殿的碑铭文终于能够顺利地被解读了。商博良去世后，他的《埃及语法》(巴黎，1836—1841)出版，而后又有人首先尝试编写了有关古埃及的词典《注疏》与《碑文》。在这些后继者的业绩和研究基础上，学术界成功迈出了虽说不那么必要，但却令人自豪的一步，就是说人们从可以读解到现在可以用象形文字自行书写了。在锡德纳姆[①]水晶宫的"埃及厅"里，人们用古埃及的象形文字镌刻了女王维多利亚（Victoria）及其夫君阿尔贝特（Albert）的名字。柏林"埃及博物馆"庭院的奠基石碑是用埃及象形文字来刻的。卡尔·理查德·莱普西乌斯在吉萨金字塔群的胡夫（Cheops）金字塔前立了一块石碑，用埃及象形文字来永世铭记出资帮助埃及考察活动的腓特烈·威廉四世（Friedrich Wilhelm Ⅳ），记录下了他的威名与威仪。

商博良这位学者享有"让碑文说话的人"这一荣誉，但在他38岁之前对埃及的认识和了解都来自他对各种碑文的研读，让我们追寻一下他第一次在埃及土地上的真正埃及之旅，他的奇异经历，这并不为过吧。

---

① 锡德纳姆（Sydenham），位于伦敦南部，是英国工业革命时期代表性建筑水晶宫的所在地。——译者注

第 11 章　叛国者破解埃及象形文字

并不是每位书斋学者都能够幸运通过实地观察来验证一下他的理论。他往往根本就不会有机会去实地看看几十年来他想象的和梦魂萦绕的地方。

命里注定，商博良不会在做出了重大理论贡献之外在考古挖掘方面也功勋卓著。但他可以有机会去埃及看看。他可以去亲眼证实一下他在陋室中所苦思冥想的国度。从青少年时代开始，他就在纯粹破解象形文字的努力之外，对古埃及的编年史和地貌学进行了研究，尤其是要将极难考证的一尊雕像或者一篇铭文进行时间和空间定位之时，他就此进行了一系列的假想与推断。现在他来到了他所研究的国家，他的情况就跟一位这样的动物学家相似，这位动物学家通过一具恐龙的遗骸和骨架化石还原了恐龙模型，而现在却被置于白垩纪中，突然面对鲜活的恐龙。

商博良的考察活动（从1828年7月到1829年12月）是一次成功之旅。只有法国官方人士还在念念不忘，此君曾经被视为叛国者（针对他的迫害程序一直到"宽容君王"实施的一些措施才被终止，具体细节至今不详）。而埃及当地人却蜂拥而至，争相一睹"能读懂古老石碑上文字的人"的风采。商博良一定以钢铁般的严厉进行了管理，才能够使他的考察团成员每一个晚上都回到"哈索尔"①号和"伊希斯"号这两艘受到"这两位友好的埃及女神"庇护的、停泊在尼罗河上的船只上。当地人的热情深深地感染了考察团，他们在格里戈（Girge）地区总督穆罕默

---

① 哈索尔（Hathor），是古埃及的女神，她是爱神、富裕之神、舞蹈之神、音乐之神。对哈索尔的崇拜最早在公元前27世纪便已开始，她的形象是奶牛、牛头人身女子或长有牛耳的女人。——译者注

德-贝伊①面前甚至唱起了《马赛曲》和《波蒂奇的哑女》②中的自由之歌。当然考察团也在工作。商博良一再有新发现,也一次又一次地证实了一些设想。在孟斐斯的采石坑他一眼就辨别出了不同时期的建筑,并且将其归类。在米特哈伊那(Mit-Rahine)他发现了两座神庙和一整座死城。在萨卡拉,就是那个多年之后成为奥古斯特·马里埃特重大考古发现的地方,商博良发现了"Onnos"这个国王的名字,他马上非常准确地认定这是埃及最早期的国王。在泰勒阿马尔奈(Tell-el-Amarna)他发现,一些被若马尔称为谷物仓库的巨型建筑,实际上是这座城市宏伟的神庙。

他的另外一个成功之处在于,六年前他的一个设想遭到整个埃及委员会的嘲笑,而现在事实证明,他是正确的。

考察船停靠在丹德拉城。神庙屹立在他们面前,这是埃及众多巨大的神庙之一,我们今天知道,第十二王朝的许多国王,"新王国"时期最强大的君王们:图特摩斯三世、伟大的拉美西斯及其继承人,最后还有托勒密君主们及罗马君主奥古斯都、涅尔瓦③都参与了修建,多米提安努斯④和图拉真⑤还参与修建了大

---

① 贝伊(Bey),在土耳其语中是对地位高的人的尊称。——译者注
② 《波蒂奇的哑女》,是由法国作曲家奥贝尔所创作的著名歌剧。——译者注
③ 涅尔瓦(Nerva,35—98),古罗马帝国五贤帝时代的第一位君主,也是最后一位在意大利半岛出生的罗马皇帝。——译者注
④ 多米提安努斯(Domitian,51—96),为弗拉维王朝的最后一位罗马皇帝。——译者注
⑤ 图拉真(Trajan,53—117),是古罗马帝国五贤帝之一,是第一位意大利以外出生的罗马皇帝。他在位时立下显赫的武功,罗马帝国的版图在他的统治下达到了极盛。——译者注

第11章 叛国者破解埃及象形文字

门以及环绕神庙的围墙。1799年5月25日,拿破仑的军队经过长途跋涉来到这里,被展现在他们面前的景象惊呆了。比这更早几个月,德赛将军和他的整个师在这里中断了对马穆鲁克军队的追击,他们被这个已经湮没帝国的气势与宏伟给迷住了。如今商博良也站在这里,他通过各种报告、绘图和复制铭文对这里的几乎每一个细节都了如指掌;他还常常与德赛将军的陪同人员——德农——讨论这个建筑。现在是夜晚,是明朗、流光溢彩的埃及月夜:在同行人员的一再要求下,商博良让步了,以他为首的15名考察队学者再也抑制不住自己,一下子涌进了神庙。这群人很可能会被"埃及人视为一个贝都因部落,被欧洲人视为一伙武装良好的加尔都西会[①]僧侣"!

洛特(L'Hôte)是一位参与者,他讲述起这一幕时,说话都有些结巴:"我们很幸运地穿过一个棕榈树林——在月光下就像一群婆娑起舞的仙女!然后我们步入一个高草丛生的地方,那里荆棘遍地。往回走?不,我们决不愿意!往前走?我们不知道怎么走。我们放声高喊,但只有远方的狗叫在回答。这时我们看见了一位衣衫褴褛、在一棵树后睡着的农民。他的身边只有一根防身的木棍,身上只盖着几块黑色的布片,看起来像一个恶魔(商博良称之为'会动的木乃伊')。他被吓坏了,浑身发抖地站起来,唯恐会被击倒。……接着又整整走了两个小时。总算看见了神庙,伫立在月光中,这幅图景让我们深深地陶醉了,赞叹不

---

① 加尔都西会(Kartäuser),为天主教隐修院修会之一,因创始于法国加尔都西山中而得名。1084年由法国人圣布鲁诺创立,以本笃会会规做蓝本,但更加严格,有"苦修会"之称。——译者注

已。……途中我们放声高唱,这样可以忘却急不可耐的心情,但到此时,站在披满天空之光的入口之前——这种感觉!门廊由巨大的柱子托起,十分静穆,充满了神秘的魔力,深重阴影把它更加凸显出来——外部的月光皎洁耀眼!真是一种奇异美妙的衬托……然后我们在殿内用枯草燃起了火光。新的惊喜,再次压抑不住的欢呼,就像饮用了突如其来的致幻剂。每个人都如痴如醉,兴高采烈,手舞足蹈……梦幻一般的图景,充满了魔力,但这是**实实在在**的——发生在丹德拉的门廊之下。"

商博良对此又写了些什么呢?其他的人都叫他"大师";按照这个档次来看他说话是有所节制的。但就是在他用词时所努力维持的冷静下面也还是可以感受到他内心的波澜。"我将不会试着描述我们的印象,尤其是不写巨大神庙的门廊留给我们的震撼。人们可以去测量出它的大小,但不可能去给出一个想象。它构成了在可想到的范围之内妩媚与威仪的最大程度的结合。我们在那里停留了两个小时,如痴如醉地跟着那个可怜的、头脑简单的法拉欣人在诸多大厅中游荡,试着在明朗的月光下辨别外墙上的铭文。"

这是商博良这位对埃及充满渴望的人所见到的第一座保存完好的埃及大型神庙。他在这个夜晚以及后来几天的所闻所录表明,此人以何种强度和高度紧张在古埃及的世界中生活,他如何在想象、梦境和思想中做好了充分的准备,所以在他看来没有什么东西真正是全新的,所见的一切不过是一种证实。在形而上的交汇点上他会与一些洞见不期而遇,此处具备理性精神的人也都会受到这些洞见的烛照,只有学富五车的同行才会有此惊喜。对

第11章 叛国者破解埃及象形文字

商博良的大多数随行的参与者而言，这里只是神庙、大门、柱子和铭文，再有就是些石块和死亡的石碑。对他们来说，这些就是奇特的化装道具，他们穿上这些，这只不过是化装，而商博良却生活在其间。所有的人都剃了光头，在头上裹上了巨大的缠头布，穿上了用金线刺绣的布制上衣，足蹬黄色的靴子。"我们穿着不俗，显得十分威风凛凛。"罗特这样说。但他的这话中含有几分对服饰的调侃。而商博良在格勒诺布尔和巴黎期间，多少年来人们都一直称他为"埃及人"，穿上这些衣服后——他的朋友们可以证实这一点——举手投足就跟当地人一模一样。

他不仅进行破解，也不仅进行解读。他还进行整体构思，他突然获得了一些洞见。他对埃及委员会说出了他胜在何处：这并不如同众口所言的那样是伊希斯女神的神庙，这是爱神哈索尔的神庙。这个神庙据说应当是最"古老"的？但它在托勒密国王时期才具备最后的形态，直到罗马人参与才修建完工（1800年前的这个时代与3000年前的相比，还是年轻些，在3000年前古埃及的历史已经在进行中了）。皎洁月光下神庙的令人震撼的印象并没有模糊他的认识：这个建筑虽然是"建筑学上的杰作"，但"里面雕塑的风格却是最糟的"。"委员会大可不必对这个看法动怒，"他写道，"但丹德拉神庙的条状浮雕确实很差劲，这似乎也不可避免，因为它们产生于趋于颓败的时期。那时雕塑已经堕落了，但建筑艺术作为一种自成体系、有自身特点的艺术并不那么容易发生改变，所以还给埃及的神祇们保留了一定的尊严，并供后世景仰赞叹。"

三年后，商博良去世了，对考古这个年轻的学科来说，他走得太早；对那些还需要他开诚布公地确认的东西来说，他也走得太早。他去世后不久，学界充斥着不少尤其是来自英国和德国学者的一些谩骂的书籍，这些书从我们的感觉来看，完全是睁眼说瞎话，全然不顾已经十分清晰的结果，而将商博良的破译系统指责为彻头彻尾的胡思乱想、胡编乱造。商博良将会通过德国人理查德·莱普西乌斯得到完美的证实，莱普西乌斯在1866年找到了被称为"堪诺普斯（Kanopus）政令"的双语古埃及文件，它将毫无疑问地证明商博良的方法。1896年，埃及学家彼得·勒帕日-兰诺夫（Peter Le Page-Renouf）在一次伦敦皇家科学院的发言中对商博良做出了高度评价，商博良终于得到了他本应早就得到的认可——这时距离他辞世已经64年了！

商博良揭开了古埃及文字之谜。现在考古用的铁锹可以开始工作了！

第 12 章

"四千年的历史在俯视着你们!"

这本书只能展现一个概况。它掠过一个又一个考古的巅峰,不能特别充分地关注书斋学者如工蚁般辛勤努力的工作,这些学者的贡献在于分类和编目,也在于他们的一些大胆的阐释解读、创造性的设想以及富有成果的启发。

商博良破解了古埃及象形文字之后,有四个名字——由我们的观察方式而定的次序——与随后几十年的埃及考古大发现紧密地联系在一起。人们也可以在这些名字后加上他们的别号。他们是意大利的收藏家贝尔佐尼、德国的分类学家莱普西乌斯、法国的文物管理者马里埃特、英国的测绘家和文物阐释家皮特里。四位分别隶属于不同的欧洲民族的学者一起为完成同一项事业而努力,迈向共同的目标,为获取知识与真理这一更高的冲动所驱使,如果把这看作是有象征意义的一件事,那么这对未来是非常有益的,在我们这个世纪,这种共同冲动却被纳入各个民族的各自考量中去了,在这一点也就没什么可称道的了。

"整个埃及考古史中最引人注目的一位",考古学家霍华德·卡特指的是乔万尼·巴特斯塔·贝尔佐尼,去埃及之前不久,他还在伦敦的一家马戏团里面表演"大力士"节目。卡特的评论并非针对这个人本身,而是指他的成就。现在我们早就知道,在考古史中一些门外汉起着十分重要的作用。然而贝尔佐尼的门外汉的属性是极其独特的。

他来自罗马一个令人尊重的望族,出生于帕多瓦,他理应被培养为神职人员或者是修士。但他在正式成为修士、穿上修士袍之前,不幸身陷政治阴谋之中。为了躲避随时可能关押他的意大利监狱,他逃到了伦敦。一篇报道中描写过贝尔佐尼这位"意大利巨人""大力士"每天晚上都肩扛着几个人,在戏班子闹哄哄的舞台上转圈表演,展示其力大无比,这时显然还看不出他有一丝一毫的考古学方面的野心。他看来似乎在大学里学过机械制造(但也有可能善于招摇撞骗),因为1815年他突然认为如果能把机械水车装置输入埃及,这种水车的工作效率超过当地人使用水车的四倍,他就很可能在埃及发大财。不管怎么说,他一定是个非常懂营销技巧的人,毕竟他通过努力赢得了许可,将水车模型摆在了穆罕默德·阿里(Mohammed Ali)的宫殿中。阿里此人可不是等闲之辈,他当时还只是位于成功阶梯的开端,成功的阶梯正在把这位一贫如洗的阿尔巴尼亚人,后来的咖啡商人、军队首领和帕夏[①]引向埃及以及叙利亚和阿拉伯部分领土的君主。贝尔佐尼去拜访他时,他已经不再是那位被驱赶的土耳其

[①] 帕夏,为伊斯兰教国家高级官吏称谓。奥斯曼帝国时,为苏丹授予军事最高统帅的称号,后用于称呼帝国高级文武官员,不世袭。奥斯曼帝国在统治埃及、伊拉克等地时,将委派为该省区的总督也称"帕夏"。——译者注

第12章 "四千年的历史在俯视着你们！"

乔万尼·巴特斯塔·贝尔佐尼
（Giovanni Battista Belzoni，1778—1823）

总督，而是坚守要隘十年、功勋卓著的帕夏了。他两次给予英军毁灭性的打击并且组织了一场世界历史上罕见的大屠杀：他以极其残酷的方式解决了与马穆鲁克的政治争端，他请所有480名首领都来到开罗，实际上却摆了一场鸿门宴，把这些人全杀了。总的说来，穆罕默德·阿里在一般情况下，正如人们所见的那样，其实还是比较热衷于技术进步的，但贝尔佐尼的水车就是没法说服他。但在此期间贝尔佐尼通过一位瑞士的非洲旅行家约翰·路德维希·布克哈特（Johann Ludwig Burckhardt）在英国驻埃及总领事馆得到了一份进口许可，就胆大妄为地将"巨大的孟农（Memnon）半身雕像"（实际为拉美西斯二世[①]的胸像，现位于大英博物馆），从卢克索运往亚历山大市。

---

① 拉美西斯二世，即拉美西斯大帝，古埃及第十九王朝法老，其执政期是埃及新王国最后的强盛年代。——译者注

随后在埃及度过的五年中,他都忙于收集文物。他先是为萨尔特(Salt)领事收集,后来就干脆自己出钱收集了。他收集着铁锹能挖出来的一切,从刻成圣甲虫的宝石到方尖碑(在一次运输途中,一块方尖碑不慎落入尼罗河中,他又把它捞了上来)。他收集这些东西的时候,已经举世皆知,埃及是世界上无可比拟的埋藏着无数古董的巨大坟场,人们无计划、无选择地掠夺着这片土地,毫不犹豫地攫取古代的黄金,手段之野蛮不逊于20年后在加利福尼亚或者澳大利亚的金矿向大自然攫取黄金时的淘金潮。当时没有法律,或者说没人理睬法律,发生争执时往往就用枪杆子来决定。

如果收藏热的目的仅仅是为了获得物品,而不是为了获取知识,这样的收藏只能摧毁更多文物,而不会完成更多发现;只能造成更大的毁坏,而不会传播知识,这一点会使人诧异吗?很快就可以看出,贝尔佐尼的前期生活尽管运命多舛,不断地更换工作,他现在还是抽出了不少时间来掌握一些考古学科的知识,他在获取物品时,有股冲劲,从来都不管不顾,眼中根本没有任何障碍。他用铁锤强行砸开墓室。

这样的操作方法一定会使现代的考古学家们毛骨悚然,霍华德·卡特在另一个地方评论起贝尔佐尼这样的人时,竟然会说他对此人的考古挖掘工作和"对他们进行操作的方式方法完全认同",如果不是将贝尔佐尼视为那个时代的产儿,如果他不是除了这些活动之外还做过另外两件事情,而且从一个更大的范围来看,他是第一位这么做的,并且就此成为一个至今连绵不断的考古研究链条中的首批环节,霍华德·卡特说的话简直令人无法理解。

第12章 "四千年的历史在俯视着你们!"

塞提一世(Sethos I)在叙利亚与赫梯人战斗。战车上的法老看起来不可战胜,他追逐着对手。统治者是胜利者,民众应当看到他这样英勇

1817年10月贝尔佐尼在底比斯边上的毕班埃尔穆鲁克峡谷（Biban el-Muluk，意为"国王的大门"）发现了若干陵墓，其中一座就是塞提一世的陵寝，这位伟大法老拉美西斯二世的父亲，利比亚、叙利亚和赫梯的征服者的百米长陵，以及许多其他陵寝。他在此找到美轮美奂、可惜里面空空如也的石质细腻的大理石棺椁，它现如今陈列在伦敦的索恩博物馆中。3000年来，这具石棺就一直这样空着；木乃伊上哪里去了，它历经了怎样的冒险道路，贝尔佐尼没有机会去发现这一切了。随着这个陵寝被打开，考古史开始了在"帝王谷"的最重要的一系列发现，一直到20世纪这个系列发现才达到了高潮。

半年之后的1818年3月2日，这位意大利人，就如博物馆入口处的铭文告诉参观者的那样，找到了吉萨金字塔群的第二座金字塔，卡夫拉（Chephren）金字塔，并且径直进入了墓室！随着这些最初步的研究，学界开始对金字塔，对古代世界的最重要的建筑物有所了解，而且在金字塔巨大的几何形轮廓中，从古埃及早期时代的迷雾中渐渐地首次显现出了人的线条。

贝尔佐尼并不是第一个在"帝王谷"中进行挖掘的人。他也不是第一个寻找金字塔入口处的人。但是他是第一个——尽管他更多地是去找金子而不是去找真理——在这两个地方，在金字塔和墓室之前，提出了**考古学**问题的人，时至今日有关这两个地方依然还有许多谜尚未解开。

1820年，贝尔佐尼来到英国，在八年前落成于伦敦皮卡迪利大街上的"埃及大厅"里举办了一次展览。大理石棺椁以及塞提一世陵寝的模型是最吸引眼球的展品。几年后，他在一次前往

第12章 "四千年的历史在俯视着你们!"

廷巴克图(Timbuktu)展开新考察的旅途中去世。但愿人们能原谅他吧,他曾在底比斯的拉美西斯神庙把自己的名字刻在了拉美西斯二世的国王宝座上以求不朽,因此他在做出了重大贡献的同时,也开启了破坏文物的先例,效仿者一代又一代绵延不绝,诸如从事收藏的各类布朗先生们、施米特先生们以及布兰克先生们等等,效尤之辈甚众,流弊至今,这令考古学家们十分憎恶。

贝尔佐尼是个伟大的收藏家。现在分类学家的时代来到了。

亚历山大·冯·洪堡(Alexander von Humboldt)是旅行家和自然科学家,他促使普鲁士国王腓特烈·威廉四世(一贯以计划多于行动而著称)批准拿出一大笔钱来资助前往埃及的研究考察旅行。年仅31岁的理查德·莱普西乌斯被任命为领队。他是再好不过的人选。

莱普西乌斯1810年出生于瑙姆堡,学习过语言学和比较语言学,23岁就读完博士学位,32岁时就成为柏林的副教授。一年之后,历经了两年的准备工作,他们起身踏上了旅途。

原计划前往埃及的考察为期三年,从1843年到1845年。因此他们具备截至此时所有从事科学考察的团队都不具备的东西:时间!他们不再仅是为了快速获取猎物而出发,而是要进行识别与分类,而且可以在任何有可能取得成就的地方动铲子开挖。这样他们仅在孟斐斯就花了6个月时间,在底比斯花了7个月。想想看,20世纪时仅仅挖掘一座陵寝,例如图坦卡蒙陵寝,就需要好几年时间,那么莱普西乌斯他们在宽广的遍布废墟的土地上花费的时间简直太少了。

莱普西乌斯获得的第一项成就是,在众多纪念碑中发现了

"古王国"（这是埃及的早期时代，大致从公元前2700至公元前2170年，就是修建金字塔的时代）。他找到了大约30座至那时还不为人所知的金字塔的线索和遗迹，由此金字塔的总数增加到了67座。

此外那时还发现了一种从未引起过关注的坟墓类型，即所谓的"马斯塔巴"①，他研究了其中的130座。在泰勒阿马尔奈，宗教改革者阿蒙诺菲斯四世（Amenophis Ⅳ）的形象以其最初的轮廓呈现在他眼前。他是首位测量"帝王谷"的人。他对神庙墙上的浮雕、无数的铭文，尤其是那些数量众多的带有椭圆形装饰圈的国王名字进行了拓印和抄写。他最早对所见闻的东西进行了归类整理，在其中看到了埃及的**历史**，认识了**既往的存在**，而其他人所见的只是一堆堆乱糟糟的废墟场。

这次考察的成果是柏林"埃及博物馆"中的奇珍异宝；而对这一源泉的研究成果是无数的出版物，既有关于埃及与埃塞俄比亚的纪念碑的豪华装帧的十二卷本丛书（是《埃及记述》孙子辈的图书），又有一些对最冷僻的问题进行专门研究的图书。1884年，74岁的莱普西乌斯辞世，为他作传的德国人格奥尔格·埃贝斯（Georg Ebers）十分恰当地评价道："理查德·莱普西乌斯是真正意义上的现代学科埃及学的创建者。"

莱普西乌斯著作等身，其中两部专著奠定了这位分类学家在后人眼中的重要位置：一部是1849年在柏林出版的《埃及编年

---

① 马斯塔巴，是阿拉伯文Mastaba的音译，意为石凳，是埃及古王国及之前贵族的墓葬形式。坟墓多用泥石建造，呈梯形六面体形，最早的金字塔就是从马斯塔巴演变而来的。——译者注

第 12 章 "四千年的历史在俯视着你们!"

卡尔·理查德·莱普西乌斯
(Karl Richard Lepsius,1810—1884)

史》(*Chronologie Ägyptens*),另外一部专著是一年之后同样也在柏林编辑出版的《埃及国王全书》。

埃及人与其他所有古老的民族一样,并不具备我们所使用的、从某个历史固定点出发的、稳定的纪元,也不具备一种精确的历史感。只有19世纪那种对历史进步无比坚信,并觉得自己站在所有时代最前端的人,才会在面对埃及这样的实际情况时认为它的历史太原始。而奥斯瓦尔德·斯彭格勒(Oswald Spengler)首次认为这种"缺陷"只不过是一种极具特点的时间观,只不过是古老民族对时间的概念与我们对时间的概念有所"不同"而已。

没有纪元的地方,也就没有对历史的书写。古埃及没有史学家,只有一些不完整的年鉴,以及一些对过去时代的提示,通常他们的历史并不比我们这里的传说和童话更加忠于真实。大家想象一下吧，现在我们要尝试做的是，从我们公用建筑的铭文上，从教会教士的布道文中以及从格林兄弟的童话中去寻找史料，来撰写一部在时间上多少还算确凿的欧洲编年史！摆在考古学家们面前的就是这样的任务，他们开始进行首次尝试，从时间上对埃及历史的进程进行再构。我们现在要简略地说一下怎样进行编年史的尝试。因为这些努力给我们提供了一个极佳的例子，考古学家们是以怎样锐利的思辨，使用所有可能的历史着眼点来对这4000年进行编年工作的。这些努力的结果是，我们今天比希腊人（或者说比大约2500年前游历过埃及的希腊人希罗多德）更加准确地了解有关埃及的历史数据。（为了不必将这个题目再重复一遍，我们这里所述的超出了莱普西乌斯及其前辈在1849年的认识。）

虽然说使用埃及的所有材料来源时一定要倍加小心，但一位埃及祭司的文字还是为编年史提供了首个着眼点。此人是来自兹本米托斯（Sebennytos）的曼涅托（Manetho），他大概于公元前300年左右生活在两位托勒密国王的治下（大概在亚

欧西里斯，冥界最高的神和审判者，荷鲁斯之父，伊希斯的兄长及丈夫。除了极为繁复的头部旋转装饰之外，他手执的国王曲杖作为他的统治符号

历山大大帝死后不久），他用希腊语写就了他的国家的历史，名为《埃及史》。

我们必须考虑到，曼涅托没有任何先例可循——他面对的是长达3000年需要编纂的历史——他的处境大概与今日一位现代希腊历史学家只能从本民族各种传说和传统中去搜寻史料来编写始于特洛伊战争的希腊通史一样。曼涅托的编年表在几十年中一直是考古学家的唯一的立足点。顺便提一句，"考古学"这个词一直都是所有古代学科研究的一个最高概念；由于埃及的纪念碑与各种碑铭文的数量极为丰富，所以需要对它们进行专门的研究，因而从莱普西乌斯的时代起出现了"埃及学"一词，人们很快就适应了这个词，就像人们对两河流域的考古研究也习惯使用"亚述学"一词一样。

显而易见，人们回溯的年代越久远，对时间的确定也就越困难。对较新的历史研究——此处所谓较新的历史指的是"新王国"的历史，也就是所谓的古埃及"晚期"历史已经结束之后，恺撒大帝躺在克莉奥佩特拉身边的时候——援引亚述-巴比伦、波斯、希伯来和希腊历史里的数据加以比较。1859年莱普西乌斯写了《关于埃及、希腊和罗马编年史的交汇点》一书。

1843年，"巴黎国家图书馆"收藏了所谓的"卡纳克国王碑"，上面列出了从最古老的时代直至第十八王朝埃及君王的名单，这个国王碑对于更加久远的历史提供了一个进行比较和校验的可能性。我们今天还可以在位于开罗的"埃及博物馆"看到一块从陵墓里出土的"萨卡拉国王碑"，碑的一面是对埃及的冥王欧西里斯的颂歌，另一面是书写者通利（Tunri）为58位国王所写的祷告词，这些国王排列成两行，第一个国王是密毕斯（Miëbis），最后一个是拉美西斯大帝。

对埃及学来说更为著名和重要的是"阿拜多斯（Abydos）国王表"。在塞提祭祀殿的长廊中我们可以看到塞提一世以及当时还是储君的拉美西斯二世。他们在敬拜供奉着——塞提一世摇晃着一只香炉——他们的列祖列宗，这些祖宗中至少76位有名字，排列成两列。很明显：这里也具备进行比较的可能性，这里可以对先后序列进行校验，但还是无法对具体的时间进行确定。

而且从各处零星的记载中，人们还是可以得到一些国王统治时间的跨度，找到这次或者那次征战的持续时间，找到修建某个祭祀殿的持续时间；通过所谓"最短统治时间叠加法"将所有国王的统治时间相加得出了埃及历史的骨架。但还有一种东西也可能首次毫无瑕疵地确认时间，它比埃及更古老，比人类历史更古老，也比人类本身更古老：它是星移斗转。

埃及人使用一种年历历法。自古以来他们就需要用这种历法来预先算出尼罗河的洪水期，这个国家的命脉全系于此。这种历法成为公元前46年在罗马启用的"儒略历"的基础，欧洲沿用了这一历法，直到1582年才被"格里历"所取代。

考古学家们向数学家和天文学家求教，向他们提供一些古老的文本、译读出来的碑铭文，他们提供了经解读的象形文字中所记载的每一次天相变化以及星辰的运动。

这样就有了坚实的立足点。现在可以将已知的众多国王的统治年份"填进去"了。现在就可以确定，曼涅托所给出的几个王朝的统治时间太长了，是完全站不住脚的。现在人们可以用这个

3000年为骨架,通过以这种方法获得的编年史(第一个可用的编年史是分类学家莱普西乌斯提供的)开始撰写埃及的历史。

1850年,一位大约30岁的法国考古学家登上了开罗的城头。他刚刚到埃及,就迫不及待地要登高远眺一下开罗全景,朋友们强烈建议他这样做。他不仅看到了这座城市,也看到了城市后面的一个帝国。他的知识储备丰富,目光锐利。他的目光越过伊斯兰清真寺的塔尖,落在了巨大建筑物的剪影中,这些建筑物装点着西边荒漠的边缘,他看见了逝去的世界。他来此并没有什么特别重大的任务,而从开罗城墙看到的一景决定了他的命运。

马里埃特于1821年出生在布洛涅(Boulogne),很早就开始研究古代埃及了。1849年他成为巴黎卢浮宫的一名助理。他奉命前往开罗去购置莎草纸。到了埃及后,他亲眼见到种种对埃及古物的掠夺,很快他就对跟那些古董商进行讨价还价失去了兴趣,而只想着能进行一些提供帮助的行动。帮助?——马里埃特看到,埃及根本就没有意识到自己在做什么,还正在组织着售罄国宝古董。学者们、旅行者、盗墓者以及所有无论出于何种原因踏上埃及土地的人,看起来都像是被一种"收藏古董"的瘾所擒获,就是说,去洗劫古老的建筑,将所有珍宝都带离这个国家。当地人还帮着这样做。帮助考古学家干活的工人,常常顺手牵羊地拿走小物件,然后再贱卖给外国人,这些外国人竟然"蠢笨无比",会用真金白银来付账。许多东西被肆无忌惮地损毁;物质上的成就比科学成就更重要。尽管莱普西乌斯做出了榜样,但贝尔佐尼时代的操作方法还是十分流行。马里埃特虽然只想进行研究和挖掘,但认识到,对于考古学科的未来而言,有一件事情比

奥古斯特·马里埃特
（Auguste Mariette，1821—1881）

其他所有的事情都重要，这就是保留！当他决定永远留在埃及时，因为只有在这里他才能进行文物保护和守候，他连做梦也没有想到未来的成就。他此时也没有预见到，几年之后，他能够成功地建立起世界上最大的埃及学博物馆。

而在从事对文物宝物的保护和捍卫之前，马里埃特，这位19世纪四位最伟大的埃及学家中的第三位，也做出了一些考古发现。

他到埃及没多久，一个很奇怪的现象引起了他的注意。无论是在那些高官达人的豪华私家花园里，还是在亚历山大、开罗和吉萨城中那些较新的神庙前，都有很显然是同样风格的斯芬克斯石雕像，就像那些文艺复兴时期的君主们也喜欢在奢华的花园里摆上希腊的雕塑作为装饰来比阔气一样。马里埃特是第一个提出问题的人：这些雕塑从何而来？谁从哪里把它们给搬来的？

第12章 "四千年的历史在俯视着你们！"

阿匹斯神牛：精心装饰的"鹰翅"、太阳盘、原始蛇、三角形白斑都表示此牛神圣

在所有的发现中偶然事件往往起着至关重要的作用。马里埃特在走过萨卡拉的废墟场，面对阶梯式大金字塔时，又见到了一座斯芬克斯雕像。只有雕像的头部露在沙上。马里埃特肯定不是第一个看到这尊雕塑的人。但他是第一个发现了这尊斯芬克斯与他在开罗、亚历山大所见到的斯芬克斯是同样雕塑的人。这时他找到了一篇铭文，铭文的内容是呼唤阿匹斯（Apis），阿匹斯即孟斐斯的神牛，他读过的、听过的、见过的东西猛然在他的脑海中融会贯通起来，生成了充满神秘的、消失了的斯芬克斯神道的幻想图景，人们知道这条神道曾经短暂地存在过，但它所卧的地方现在就无人知晓了。他找来几个阿拉伯人，自己也亲自动铲子——挖出了141尊斯芬克斯像。

今天我们根据埃及夜神塞拉皮斯（Serapis）的名字，将位于

163

这只神圣的乌加特之眼①将保佑其佩戴者免受病痛之苦。作为随葬品入墓可以对逝者形成一种追加的保证，可保其躯体在再生之时不会受到任何损害

萨卡拉，露在沙上面或者被埋在沙底下的陵区整体的最重要部分命名为"塞拉皮雍"（Serapeum）或者"塞拉匹奥"（Serapeion）。——也包括沙下部分？斯芬克斯神道将两座神庙相互连接起来。马里埃特找到这条神道时——除了保存完好的斯芬克斯像还有无数基座，基座上的"狮人"被偷盗和拆卸走了，当他将它们从永远的风沙中解放出来时，他还找到了一些其他的文物，而这些文物总是与斯芬克斯神道一起被提及：神牛阿匹斯的陵墓！这个发现使我们得以深刻地了解埃及人的某种特定的偶像崇拜形式；了解这种对我们而言十分陌生可怖的宗教崇拜方式；这些方式就是对希腊人而言也已经十分陌生可怖，希腊人在游记中还专门记上一笔，说它们不寻常而古怪。

埃及的神一直到很晚才具备人形。神在古埃及人的宗教意识中化身为符号、植物和动物。女神哈索尔生活在一棵梧桐树上，那夫提木神（Nefertem）是一朵荷花，女神奈特（Neith）被作为一块钉上了两只交叉的箭的盾牌而被尊崇。最多见的还是神以动物的形态显现。克奴姆（Chnum）神是一只山羊，荷鲁斯神是一只鹰，托特（Thout）神是一只鹮，索贝克（Suchos）神是一条

---

① 乌加特之眼（Udjat-Auge），亦称作荷鲁斯之眼，意为"完整的、未受损伤的眼睛"，来历与荷鲁斯报父仇有关。荷鲁斯之眼被视作辨别善恶、捍卫健康与幸福的护身符，是古埃及人最常用作辟邪的护身符。——译者注

鳄鱼，芭丝特（Bubastis）女神是一只猫，布托（Buto）女神是一条蛇。

除了这些动物形态的神之外，如能够以某种特点突出，动物本身也受到敬重。最为著名的、迄今为止在这个世界上受到最为隆重膜拜的动物是阿匹斯，孟斐斯的神牛，埃及人将其视为"普塔神（Ptah）的侍者"。

神庙本身就是这种神圣动物的栖息之所，祭司们照料神牛。神牛死时，人们在庄严的仪式中为其抹上香膏并且埋葬，同时以一只具有同样特征的动物取代它的位置。动物坟场出现了，就是用来纪念神和国王也毫不逊色。布巴斯蒂斯（Bubastis）和贝尼哈桑（Benihasan）的猫坟墓就属于这类动物坟场，昂博斯的鳄鱼坟墓，阿什穆德的鹮坟墓，埃里芳坦的羊坟墓，也同样如此。有的动物膜拜在全国流传，在埃及历史的长河中这些动物膜拜历经了无数次变化，有的膜拜具有地区特色，有的是盛极一时而在随后的几个世纪中销声匿迹。如果我们中的某位觉得这些膜拜太奇怪，或许令他发笑，那么他就应该想象一下，来自其他陌生文化圈的所有人一定会觉得我们对圣灵感孕的童贞女的膜拜多么荒谬。

马里埃特站在神牛阿匹斯的坟墓前！就像高贵者的墓地一样，坟墓入口处是一处供祷告用的小房间。一条很陡的甬道通往墓坑，伟大的拉美西斯时代的所有阿匹斯神牛都共同长眠于此。一条百米长的通道通往小墓室。坟墓的扩建一直持续到托勒密国王时期，将通道加长到350米。这是多么虔诚的膜拜！

在火把的飘忽不定的光线下，马里埃特从一个小墓室走向另一个，工人们尾随着他，不敢发出任何声响。安放神牛的石棺由沉重的黑色和红色的花岗岩制成，每只都用打磨光滑、高3米多、宽2米多、长度不小于4米的整块石料制作而成。

很多石棺的棺盖都没有盖上。马里埃特和他的随从们只找到两个还没有毁损的石棺，棺内还有些装饰品。其他的已经遭到洗劫。什么时候？没有人知道。谁干的？盗墓贼没有名字——盗墓贼在行动！这就是所有埃及学家满怀悲哀和极端愤怒一再发现的墓地状况。永远移动中的沙丘，掩埋了祭祀殿、墓坑和整座城市，消除了一切痕迹。

马里埃特沉浸到已经消逝的动物膜拜的神秘范畴中去。他应当也有机会，将他的目光投向古代埃及丰富而充满色彩的日常生活中去。

距离塞拉皮雍不远处，马里埃特发现了宫廷官员和大地主提（Ti）的坟墓。如果说神牛墓的最后修筑工作还在托勒密时代进行，那么富有的提先生的坟墓可以算是非常古远了。当胡夫、卡夫拉和孟卡拉（Mykerinos）国王还在修他们的金字塔时，这座坟墓已经完工了。这座坟墓是死者安息的处所，它比以前任何纪念碑都更好地表现了生动活泼的直观性。马里埃特早就非常了解古埃及人的殡葬方式，所以对这座墓中除了发现各类首饰之外能够找到日常用品、丰富的画作、述说一切的浮雕也不抱太大的幻想。但从大厅和过道向他发出来的光，超越了他直到当时所有对详尽的日常生活的描绘的想象。

富有的提先生非常看重一点，他要把生前所使用的一切的一切，无论巨细，死后都全带在自己身边。当然，他这位富足的提

公元前2500年时的埃及制陶窑场景。左边是火炉，火炉前是一个煽火的人。他旁边的第二个人坐在可转动的制陶盘边上

先生，将自己置于展示画面的中心，他比奴隶和其他的贱民要高大三四倍，这一身体比例与他的权力、地位相应，用来强调他在那些底层人和无权势人面前的重要性。

但我们在经过加工整理的、线性展开的、详尽的壁画和浮雕中看到的不仅是游手好闲的富人。我们也看到进行剥麻的人、收割谷物的人、赶驴子的人、脱粒扬场的人；我们看到4500年前建造船只的场景：伐木、加工船板、搭建舱顶、手夯和敲打船铁钉（这里用的不过是现在的术语，在那个时代"铁"也就是当时的铜）。我们可以十分清晰地识别出当时用的工具，可以看出：锯子、斧子甚至锥子当时人也都会使用。我们看见熔化黄金的金匠，看见当时的人如何对高温炉鼓风；我们也见到了石匠、石雕匠、皮匠怎么工作。

但我们也见识了，而且也一再见识到，提先生这样的官员被赋予什么样的权力。村官们被赶到他的府前去结账，他们被强盗们在地上拖着走，被非常粗暴地掐着脖子。我们看见排着长队向他敬献物品的农妇，看见驱赶、宰杀祭祀用牲口的仆人。我们还通过房屋的一扇窗口看见提先生的家庭生活：提先生在用膳，提先生及其夫人以及其他家庭成员；提先生在捕鸟，提先生及一家在三角洲旅行，提先生在纸莎草荡中乘船——这是最美的一幅浮雕。

他立于舟中，逐波而行，划桨者弓着身子，几乎压到船帮。纸莎草荡的上端是惊起乱飞的鸟群。他脚下的水中满是鱼儿和尼罗河的动物。另一只小舟在前面探路。舟上的人甩出标枪，套住河马的颈部，一头河马正在撕咬着一条鳄鱼。尽管构图严谨，线条明快准确，全图所描绘的场景对我们这些今天的人来说，还是隐匿着一些可怖的东西；提先生不但行驶在密集的纸莎草荡中，他也行驶在世界所有的丛林中。

对马里埃特的时代而言，这些图无可比拟的价值并不在于其艺术价值，而在于这些场景向我们透露了古代埃及人的日常生活中最隐秘的细节。这些图不仅告诉我们古埃及人做了什么，还告诉了他们是怎么做的。埃及人以非常细致的，但在技术手段上还是十分原始的方式来克服生活中的物质上的困难——当时可用的只有奴隶，对这一切的深刻了解更加使人认识到，埃及人建造金字塔实在是太伟大了，对马里埃特那个时代来说这种成就还是个谜。

在马里埃特从开罗的城墙上首次远眺古埃及帝国之后的长达八年的时间里，他在从事考古挖掘的过程中无能为力地、眼睁睁地密切关注着埃及的古董被悉数贩卖，他当初来埃及不过是想买一些莎草纸，八年后他终于得以完成他一直朝思暮想的一件事：他建立了"埃及博物馆"，不久后他被埃及总督任命为埃及古代文物的总监管以及埃及考古工作的总监察官。

第12章 "四千年的历史在俯视着你们！"

宫廷官员提在纸莎草荡中乘船而行，他的仆人们在钓鱼，追杀河马

博物馆于1891年迁往吉萨，1902年最终落户开罗，博物馆建在距尼罗河大桥不远处，由杜尔尼翁（Dourgnon）以古色古香的建筑风格建造，这种风格在那个世纪之交是最受追捧的风格。这个博物馆不仅是文物的收藏地，它同时也是一个文物监察机构。从这一刻开始，所有在埃及发现的，不论是偶然找到的还

是有计划发掘出来的东西都属于博物馆,个别作为荣誉礼品留赠给那些严肃的挖掘者、考古学家和学者的文物除外。马里埃特以此阻止了肆意贩卖、偷盗古董的行为,这个法国人为埃及保护了本来就理应属于埃及的东西。埃及人怀着感激之情在博物馆的前院里为他立了一座塑像,马里埃特逝世以后,他的遗体被运往埃及,葬于一具石棺中。

他的事业不断发扬光大。他的继任者有格尔伯特(Grébaut)、德·摩尔根(de Morgan)、劳瑞特(Loret),尤其是卡斯顿·马斯伯乐(Gaston Maspero),这几位博物馆馆长每年都组织一些考古活动。在马斯伯乐任馆长期间,博物馆卷入了一桩轰动性的犯罪案件中。这件事将在国王陵寝一章中详述。我们还是专门用一章来纪念奠定了埃及学基础的伟大考古学家系列中的第四位,一个英国人,他来埃及时,马里埃特已经接近生命的终点。

第 13 章

皮特里与阿蒙涅姆赫特之墓

十分令人惊讶的是，偏巧在考古学领域一时间涌现出如此之多早慧的天才。施里曼还是商店学徒时就会说六种语言，商博良12岁时就对政治问题发表看法。据一则记述其生平的报章记载，后来成为考古学者中的测量者和阐释家的威廉·马修·弗林德斯·皮特里，在他10岁时已经对埃及考古工作表现出异乎寻常的兴趣了，他当时说的一句话，日后贯穿他的一生并成为其座右铭：人们可以把埃及的泥土一颗一颗地"扒开"，不仅是要看看，地下深处还埋着些什么，而且还要弄清楚，被埋藏的东西是怎么被放到地下去的。这则记载于1892年在伦敦发表，因其独特而被引用，但今天已经无从印证其背景内容了。这一年，皮特里当上了"大学学院"的教授——39岁，并不算太早。

可以确定，他还在少年的时候就把对古文物的兴趣与一系列爱好联系起来，而当时还很少人进行这样的联系，这种联系很可能会为他带来特别的益处。他在自然科学方面进行着各种实验，对化学的兴趣已经远远超出了业余爱好者的水平，他对测量数学十分着迷，而自伽利略以来这个学科就成了所有精密学科的基础。同时他还经常出入伦敦的古董店，在实物上验证自己的理论结果，还在上中学时他就抱怨过，在考古学，尤其是埃及学方面，还缺乏基础性的工作。

在当学生时就认为别人做得不够的工作，他长大后自己去完成。他的学术著作共有90册。他那三卷本的《埃及历史》（1894—1905）是后来同类著作中的一个坚实的研究先驱。他的一份研究报告《埃及考古工作十年记1881—1891》（1892年出版）至今还让人读着觉得振奋。

皮特里于1853年6月3日生于英国伦敦，他的学术起点是英国的文物研究者，开始时写过一些有关巨石阵地区新石器时代的定居点的论文。但早在1880年这位27岁的年轻人就去了埃及。他在那里进行了46年考古挖掘工作，一直到1926年，中间稍微间断过一定时间。

他找到了希腊在埃及的殖民地瑙克拉蒂斯（Naukratis）。他在奈别舍（Nebesche）的废墟堆中挖出了一座拉美西斯神庙。最后他站在两百多年前首位注意这个地方的外国学者、来自德国埃尔福特（Erfurt）的教长温斯莱普（Vansleb）于1672年所站的地方：也就是说站在国王阿蒙诺菲斯三世的两座由砂岩雕成的巨大无比的石像（希罗多德就曾经提及它们）前。

"孟农石柱"，古代埃及人这么叫它们。当母亲厄俄斯[①]跃出

[①] 厄俄斯（Eos），是古希腊神话中的黎明女神，相对应于古罗马神话中的欧若拉。——译者注

第13章 皮特里与阿蒙涅姆赫特之墓

威廉·马修·弗林德斯·皮特里
（William Matthew Flinders Petrie，1853—1942）

地平线时，其子孟农就会发出一种人类无法发出的哀怨悠长声调，这个声音无论谁听了，都会铭记在心里。斯特拉波和帕萨尼亚斯都曾经报告过这一件事。很久以后皇帝哈德良[①]和他的妻子都在等待着孟农的悲叹；他们尽情地听着这样的声音，从未有过地被它深深地打动。塞普蒂米乌斯·塞维鲁[②]让人用小块砂去"修复"了一下岩石像的上半部分——声音从此消失了。

数百年的风沙咬噬着这里。温斯莱普至少还能见到石像的下半部分。皮特里只能站在废墟面前，只能进行大致估计，推测出每个当年即位国王塑像的高度大概有12米。

---

① 哈德良（Hadrian，76—138），罗马帝国五贤帝之一，外号勇帝，117—138年在位。——译者注
② 塞普蒂米乌斯·塞维鲁（Septimius Severus，145—211），首位来自非洲的罗马皇帝，193—211年在位。——译者注

在距此不远的地方，皮特里总算是找到了通往哈瓦拉①金字塔陵墓的入口，就此找到了阿蒙涅姆赫特及其女儿娜芙如帕（Ptah-nofru）失踪的墓碑。这个发现极为重要，今天提提它也是应该的。

这里根本无法细数皮特里进行的考古挖掘工作，在这本并非主要介绍皮特里生平的书中，也根本没有必要去细数。他并不似埃文斯那样把自己专门化，埃文斯花了25年时间专门用来研究克诺索斯的宫殿。

他确实在整个埃及"扒土"，在这个过程中他遨游在3000年历史中。他最大的过人之处在于，无论是识别古埃及人留下的最细小和最具私密的物件，从小小的陶器到所有的小雕塑，还是鉴别一直保留至今的埃及最伟大宏伟的建筑——那些高耸入云的巨大王陵——金字塔，他都是行家！

在前几段的叙述中读到的是历史而非故事、过多地列举而非讲述一些有趣的经历，读者或许会有些不耐烦了吧。我希望，下面的几章中读者会得到补偿，会读到紧张有趣的故事。

1880年一个奇特的欧洲人出现在吉萨的金字塔群前。他在对这片地区进行了排查之后，发现了一座荒芜的坟墓，有人已经在他之前来过，在坟上装了一扇门，大概此人把这里当成仓库了。这个奇特的欧洲人对帮他扛行李的随行说，他想住在这座墓里面。第二天他就在这里住下了。一盏灯在箱子上发出光，一个

---

① 哈瓦拉（Hawara），是古埃及的一个考古遗址，在法雍绿洲附近。在这里除了有法老阿蒙涅姆赫特三世的金字塔外，还首次发现公元1、2世纪的莎草纸，挖出法尤姆画像木乃伊。——译者注

第13章 皮特里与阿蒙涅姆赫特之墓

角落里一个炉灶在呼呼烧着。威廉·弗林德斯·皮特里把这里当成了家。到了晚上，周围蓝色幽影幢幢的时候，这位赤身裸体的英国人爬过巨大的金字塔脚下的废墟，找到了入口，进入了闷热得似孵化室一般的墓室，像个在死亡空间中的鬼。半夜时刻，他又爬上来了，双眼布满血丝，头疼得受不了，汗流浃背，离开了火炉一样的墓室——在箱子边上蹲下，抄写着他刚才在金字塔中记下的内容，测量数据——纵截面、横截面、通道的落差和角度数值——还有他的一些最初假设。关于什么的假设？金字塔几千年以来就一直立在所有人的眼前，围绕着金字塔还会有秘密？希罗多德就赞叹过金字塔，但他没有提起斯芬克斯像，古代人就将金字塔列为世界七大奇迹之一。奇迹，就是无法解释的事物。19世纪时，生活在这个技术化、理性化、机械化时代的人们，不再有信仰，不再对无物质目的性的崇高事物有任何感觉，而金字塔以其存在不正对这样的人们提出了令人震惊的问题吗？

人们知道，金字塔是陵寝，是安放石棺的巨大处所。但是法老们究竟为什么下令以这样浩大的规模来修建它们呢？在世界上都找不出第二个这类建筑。[当时人们是这样想的。今天大家认识了中美洲，知道在托尔特克人（Tolteken）的热带丛林中也有类似的建筑。]究竟是什么迫使法老们把他们的陵寝建成了堡垒呢，里面遍布机关，到处是暗道、假门、用花岗岩戛然终结的甬道？究竟是什么促使胡夫在他的石棺之上堆起一座小丘，用了250万立方米的石灰岩？这位英国人在几乎看不见的地方，艰难地呼吸着半堵塞通道中的十分干燥的空气，一夜又一夜地工作着，他下决心要用他那个世纪的科学工作方法来解开金字塔之谜，揭开金字塔的制作和建造的秘密，要回答在看到金字塔时心里涌出的所有问题。他的许多研究结果今天已经被证实了，但也有一些被新的研究否定。我们今天说起金字塔时，使用的材料不单是皮特里当年发现的。我们给出一些数字时，以更现代的研究的数据为准。但如果我们要追逐那些迫使法老们的工作走向荒谬的那些人的足迹，也就是那些盗墓贼的足迹，那么我们还是要视皮特里为引路人。

4500多年前，一大群奴隶溯尼罗河而上艰难地行进着，他们的肤色有白有黑，塌鼻梁，厚嘴唇，被剃光了头。浑身散发出难闻的劣质油和汗臭味，散发着萝卜、洋葱头和大蒜的臭味，在监工的鞭打下发出哀号和叹息，他们顺着尼罗河而上，走在通向建筑工地的花岗岩路的磨光石板上，拉着重物的绳索勒进了他们的肩膀，他们喘息着，把巨大的、在圆木上缓缓滚动的木架挪过来，载上石块，每个石块都大于一立方米。在他们的哭号、悲叹和死亡中金字塔一天天增高了。它在20年里不断地变高。每次尼罗河将其淤泥冲向河岸，所有的田间工作都停息下来时，数十万奴隶被驱赶到一起，为胡夫建造他的陵寝，它被称作Echet Chufu，也就是"胡夫的地平线"之意。

金字塔在建设中。230万块石块用人力运来并搭垒起来。它的四个面每面长达230米。落成的金字塔顶端有146米多高。一个法老的陵寝与科隆大教堂塔尖的高度不相上下，比维也纳的斯蒂芬大教堂还高一些，远远高于罗马的圣彼得大教堂。垒建墙体所用的石料开采自尼罗河两岸的崖石和石灰石，共计252.1万立方米，垒在一个面积大概为5.43万平方米的基部上。

头上的羽毛是识别马特①的标记。马特是秩序与平衡、公正与文明的原则的化身

今天奴隶们的悲号声消失了,皮鞭的呼啸声也被尼罗河上的风声吞噬了,汗水的臭气也飘散了。留下的只是这个宏伟的建筑。一个?很多——因为如果今天人们登上最大最高的胡夫金字塔,面向南方(左边是斯芬克斯,右边是第二座和第三座金字塔,就是卡夫拉和孟卡拉金字塔),远方矗立着另外一群大型的法老陵墓,阿布西尔(Abusir)金字塔、萨卡拉金字塔和代赫舒尔(Dahschur)金字塔。

很多金字塔只剩下了一片废墟。阿布拉瓦须(Abu Roasch)金字塔已经被严重风蚀,人们可以从上往下直接看到墓室中,从

---

① 马特(Maat)是天平女神,古代埃及人相信灵魂是有重量的,灵魂之重确切到可以用一根羽毛作为象征。——译者注

前这些墓室被几千吨沉重的石块给压住。哈瓦拉金字塔（皮特里1889年曾在其泥泞的过道中追寻过盗墓贼的足迹）和伊拉胡恩（Illahun）金字塔由未经烧制的尼罗河泥块围着石块垒成，也被岁月彻底剥蚀。从最古老的金字塔到埃塞俄比亚统治者占据麦罗埃（Meroë）的金字塔——在血汗和泪水中建成。它们是个别人的陵寝，这是些唯一的个人，动用其他数十万无名者把自己的名字永远地凝结于石块中，并高耸入天！仅仅为了荣耀？仅仅是为了把宏伟的意志以石块宣示出来？或者只是由于权势者亵渎神灵，他们已经失去了凡人的尺度？

建造金字塔的意义只有从古埃及人宗教信仰的特殊方式出发才能理解。不能从他们对神的信仰来理解——他们的神数不胜数；也不能从他们的祭司的智慧来理解——宗教仪式与教条像"古王国""中王国"以及"新王国"时期的各种神庙建筑风格一样变化多端；而只能从古埃及的基本宗教观念出发来理解，即人的道路持续地超越他的死亡躯体而进入永恒；"来世"是天地的一个"对应国度"，在这个"对应国度"中住满了死者，而前提是能够给予死者——此处这点尤为重要——恰当的生存条件。活着的时候使用过的一切东西，都一概属于恰当的生存条件：坚固的房子，使人免受饥渴的食物，所有仆从、奴隶和官员以及所有日常生活必需品。但所有这一切中最重要的是：对躯体的保存，彻底稳定的保护使其免受任何腐坏的影响。只有这样才有可能让死后随处飞舞的"灵魂"[埃及语中叫作"巴"（ba）]再次找到它原先所属的躯体；躯体的守护灵也一样，它被称为"卡"（Ka），是其所有生命力的化身，与他共同出生，但并不随着躯体的死亡而消失，而是继续活下去，为的是能够在另一个世界给死者提供必需的力量。

这种基本的信念造成了两个结果：把尸体制作成木乃伊和建造像堡垒一样的坟陵。因为每一座金字塔都是单纯为保护存放在其间的木乃伊而修建的堡垒，以双重、五重、十重的安全措施防备每个敌人、每种亵渎和侵扰。

成千上万的生命在苦役中被牺牲掉了，只是为了给一位死者以永远的安全和永恒的生命。一位举全国之力用10年、15年、20年来为自己修建坟陵的法老，彻底地摧毁了国力，不仅自己欠债，而且他的孩子以及孩子的孩子也都欠了债。一直到他辞世，他还在削弱帝国的财力，因为他的"卡"不断地要求供祭，总是需要祭司们——一个有远虑的法老事先将不少于12个村落的收入完全拨给祭司们，这些祭司应当为他的"卡"做法事。

拉①或者拉-荷鲁斯，这位鹰头神，头顶着太阳盘，被视为永远的循环创造的同义词

---

① 拉（Re）是古埃及赫利奥波利斯的太阳神。从第五王朝开始，他被与底比斯神阿蒙结合在一起，成为埃及神谱中最重要的神。——译者注

信仰的力量彻底压过了任何一种政治的和道德理性的声音。法老们的事业——也只能是他们的事业，因为不那么权高位重的人满足于修建马斯塔巴，一般民众能在沙中建个坟就很满意了——就是无限扩张的自我中心论的产物，这种自我中心论从来就不认识任何为天下的思想。金字塔的作用与基督教中的宏伟建筑的作用全然不同，大教堂和圣母院首先是为教区和教民所建的；与巴比伦的庙塔也不同，那些金字形神塔主要是诸神与圣物的圣殿，是供万民顶礼膜拜的建筑。而金字塔主要只为一个人，就是法老服务，只为了他的死去的躯体、他的灵魂和他的"卡"。

但有一点根本就不是问题，即画家的伟大，那些在4600年前塑造了第四王朝国王们的画家，他们的伟大远远超越了尺度、信仰、宗教和安全的规定。我们可以看到，不久后这样大规模修建金字塔的情况渐渐地少了，最后彻底消失；而这发生在这样一个时代，此时国王统治在绝对专制方面并不比胡夫、卡夫拉和孟卡拉这些统治者逊色，是啊，甚至比先前的君王更像神，那些如塞提一世、拉美西斯二世这样的君王与服苦役的民众之间的鸿沟更大了。

金字塔完全是用人力建成的。在事先钻好的眼中敲入木块，然后浇上水，一直让水溢出来：这样将大石块从摩卡塔姆（Mokattam）山脉中开采出来。在滚轮和木架上滚动，并用人力拉动。金字塔一层又一层地建起来了。皮特里说：4700年前从事这项工作的人们的精度很高，大金字塔的边长和角的误差，"用一只大拇指就能够遮上"。他们垒砌石块的方式让800年前的阿拉伯作家阿卜杜-勒-拉蒂夫（Abd-el-Latif）都十分赞叹，就

第13章 皮特里与阿蒙涅姆赫特之墓

是今天到胡夫金字塔的大厅去旅游的人也可以确认这一点，修建金字塔的工作是杰作！因为石块的缝隙间连"一根针或者头发"都塞不进去！

金字塔还将长久地屹立。胡夫金字塔也只是顶端的石块有些松动；除了极少部分留存外，平滑的、装饰性的外层，也就是细腻的摩卡塔姆石灰石的外表，大部分都脱落了，露出了里面微黄色的石灰石；石灰石在接缝处有些剥损，显示出大量的内部材质。金字塔屹立着，与它相连的许多东西也共在。但那些要找寻安息之地的国王在哪里？哪里又是他们死去的躯体和他们的"卡"的不必担惊受怕的家园之所在？

但法老们的亵渎神灵的行为却转化为其应得的悲剧。那些没有被葬在石质的堡垒中，而仅仅埋在地下的马斯塔巴或在简单的沙墓中被风干的逝者，反而比统治者得到了更多正义。盗墓贼们对许多他们的墓穴都不屑一顾，直接略过。我们不知道，胡夫的花岗岩石棺自何时起被捣毁，掏空了。而贝尔佐尼在1818年就发现胡夫的石

伊希斯是欧西里斯的妹妹和妻子，荷鲁斯是他们的儿子。她的头上戴着牛角和太阳盘，王位宝座以及她名字的象形文字在图中没有展示

棺的棺盖也被砸碎了，石棺被填上了碎石。装饰繁复的孟卡拉的玄武岩石棺在19世纪30年代，也就是维斯（Vyse）上校发现石棺时，棺盖就已经不见了；石棺内棺的木质碎片在墓室上层丢得到处都是，国王的木乃伊也被大卸八块随处乱扔！而这座石棺在装船运往英国的途中，在西班牙海岸沉没。

数百万块方石理应保护国王的遗体；封死的通道，建筑上的种种迷惑措施照道理应当能使那些想靠无耻盗墓行为致富的人退避三舍。财富藏在墓室中，那是令人无法想象的财富。国王就算是死去了还是国王——这样"卡"才会进入木乃伊中，在另一个世界中带来新的生命，因此国王需要首饰、各种奢侈的用品、生前习惯使用的器具，还有熟悉的由黄金或者其他贵金属制成的装饰有天青石、宝石和水晶的武器。金字塔真的能够保护吗？事后证明，金字塔的宏伟并不能吓走那些盗墓的恶棍，而是在呼唤他们。石块要隐藏东西，但金字塔的宏伟却恰恰在明明白白地大声招呼：我们这儿藏着不少好东西！

因而盗墓贼从最久远的时代一直到今天都没有停止过盗墓活动。他们可谓诡计多端，坚持不懈，胆大妄为——当皮特里在阿蒙涅姆赫特的墓中失望地发现，盗墓贼先他而到过了时，他就应该领教过这一点了。

这里有必要对一百多年来，一再见诸报刊和专业读物的"大金字塔之谜"进行几句评论。

我们知道，哪里有无知，哪里就有胡乱猜想的巨大空间。但还是有必要在胡思乱想和假设之间进行区分。后者是每一门科学的工作方式；假设是从某种已经确认的结果出发，开启新的可能性，而问号始终在这些新的可能性之后若隐若现。与此相反，胡思乱想就不存在任何障碍了，多数情况下连出发点都没法"保证"，而只是"硬要这样"，而被自称为结论的往往不过是一些无边的想象，是踏着梦幻的步伐走上了形而上学最边缘的歧途，迈入黑暗的神秘主义的森林，步入对毕达哥拉斯伦理观或犹太神秘主义进行错误阐释的最为神秘的领域。将这种奇思异想穿上逻辑的外衣，是最危险的，我们作为21世纪的人总是欢迎逻辑的。

大金字塔常常被称为"石头圣经"。我们知道许多对《圣经》的"阐释"，对大金字塔的阐释与此类阐释十分接近。人们从基本轮廓、门的位置、通道、大厅和棺椁室就读出了人类的全部历史！一个研究者根据这种通过金字塔而定下来的"历史"预测出第一次世界大战开始于1913年；相信这种学说的人说，其误差也只不过"一年"。

一些数字神秘论者手中还有些材料，如果人们不马上想起这些材料的最普通的意义，简直会被这些材料搞晕。比方说这样的一个事实：金字塔是以准确的正南正北方向来建造的。所以胡夫金字塔由东北向西南的对角线与卡夫拉金字塔对角线的延长线完全重叠。其他大多数的论断建立在测量错误或者建立在夸张和不负责任地将每个建筑物所提供的可能性恣意扩大的基础上，如果人们仅使用了尺度中的很小的测量单位，就会出现这种情况。自从弗林德斯·皮特里对埃及金字塔进行了首次测量之后，在此期间，已经很精确地测量出了大金字塔的尺寸。我们必须对此十分清楚，就算是每个现代的测量也只是一个大概数值的测量——因为金字塔上面出现的附着物没有算上，而且它的顶部也有所毁损。每一位数字神秘论者用厘米或者英寸为单位来证明他们的观点，而他们所用的数字基础一开始就是不值得信任的。而且，尽管我们承认古埃及人具备异常高超的天文学知识，但他们绝对不会使用像巴黎的米原器那样的十进制的测量单位。（要理解一个完全陌生的思想世界，这个世界并不像我们的世界一样总是以精确性为目的，我们可以回想一些他们缺乏的历史时间感觉。）

在一个如此宏伟的建筑物上以少数有限的测量数据来进行漂亮的操作，并不困难。可以相当肯定的是，如果我们以厘米为单位来观察沙特尔（Chartres）大教堂或者科隆大教堂，我们可以通过正确的加、减和乘来获得事先根本就想不到的一些宇宙数值的比较结果。在这个层面上最有可能的是一种论断，圆周率数值π不再被视为"鲁道夫数"①，因为埃及金字塔的建造者已经知道这个数字了。

即便确实能够得出结论，埃及人真的将某些特殊层次上的天文学或者数学知识用于确定大金字塔的尺度（一直到19和20世纪现代科学才发现这些知识——例如与太阳的真正距离），那也没有理由将这些数值裹上神秘的外衣或者干脆从中间推导出什么预言来。

1922年一位德国的埃及学家路德维希·博西哈特（Ludwig Borchardt）通过对大金字塔的深入研究出版了一本书《反对围绕着吉萨大金字塔的数字神秘主义》。这本书中我们能够找到论据，

---

① 鲁道夫数：1596年，德国数学家鲁道夫将π的值精确到小数点后15位，后来又精确到35位，后人把π的35位近似值称为鲁道夫数。——译者注

第13章 皮特里与阿蒙涅姆赫特之墓

来彻底埋葬神秘主义潮流的源泉。

皮特里是一个什么障碍也阻挡不了的考古学家。他坚韧不拔，百折不挠，坚持不懈地乐于分析各种线索。1889年，他在尼罗河泥块砌的一座国王金字塔中。他在挖掘时，还根本不知道这是国王阿蒙涅姆赫特三世（Amenemhet Ⅲ），埃及一位伟大、少有的和平君主，他没有找到墓的入口在什么地方，直接通过石块横着挖入墓室——他马上断定，其他人已经来过了，那些人比他还能找，还坚持不懈，还善于分析各种蛛丝马迹；在很久以前就有人来亵渎过这座王陵，当然那些人的目的并不是让以前的时代重见天日，也不是为了对古代表达赞赏，为了对当代有所教诲，而仅仅是为了盗窃。而偏巧正是这位不知疲倦的皮特里夸赞着那些盗墓贼的更加不知疲倦，这一点很重要。

当他决定拿下这座金字塔时，试图在金字塔的北面找到入口，因为几乎其他所有金字塔，他都是在这一面找到入口的。可是这次他没找到入口——先他而来的同行们大概也没有找到。他在金字塔的东面也没有找到，于是他决定，不再浪费那么多时间去艰难地寻找了，而是直接挖一条地道穿过王陵的墙。

这个决定十分伟大。皮特里的技术手段十分有限。他清楚，一份十分艰巨的工作摆在他的面前。但他却没有想到，他必须为此苦干几个星期。大家一定要充分发挥想象力设想一下，在埃及的酷热中，工具非常不中用，而且不断有工人怠工，而皮特里克服重重困难，总算是挪开了挡住墓室之门的大石块，那一刻，他再次断定，又有人捷足先登了，想象一下，这对他来说意味着什么！

我们在此地再次遇到这种感觉，很多研究者辛劳了半天，而向他招呼的只有一种感觉：痛彻心扉的失望，只有意志坚强的人不会因此失去工作的动力。整整12年后，另外一个相似的情况很可能多少会给他带来些许幸灾乐祸的惬意。古代盗墓贼的现代同行打开了死于公元前1397年的国王阿蒙诺菲斯二世（Amenophis Ⅱ）之墓，在寻找国王的金银财宝时，将木乃伊的外壳切成好几段。他们失望了——作为那些早就捷足先登者的同行他们当然比皮特里更加失望。这个行当中的同伙们在3000年之前就将他们的盗墓的看家本事用到了极致，给他们的后辈们什么也没有留下。

皮特里掏出来的洞口太小，他的肩膀过不去。他等不及将那个洞口再扩大些。他让一位埃及少年系上安全绳，把火光递到他的手中，让他进入黑洞洞的墓穴里去。蜡烛闪烁着温暖的光，照在两口石棺上——被打开了，空的！

尽管盗墓贼已经光顾过，这位学者只能最后试着判断一下，他打开的是谁的墓。新的

长着胡狼脑袋的阿努比斯（Anubis）——图上的阿努比斯戴着头套，身着鳞片背心，戴着手环——在远古时代就是冥界的保护神，同时也是死亡判决官

第13章 皮特里与阿蒙涅姆赫特之墓

困难出现了！地下水涌入了这座金字塔。当皮特里把第一个洞口扩大，自己也进入棺室时，他站在水中；就像后来他也站在一个甬道墓中一样，那座墓给他带来了一具挂满首饰的木乃伊。他决不退缩，以后也从未退缩。他拿起铲子一寸一寸地在地上戳着。而后他发现了一个雪花石膏容器，上面有阿蒙涅姆赫特的名字。在第二个墓室中他发现了无数的陪葬品，所有物品都是献给阿蒙涅姆赫特三世的女儿娜芙如帕公主的。

阿蒙涅姆赫特三世是第七王朝时期的国王，他在位的时间是公元前1853年到公元前1806年。他头戴埃及的双顶王冠的时候，是这个国家最幸福的时期之一，因为这个国家几百年来一直遭受战争的蹂躏，历经外战（与野蛮的边境民族打仗）或者内战（镇压不断发动叛乱的地方诸侯）。而阿蒙涅姆赫特致力于和平。他下令修建的无数建筑物——其中有整个拦湖工程——既有为宗教服务的，也有为世俗目的服务的。他的一些社会福利措施相对于西方文明的福利概念来说是微不足道的，但对难以想象的阶级分裂和仅仅建立在奴隶经济基础上的埃及社会来说，是十分了不起的。

> 他让埃及郁郁葱葱，比尼罗河更伟大，
> 他为两个国家注入了活力，
> 他就是生命，使人清新，
> 他给予的财富，是追随者的食粮，
> 他养活了跟他走的人。
> 国王就是粮食，他的嘴就是余裕。

找到了这位国王的陵墓，成就了皮特里的声誉——作为学者的一面可能并非完全得不到满足，但作为现场考古挖掘者，一定还有别的东西在刺激着他。那些捷足先登的人究竟是从哪条路进来的？这个金字塔的真正入口在哪里？难道盗墓贼找到了他和他之前的学者找了半天却徒然无功都没有找到的门吗？——盗墓贼追寻着建筑师的足迹。而皮特里追寻着盗墓贼的足迹。

　　在盗墓活动过去无数年之后，有一次行动与挖掘地道相差不离，因为地下水位升高了，污浊物、泥块和碎石混杂在一起，凝固成了坚硬的泥块，有一些通水的地方，不知疲倦的皮特里，俯身爬着，艰难地呼吸着，污泥进入口鼻中，他不时地四肢并用地爬着，来克服这一切。他要知道，真正的入口在什么地方！他找到了入口！入口——与以往至此为止的所有经验都不相符，与埃及的所有传统也不一致——在南面！尽管这样盗墓贼还是曾找到过入口！这是一项奇迹吗？皮特里问自己，面对先他而至的盗墓贼，他觉得研究者的名声受到了动摇，这样"找到"的方式是否地道合法？这是否真是犀利判断力的成果，只是坚持不懈努力的结果？他心生疑窦，要解开谜团。

　　他系统性地走着盗墓贼曾经走过的路。他也面临过盗墓贼所面临过的所有障碍。而他一再问他自己犀利的判断力。但他的理性并不会总给他那些盗墓贼当年所找到的答案。究竟何种神秘的直觉引导着这些盗墓贼穿过法老的建筑师们设置的无数陷阱、各种机关和暗扣？——这里是一处台阶，但它却通往一个封闭的密室。盗墓贼显然很快就发现，这间封闭的密室的顶部就是出口，整个顶部是一扇巨大的可折叠的门。他们非常艰难地通过

第13章 皮特里与阿蒙涅姆赫特之墓

了,就像现代那些撬保险箱的人在通往保险库的门前满头大汗一样。但他们现在又到了哪里?在一个过道中,这里塞满了大块的石料。皮特里这位专家估算了一下,把这个过道给清空大概需要多少工作量。他可以设身处地来还原当时盗墓贼的感觉,这些盗墓贼好不容易进来了,却再次到了一间根本就不通的密室中,然后,重新清除了障碍之后,却又到了第三间没有门的密室中。最后在感叹中他也有些摇摆不定——他到底应该更加赞叹盗墓贼那种总能够在一切困难中找到正确出口的直觉,还是更加应该赞叹盗墓贼的锲而不舍的做法?这不是一个问题,盗墓贼一定也要用几周、几个月甚至一年时间来挖掘。而且是在什么样的条件下?有可能担惊受怕,怕被守护王陵的卫兵、祭司或者是那些前来为伟大的阿蒙涅姆赫特上供的朝拜者发现?或者完全是另外一种情况?——皮特里有一种男人的不服输的精神,他投入了这么多的理性判断和经验来克服古代建筑师为预防将来的盗墓贼、保护国王遗体而有意识地设置的种种障碍,这种不服输的骄傲迫使他去否定,几百年前的出身低贱的埃及盗墓贼仅凭他们的判断力就足以发现金字塔中蜿蜒曲折的路。会不会有可能是——埃及的文字记载中提供了一些依据,因此这些盗墓贼实际上得到了专业人士的指导?会不会有可能是那些祭司和守陵卫兵给了这些盗墓贼一些机密的知识,给他们一些提示和支持来方便他们盗墓,就是那些已经腐化蜕变的官员阶层中的某些受贿分子?我们就此掀开埃及历史中巨大的《盗墓贼》一章,这一章在很久远的时代就开始了,在"帝王谷"中扣人心弦地继续下去,而在不久的过去,在一桩看似现代的犯罪案件中达到了巅峰。

第 14 章

"帝王谷"中的盗墓贼

1881年新年伊始,一位热爱艺术、家境殷实的美国人在尼罗河上游旅行,到了卢克索,逗留于位于古代王城底比斯对面的村庄。他想买几件文物。他对官方的,自马里埃特以来管理十分严格的文物买卖置之不理,他想凭自己的直觉去买。直觉使他在夜晚来到黑暗的巷子里,来到黑市商铺昏暗的里间,直觉使他最终与一位皮肤黝黑的埃及人碰到一起,此人向他提供了几件显然是真的而且很有价值的物件。

美国人的这种方式大概可以给我们一个机会来稍微离题一下,说一些其他的事情。今天几乎每本旅行指南都会警告游客千万不要以"黑"的方法来购买古董。这是完全正确的,大部分所谓的"古董"实际上都是在现代埃及的家庭作坊中生产出来的或者甚至还是从欧洲进口的。这些黑市商人以极富创意的各种手段来假造出文物的真实性。即便是如尤里乌斯·迈耶-格雷夫(Julius Meier-Graefe)这样棒的德国艺术学家和鉴赏家,在20世纪20年代也曾被这些手段坑骗过。他在沙地里——他本人并不知道是在那位极其精明导游的引导下——找到了一个小雕像。因为这个物件是他自己找到的，因而他对"古董"的真实性从未产生任何怀疑。他"贿赂"了导游，好让他不要声张。他悄悄地把这件小作品藏在外套中带回了饭店。为了给这件雕像配一个底座，他找到了一位艺术商人，问他怎么看这个作品。艺术商笑了。尤里乌斯·迈耶-格雷夫这样写道："那位商人将我带到商店后面的一间小屋中，打开一只柜子，给我看其中四五个一模一样的物件，每个都用千年古沙埋着。它们都出自班兹劳[①]，但他本人的物件是从开罗代理商、一个希腊人那里批发来的。"

回过头来再接着说那个美国人，他虽然只是个业余埃及学家，但并不是什么也不懂。所以他见到了埃及人摆出来的文物之后有些激动，并且买了一份莎草纸文卷，购买时他并未像东方人那样入乡随俗地讨价还价一番，因为他当时还没有见过品相如此完好而且精美的物件。他把这件莎草纸文卷藏进箱子中，躲过了海关和警察的检查，快速地离开了这个国家。他到了欧洲以后，请一位专家对这份莎草纸文卷做了个鉴定，这时被告知，他买了一件十分罕见的精品，不仅如此，在这件事之外——当然他没有继续参与——还引发了一件非常奇特的事件。

讲述这个事件之前，我们必须先对"帝王谷"非同寻常的历史有个大概的了解。

"帝王谷"，人们也称之为"毕班埃尔穆鲁克王陵"，坐落于尼罗河西岸，卡纳克和卢克索的对面，就是伫立着宏伟的廊柱大厅和"新王国"时代神庙的地方，是一片宽阔的现已荒芜的地

---

① 班兹劳（Bunzlau），波兰西部城市，离德国的德累斯顿仅130公里。——译者注

带,当年底比斯城的大陵园就建在这里。在"新王国"时期,那里出现了许多为贵族修建的墓室,同时也出现了为国王建的祭祀殿和敬奉阿蒙神的神庙。

管理同时不断地扩建这片巨大的死亡之城,需要无数人员,这些人属于一种特殊的官员,他们都由"西天之王与陵园守护队最高长官"领导。守护陵园的队伍住在集中的兵营中;三五成群的房子后来形成了一座小村庄的规模;这里住着掘土工、建筑工、石匠、画家和各个行业的艺术家和工艺家,最后还有涂抹香膏的涂抹师、木乃伊的制作师,两者都为保留逝者的遗体,为"卡"制作永远的外壳。

如上所述,这就是"新王国"时代的事情,那是埃及史上最强大的君王统治的时代,他们是"太阳之子"拉美西斯一世(RamsesⅠ)和拉美西斯二世。

在这个我们已知的最大的死者之城刚刚开始形成和扩建的时候,尤其是在"帝王谷"任何一个建筑行动刚刚开始时,国王图特摩斯一世(ThutmosisⅠ,前1504—前1492年在位)颁布了一个非常奇怪的决议。这个决议关系到此后埃及所有统治王朝的整个后继历史,因此值得牢记。

图特摩斯一世是第一个决定将他的陵墓与他的祭祀殿分离的国王——在陵墓和祭祀殿之间相距1.5公里——而且他的遗体不再埋葬在远远便可以看到的金碧辉煌的王陵中,而是要放在隐蔽的岩石密室中!以我们今天的耳朵听起来,这个决定没有什么要紧的。但图特摩斯下令要求执行的,是一个与古埃及1700年传统完全彻底决裂的命令。

他把祭祀殿和陵墓给分开了，这就给他自己的"卡"，也就是他死后的继续生活，出了一个无法回避的难题；在举行各种祭典节日时，会有人送来各种供品到祭祀殿中来，这些对"卡"的继续存在是必不可少的。但是——这是他下这个决定的外在因素——他觉得通过这样的措施才能够获得安全，从祖先们被毁坏、被亵渎的陵墓这类负面经验来看，他的祖先们都不具备这种安全感。真正促使他给陵墓建筑师依南尼（Ineni）下达这样一个指令的驱动力源于他内心的恐惧，虽然有理性的分析，虽然宗教已经世俗化，但木乃伊将被摧毁、陵墓被亵渎这种恐惧烤着他的内心。底比斯的第十八王朝开始时，全埃及几乎就没有未遭受过盗墓贼毒手的王陵；制作精良的木乃伊无不被剥掉其部分"神奇的外套"，并由此遭到永远的亵渎。盗墓贼很少被擒获，有时或许他们正忙着盗墓，惊觉有人靠近，便急急忙忙地抛下他们一部分猎物，溜掉了。图特摩斯国王之前500年左右，一个盗墓贼为了能够更好地运走法老泽尔（Zer）的王后的木乃伊，将其大卸八块，偏巧这时被打断了，慌乱中顺手把一只干枯的胳膊塞在了墓室中的一个缝隙孔中，后来直到1900年才被一位英国考古学家发现——胳膊没有丝毫腐坏，在裹布下面还找到了一枚珍贵的戒指，是由紫水晶和绿松石珠做的。

图特摩斯的总建筑师名叫依南尼。我们大概只能去猜想一下，君王和建筑师之间的咨询谈话可能怎样展开。在最终做出了与传统进行彻底决裂的决定之后，图特摩斯当然马上就认识到，这是免遭他的祖先命运的唯一的途径。那个起决定作用的最关键的句子是："我单独监督国王陛下的岩石陵墓的扩建，没有人会看到，也没有人会听到这些！"但霍华德·卡特，这位现代的考古学家，对"帝王谷"极有研究，对那里所有的建筑难题都了如指掌，据他估计，建筑师依南尼使用的工人毫无疑问必在百人之上。他非常冷静，而且不进行任何道德评判地写道："可以理解，这上百或更多的工人知道了国王的最高秘密，不可能让他们四处走动，依南尼肯定找到了有效的手段，让他们沉默。这个建筑也有可能是战俘完成的，完工后他们全都被灭口！"

那么与传统这样决绝的断裂是否带来了图特摩斯所需要的结果呢？他的陵墓是"帝王谷"里的第一座，位于山谷中一个偏僻、幽暗的小盆地周边的陡峭岩壁上。他在壁上凿出一个很陡的阶梯，以一定的原则布局整个陵墓，这之后500年间所有法老的陵墓建筑师都以同样的方式来修王陵，希腊人因这类王陵形状如管，觉得很像牧童的长笛，于是称之为"笛穴"。公元前1世纪的希腊旅行家斯特拉波就已经记述过40座"值得一看的法老陵墓"了。

我们不知道，图特摩斯究竟真正地安息了多久。我们知道的只是，以古埃及历史的尺度来衡量，这肯定不会太久。有一天他与他女儿以及其他几具木乃伊一起被人搬走了，不过这回倒不是盗墓贼搬走的，而是有人为预防盗墓贼而转移走的，因为在这些人看来，就算是岩壁上的陵寝也不够安全。国王们在选取墓穴位置时，倾向于越来越密密麻麻地扎在岩石上。这样陵寝守卫人员可以较为集中地看护，他们的注意力就不会再被分散——尽管如此，盗墓行动还是在继续进行中。

图坦卡蒙死后才10年到15年，就有盗墓贼闯入了他的陵墓。图特摩斯四世（Thutmosis Ⅳ）死后没几年，盗墓贼也在他的陵寝中留下了名刺，他们在陵墓的墓壁上乱涂乱刻，留下神秘的记号和一些古代的土语，把陵墓毁得不像样子，100年后，他孝顺的子孙哈伦海布（Haremheb）在登基后的第八年专门命令他的官员克伊（Kej），"在宝贵的底比斯城西部陵区重建已故国王图特摩斯四世的陵墓"。

但在第二十王朝时期，盗墓活动达到了最猖獗的程度。拉美西斯一世、二世以及塞提一世、二世的强权统治已经结束。后继的九位国王只继承了拉美西斯的名头，却没有他们的实力。他们的统治极其微弱，常常受到各种威胁。行贿受贿和贪污腐败形成了一种新的无法控制的势力。陵墓护卫与祭司们串通起来，有一天连底比斯西部陵区的地区总管，也就是守护国王陵区的最高长官也与盗墓贼们沆瀣一气。我们今天通过拉美西斯九世时期（前1125—前1107）的一份莎草纸文卷得以见证一个在当时就引起轰动的盗墓事件，这可令人觉得太离奇了；成为三千年前盗墓过程的见证人，迄今为止一直是匿名的盗墓贼突然有了名字！

有一天，底比斯城东部陵区的主管佩塞尔（Peser）收到了一份关于西部陵区恶劣洗劫王陵行径的报告。西部陵区的主管就是那个显然问题重重的佩伟罗（Pewero），他与佩塞尔两人之间相互都十分不对付。所以佩塞尔大概还带着几分惬意看着与他平级的同事在整个底比斯城的总督卡姆维斯（Chamwese）那里受到贬损。[我们在这里依照霍华德·卡特十分紧张的叙述来说这件事情，卡特所引用的文献均出自那本布雷斯特德（Breasted）编纂的伟大的埃及文献集《埃及古代记录》。]

但在这件事情上佩塞尔却倒霉了；因为他犯了一个错误，他在汇报中十分详尽地列出了被洗劫的陵墓：十座王陵、四座女祭司的坟墓和很多私人坟墓。卡姆维斯派了一个委员会渡河前来核实情况，其中的许多位成员，也有可能是他们的领导，或许甚至委派他们的总督本人都毫无疑问地（佩伟罗应当小心才是）从这些盗墓活动中得到了好处。他们——用今天的词我们也许会说——都拿到了不少回扣，他们的核查报告在渡河之前就已经写好了。所以实际上也在形式上完成了对告发的处理工作，他们对实质性问题，是否发生了洗劫陵墓只字不提，而只是证明佩塞尔的汇报一无是处，毫不足取。因为并不是十座王陵，而是只有一座王陵被真正地打开了，并没有四座而只有两座女祭司坟墓被掘开！几乎所有的私人坟墓都被撬开洗劫了，这一事实确实是无法否认的。但委员会并不认为有必要仅仅因此就将一位如佩伟罗一般德高望重的官员告上法庭。告发被人压下来了！第二天，得意扬扬的佩伟罗（我们完全能够很清晰地想象一下此人的性格）召集了"守卫、大陵园的管理员、手工工匠、警官以及大陵园的所有阿拉伯人"，送他们到河的东岸去示威（我们用今天的新语言来说应该是"自发"的吧），他还专门发布了一条命令，示威时可千万别绕开佩塞尔的房子。

佩塞尔觉得这太过分了！

他完全有理由有这样的感觉，这里发生的事情是对最高秩序的一种挑衅，在他那（理所应当的）完全可以理解的暴怒中，他犯了第二个错误，这可是个致命性的错误。他与西部城区来的人群中的一位领头的人激烈地争吵了起来，而且在情绪极度失控的情况下，在众多证人面前明确宣告他的意图，他要越级上访，要越过总督直接将这个耸人听闻的过程向国王禀报。

佩伟罗就等着他犯这个错误呢。他连忙告诉总督，说了佩塞尔的这个令人无法置信、能将所有秩序都掀翻的意图，即要绕开正常的工作程序。总督召集了法庭。他强迫城府不深的佩塞尔，自己作为法官参与进来。他必须协助审理，控告自己做了伪证然后宣布自己有罪。

我们并没有对这个故事进行任何方式的添油加醋，所有的细节都是有根有据的（还可以把这个故事说得更加详细一些），这个现代性的故事具有一个童话般的结局，我们总是希望这样的童话，但是很少能够遇到。

在这个极为罕见的腐败事件之后的两三年，一个由八名盗墓贼组成的盗墓团伙被抓获了，在被施以"用双鞭抽打手脚"的笞刑之后，他们招供了，这份供词落入了坚决不受贿的人手中，而且这事再也无法被压制下去。我们知道这群盗墓贼中的五个名字。他们是石匠哈比（Hapi）、手工艺术伙计伊拉门（Iramun）、农民阿门农海布（Amenemheb）、担水工凯姆维斯（Kemwese）和奴隶坦内菲尔（Thenufer）。他们供述如下：

> 我们打开他们的棺椁和护壳，他们就在里面。我们找到国王高贵庄严的木乃伊……他的脖子上挂着很多护身符和金首饰；他的头部用一个金面罩遮起来；国王庄严的木乃伊全身上下都用黄金严严实实地遮盖起来。木乃伊的护壳内外都镀金镀银，镶嵌上了珍贵的宝石。我们扯下在这位国王庄

严的木乃伊身上所发现的金子,拽下他脖子上的护身符、首饰,掀开了供他安息的护壳。——我们用同样的方式发现了这位国王的王后的木乃伊,用同样的方式扯拽下了在她身上所能找到的一切,然后将护壳丢入火焰中。我们偷走了在他们那里找到的器具,它们都是由金、银、铜制成的。我们将在这两位神那里找到的金子、护身符还有首饰分成八等份。

法庭判他们有罪。佩塞尔的说法现在得到了事实的支持,因为盗墓贼现供认抢劫的王陵就在佩塞尔最初告发的被盗王陵之中。

但看来就是这样的法庭审判也无法终止有系统地有组织地对"帝王谷"的劫盗。我们从法庭的文件中可以知道,阿蒙霍特普三世、塞提一世和拉美西斯二世的陵寝都被打开了。"在接下来的王朝中,"卡特说,"看来放弃了所有保护陵寝的尝试。"他揭露了"帝王谷"中盗墓活动的阴暗的全景图:"奇怪的是,这个帝王谷一定看见了,在那里展开的这些冒险活动多

奈菲尔塔利(Nefertari),拉美西斯二世的"大王后"。她让法老在阿布辛贝(Abu Simbel)附近建了一座供奉哈索尔女神的神庙

么胆大妄为。大家可以想象一下，人们长时间地打造着各种计划，夜间在岩壁上秘密地聚头，来贿赂陵园守卫者或者对他们进行麻醉，然后开始在黑暗中进行挖掘，通过一个盗墓穴一直向前挖至墓室，在微弱的光线中发狂地翻寻着可以带走的宝物，天色微明时才满载而返。我们可以想象这一切，同时也完全明白，这一切又是如何不可避免。一个国王在打算为他将来的木乃伊精心地配置上与他的王位尊严相适应的奇珍异宝时，他本人就为将来的毁陵活动进行了铺垫。诱惑力太大了。超出贪婪梦想的巨大财富就放在那里，等着找到方法的人、有一定手段和门路来的人赢得它，盗墓贼迟早会达到他们的目标。"

比这些更使人振奋的肯定是另外一幅画面。我们在不得不讲述了这么多盗墓贼、反水的祭司们、受贿的官员、腐败的市长，讲述了这贯穿了整个社会各个阶层的盗墓贼网络之后——皮特里是首位怀疑这一网络存在的人，他在阿蒙涅姆赫特的墓中追寻盗墓贼足迹的时候就想到了这一点，这可能会造成一种印象，仿佛在第二十王朝时期根本就没有正直、笃信、虔诚、尊敬死去国王荣誉的人存在。

但在这个盗墓贼四出、拖着他们的猎物夜行的时期，一小群忠诚之士潜伏在另外一条路上。为当时的形势所迫，为了达到一个相反的目的，他们不得不采用了他们对手的手段。盗墓活动必须用更快的窃墓手段来对抗。在这个小小的争夺中，这个由少数忠诚的祭司、不受贿的官员发起的针对具有严密组织的盗墓贼的预防性战争中，我们可以想象出来前者具有更大的隐蔽性、准备工作更加秘密地进行；反对盗墓贼的夜间秘密联盟就在离盗墓贼不远的地方进行着工作。

我们要更加激活我们的想象力，才可以听到压低的耳语声，才可以看见在打开的石棺边上跳动的火把亮光，看见因担心受到惊扰而弓起的身影。就算突受惊扰也不会使他们丧失什么——他们本来就在他们应该在的位置上，但是他们中间如有任何人受贿，就会把消息走漏给盗墓贼：哪位国王最近将要受保护被挪开，哪些他们的猎物将可能会被人夺走。我们应当识别出祭司们的行进的队伍；两人一组，最多三人一组，急急忙忙地走在仅存的几位尽职尽责、正在履行职务的陵区守卫之身后。他们扛着死去国王的经过香膏处理的遗体。他们将木乃伊从一座坟墓搬到另外一座坟墓，使其免遭盗墓贼的亵渎。他们探听到新的盗墓计划，必须要重复他们的夜间行动。死去的国王们，本应当享受永久的安宁，却开始了夜游。

情况一下子发生了变化。这一切后来在光天化日之下进行。警卫们把"帝王谷"封闭了。运输工和驮畜将巨大的棺椁从不安全的墓室运送到一个新的藏匿地点。军队也介入了——为了保证新秘密，可能目击者会再一次被灭口。

拉美西斯三世（Ramses Ⅲ）被从他的墓地里搬出来三次，而后又被埋葬。阿莫西斯（Amosis）、阿蒙诺菲斯一世（Amenophis Ⅰ）、图特摩斯二世（Thutmosis Ⅱ），甚至拉美西斯大帝都被转移过遗骨。最后，因为找不到更新的藏匿地点，只能把好几位国王安放到一座墓室中。

公元14年第2个季度第3个月的第6天，冥界的国王乌瑟马瑞（Usermare，即拉美西斯二世）被迁出，重新安葬在冥界的国王曼马瑞（Menmare，即塞提一世）的陵寝中：仪式由阿蒙教的总祭司皮努特姆（Pinutem）主持。

但是这样还是不能确保安全无虞。塞提一世和拉美西斯二世又被转移到王后英哈比（Inhapi）的陵寝中。而阿蒙诺菲斯二世的墓室中至少有13具木乃伊。其他木乃伊也视不同的情况，间或从原先的陵墓迁到第一个和第二个藏匿地点，他们被搬出"帝王谷"，经过偏僻陡峭、高处的小路带到在代尔拜赫里（Deir el-Bahari）的山崖谷地开凿的一座陵墓中，此处距离女王哈特谢普苏特①已经开工修建的宏伟神庙不远，她同弟弟图特摩斯三世共同执政，一生非常不幸。

这些木乃伊在这个地方平安度过了3000年。或许是若干偶然事件中的一个使得这座王陵久久湮没，也正是这个事件使图坦卡蒙的陵墓在第一次被浮光掠影地偷盗之后得以保存：很可能是突发的大山洪，它将"帝王谷"中位于较深部分的陵墓入口给封住了。我们这个时代的另外一个偶然事件，即一位美国收藏家来到卢克索，则带来了许多启发。这座多位国王的巨大集体陵墓，将会因为又一个偶然事件而被找到，这时已经到了1875年。

---

① 哈特谢普苏特（Hatschepsut），是古埃及第十八王朝的女王，前1503—前1482年在位。——译者注

第 15 章

木乃伊

"帝王谷"被无历史感的黑暗所遮蔽。卡特写道:"我们必须想象一个被彻底遗忘的幽谷,对埃及人来说,那是一个鬼怪作祟之所,在被强盗洗劫一空之后,那里留下了洞穴似的空陵,有的陵墓入口处敞开着,成为沙狐、沙漠猫头鹰和成群的蝙蝠出没的窝。"但"帝王谷"的王陵即便遭洗劫、被遗忘、被毁损,它的魅力仍没有丧失殆尽。它还是"国王们的神圣谷",还是有大群的崇拜者和好奇者来"帝王谷"探访过。在奥索尔孔一世(Osorkon Ⅰ,约前925—前890)时期,"帝王谷"的一些空王陵又再次被用作埋葬女祭司。

1000年后,我们发现"帝王谷"被基督教的隐士们所占据,他们住在空空如也的笛形墓的甬道中。——"昔日王族的辉煌和奢华如今被窘迫的贫困所替代。国王宝地现今沦为隐士居所。"

但后来情况有所改变。"帝王谷"的传统决定了它必将同时是国王和盗墓贼的家园。1743年英国旅行家理查德·波科克(Richard Pococke)发表了第一份现代的有关"帝王谷"的报告。一位酋长做向导带领他参观了14座敞开的王陵。但是这一地区十分不太平。库尔纳（Kurna）的山丘上盘踞着一伙强盗。26年后，詹姆斯·布鲁斯（James Bruce）来探访过"帝王谷"，事后他讲述了为驱赶强盗而做的种种毫无畏惧的努力。"如果这些家伙在别的地方出现，他们所有的人都该被摒弃，被判死刑。奥斯曼-贝伊，一位格里戈地区的老长官，不能容忍这些人到处为非作歹，命人准备大量成捆的干燥树枝，派士兵占据了部分山头，绝大部分匪徒正是躲在这座山上；随后他又命令，用干燥的树枝填满所有洞穴，点火焚烧，大部分匪徒就这样被烧死了；但他们很快就补充了人数，丝毫不改变他们的恶劣行径。"

当布鲁斯为制作拉美西斯三世陵墓中墙上浮雕的拓片，而要在墓室中过夜时，他的当地人向导被吓得不轻，口中咒骂不停，火把也从手中掉了下来。在火把即将熄灭的跳动的火光中，"他们说出了恐怖的预言，宣称他们一离开墓穴，就会大祸临头！"当布鲁斯和唯一留在他身边的一位当地仆人骑马走下这个"漆黑的山谷"，来到尼罗河边停靠他们的小船的地方，山谷里面爆发出喊声，从黑暗的高处滚下大石块，呼啸着枪响声。四处的枪声结束了他的探访"帝王谷"之旅，他慌乱地逃离了这个是非之地。对了，30年后，拿破仑的"埃及委员会"再次来到这里，对"帝王谷"和王陵进行测量时，他们也遭到底比斯强盗的枪击。

今天，"帝王谷"是全世界无数旅游者的观光目标。这块古老的土地保藏的最宝贵的财富之一，直到20世纪才被发现。

1922年，"帝王谷"的最大发现将整个欧洲的公众社会都置于期待和紧张之中，这样的盛况只有施里曼发现特洛伊城可以与之相比。

在此之前几十年中也发生过一次让人惊叹万分的发现，但这是与代尔拜赫里山谷盆地中许多奇异的情形相伴出现的。

我们还记得那位美国人，他成功地在卢克索弯弯曲曲的巷子里购得了一份非常珍贵的埃及莎草纸文卷。当欧洲专家认识到这份莎草纸文卷无可置疑的真实性和价值时，他们试着从这位美国人那里探听一些信息。而这位心满意得的收藏家觉得，现在已经到了欧洲，谁也不会再将他捡漏得到的文物夺走，也就很乐意地说开了，什么也没有隐瞒。这位专家往开罗写了一封非常详尽的信，为揭开一次异常罕见的亵渎王陵的盗墓活动拉开了序幕。

当开罗埃及博物馆的卡斯顿·马斯伯乐收到这封来自欧洲的信时，在两方面受到了很大的震撼。第一，他的博物馆现在又损失了一件珍贵的馆藏文物。因为六年多以来屡次以神秘异常的方式在文物黑市上出现过一些十分罕见，且对科学研究而言珍贵异常的文物，现在这种情况又出现了，这些文物的来源一直没有查出来，即便某位幸运的买主在埃及之外的某个地方声明，愿意透露购买文物的一些详细情况。大多数都提及某位大家都不认识的大人物；但有时这位不认识的大人物是位阿拉伯人，有时又是一位年轻的黑人，有时是一位衣衫褴褛的农人，最后又出现了一位富有的族长。而让马斯伯乐震惊的第二点基于这样一个事实，他得到的报告中的那个最新文物，是第二十一王朝时期的一位国王的随葬品，而对这个王朝时期的王陵现在所有的线索都失踪了。谁找到了这些陵墓呢？找到的只是**仅仅一位**国王的王陵吗？

马斯伯乐教授浏览了他耳闻新出土的"黑市"文物，只要掠一眼就不难确定，这些文物源自**不同国王**的随葬品。

这些现代的盗墓贼有可能同时发现好几个古代王陵吗？结论很明白，肯定是发现了那些国王大型合葬墓中的一个！

这件事情对一位像马斯伯乐这样的学者来说，打开了一个非常诱人且令人振奋的前景。必须做点什么。埃及的警方不中用。他只能自己来寻找盗墓活动的踪迹。经过极少几位知情者相互讨论之后，他的年轻的助手被派遣到卢克索。

从这位助手从尼罗河离船登岸的那一刻起，他非常注意使自己的举手投足完全不像一位考古学家。他住进了那位买到了莎草纸文卷的美国人曾经住过的旅店。一个年轻阔气的"法兰克人"①每天都在黑市小铺、小巷和各个角落闲逛，显摆他有钱，买些这样或那样的小物件，出手十分大方。他跟古董商聊得很投机时，付的小费并不少，但给的小费还是很有度，不至于引起怀疑。也有越来越多的人将现代作坊生产的"古文物"提供给他。但1881年初在卢克索城闲逛的这个年轻人却从来不上当受骗。这样铺面上的古董代售商人与那些"游商"不久都知道了这一情况。这位陌生的年轻人赢得了他们的尊重，而尊重则唤起了信任。一天一位蹲在城门洞里摆摊的古董商向他招手，随后，一尊小塑像被塞到这位"埃及博物馆"助手的手中。他很好地控制住了自己的情绪，摆出一张不为所动的面孔。他与古董商一起蹲在垫子上，开始讨价还价。他反复地看着手中的小塑像，心里清楚，这不仅是一件真家伙，大概有3000年的历史，而且从上面

---

① 当时的阿拉伯人把欧洲人统称为法兰克人。——译者注

的铭文来看，它是第二十一王朝的某个王陵的随葬品！

讨价还价进行了很长一段时间。这位助手最后买了这件古董。但他说话时语气颇有些不屑，让人觉得他还要寻找更大、更有价值的文物。他当天就认识了一位高大、年富力强的阿拉伯人。他自称名为阿卜杜-勒-哈苏尔（Abd-el-Rasul），是一个庞大家族的族长。年轻助手与这个人的谈话持续了好几天，再次见面时，阿拉伯人终于给他看了几件其他的随葬品，这次全是些来自第十九和第二十王朝的东西，助手让人逮捕了这位阿拉伯人。他坚信，找到了盗墓贼。

真的吗？

阿卜杜-勒-哈苏尔及其亲属被带到了在基纳（Kene）的地方总督面前。达乌德帕夏亲自主持审讯。但来了无数证人为他们作证开脱。阿卜杜-勒-哈苏尔家族所在的村子全村出动，发誓证明他们是彻底无辜的，整个家族都无罪，这个家族是整个镇子上的最古老、最受尊敬的家族。而那位助手，坚决认定他的指控完全是正确的，并且已经往开罗发了电报，汇报自己此行很成功。现在他必须眼睁睁地看着，阿卜杜-勒-哈苏尔及其家属由于证据不足被释放了。他向这些官员发誓，他是对的，而这些人耸耸肩。他直接去见地方总督。而总督很惊讶地看着这个年轻人，奇怪这位"法兰克人"怎么这样缺少耐心，说道：他还该等等。

这位助手等了一天，又等了一天。然后他又往开罗发了一封电报，缩减了最初汇报的内容。这种耗神的不确定性使这位年轻人生病了，地方总督东方式的平静让他急病了。而总督太了解他的国人了。

霍华德·卡特复述了他的一位最年长的工人的讲述。此人年轻的时候做贼被抓住并被带到地方总督面前。在这位严厉的达乌德帕夏面前，他害怕极了，但是当他未被带到法庭前，而是被带到帕夏的私人房间中，这种害怕还伴随着一种对不确定因素的恐惧。这是一个炎热的日子，帕夏泡在清凉的水中，在一个宽大的陶制浴盆中舒展四肢。

达乌德帕夏盯着他看，什么也不做，只是一直盯着他看，但这位老工人在这么多年之后还为此心有余悸，他说："……当他的目光穿透我的时候，我觉得，我体内的骨头都化作了水。他非常平静地对我说：'你站在我面前，这是第一次；我放你走，但你要很小心很小心，可别第二次再到这里来。'我被彻底吓坏了，就换了营生，再也没有去他那里！"

达乌德的权威——当仅靠个人权威不足以达到目的时，肯定是要辅以恫吓措施的——带来了躺在床上发着高烧的年轻助手已经不再期待的结果。一个月之后，阿卜杜-勒-哈苏尔的一位亲属以及同谋就到达乌德那里，非常彻底地坦白了罪行。地方总督马上告知了这位还留在卢克索的年轻学者。新的审讯开始了。最后查明，整个库尔纳，就是阿卜杜-勒-哈苏尔家族的村子，都积极地参与了盗墓活动。这个营生从父辈传到子辈，代代相传，一直红火了数不清多少代，有可能从公元前13世纪起就形成了一个不间断的链条。一个如此规模的盗墓王国在全世界也是空前绝后、独一无二的。

这个盗墓王国的最大发现就是代尔拜赫里的合葬墓。发现和盗窃这个王陵的过程中，偶然事件与一定的体系交织在一起。六年前,也就是1875年,阿卜杜-勒-哈苏尔在一块伫立于"帝王谷"和代尔拜赫里之间的岩体上十分偶然地发现了一处非常隐秘的洞口。他历尽重重困难,对这个洞口进行了查验,随后立刻意识到,自己遇到了一个宽阔的、储藏着许多木乃伊的墓室。进行了最初的估计之后,他就明白了,从这里获取财宝足足可以让他和他的家族世世代代都享用不尽——如果他们能够坚守住这个秘密。

只有这个家族的领导成员被告知了这个秘密。他们庄严地

塞提一世,拉美西斯一世的儿子,向冥王欧西里斯献上祭品

宣誓，永远不泄露这个秘密，就让那个发现留在它已经停放了3000年的地方，把这个王陵看作阿卜杜-勒-哈苏尔这一个家族的木乃伊银行户头，只在这个家族觉得确实非常有必要的时候，才允许到那里去取点什么。这听起来简直难以令人置信，这个秘密确实被保守了整整六年。在这六年中，这个家族变得十分富有。但1881年7月5日，一位埃及博物馆的特派员在阿卜杜-勒-哈苏尔的引导下，来到了这个王陵的入口！

这也许是命运给出的一个小小的恶作剧吧，博物馆派遣的这个特派员并不是那位在发现这些盗墓贼的过程中立了头功的年轻助手，也不是引发了这次事件的马斯伯乐教授。发往开罗、包含有无可置疑的新数据的新电报，并没有到达马斯伯乐的手中；教授正在旅途中。因为事情比较急，就必须派一个人替他去。去的这个人是著名的埃及学家海因里希·布鲁格施（Heinrich Brugsch）的弟弟，埃米尔·布鲁格施-贝伊（Emil Brugsch-Bey），当时在埃及博物馆当保管员。他到了卢克索时，发现那位作为侦探十分成功的年轻同事正在生病发高烧。他先对地方总督进行了礼节性的拜访。所有利益各方的意见都十分一致，应该立刻没收这座王陵，这样就可以不留给其他的盗墓行径以时间。于是埃米尔·布鲁格施-贝伊，仅仅在阿卜杜-勒-哈苏尔以及他的阿拉伯助手的陪伴下，于7月5日一大早就出发了。他不久后看到的东西，堪与阿拉丁神话中的财宝相媲美，而在随后九天之内发生的事情，也将使他终身难忘。

阿卜杜-勒-哈苏尔停下了艰难的攀岩，指着以很自然的方式用石块遮盖起来的洞口。洞口很难接近，不仔细根本看不出来。整整3000年,人们的目光忽略了这个洞口,这实在不足为奇。阿卜杜-勒-哈苏尔从肩上取下绳子放下来,示意布鲁格施进入这个洞口。布鲁格施让手下那位可靠的阿拉伯助手留在洞外看住行为古怪的向导,毫不犹豫地按照向导的示意进入洞口。他小心翼翼,有些担心落入这个狡诈盗墓贼的迷魂阵中,成为牺牲品,他手脚并用,一点一点地向下爬。虽然他心里希望能够找到一些东西,但他却真没有想到,等待着他的会是什么。

他下到了11米深的井中。到达下面后,他点燃了火把,往前走了几步后,急转了一个弯,他就站在了一组大的石棺组群前。

紧挨入口最大的一口石棺上的铭文显示,塞提一世的木乃伊就放在里面,这就是贝尔佐尼在1817年10月徒劳无功地在"帝王谷"的原始坟坑找过而没找到的那具木乃伊。火把的火光落在其他几口石棺上,落在了无数随意散落一地的珍宝上,这些珍宝是因埃及对死者的敬意而陪葬的。布鲁格施接着往前走,一点一点地探着路。他的眼前突然出现了真正的墓室,墓室在幽暗的灯光中显得无限大。许多石棺横七竖八地随意摆放着,有的打开了,有的关着。一具具木乃伊横亘在无数用具和首饰之间。布鲁格施惊得目瞪口呆,喘不过气来。在这个时刻,他清楚在他之前还没有任何一个欧洲人见过这一景象吗?

他站在古代世界的最有权力的统治者们的真正遗体前面。他有时爬着,有时站起来走着,确认这里躺着雅赫摩斯一世(Ahmose I,前1550—前1525),是他彻底地驱逐了蛮族的"游牧国王们",即希克索斯①王族,这个功绩成就了他的一世英明(但根据今天的推测,这与《圣经》中的以色列人迁徙出埃及并不是一回事);那里躺着阿蒙诺菲斯一世(前1525—前1504年在位)的木乃伊,他后来成为整个底比斯大陵园的守护神。在无数个不那么著名的埃及统治者的石棺中,布鲁格施最后找到——手中举着火把,他不得不蹲下,被眼前一幕彻底征服——两具最伟大的统治者的木乃伊,就算是没有考古学家、没有任何历史学研究,他们的功业名誉几千年来也一代又一代地流传至今。他找到了图特摩斯三世(前1479—前1425)及又称作拉美西斯大帝的拉美西斯二世(前1279—前1213)的遗体。当时人们相信,摩西,这位犹太民族和西方世界的法律制定者就是在拉美西斯大帝的宫廷里长大成人的,这两位统治者不仅在他们臣民的血与泪中创建了世界帝国,而且还长时间地维持了帝国的存在。

当被彻底惊呆的布鲁格施浮光掠影地浏览着石棺上的铭文的时候,一时不清楚该从哪儿读起,这时他还是很快看到了"移动的木乃伊"的故事。在他的眼前浮现出那无数个夜晚的画面,"帝王谷"中的祭司们为了使法老们免遭盗窃和亵渎,将他们从王陵中迁出,常常在更换了好几个隐藏处所之后,最后搬运至此,要将他们安葬在代尔拜赫里新的石棺中,一个挨着一个。他一眼看出,当时的祭司们是多么慌乱和匆忙,因为有几具木乃伊就斜靠在墙上。他后来深受感动地在开罗诵读祭司们写在石棺壁

---

① 希克索斯(Hyksos)在埃及语中意为"外来的统治者",指埃及第十五和第十六王朝。——译者注

上的记述：死去的国王们的奥德赛之旅①。

当他清点聚集在一起的统治者时，最终的数目为40，40具木乃伊。40具那些一度以神的风姿来主宰世界的统治者的遗体；他们静卧了整整3000年，直到一位盗墓贼和他，埃米尔·布鲁格施-贝伊，又再次见到他们。

尽管他们中间的一些人在死之前就考虑布置得十分周详，但埃及的统治者还是往往十分悲观。"那些用花岗岩修建陵墓的人，在金字塔中凿出一个大厅的人，用完美的技巧创造出美好的人……他们的祭坛上却和那些累死在河坝上没有留下任何遗骨的疲惫的人一样，都是空空如也！"

但这样的悲观态度并没有阻碍他们一再采取新部署，以合适的方式来保留他们的遗体。希罗多德去埃及旅行时，了解了不少埃及当地有关死亡的习俗和制作木乃伊等风俗习惯是如何形成和发展起来，他作出了如下的描写（文本是根据霍华德·卡特的叙述）："一个德高望重的人死了，这家的女人就用泥土来涂抹头部，甚至来涂抹面部。而后她们离开死者，冲出家门，围着裙子穿过整座城市，袒露出胸脯，不断地敲打自己。所有女性亲属都加入到这个行列中来，做着一样的动作。男人们也号啕大哭，敲打着自己的胸部。这个仪式结束后，他们就把尸体抬去制作木乃伊。"

现在是聊聊木乃伊的时候了。这个词有很多含义，如果读一下上文提到的一位12世纪阿拉伯旅行家阿卜杜-勒-拉蒂夫的记

---

① 奥德赛之旅在这里代指艰难的旅程。——译者注

述，就会比较清楚了，在埃及，"木乃伊"能以医学目的很便宜地出售。Mumiya或者Mumiyai是一个阿拉伯词，在阿卜杜－勒－拉蒂夫使用过的意义上，这个词指的或是沥青或是岩石自然析出的水分，可由波斯德拉勃葛德（Derabgerd）地区木乃伊山得到。这位阿拉伯旅行家称"一种沥青与没药①的混合物"为木乃伊——但到了16和17世纪，在欧洲开始了对这个东西的劲爆交易，对了，就是到了19世纪药剂师还将"木乃伊"作为一种治疗摔伤和伤口的药来出售；最后木乃伊还是活人体上剪下来的指甲和头发，是被视为人体的一部分，所以在进行巫术和施魔法时用着特别有效果。现在说起"木乃伊"，就几乎完全指的是经过香脂处理的全尸，尤其是指古代埃及留下的保全极好的躯体。以前人们将木乃伊的形成过程分为"自然的"和"人工的"，完全没有经过处理，而仅仅通过有利的条件没有腐烂而保留得很好的躯体，被称作"自然木乃伊"，例如位于巴勒莫（Palermo）地区的嘉布遣会修道院中，在大圣伯纳德山口的修道院中，在不来梅大教堂的铅窖中和奎德林堡（Quedlinburg）宫殿中的躯体。就是今天人们也保持进行这样的区分，但有一定限制，就是人们经过检查得出结果，木乃伊能够奇迹般保存下来，不应把主要功劳归人工涂抹香脂，而应归功于尼罗河流域特别干燥的气候、空气的无菌性和风沙。人们在沙漠中直接找到了保全很好的、没有棺椁也没有进行任何去除内脏处理的木乃伊，这些木乃伊的完好

---

① 没药为橄榄科植物地丁树或哈地丁树的干燥树脂，又名末药，有活血止痛、消肿生肌的功效。——译者注

度并不比那些经过涂抹用松香、沥青以及其他众多的香油处理过的尸体差。而有的经过——就如同莱因德纸草书[①]中描述的那样——"象岛的水、埃莱底亚斯波利斯（Eileithyiaspolis）的苏打、吉姆城（Kim）的牛奶"处理的木乃伊在时间的流逝中彻底腐烂，或者变成黏作一团的东西。

特别是到了19世纪，人们猜测，埃及人肯定掌握着某种特别的化学秘方。但到了今天也没法找到一份原始的、真正准确和完整的木乃伊制作法手册。不过，今天我们知道，在使用具有无数成分的材料时，宗教仪式、神秘关系的意义往往比化学药品的有效性更重要。我们必须考虑到，木乃伊制作工艺在数千年的过程中肯定发生了多次变化。马利耶特就已经观察到了，孟斐斯时代的木乃伊，也就是那些较早的木乃伊几乎变成黑色，完全干透了，而且很易碎；而与此相反，那些较新的来自底比斯的木乃伊则是黄色的，闪着淡淡的光，往往都比较有柔性，而这仅仅用制作时代的差别是没法解释的。

希罗多德告诉我们木乃伊有三种制作方式，其中第一种比第二种要贵三倍，第三种则是最物美价廉的制作方式，就算是低级官员也付得起钱；但一般民众则不允许这么做，他们只能把遗体的未来完全交给善意的气候去处置。

在最古老的时代，只能做到保留躯体大致的外部形态。后来

[①] 莱因德纸草书（der Papyrus Rhind）是公元前1650年左右的埃及数学著作，属于世界上最古老的数学著作之一，为当时的贵族、祭司等知识阶层所作，最早发现于埃及底比斯的废墟中。1858年，为英国的埃及学者莱因德购得，故得此名。现藏于伦敦大英博物馆。——译者注

人们也找到了避免皮肤收缩的方法,这样我们才能够发现一些保存良好、形态各异、尚可识别脸部轮廓的木乃伊。

在通常情况下,人们是这样处理尸体的:先将一只金属钩子从鼻孔捅进去,把大脑给钩出来。用一把石制的刀把腹部剖开,然后将五脏取出(很可能有时也从肛门取出),随后把内脏存放在称作Kanopen的大罐子或者大瓶子中;心脏取出来后将一只石质圣甲虫放在心脏的位置。接着进行极为彻底的冲洗并"用盐浸泡"一个多月。最后对尸体进行干燥——据一些记述称,这一干燥过程要持续70天。

圣甲虫是青春的
太阳之神的象征,
体现着一再重生的生命

入殓时往往将木乃伊放在好几层木质棺椁(大多是人体形状)中或者是石棺中;或者把许多层层相套的木质棺椁再置于石棺里面。木乃伊的双手一般交叉放在胸前或者腹部,或者双臂沿着两侧摆放,头发一般剪得很短,但女人的头发就按照原来的长度留着并且梳成奇妙的发型,阴毛要剃掉。

为避免身体塌陷,还要在体内填满泥、沙、松香、刨花和麻纱球;同时再加上一些芳香物质,奇怪的是还要加上洋葱头。女性的胸脯也要进行填充。这时才用麻纱带子和麻布进行漫长的裹尸过程;这些裹尸用的麻布在漫长的岁月中被沥青材料彻底浸透,学者们往往无法再将它从尸身上小心翼翼地解开。盗墓贼们只想拿到裹在麻布中的无数珍宝首饰，他们当然才不会去费这个神，干脆把裹尸布剪得七零八碎。

1898年，时任古文物总监察的劳瑞特，打开了阿蒙诺菲斯二世的陵墓。他也发现了"转移过来的木乃伊"，共有13具，也是在第二十一王朝时期由祭司们在夜间干着重体力活给挪到一起的。但劳瑞特却没有找到布鲁格施发现的那些珍宝。他发现只有木乃伊没有被动过——阿蒙诺菲斯躺在他的石棺中，其他的一切都被盗窃一空。为了让这位国王能够享受永久安宁，他让人将陵墓再次封死。但在这之后的一两年间，一些现代的盗墓贼又再次闯入，把阿蒙诺菲斯从他的棺材中拖出来，这回他的木乃伊遭到严重的破坏。与几千年来几乎所有的盗墓贼一样，他们很可能也与守陵人串通一气。这个例子表明，布鲁格施做得很对，他当时把合葬墓清理一空，出于任何一种因敬畏而生的顾虑不去这么做，在埃及的社会状况下都是不对的！

当埃米尔·布鲁格施-贝伊离开40位已逝的国王，从狭窄的井道再次爬上来时，他的脑中在考虑怎么进行清整工作。让王陵原封不动地留在那里，这就意味着，它将被洗劫；但把它清整出来，挪到开罗去，又意味着要雇用无数的工人，而且这些工人还只能在库尔纳当地找，这里可是阿卜杜-勒-哈苏尔的家乡，是盗墓贼的大本营。当布鲁格施再次觐见那位地方总督时，他决定，尽管难度很大，还是要采取后一种方案。第二天早晨，他就与300名农工出现在发现地。他让人把这个地区封锁起来。他和阿拉伯助手一起挑出了一小队人员，这些人看起来比大多数其他人更值得信赖。从事这项繁重工作的小队——后来证明，举起最重的物件需要16个人——把珍宝一件件拉上来，布鲁格施和他的助手接过后，进行了逐一登记，并将它们在山脚下排成一行。这项工作整整进行了48小时！现代考古学家霍华德·卡特对此给予了非常简洁的评价："今天我们可不会干得这么快！"这个速度就是从考古学角度来看也有些夸张。因为来自开罗的汽轮晚了几天，布鲁格施-贝伊让人把木乃伊装好，把石棺包起来并送往卢克索，一直到7月14日才开始装运。

但后来又发生了一些事情，给这位见多识广的学者以很大的触动，给他留下的印象比发现那些珍宝本身还深。当尼罗河上的汽轮慢慢地顺流而下时，出现的情形不仅仅感动了这位学者，而且也感动了所有还尚存敬畏之心的人。

所有尼罗河畔的村子都飞快地传遍了，远离尼罗河的地方也都得到了消息，这艘船中装载着什么。看来，古老的埃及还没有消失，那时人们在自己的君王身上看见神祇。布鲁格施站在甲板上，他看见两岸成千上万的农夫和他们的妻子追着船跑，陪伴着这艘船，从卢克索开始不断有人加入，一直到尼罗河的大拐弯处，直到库夫特（Kuft）和肯锡（Kench）。男人们鸣枪向他们死去的法老们致敬，女人们在脸上、身上涂抹泥土和灰尘，用沙子涂抹自己的胸部。船只在远近回荡的哀歌声中航行。真是不可思议，一支庞大的送葬队伍，没有任何奢华，只有撕心裂肺的悲号。

布鲁格施受不了看到的这幅情形，走开了。他做得对吗？在那些发出悲号和捶打胸脯的人的眼中，他跟那些盗墓贼、跟那些强盗和罪犯有什么两样吗？这3000年来，盗墓贼一直在亵渎王陵？为了要进行科学研究，这个理由足够吗？

霍华德·卡特在很多年后给了我们一个回答。他以发生在阿蒙诺菲斯王陵周围的一些事情为契机，说了这样一段话："我们可以从这件事情中得到一个教训，我们把这个教训说给那些因为我们将物件从陵墓中取出就指责我们是汪达尔人[①]的批评者。我们将文物送至博物馆，我们会致力于这些文物的保存，而如果将文物就留在原地，它们不可避免地或早或晚地成为盗墓贼的猎物，这就意味着这些文物的毁灭。"

布鲁格施到达开罗后，不仅丰富了博物馆的馆藏，而且还丰富了世界上关于那个曾经的时代的知识，那个充满辉煌和无法再现的伟大的时代。

---

① 汪达尔人（Vandale），是古代日耳曼部落的一支，于429—534年在北非建立一个王国，455年曾洗劫罗马。此后他们的名字就成了肆意破坏和亵渎圣物的代名词。——译者注

第 16 章

霍华德·卡特发现图坦卡蒙

1902年美国人西奥多·戴维斯（Theodor Davis）从埃及政府那里获得了在"帝王谷"进行考古挖掘的许可。他在那里挖了整整12个冬天，发现了许多非常具有启发意义的墓葬，如图特摩斯四世、斯普塔（Siptah）、哈伦海布的陵墓；他还找到了伟大的"异教国王"阿蒙诺菲斯四世①的木乃伊和石棺，这位君王称自己为改革者"埃赫那顿"（Echnaton，意思是"太阳神很满意"），他不信奉自古流传下来的宗教，却改而引入了信奉太阳神的宗教，他的王后是娜芙蒂蒂②，其色彩斑斓的半身雕像是我们最熟悉的埃及雕刻作品。

1914年这个挖掘许可被转让给了卡纳冯勋爵和霍华德·卡特。由此开始了发现埃及最重要王陵的历史，这个故事，就像卡

---

① 阿蒙诺菲斯四世，在其在位第一年便引入阿吞崇拜，宣传这位取代以往一切神灵的尊贵地位的太阳神，从而宣布了埃及历史上一次意义非常的宗教改革的开始，为了实现这个目的，他与底比斯的阿蒙教祭司进行了无情的斗争，并为了彻底摆脱阿蒙教祭司而将帝国都城由底比斯迁到他新建的城市埃赫塔顿，因此被称作异教国王，并自称为埃赫那顿。——译者注

② 娜芙蒂蒂（Nofretete），在古埃及语中的含义是"美人来了"。——译者注

纳冯的妹妹在一个短文中写她哥哥时说的那样："从阿拉丁神灯开始，如同希腊的复仇女神传说般结束。"

这座图坦卡蒙王陵的发现对我们这本书来说尤为重要。在考古学发现史中，它代表着所有成就的最高峰。但这一发现——如果我们在考古学发展中寻找一个充满戏剧性的发展轨迹——同时为考古学框定了边界。温克尔曼与一系列至关重要的系统学家、方法论者、专家共同为考古学写就了展开部分。而考古行动最初的重要节点由商博良、格罗特芬德和罗林森解决了，后两位将在《庙塔之书》中介绍。第一批积极行动者推进了考古行动，获得了社会舞台的喝彩，这些人是在埃及的马里埃特、莱普西乌斯和皮特里；在两河流域地区的博塔、莱亚德（见《庙塔之书》）；在尤卡坦（Yucatán）地区的美国人斯蒂芬斯和汤普森（见《阶梯之书》）。而在让人紧张得透不过气、极具戏剧性的巅峰中，受到一切参与者热情关注的事件首次出现在施里曼和埃文斯在特洛伊和克诺索斯的考古发现，而后是科尔德维和伍莱在巴比伦及亚伯拉罕（Abrahams）的故乡乌尔（Ur）地区的发现。施里曼是最后一位伟大的、自行去考古挖掘的业余人士，一位天才的独行者。而在克诺索斯和巴比伦进行工作的则是整个团队的专家们。政府、王公、富有的赞助人、财力雄厚的大学、考古学研究院以及来自现代社会各个角落的私人赞助商年复一年地向古代世界派出装备齐全的考察队。在发现图坦卡蒙王陵的过程中，一切，即在广阔的研究领域所取得的各个成就以及无数经验，所有的这一切以一种恢弘无比的方式组合起来。此处只有科学统领一切，科学裁定一切。先前的那些困难，例如莱亚德所面对的迷信的蒙昧，埃文斯与相关机构的敌意进行斗争，在此处都被政府的真诚合作所替代。科学界同行的嫉妒，曾对罗林森进行的谩骂，使施里曼的生活步履维艰的刁难，在此处都被替换成国际大合作和相互帮助。那个伟大的先行者的时代，莱亚德仅骑着毛驴、带着阿拉伯农民出发去征服一个沉没古城的那个时代，已经过去了。霍华德·卡特，尽管他作为皮特里的学生还多少是个旧派人物，但——如果可以大胆进行这样比较的话——他是一个考古学的执行官，他不允许在未被发现的土地上恣意乱刨，而是采用了一种古老文化的记录土地测量的严格方法。

但他虽然在科学上精益求精，却还保持了巨大的热情，他同时将科学上的严谨、精确、细致一下子发展到最高的完美境界，正因为他具备这样的特性，他才在研究古代的科学王国中成为一位集大成者，在这个王国中，人们用铁铲工作，不再是为了挖出财宝或者找到死去国王的遗体，而是在寻找自从人类具备了高度发展的文化形态、面貌、性格与精神以来，它的一切谜底。

卡纳冯勋爵事实上属于只有在英国才会出现的一类人，他热爱运动与艺术收藏，是名绅士也是周游世界的旅行家，是行动中的现实主义者和情感中的浪漫主义者。他还是剑桥三一学院的学生时，便在某一天提议，自己出钱把他房间中原本美丽却被后人乱涂乱画不成样的墙纸恢复原状；他还是个少年时，就逛遍了所有的古董店，成年后他以极大的热情和很高的见地来收集古旧的速写和绘图。同时他也是各个跑马场的常客，认真练习，把自己练成一位优秀的枪手，热爱水上运动，曾经驾驶帆船游览世界一周——他在23岁时就继承了大笔遗产。第三辆在英国挂牌的汽车是他的。汽车运动也成为他的挚爱。这个爱好后来彻底地改变了他的生活。世纪之交时，他在德国小镇巴特施瓦尔巴赫（Bad Schwalbach）附近出了一起交通事故，车子翻倒，压在他身上，他除了遭受一系列对他日后生活造成后果的严重损伤之外，还严重呼吸困难，英国的冬天使他无法忍受。因此他在1903年首次来到气候温和的埃及，在考古场地遇到了几支考古考察队。这位富有、财务自由的人此前并没有任何任务和目标，现在立刻认识到考古行动可以将他对运动魅力的推崇与认真研究艺术的嗜好完美地结合起来。1906年，他开始进行自己的考古挖掘工作。但还在当年冬天，他就认识到自己的知识储备不够。于是请求马斯伯乐教授提供帮助，教授向他推荐了霍华德·卡特。

这两位男子的共同合作真是少有的幸运。霍华德·卡特是卡纳冯勋爵的极好的补充。他是位受过良好全面教育的科学家，在卡纳冯勋爵把对所有挖掘活动的长期监管权托付给他之前，他就已经在皮特里和戴维斯那里积累了很多实际工作经验。但他绝不是一个缺乏想象力的枯燥学者，虽然有些批判者对他那种精益求精的工作方法说三道四。他具备很多实际工作技巧，如果必要的话，他十分胆大果敢，甚至可以说胆大包天。1916年发生的一桩充满离奇色彩的事情就可以说明这一点。

他当时在卢克索短期休假，一天，村中的长者们一脸惊恐地来找他，恳求他帮助。经过战争的摧残，就连卢克索这样的村子也留下了痕迹，官方机构的力量急剧减弱，控制和警方的监管被削弱了很多，当地的盗墓活动在阿卜杜-勒-哈苏尔胆大妄为的

第16章 霍华德·卡特发现图坦卡蒙

孙子带领下迅速地死灰复燃。

这样一群盗墓贼在"帝王谷"西侧的山上发现了古墓。另一伙盗墓贼闻讯前来,也要在猜测可能会有的财宝中分一杯羹。接下来发生的事情,就像是在一部粗制滥造的电影中发生的。

这两伙盗墓贼打了起来。第一伙匪徒不敌对方,被打败赶走了,但现在最大的危险是,双方很可能再次交火。当时还在度假的卡特虽然可以不必对发生的这些事情担负一丁点儿责任,但他还是决定,马上采取行动。我们还是让他自己来说吧:

> 当时已经是下午很晚的时候了。我连忙召集了手下的几名免服兵役的工人,带上基本的武器装备,就上路前往出事地点了,这次行动必须要在月光下爬上库尔纳600米高的小山头。到了半夜,我们来到了枪战发生的地方,向导指给我看系在一块垂直岩石上的绳索。我们仔细听了一下,确实可以听到盗墓贼们在干活;我先把他们的绳索切断,这样就切断了他们逃跑的后路,接着我将自己带来的、完好结实的绳索固定好,然后顺着岩石下去。深更半夜顺着一根绳索下到一个忙忙碌碌的土匪堆中,是一种十分刺激的消遣时间的方式。八个男人在忙活着,我到了下面时,确实有一会儿让人不那么愉快。我让他们选择,要么顺着我的绳索往上爬、离开这个地方;要么就不用绳索,那就在这个地方永远待着。他们的理性占了上风,他们离开了。这个夜晚的其余时间,我就留在那里……

霍华德·卡特
(Howard Carter, 1873—1939)

这些谦逊的、几乎有些枯燥的叙述使当时情形的危险性裹上了作者黑色幽默的色彩,人们必须用想象力进行补充,方能得出这位特别能战斗的考古学家的全貌。顺便提一句,如果卡特让这伙强盗接着干下去,他们一定会很失望的。后来确认了这座陵墓最初是为女王哈特谢普苏特而建。但里面没有任何财宝,只有一个含水晶砂岩的尚未完工的石棺。

卡纳冯勋爵和霍华德·卡特一起进行工作。一直到1917年秋天,他们才看到了这样工作下去成功的希望。而后发生的事情,是我们在科学史上常常会遇到的情况:一个幸运的灵感本来可以一下子把人引向只要立刻行动就很可能做出重大发现的狭小的区域。而一些外在情形、批评性的思考、犹豫不决、怀疑,还有打头阵的"专家点评"却成为走向成功最关键一步的障碍,使得这一步被推迟,是啊,甚至被阻碍。

那位考古挖掘者中最早的前辈、那不勒斯工兵部队的最高指挥官阿尔库别雷不也是这样吗？在1748年4月6日，类似的幸运降临到他的身上，正好挖到了庞贝城的中心，但他把挖掘孔又给填上了，十分不耐烦地开始在别的地方进行挖掘，而在许多年后才确认，当初第一铲子下去的地方才是最正确的地方。

卡纳冯和卡特看着眼前的"帝王谷"。在他们到来之前，已经有好几十人在此挖掘了，但没有一人留下过关于挖掘的准确记录或地图。所以这里到处是一堆又一堆人工废墟，堆积得如同月亮上的小山，被发现的陵墓的入口掩于其中。除了按计划一直挖到地下的岩体，没有其他的路可走。卡特建议，从一个位于拉美西斯二世陵墓、莫尼普塔（Merenptah）陵墓以及拉美西斯六世陵墓之间的三角形地带开始挖掘。他后来写道："为了避免将来有人指责我在放马后炮，我要先明确说一下，我们现在绝对有希望，找到某个国王的陵墓。这个国王就是图坦卡蒙！"

这听起来难以让人相信，试想一下，那个"帝王谷"已经被人挖了一遍又一遍。这听起来之所以特别异想天开，是因为这两位挖掘者怀着这么大的希望，而理由却那么微不足道，而学界的流行观点非常肯定地倒向一边，就是在"帝王谷"的发现时代已经一去不复返了。

正好在100年前，贝尔佐尼在清理拉美西斯一世、塞提一世、伊阿（Eje）和孟图霍特普二世（Mentu-her-chopschef Ⅱ）的陵墓时，写道："我坚信，帝王谷除了因我近期发现而广为知晓的陵墓之外，就再也没有别的陵墓了；因为我在离开这个地方之前，想竭尽我的绵薄之力，再发现一座陵墓，却没有成功；我的观点得到下列事实的确认,在我离开之后,英国领事萨尔特在那里待了4个月,他另辟蹊径,想再找到一座王陵,却也同样徒劳无功。"1844年,普鲁士的考察队也来到"帝王谷",对"帝王谷"进行了彻底的测量,他们离开时,考察队队长,又是那位理查德·莱普西乌斯,也持同样的观点:所有能发现的都已经被发现了。这一切并没有阻止劳瑞特在世纪之交的前夜还是找到了一些王陵,戴维斯在此之后不久,也找到了一座。现在"帝王谷"里面的每一颗沙子都被不折不扣地筛过、翻过了三遍。当马斯伯乐作为古文物部门的总监管在为卡纳冯勋爵签署挖掘权时,再次告诉他一位学者的凿凿之言,这个挖掘权实际上是多余的,"帝王谷"里确实找不到什么发现了。

但究竟是什么给卡特以希望,让他认为尽管如此还可以找到一座王陵,并且不是随便哪座王陵,而是一座特定的王陵呢?他通过自己的直觉去了解戴维斯的发现。这些发现——掩藏在一块岩石之下——中有一个釉质杯上镌着图坦卡蒙的名字。就在边上的一座坑道墓中,他还找到了一个破碎的木质箱子。这个箱子里还装着一些金质小片,上面也有图坦卡蒙的名字。戴维斯得出了一个仓促的观点,这个坑道墓就是这位国王的最后安息地。卡特得出了另外一个结论。后来得知,戴维斯的第三个发现在首次检验中没有被正确地识别,这就加强了卡特的结论。第三个发现是位于一个岩石缝隙孔中的几只陶罐,罐里装着看似不重要的陶质碎片和麻纱条。而纽约"大都会艺术博物馆"的再次检验突然表明,这些东西毫无疑问是那些在图坦卡蒙的繁复仪式和葬礼中使用材料的遗留物,它们被藏起来了。戴维斯在找到埃赫那顿的埋葬处时，意外发现了好几个图坦卡蒙的陶制印章。

这一切看起来似乎颇具强大的证明力。仿佛卡特不费力就得出这样的结论一般，即上述物品的发现表明，与迄今各种失败相反，图坦卡蒙的陵墓就在这些物品发现地的附近，在"帝王谷"的中心位置。但我们还是想想这个"谷"所经历的3000年，想想无数次盗墓贼和祭司们将陵中的物品拖拽出来，想想开始时那些不专业的考古工作者进行的毁灭性的乱挖。卡特的4件证据不过就是几个金质小片、一个釉质杯、几只陶罐和几个陶质封签。而要在这点东西上不仅要系上整个希望，还要系上那种直觉式的确信，一定找到图坦卡蒙的陵墓——这绝对需要对自己的运气的坚定不移的信念。

但卡纳冯和卡特开始进行挖掘时，经过一冬的工作，他们去除了那块三角地区最上层土层的大部分，一直清理到被打开的拉美西斯六世的陵墓之下。"我们在这里遇到了建在一堆火石岩块上面的一排工棚，在'帝王谷'中这往往是附近有陵墓的标记。"

如果把今后几年发生的事情与下面马上要发生的事情拼接起来一起看，那是十分紧张的。由于如果沿着原来开始挖掘的方向继续向前挖，势必会妨碍旅游者观赏他们最喜欢观赏的拉美西斯陵墓，所以挖掘者们决定，等到时机成熟时，再进行这个地方的挖掘工作。所以在1919—1920年的冬季他们只挖到拉美西斯六世陵墓的入口处，并且在一个小小的隐藏处实际上也找到了几个考古学上并非不重要的属于陵墓装备的个别物件。"我们在'帝王谷'所有进行至此的工作中，还从来没有离我们的真正发现如此之近。"卡特记录着。

除工棚所在的地块以外，现在他们将三角地段完全"扒开了"，若是让皮特里描述的话，他大概会用这个字眼。他们又将这个最后部分置之不动，又来到了完全另外的一个地段，来到通往图特摩斯三世陵墓的一个侧部小山谷进行挖掘，在那里挖了整整两个冬天，没有找到什么"有真正价值"的东西。

现在他们凑到一块儿，进行了认真严肃的讨论，挖掘工作进行了这么多年，收获相对稀少，是否应该将整个挖掘工作挪到一个完全另外的地方进行！现在只剩下工棚和火石岩块那个地方，也就是拉美西斯六世陵墓脚下的那块地方，还一直没有挖过。他们在经过了长时间的犹豫和多次被推翻的决定之后，统一了意见，就在"帝王谷"中再挖一个冬天，最后就只挖这一个冬天了。

他们就开始在"帝王谷"的那六个冬天前已经标明的地块上动土了——就在工棚和火石岩块那个位置。这次他们终于做了在六年前就该做的工作，他们把工棚拆除，还没挖几下，就找到了图坦卡蒙陵墓的入口，这是埃及最富有的国王陵墓的入口！卡特写道："这个发现如此突然，令我晕眩，接下来的几个月发生了这么多事情，我几乎没有时间去进行思考。"

1922年11月3日卡特开始拆除工棚（这是第二十王朝时期工棚的残体）——卡纳冯勋爵这个时候在伦敦。第二天早上在第一个工棚下找到了一处石阶。11月5日中午，清除了很多废料，现在不存在任何疑问，陵墓的入口找到了。

这会不会是那些未完工、没用过的陵墓中的一座？就算是里面真的有木乃伊，会不会又是一座像其他王陵一样被亵渎和被洗劫的王陵？还是不要排除其他悲观的可能性吧，就算里面还有木乃伊，那会不会是一个宫廷官员或者是祭司的木乃伊？

工作在继续进行着，卡特的激动心情与日俱增。但埃及的日落飞快地降临的时候，从废墟中，基部的一级又一级台阶，共12级台阶出现了，可以看见"一个紧闭的、用灰浆涂抹的、封闭的门"了。

一扇封闭的门……这看来确实是真的……这样的一个时刻，可以使任何一个考古学者情不自禁。

卡特检查了一下封签。是国王大陵园的封签。那么这里面至少一定安息着地位非常高的死者。因为第二十王朝的工棚封住了入口，那么这座陵墓至少从这个时代起就没有遭过抢劫！卡特激动不已地在门上凿开一个窥视孔，"孔的大小只能递进去一只电筒"，他发现，门后的通道完全用大小碎石填满——这是另外一个令人信服的证明，这座王陵具有非常严密的保护。

卡特让他最可靠的几个工人守住陵墓，在月光下骑着毛驴穿过"帝王谷"回家，心里在暗自下着一个决心。"一切的一切都在那个通道的后面。我要尽全力控制住自己，才不会马上打开门的通道，立马在那里进行搜寻！"他在通过窥视孔向里面看时，这样记录着。现在，他骑着毛驴回家，在与自己的冲动、急切和内心的声音进行着斗争，这个声音告诉他，他现在就处在重大发现的前夜。十分令人钦佩的是，这位发现者在白忙活了整整六年之后，现在总算是要有重大发现了，而他却下决心将陵墓再次填上，等到卡纳冯——他的资助者和朋友到来后再打开。

第二天，也就是11月6日一早，他发出了电报："谷中重大发现；宏大陵墓，尚未启封；暂且封填，俟君前来。祝贺！"8日他就收到了两份回电。"竭力，即归！"——"20日抵亚历山大港！"

11月23日卡纳冯勋爵与其女儿抵达卢克索。在14天多的时间里，卡特忍受着煎熬，却在焦急的期待中什么也不做，等候在重新填上的王陵前。他发现那些石阶之后，来自各地的祝福就如山洪一般向他涌来。但祝贺些什么呢？祝贺发现什么？发现了谁的陵墓？卡特并不知道：他其实只要再往前挖一点点，那么一切就会非常明了，而且会看到清晰的图坦卡蒙墓封。"我本该在夜里睡得更香，而且免受将近三个星期因不确定造成的心中无数的煎熬。"

11月24日，工人们将覆土都清除干净，完全露出了所有台阶。卡特往下走了16级台阶，站在封实的墓门前。现在他看见了清晰的封签和图坦卡蒙的名字，而他看到了更多的情况。他看到的就是截至此时为止所有的国王王陵的发现者都必须看见的东西，就是这里也有其他人光顾过了。盗墓贼在这里也干过活儿。

现在整扇门都露在日光之下，我们可以识别清楚直到此时我们尚未发现的东西——也就是说，这扇门的一个部分被先后开启过两次，随后又被关上了；另外，最先发现的封墓签，上有豺形和9个俘虏，是封在再次关上的部分上面的，而图坦卡蒙的封墓签位于门的从未被动过的部分，也就是处于其原初状态的部分,因而这个封墓签才是最初保护这座陵墓的签。就是说,这座墓并不是如我们所希望的那样完整无损。抢劫者曾经进过墓,还不止一次。由位于上端的工棚来判断,这些抢劫者来自不晚于拉美西斯六世的统治时期,但他们并没有把什么东西都劫走,这座陵墓又被封上了这一情形即可证明这一点。

这些发现并不够。卡特的迷茫和不确定在增长。他让人将阶梯上的残余的废墟清除干净,发现了上有埃赫那顿、斯门卡瑞[①]和图坦卡蒙名字的碎片和箱子,发现了图特摩斯三世的圣甲虫和另外一个有阿蒙诺菲斯三世名字的圣甲虫的碎片。这么多国王的名字凑在一块儿,是不是可以得出另外一个结论,就是,与原先的预期不同,这里找到的也许只是一个国王的单一陵墓而是众多国王灵柩的一个藏匿点呢?

只有打开墓门才能带来关于这些问题的确切答案。接着几天就忙于这项工作。正如卡特通过小窥视孔看了一眼就认定了的那样,门后是一个通道,填满了碎石,从这些碎石的不同性状可以明显地看出,盗墓贼是在哪个位置从仅有肩宽的穴道进来的,他们又是以什么方式把通道给填上的。

经过几天的工作之后,挖掘者向前挺进了大约10米,遇到了第二扇门。这里也有图坦卡蒙和国王陵城的封墓签,这里也可

---

① 斯门卡瑞,是埃赫那顿的继任者、图坦卡蒙的前任法老,其名应为Smenkhare,文中作Sakere,有误。——译者注

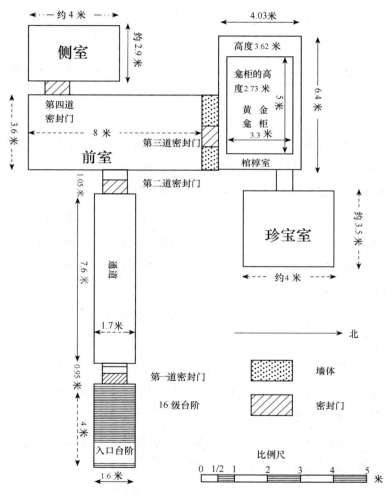

图坦卡蒙陵墓示意图,摘自1923年伦敦的出版物

以明显地看出，那些非法闯入者也光顾过此地。

从这整个陵墓设置与在附近已经发现的一个埃赫那顿藏匿点的相似性来判断，卡特和卡纳冯现在基本上得出一个较为肯定的看法，这里只是一个藏匿点而并非一个陵墓。而在一个显然被盗墓贼多次光顾的藏匿点，还可以期盼那么多吗？

他们的希望渐渐渺茫。尽管如此，随着第二扇门前的碎石越来越多地被清理出去，大家还是越来越紧张。"关键的时刻到来了！"卡特记录着，"我们颤抖着双手，在左上角打开了一个小小的口……"

卡特手持一根铁棍，捅了进去：铁棍在一个空处随意地晃着。他点着火试验了一下，没有什么特殊气体。然后他拓宽了刚才的那个口子。

现在所有参与者都凑到了一块儿。卡纳冯勋爵、他的女儿伊芙琳（Evelyn）夫人，还有埃及学家阿瑟·卡兰德（Arthur Callender），此人一听到有新发现的消息就连忙赶过来帮忙了。卡特有些紧张地擦着了一根火柴，点亮了蜡烛，将它凑近那个口子；他的手哆嗦个不停。当他——确确实实由于期望和好奇紧张得直抖——将头凑近那个口子时，终于要看一眼里面，从里面泻出一股灼热的空气，这股从里面涌出的空气让蜡烛的火花一下子蹿得很高。卡特一时看不清里面有什么。但当他的眼睛习惯了跳动的蜡烛光，当他看清在第二扇门后的空间中的东西，先是看清了轮廓，而后区分出阴影，最后辨明色彩时，他并没有发狂地喊叫，而是默然不语……对其他等在他身边的人来说，过了简直漫长的时间。而后卡纳冯再也无法继续忍受这种不确定性，他问：

"您能看见点什么吗?"

霍华德·卡特慢慢地转过身来,从他的灵魂深处,像被施了法术那样,说:"看到了,无比美妙的东西!"

在整个考古挖掘史上,人们在此之前肯定没有见过这么美妙的东西,没有什么能够跟此刻灯光为我们照亮的东西相媲美。

卡特如是说,当发现者最初的激动渐渐地平息之后,他们安静地逐一来到窥视口前向里面张望。就是在11月27日,当他们把第二扇门打开时,这话也一样有效。现在电灯的强光照在金卧榻、金王座上发出耀眼的闪光;在两尊大型黑色雕塑上、在雪花石膏花瓶上、在奇特的神龛上形成柔和的反光。奇异的动物头像将扭曲的影子甩在墙上。从其中的一个神龛中,一条金蛇蜿蜒而出。两尊雕塑面对面地立着,就像穿着盔甲的卫兵,"身系金围裙,脚踏金拖鞋,手持棍棒,他们前额上的圣蛇发着幽光"。

在这一眼看不过来的遍地奢华中,也有活人留下的踪迹。在门口还立着一只盛着半满灰浆的罐子,那里还竖着一只熏黑的灯,这里在刚刚涂刷过的表面上还有一枚指纹,那里在门槛上躺着一束进行最后的告别时搁下的花束。

在死的奢华与活的符号之间有着漫长的时间,直到卡纳冯和卡特突然惊愕地意识到一个事实,在这个犹如博物馆般充满奇珍异宝的地方既看不到石棺,也看不到木乃伊。那个多次讨论过的问题——是陵墓还是藏匿点——又要重新再讨论一次吗?

当他们第一次用目光系统地打探所有的墙壁时，这时他们发现，在两位国王盔甲卫兵之间还有一扇封死的第三扇门。"一个又一个密室的图景，每个都与我们看到的第一个墓室相同，装满了各种物件，这些图景掠过我们的脑海，让我们喘不过气来。"当他们在11月27日借助于卡兰德在这段时间里临时安装起来的电灯强光，对第三扇门进行查验时，发现了紧挨着地面有一个小口，也是被封起来的，但后来被作为真正的门。盗墓贼也到过这里。这第二间密室中，或者这第二条通道中还放着什么呢？如果木乃伊就在这扇门后，它被毁坏了吗？这里的一些事情充满谜团。不仅是这个陵墓的整个设置与其他所有已知的陵墓不同，更加奇怪的是，盗墓贼努力想进入第三扇门，却没拿走摆在门边，信手可取的东西。他们只是穿过了装满大堆金器的前墓室，他们想找到什么呢？

卡特在这个令人惊讶的宝物密室中环顾，他看到的远远不止是物质价值。这些东西能给研究带来多么大的启发啊！这里堆积着无数埃及的日用、奢侈、文化物品，其中的每一件都可以被考古学家视为苦干一整个冬天的丰厚犒赏。此外这里表明埃及艺术在一个特定时期显示出如此的力量和活力，卡特只是环顾一遍也就明确了一点：细致的研究会"带来一个变化，甚至是将以前的观点彻底地推翻"。

马上，他们又有了重要的新发现。他们中间的一位好奇地打量了一下三个卧榻其中一个的下面，他发现了一个小口。他叫来了其他人。他们爬过来，将电灯放入小口。他们的目光落在了一个侧室上，比前室要小些，但里面装满了各种各样的日用器具和奇珍异宝，应该说塞得满满的。与在前室中一样，盗墓贼进入这个侧室后，也没有对它进行洗劫。在这里乱翻的盗墓贼，"并没有以地震的彻底性来进行他的工作"。这里又出现了同样的问题：明显可以看出，盗墓贼在到处乱翻；他们将侧室的物件给扔到前室中去；他们破坏、打碎了一些东西，但他们却真的极少盗走什么——连在第二扇门边随手可以拿走的东西他们也没拿。他们太早就被吓跑了？

在发现这个侧室之前，那些允许进入前室的人，看到眼前的东西就已经心醉神迷了。在这一刻之前，他们的思想已不能正常地运转了。现在，看见侧室中贮存的一切，再想想第三扇封死的门后面尚可期待的东西，他们开始清醒地思考，他们面临着怎样的工作和需要进行怎样的协调组织。因为——仅仅是他们至此时得到的那些发现——已经足够他们用上一整个冬天来挖掘都无法完成评估。

第 17 章

金质墙

如果我们现在听说，卡纳冯和卡特下了决心，要把打开不久的王陵再次给埋起来，那么这样做的意义与以前一些挖掘者在粗略地看了挖掘地后又连忙把陵墓填上是完全不同的。

对图坦卡蒙文物的挖掘从一开始就计划得很周密，挖掘工作本身可以成为典范了——当然人们也必须考虑到，如果发现的文物未能这样震惊世界，得到帮助也许不那么容易，或许不会似当年那样前来帮助的人如泉涌一般而至。

卡特很清楚下面这一点：绝对不能匆匆忙忙地进行挖掘。除了因为精确地确定所有物件原先摆放的位置很重要之外，还必须顾及一点，要让许多器具和珍宝存留下来，首先必须马上对它们进行处理。因为挖掘规模如此之大，所以很有必要，先建立一个存放纸张和包装材料的大仓库。要向有关专家咨询关于对文物进行初步处理方式的建议，要建一个实验室，这样才有可能对那些十分重要的，但在拿取时可能会毁坏的文物立刻进行分析。仅是对这样重大发现进行编目就要做许多组织准备工作。这一切都需要一些在挖掘地无法实现的措施。卡纳冯得去趟英国，卡特至少要去趟开罗，这都是十分有必要的。

如果谁在了解了埃及历史上的盗墓贼一章还依旧怀疑，盗墓这一章即便是在我们这个时代也还没有结束，那么他就应该通过卡特的决定——在12月3日把陵墓再次填起来，受点教育吧。因为卡特觉得，尽管他把卡兰德留下来看守陵墓，但将王陵填起来，是防止阿卜杜-勒-哈苏尔的后代们来袭击的唯一可能。除此之外，他到了开罗之后，立刻定制了一道沉重的铁栅栏作为陵墓的内门。

在进行这次伟大的埃及考古挖掘过程中，工作进行得非常彻底和精细；而从这个大发现一开始，来自世界各地的、往往是无私的援助蜂拥而至，这才能够成就这样的彻底和精细。后来卡特深深地感谢所得到的各种帮助，他也应当表达谢意。他把一封信印出来，这封信是他不在挖掘现场时，一位当地工人长寄给他的。这里也将这封信印出来，这样就不会仅限于赞扬他获得的知识界的帮助。

霍华德·卡特先生阁下敬启：

尊敬的先生！

写此信谨祝愿您贵体安康，祈求万能的真主保佑您，让您安全健康地回到我们身边。

谨向尊敬的阁下您禀报，第15号储藏厅完好，珍宝完好，北部储藏厅完好。瓦岱因①与房屋都好；在完成阁下的

---

① 瓦岱因（Wadain），人名，应该是其房屋管家或仆人。——译者注

整个工作中一切均遵阁下所嘱继续进行。

拉伊斯·侯赛因、加斯·哈桑、哈桑·阿瓦德、阿普德拉德·阿罕穆德及全家上下向您致以最友好的问候。

在下谨向尊贵的您、勋爵全家和您所有的在英国的朋友致意。

盼您早日归返,顺致

敬意!

您的忠诚的仆人

拉伊斯·阿罕穆德·古尔加(Rais Ahmed Gurgar)

1923年8月5日

于卢克索的卡纳克

卡特在寻求帮助时,只不过向在附近地区进行考察的阿尔伯特·莫滕·李特格(Albert Morton Lythgoe)发出了投石问路般的问询,这位纽约大都会艺术博物馆埃及部主任就将自己的摄影师哈里·博尔顿(Harry Borton)派出,供他差遣调动。李特格在提供这项非常有价值的帮助之后,发回电报:"非常高兴,愿以任何方式相助。敬请差遣博尔顿以及我们团队中的任何一位。"后来,制图员哈尔(Hall)和豪泽尔(Hauser)以及在进行金字塔挖掘工作的冯·里施特(von Lischt)、阿瑟·C.麦斯(Arthur C. Mace)都被调到了卡特的团队。在开罗,国家化学研究所所长阿尔弗雷德·卢卡斯(Alfred Lucas)放弃了休假,随时供他差遣。艾伦·加德纳(Alan Gardiner)负责解读铭文,芝加哥大学的詹姆斯·亨利·布雷斯特德(James H. Breasted)也赶来,利用自己有关封戳的历史意义方面的知识提供帮助。

后来，1925年11月11日，萨利赫·贝·哈姆迪（Saleh Bey Hamdi）和埃及大学的解剖学教授道格拉斯·E.德里（Douglas E. Derry）检查了木乃伊。阿尔弗雷德·卢卡斯就金属、油、凝脂和纺织品写了一个长篇研究报告《陵墓中的化学》。珀西·E.纽贝利（Percy E. Newberry）研究了陵墓中的花环，认定这些是3300年前的花卉种类。他成功地通过陵墓中的花束和果实确定出图坦卡蒙下葬的季节，从矢车菊和小苦酸花的开花时间、从曼德拉草——所罗门之歌中的"爱之果"——以及茄属植物的成熟度得出结论：图坦卡蒙大约在3月中旬到4月下旬下葬。

这些一流专家的精诚合作，保障了在这次考古挖掘中在科学方面所取得的成就要高于任何一次以往的考古挖掘。现在可以开始工作了。12月16日陵墓再次被打开，18日，摄影师博尔顿在前墓室中拍摄了第一批照片，27日第一件文物被搬出陵墓。

彻底的工作需要时间。图坦卡蒙陵墓的挖掘整理工作持续了好几个冬天。这里并不是对这一工作进行详细描述的合适地方。我们在此只能随着霍华德·卡特的色彩斑斓的报告采撷几个华彩镜头。所以不可能对出土文物进行更加进一步的描写。当然在这里不能不提及一下最美的一些文物。那个木质横柜，是埃及艺术中最具艺术成就的作品之一。上面薄薄地附上了一层石膏，每一个面上都绘上了精美的图画。在绘画过程中色彩力度和色彩感与极其细腻的画技结合在一起。狩猎与屠宰的场面以结构如此合理的细节勾画出来，甚至"超过了波斯微型画"。这只横柜中装满了各种用品。整理过程是一个由学者们主导的细致精心工作的优良榜样,卡特用了三个星期时间进行艰难细致的工作,才整理到柜子底部。

那三张大卧榻也同样重要,人们从前只是从陵墓的壁画上知道它的用途,但从来还没有找到过一件实物。这种家具看着很奇怪,搁置腿部的地方较高而搁置头部的地方较低,第一张饰以狮头,第二张饰以牛头,第三张饰以半河马头半鳄鱼头。三张卧榻上堆满了奇珍异宝,还有武器和服饰;那张国王宝座的靠背装饰极尽精美之能事,卡特"毫不迟疑"地宣称:"这是到目前为止在整个埃及找到的最美的东西。"

最后还要说一下那四辆车子,它们太大了,如果不进行拆分,当初就无法将它们运进陵墓。所以人们曾经把它拆开过。此外,盗墓贼们又再次把它们整得散架了。所有四辆车子从上到下用黄金包上,每一寸都以敲打进去的装饰和图画或以玻璃和宝石拼起来的图画来进行装饰。仅在前墓室就有六七百件物品。我们下面将会听到,不小心走错一步,就可能造成无法挽回的损失;这种情况不仅在里面,而且在外部也带来了工作中的诸多不便。

5月13日,火车轨道上阴影处的气温都高达37℃,人们不断将车后的铁轨拆下来,待火车驶过后,安装到车前以续成新的铁轨,34只沉甸甸的箱子在这样的铁轨上被运往1.5公里外尼罗河上的驳船上。这些珍宝在3000多年前,由相反的方向,在庄严的行进仪式中,也走过同样的路。7天后,它们到达了开罗。

2月中旬,前墓室被清理完毕。终于有地方来进行大家早就翘首以待的工作了:现在可以开启那扇位于两个盔甲卫兵立像之间的门了。大家都带着一定的把握期待着,下一个密室中是否有木乃伊。当2月17日星期五这一天，下午2点，20位很荣幸地有资格到场的人员齐聚在陵墓的前墓室中时，他们中间还没有一个人知道，在接下来的两个小时里将会看到什么。已经出土那么多珍宝之后，很难再想象，还会有更加重要、更加珍贵的物品出土。这些在场者——政府官员和学者——坐在几排摆放得十分紧凑的椅子上。卡特登上了前端的阶梯，这个高度比较方便他打开门，整个前墓室里面静悄悄的。

卡特极其小心地搬开石块的最上一层。这项工作十分费时而且困难，因为如果石块松动，掉入密室，很有可能会砸坏或者损害门里面的物品。而且他还要试着保留好那些对学术研究来说极其重要的封戳。刚刚出现了一个小口子，卡特承认："每时每刻都想停下来，往里面看，这种诱惑真没法克服！"

麦斯和卡兰德帮助他。十分钟后，当卡特让人将固定在一根长绳上的灯递给他，并将它送入小口子时，前墓室里面响起了窃窃私语声。

他看到的东西，超出了所有预期，令人目瞪口呆，在那第一时刻简直完全令人难以置信。他看到了一堵闪光的墙，从左到右都在闪光，无法估计尺寸。石头一块一块地被搬开，能够越来越多地看到那堵金质墙了，这时——卡特这样写："我们就像通过电线传导那样，感觉到坐在后面的那些观众的兴奋。"

现在卡特、麦斯和卡兰德同时清楚了，这堵墙到底是什么。他们真的站在棺椁室的入口。他们看着以为是墙的东西，实际上是一个非常大、很可能是迄今为止看到的最珍贵的死者龛柜的柜面。在这个龛柜中安放着棺椁，最后是装有木乃伊的石棺。

第17章 金质墙

整整工作了两个小时，入口才被打开到能够进入棺椁室的程度。他们停了下来，所有人的耐心几乎已达到极限，门槛周围散落了一地珠子，这很可能是盗墓贼扯断了项链，珠子遍地散开。观众们十分不耐，如坐针毡，卡特却以一位真正考古学家的镇静，一颗一颗地捡拾着珠子，他就是在最高的神面前也不轻视最小的东西。

现在明白了，棺椁室大概比前墓室要低一米左右。卡特拿着灯，走了进去。是的，他站在了死者龛柜的前面。龛柜很大，几乎占据了整个棺椁室。卡特沿着龛柜走了一下，发现在龛柜和墙之间只有一个大概宽为65厘米的通道。他必须走得很小心，在这个狭小的通道里面到处都摆放着随葬品。

卡纳冯勋爵和拉考现在可以首先进来了。他们目瞪口呆，说不出话来。然后他们大致估计了一下龛柜的尺寸。后来有了准确的测量数据：尺寸是5米乘以3.3米乘以2.73米。

龛柜的的确确从上到下都裹上了金子，在侧面有填充物，填上了闪着蓝光的釉，上面覆着一些或许是用来保护死者的魔符。

现在，三个人都突然想到了一个急迫的问题：盗墓贼也有时间，进入过这个龛柜吗？他们亵渎了木乃伊吗？卡特发现，龛柜的东侧大门虽然被闩上了，但是并没有被封上。他用颤抖的手拉开了门的横闩，打开了嘎嘎作响的门。第二只龛柜迎着他们发出光芒。这只龛柜的门也是闩着的。在这个闩上有一个未开启的封铃。

三个人都松了一口气。在此之前，盗墓贼们总是比他们快一步。现在，在这整个陵墓中最重要的物件面前，他们才是第一

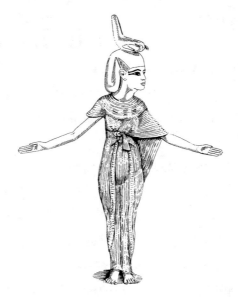

塞勒凯特（Selket），图坦卡蒙陵墓中柜形神龛边的四位守护女神之一，她头上的蝎子是她作为守护女神的标记符号

批见到它的人。他们将会看到一具没被动过的木乃伊，一具保持三千多年前入殓状态的木乃伊。

他们关上门——"尽可能轻地"。他们觉得自己是闯入者。他们发现了一块从内龛垂下来的暗色麻质布。"我们觉得，我们在死去的国王面前，必须对他致以敬畏。"

他们所处的这个时刻，是他们研究工作的最高峰，不会再有其他发现了。他们看到的一切都太伟大了。但在下一分钟他们却再次站在新发现的面前。

他们走到棺椁室的另一端。在那里他们意外地发现了一个低矮的门，门引向又一个更小的室内。他们可以从他们站立的地方概览整个小室里面的物品。我们必须想到，如果卡特在这座王陵中看了那么多东西之后，还说"只看一眼就足够告诉我们，陵墓中最大的珍宝在这里！"这句话意味着什么。

小室的中间，一座金碑向着他们发出光芒，金碑的豪华耀眼自不必提，碑上的4位守护女神像散发出一种妩媚、自然和活力，散发着如此强烈的同情、祈求和慈悲之情，"甚至人们看她们一眼，就已经是对她们的亵渎"。卡特在他的回忆中写着："我一点也不羞愧地承认，我没法做到再多说出一个字来。"

卡特、卡纳冯和拉考慢慢往回走，从金龛柜边上走回到前墓室中。现在其余人也可以进去了。"从前墓室这里看着那些一个接一个走出来的人，非常有意思。所有的人的眼睛都闪着光，所有人都高举起他们的手来，就如处在一种无意识的无能状态中，无以用语言来描述他们所见到的奇迹……"

下午接近五点时，他们在进入陵墓的三个小时之后，所有人又回到了地面。他们走进明亮的白天，觉得"帝王谷本身都发生了变化，沐浴在一种特别的光芒中"。

对这个古代学史上最重大发现的后继研究工作又持续了好几个冬天。可惜的是，第一个冬天没有好好利用就过去了；卡纳冯勋爵去世了，随后又突然就延长挖掘权及文物分配的问题与埃及政府发生了法律争执。最后在国际一些机构的干预下，才达成了有效的协调。工作可以继续进行下去了。1926年和1927年之交的冬天，终于走出了最重要的下一步，打开金龛，将珍贵的棺椁分开，检验图坦卡蒙的木乃伊。

这项工作对喜好爆炸新闻的公众来说，并没有什么太多的意外，但对埃及学这门学科来说，却可能是巨大的惊喜；这项工作迎来了最激动人心的时刻。学者们第一次目睹了木乃伊的面容，这具木乃伊长睡了3300年，从未有人见过。但这个期盼已久的时刻偏偏是整个陵墓发掘工作中唯一令人失望的时刻，即使最完美的幸运链中也往往难免会出现一两处破损，这个时刻便是这种破损之一。

清理位于前墓室和棺椁室之间砖墙的工作开始了。然后接着将第一层金龛柜打开，在这层里面是第二层，第二层里面还有第三层。

卡特有理由相信，他会找到棺椁。他描写了第三层龛柜的一个开口和新的发现："我大概永远不会忘记艰辛工作的这个时刻，压抑着激动的心情走向第三层龛柜的开口。我剪断了绳索，移开了珍贵的封籤，把闩拉开，打开了门，第四层龛柜就摆在我们面前。这层龛柜与其他几层一样，但它比第三层更加美轮美奂。对一个考古学家来说，这是一个多么妙不可言的时刻：我们又站在一个未知的事物面前。这层龛柜里面能有什么呢？我十分激动地把最后未加封铃门的门闩拉开，门慢慢地开了。在我们面前的是由黄色石英岩雕凿而成的巨大石棺，它几乎占据了整个第四层龛柜，从未被人动过，就像是那些虔敬的人刚刚把它合上一样。多么令人难以忘怀的庄严景象！龛柜上的闪闪发光的金子使这一时刻更加辉煌。石棺的下端一位女神张开双臂和翅膀庇护着，就好像她要防止别人入侵一样。我们

第17章 金质墙

敬畏地站在这个无声的符号面前……"

仅仅将龛柜从王陵中运出就需要84天艰苦的体力劳动。四层龛柜总共由大概80个部件组成——每个部件都很重,极难握持而且极易损坏!

人们永远不应忽视在庄严事物周围也会有一些非常滑稽可笑的事情,卡特比较精于拆解,他对当初组装这些龛柜的人的工作十分不满,大加指责。当年制作龛柜的工匠手艺精湛,他们在组装前对每块组件都进行了仔细的编号,并且画上了安装的方向,卡特在对这些工匠赞叹不已的同时,指责那些组装龛柜的人:"很明显,当时的组装是在匆忙中进行,而且是由一些完全不可靠的人来进行这项工作的,因为很多地方都将部件给弄混了,甚至还给装反了,所以龛柜的门朝东开着,而不是朝西。就原谅他们的这个错误吧……但有的疏忽和错误却不可原谅。金制的装饰都被他们给损坏了,在上面直到今天还可以看见锤子敲击留下的痕迹。有几个地方干脆就被敲掉了,刨花木屑和其他的废料他们也从来不知道清理一下。"

2月3日,学者们第一次见到单独放置在那里的石棺,一件艺术杰作,由一整块巨大的最优质的黄色石英岩制成,2.75米长,1.50米宽,1.50米高。棺盖是花岗岩石板。

绞车吱吱响着开始工作,要将这块重达600多公斤的棺盖吊起来时,又有一批名流前来陵墓观看。"在一片静默之中,这块巨大的棺盖缓缓升起……"而第二眼就更加诱人了,裹尸布一层层被打开,人们的目光落在国王本人身上。

这就看到国王的遗体了?不,目光落在一个还是男孩般的君主的金像上。金像闪着光，就像刚刚从工坊取来的一样。脑部和手的形态塑造得非常完美，而躯体以扁平的浮雕形式塑造。他交叉的双手中执着国王的权杖：节杖和神鞭，上面饰有蓝色的釉。面部由纯金制造，双眼嵌着霰石和黑曜石，眉毛和眼睑是天青石颜色的玻璃。

还有什么能比这样一幅景象对卡特和其他在场的人能产生更大的影响呢？卡特描写道："这里放着一个令人动容的小小花环，这是年轻守寡的王后向她挚爱的夫君的告别问候。所有的王室奢华、国君的威严、所有灿灿发光的金子在这一束可怜的干枯的花面前显得黯然失色，这花还隐隐地闪着它当初的颜色的暗光。它以最强烈的方式诉说着千年时光的稍纵即逝。"卡特在1925—1926年的冬天进入这座王陵，开启石棺时，不经意地说过一段话："这一次我又被陵墓的秘密、被对历史与宏伟的崇敬和畏惧的感觉给擒获了。在对陵墓进行纯粹的机械性清理时，考古学家往往会有这种感觉。"我们不应当把这个评论以及刚才对小花环的评论一概视为一种无聊的伤春悲秋，它是一种人性的流露。这位严谨的学者也有这样的情愫，这十分令人欣慰。

这里不可能停留在一一列举耗时持久的开棺过程中出现的各个细节和小插曲。这项工作较为漫长，而且在狭小的空间内，风险很大，如果抓错了地方，或者滑轮放的位置不对，抑或横梁断裂都可能给珍宝带来严重的损坏。与第一具石棺的棺盖一样，年轻法老的第二具棺材的棺面也同样庄严豪华，装饰繁复，以欧西里斯的形象出现。当第三具棺打开时，也是同样的景象。在做这项工作时，所有参与者都发现，这具棺重得出奇，没法解释。这

第17章 金质墙

里再次出现了一个意外之喜,在挖掘这整座陵墓的过程中真是惊喜连连。

博尔顿拍了照之后,卡特拿开了那只小花环和麻纱裹尸布,只需一眼就揭开了棺椁为何如此之重的谜底。第三只1.85米长的棺椁是由大块黄金制成的,金子的厚度达到2.5—3.5毫米;仅是物质材料就价值不菲。

除了这个意外之喜,还伴随第二个意外,它却引起了学者们的严重担忧。在打开第二具棺椁时,他们就十分肯定,装饰受到了某种液体较为严重的浸侵。现在看清了,第二具和第三具棺椁之间的空隙被一种黑色、固态的东西填满了。虽然可以把一条由金珠和釉质珠子制作的双重项链上面的这种黑色物质完全洗掉,但出现了一个令研究者们十分担忧的问题:这种显然大量使用的香油脂会给木乃伊带来什么样的损害呢?当一位助手的手碰到最后一层裹尸布和饰有釉质珠子的花朵颈饰时,尽管它们在事先看着非常完好,但即刻完全化为了尘粉。

卢卡斯马上开始分析油料的成分。这种油显然是一种流质和半流质,它的基本组成是油脂和松香,是否含有木焦油——在加热时发出强烈的芳香——一时还无法证明。大家又在紧张期待着;现在真正的最后一个重要时刻马上就要到来了。

几个金钉子被拔出,然后握住最后这口棺椁棺盖上的抓柄把棺盖打开,把木乃伊露出来。图坦卡蒙,他们找了他整6年,以其真身躺在他们面前。"这个时刻,"卡特说,"真是让人无以言表。"

一个早就该问的问题出现了:人们为这位法老,这位图坦卡蒙准备了一座这样的陵墓，那么他究竟是个什么样的人呢？答案令人十分惊讶：他可不是一位什么重要的君主，死时只有18岁。他很可能是埃赫那顿，就是那位"异端国王"的女婿，也极有可能是他的亲儿子。他的青少年时代历经了他岳父作为一位阿吞神的崇拜者进行的宗教改革。他后来又回到了他自己的宗教，从他名字的变化上就可以看出来：由图坦卡顿（Tutanchaton）改成了图坦卡蒙。我们知道，在他统治期间（前1333—前1323），政治上相当混乱。我们在图上看到，他用脚踩着战俘，在激战中真像个国王一样把成排的敌人击毙。而实际上根本就没法肯定他真的去过战场。他的王位是通过他妻子安克姗海娜曼①得到的，她还很小他就娶她了；她是位十分迷人的美人儿，前提是那些留给我们的人像不是为了讨好邀宠而作。

我们通过他那未受损的王陵中出土的大量雕像和浮雕，也通过诸如王位宝座之类与他肯定有个人关系的一些日用器物认识了他性格上的一些私人特性，这使他让人觉得比较可亲。但是，关于他作为国王的业绩，我们知之甚少，他的君主作用还不明了；可以肯定的是，这种作用对一个18岁就死去的君王来说，估计不可能很重要。

卡特在进行历史性回顾时，非常有道理地用了个十分简洁的句子："就我们现今的知识所至，我们可以很确定地说，他在他的生活中唯一值得被记住的就是，他死了，而且被埋葬了。"

---

① 安克姗海娜曼（Anchesenamun）是图坦卡蒙的妻子，同时也是图坦卡蒙同父异母的妹妹，古埃及近亲通婚是十分普遍而正常的现象。——译者注

第17章 金质墙

埃赫那顿与娜芙蒂蒂，由年轻的公主们陪同着，在公众的欢呼声中，向德高望重的宠臣发放金质荣誉礼物诸如项链、戒指和杯盏

这个真理导出了一个非常重要的结论：如果这位18岁的法老以这样超越所有西方人想象的方式下葬，那么拉美西斯大帝和塞提一世又会让什么样的随葬品一起进入他们的陵墓呢？德里曾经这样说过："很肯定，他们的每个墓室里面堆积的东西会等于图坦卡蒙整个陵墓里面的东西。"这里的他们指的是塞提和拉美西斯。几千年中，有多少无法想象的出自"帝王谷"王陵中的奇珍异宝在盗墓贼的手中丧失殆尽啊！

法老木乃伊的面目看起来既有气势又十分可怖。在木乃伊上用了过多的香脂，它现在结成硬块发黑并且把什么都粘在了一起。

与黑色、没有形状的物质相反，盖在面部的一个金质面具却发出国王的光彩；双脚也干干净净的，没有受到黑色油污污染。

在一个非常烦琐的过程中，经过不同的、徒劳的尝试，通过加热到500℃——金棺在这个过程中由锌板保护起来——才成功地将木棺与金棺分离。

在对这"帝王谷"中唯一的这具三千年来未被人碰过的木乃伊进行检验时,卡特说的话正好说明了一些问题:"命运用讽刺性的微笑告诉研究者,其实是抢劫黄金的盗墓贼和将遭到劫掠的木乃伊藏起来的祭司们,做了最称职的木乃伊保存工作。"因为三千多年前盗走或者移走的木乃伊,都因此早早地免受腐蚀性的油浸泡;倘若不是祭司们将它们抢走或者盗走,它们往往都被损坏了——但它们都比图坦卡蒙的木乃伊保存得要完好,这具木乃伊因为它的状况特别糟糕是整个陵墓挖掘工作中唯一令人失望的。

11月11日,上午9点45分,解剖学家德里博士剪开了木乃伊最上面一层的裹尸布。除了没有接触到香油脂的面部和双脚之外,木乃伊的其他部分都处于极其糟糕的状况中。松香的氧化引起了某种较强的自燃,不仅把裹布的主要部分,而且还在一定程度上把木乃伊的组织和骨骼也碳化了。香油脂的一些部分硬化得很严重,必须将它从四肢和躯干的下部凿除。

又有一个意外的发现,人们在头部一个王冠形的软垫下面发现了一只护身符。这并没有什么特殊的。图坦卡蒙的所有麻纱绑带上布满了各种这类"神奇的装备",无数的护身符、象征物,还有很多魔符。通常这类护身符都是由赤铁矿石制成的。但这一只是**铁**做的。人们找到了埃及最早的铁质文物之一,多少有些反讽意味的是,在这整座金光闪闪的陵墓中,一个最重要的历史文化证物竟然是由一小块铁提供的。

将最后一条麻纱裹布从微微碳化的年轻法老的头上揭下,这需要极大的责任心。就是用小毛刷子轻轻地碰一下，也会损坏脆弱织物的残余部分。然后年轻国王的面容总算显露出来，卡特站在他的面前，说了这样的话："……这是一张平和的、稚嫩的少年颜容。高贵典雅，线条完美，双唇清晰！"

用如此丰富的首饰将国王遮盖上，可真的完全超出了我们的想象力。在多层的麻纱裹布中一再有新的珍宝出现，可分为101组。手指和脚趾都套上了金箍。卡特用了33页来描写对木乃伊的检查，其中他用了一半以上的篇幅来写国王的随身文物珍品。国王——这位18岁的年轻法老——实实在在地被多层的金子和宝石裹住了。

后来德里教授从解剖学家的角度写了一篇关于解剖木乃伊的特别论文。这里只说一下他的三个研究结果。他以极大的可能性证明了埃赫那顿和图坦卡蒙之间的父子血亲关系，这对弄清楚即将覆灭的第十八王朝时期的政治关系具有极大的意义。

他发现了一些艺术史上非常有意义的东西，而且是由卡特一再证明过的，也就是雕塑艺术与现实主义之间的关系。我们还是听听他自己的话吧："金面具把图坦卡蒙表现成一位和善和高贵的年轻人。如果谁有幸看到，被清理整洁的木乃伊的脸，就可以证明，第十八王朝时代的艺术家是多么熟练、精确、忠于自然地给出了线条轮廓。他以永不消失的金属送给了我们一幅年轻国王的肖像画。"

最后他作为解剖学家明确地给出国王年龄，我们在历史上无法证明这年龄。从腕骨的骨化程度，还有依据腿部骨骼的生长状况，他将年龄确定在17岁到18岁之间；18岁的可能性更大一些。

这里关于图坦卡蒙国王王陵的考古挖掘工作的故事可以结束了。对侧边密室和珍宝室的清理工作带来很多虽然重要，但对我们的概括并不是那么要紧的事情和认识。

　　还有一件事也要说一下。事关"法老的诅咒"这一说法，它涉及参与挖掘法老陵墓的二十多人的神秘而非自然的死亡。

　　自从建立考古学的两个世纪以来，还没有哪次对湮没的古代世界的伟大考古能够像发掘图坦卡蒙陵墓那样，在公众媒体中引起了如此广泛的关注。它发生在滚动印刷媒体、照片、电影以及当时开始的广播时代。世界的关注从发贺电开始。通讯员是第二批到挖掘现场的。然后——整个世界的鼓都擂起来了，因为寻到宝贝了——一大堆或者批判或者善意的来信出现了。一些人寄来强烈不满，抗议亵渎国王，另外一些人要申报陵墓中实际服饰的专利。第一个冬天每天都会有10封到15封无聊的或者说起码是多余的信飞至。卡特问道："比方你在一封来信读到这样认真的询问，埃及王陵的发现是否会有助于看清比利时在刚果的所谓暴行，你能想象这位写信人的脑子是怎么长的吗？"

　　后来又涌来了一些参观访问者。正常的人群慢慢地扩展为朝圣的劲旅。由于在陵墓中的漫长工作，尤其是在开始阶段，只有极少的物件被搬到地面上来——有时要送到实验室中去，有些爱摄影的朋友要蹲守许多天才能抢拍到一次。卡特观察到，就是一块简简单单的包裹木乃伊的麻纱布在他让人送往实验室的途中也被拍摄了8次。

　　1926年的头3个月，是世界谈论图坦卡蒙陵墓的鼎盛期，12300名旅游者参观了这座陵墓，270个团体参观了实验室。

第 17 章 金质墙

一个普通的报纸编辑部当然不可能不告诉他们的读者，现在世界上都在说什么，当然可以理解，这类报纸的编辑部没有能力请那些埃及学专家来为他们写报告和专稿。在众多的新闻通讯社中，在那些不准确的笔头或者口头的报道中，在报纸中关于图坦卡蒙王陵的报道难免会有些失误。而且也不可避免地出现这样的情况，一些想象填补了一定的空白。

"法老的诅咒"这种奇谈是怎么产生的，今日已经无从可考。到了30年代它越来越弥漫了整个世界媒体。但对它还真只能与对先前已经说过的对大金字塔的"数字神秘主义"做出相同的评价。这与那些一再出现的、完全没有经过证明的"木乃伊大麦种"的故事如出一辙，传说从古埃及陵墓出土的三四千年前的大麦种子，还有发芽的能力。

"法老的诅咒"同样是一个很好的、很容易使人有些惊悚的消遣题材，就像那个著名的"希望钻石的诅咒"[①]一样，或者像那个不那么著名却同样带来一连串可怕的命运打击的"拉克罗马岛（Lacroma）僧侣的诅咒"一样。僧侣们被赶出了这个小岛，因此他们就诅咒这座位于古城拉古萨（Ragusa）前的小岛。后来这座小岛的几任主人，马克西米利安皇帝（Kaiser Maximilian）、

[①] 传说中，这颗钻石的前身是印度一座神庙的圣物，是大神罗摩之妻悉多神像的双眼之一，重112克拉。1642年法国冒险家塔韦尼埃连夜将其偷出。神庙祭司第二天发现之后，就下了诅咒，诅咒所有起于私心而拥有宝石的人。此后钻石几经易手，拥有者要么非正常死亡，要么遭遇厄运，直至1949年珠宝商哈里·温斯顿买下了该钻石，并于1958年捐献给博物馆，诅咒似乎从此停止了。1824年，著名银行家亨利·菲利普·霍普买下了该钻石，并用自己的姓氏Hope为其命名。由于Hope意为希望，故此该钻石得名"希望钻石"。——译者注

奥地利的伊丽莎白（Elisabeth）皇后、皇太子鲁道夫（Rudolf）、巴伐利亚的国王路德维希二世（Ludwig Ⅱ）和奥匈帝国皇太子弗兰茨·费尔迪南德（Franz Ferdinand）全都死于非命。

或许是卡纳冯勋爵过早地辞世，授人以编造"法老的诅咒"这类传说的契机。勋爵被一只蚊虫叮咬，与疾病斗争了三个月之后于1923年4月6日死亡，当时此事引起了一种看法，认为这是他"亵渎法老而遭受的惩罚"。

在"法老的复仇"的标题下，不久又出现了一个副标题"图坦卡蒙诅咒的新的牺牲品"，然后这样续下去，"第二个""第七个""第十九个受害者"！有关第十九个被诅咒死亡者的消息源自一封"1930年2月21日伦敦来电"，并由一家德国报纸发表。"今天78岁的韦斯特伯里（Westbury）勋爵从他位于伦敦的一座公寓8层楼的房间窗口跳下，即刻死亡。韦斯特伯里勋爵之子曾作为学者卡特的书记员参与了图坦卡蒙陵墓的挖掘工作，去年11月被人发现死在其屋中，尽管他在头天晚上还十分健康地上床睡觉。准确的死因再也无法确定。"

"一种惊悚穿过英国……"一家报纸这样写着，当阿奇博尔德·道格拉斯·里德（Archibald Douglas Reid）去世的时候，他正想要对一具木乃伊进行X光透视；第二十一位"法老的受害者"是埃及学家阿瑟·魏高尔（Arthur Weigall），死于不明的"高烧"。

然后是阿瑟·C.麦斯，这位与卡特一同打开墓室之门的人。但报道里根本没有提到，麦斯早就病了，尽管生病还去帮助卡特，后来因为病情终止了挖掘工作。

最后卡纳冯的同父异母的弟弟奥布里·赫伯特（Aubrey Herbert）也死了——因"精神失常自杀身亡"。1929年2月——怎么说是有些奇怪——伊丽莎白·卡纳冯夫人死于昆虫叮咬。1930年当年参加挖掘王陵的最主要参与者只有一人还在世，而他恰恰是发现者霍华德·卡特。

"死神必将飞快地降临到那个打扰了法老安宁的人的头上。"据说图坦卡蒙把这句话铭刻在他的陵墓上，这是相当多的各种"诅咒"版本中之一。

一天传来一个消息，一位卡特先生在美国以非常神秘的方式不幸遇难，就是说法老已经通过修理卡特的家人来警告这位发现者了，这使一些认真的考古学家终于坐不住了，他们为这样的消息感到愤怒，于是开始对这类消息进行了认真批判。

卡特本人做了第一个回应。他说，研究者"带着敬畏和神圣的严肃来从事他们的工作，但并不带着那种毛骨悚然的惊恐来进行工作，那些整天渴望得到灵魂刺激的大众很容易接受这种惊恐散发出的奇特魅力"。他谈到了那些"可笑的故事传说"和"常见的鬼怪故事的一个变种"。然后他站在专业角度分析了那些只要跨过陵墓门槛就会有生命危险的传闻——这从科学的角度很容易解释。他强调指出，业已证实陵墓中并不存在细菌，因为当时就对陵墓的无菌性进行过仔细的检验。他在说最后一个句子时，带着些苦涩："那些可笑的传言完全缺乏具备聪明理解力的心智。我们显然并没有离开那个古老的史前时代往前走多远，并不像那些善意的人愿意相信的那样。"

德国的埃及学家格奥尔格·施泰因多夫（Jeorg Steindorff）

在1933年以出众的应对公共舆论的直觉进行回击。他花了不少精力，去追踪那些传闻，有些传闻的出处还需要进行验证。他查明，在美国去世的那位卡特只不过是碰巧与陵墓发现者同名。他还证实，韦斯特伯里父子，无论是直接还是间接，与王陵、挖掘整理和木乃伊都没有任何关系。他在进行了种种说明之后，给出了最具说服力的论据："法老的诅咒"根本就不存在；这个诅咒并没有发出，也没有刻在任何铭文中。

他证实了卡特顺带指出的东西："埃及的死亡仪式中并不包含着这类对活者的诅咒，而只含有一个要求，对死者致以虔敬和善意的意愿。"

如果人们将几个保护性的赌咒的魔符以及那些在陵墓墓室中发现的几个神奇的小符号，演化成"诅咒"，显而易见是对原意的扭曲。这个魔符应当吓跑"欧西里斯"（死亡者）的敌人，无论这些敌人以什么面貌出现。

这一部分是以什么开始的呢？以拿破仑远征尼罗河流域，以那个皮肤黝黑名叫让·弗朗索瓦·商博良的小男孩的出生开始。当拿破仑失败而商博良学会几门外语时，一位中学职员坐在哥廷根，面前放着几份奇特的铭文的复件。当他发现这些复件上的符号意味着什么的时候，科学对另外一个古老王国的征服才能够开始，一个比埃及更加古老的帝国，一片在幼发拉底河与底格里斯河之间繁衍生息的土地，那里曾经耸立着巴别塔，那里曾经见证着尼尼微的兴衰存亡。

第三部
庙塔之书

　　阿拉伯人……剥露出一个巨大的人头雕像,由当地的整块雪花石膏雕刻而成。我立刻看出,这个头像肯定属于一只长着双翅的狮身或者公牛身……

　　　　　　　　　　——奥斯汀·亨利·莱亚德

旨在保护国王和驱逐敌人：守护陵墓门的巨型雕像，高达3.5米，长近3米，伫立在通往亚述纳西帕尔二世（前883—前859年在位）统治时期亚述王宫的门厅两侧。这些雕塑是狮身、头戴角冠留有长须的人首和健壮有力的鹰翅的混合体

第 18 章

《圣经》上的记载

《圣经》中谈到亚述人的惩戒，谈到巴比伦塔的修建和尼尼微的繁华，谈到犹太人为囚七十年及巴比伦王尼布甲尼撒（Nebukadne-zar），谈到上帝对"大淫妇"的判决与上帝大怒的碗，七位天使将盛有怒气的七碗倒在了幼发拉底河流域的土地上。先知以赛亚和耶利米描绘了"素来为列国的荣耀""为迦勒底人所矜夸的华美""必像上帝所倾覆的所多玛、蛾摩拉一样"的巴比伦被摧毁时的可怕场景，那一刻"豺狼必在他宫中呼号，野狗必在他华美殿内吼叫"。

在笃信基督的若干世纪中，《圣经》被奉为金科玉律，每一个单词都不容辩驳，每一个字母都神圣无比。直到启蒙运动时期才出现批判的声音。在唯物主义的各个哲学流派这种批判都演变为了持久的质疑，但就在同一世纪新的发现证实《圣经》的核心内容是真实的，尽管这些史实因后人的杜撰而裹上了层层外衣。

幼发拉底河和底格里斯河之间是平原，广袤的土地上零星地散布着一些神秘的土堆。沙暴从上方袭过，席卷而来的黑土经历百年的堆积，将其塑成陡峭的土丘，而却在随后的五百年再次被风吹散。贝都因人常在此歇脚，拿出微薄的食物喂骆驼，不知道这些土堆是否掩藏着什么东西，作为真主及其使者先知穆罕默德的虔诚信徒，他们对于描述过这片土地的《圣经》一无所知。破解这个秘密需要猜想和质疑，需要一个西方人开启行动之门，需要一锹锹挖下去。

史称第一个在这片土地上进行挖掘的人1803年出生于法国。30岁时，他还没意识到自己会成就这项一生中最伟大的事业。因为他当时是医生，刚从埃及探险回来。到达开罗时，他随身携带了好多箱子，警察要求开箱检查，发现里面装有一万两千个用大头针仔细固定起来的昆虫标本。

14年后，这位医生兼昆虫收藏家出版了一部关于亚述的5卷本著作，它促进了对两河流域的科学发现，其重要性不亚于24卷本的《埃及记述》在埃及大发现中所起的作用。

过了不到一个世纪，德国教授布鲁诺·迈斯纳（Bruno Meißner）出了一本书，定名为《巴比伦和亚述国王》，与此同时，法国和英国也出版了类似的著作。

就专业领域而言，这本书价值不大。但它旨趣并不在此，它只想以一种通俗的形式介绍这些2000—5000年前荣光无限的统治者。与其他民族的专业学者出版的所有同类书籍一样，这本书对于阐述考古学发展的真正意义在于：**居然**有人去写这类书籍，而且更重要的是这种写法**颇受欢迎**。引用序言的话说："因为这类阐述需要借助于流传下来的资料，这些资料能够传神地再现了这些著名的男男女女的生活景象，就如同他们栩栩如生地站在我们的面前一样。"

但是流传下来的资料又是什么样的呢？撇开《旧约》中被过多象征化的内容，我们可以从序言中了解到："一个多世纪以前，整个亚述学对我们而言还是一本未曾开启的书，就在几十年前，巴比伦和亚述国王也不过是空洞的字符，除了他们的名字我们别无所知。现在，仅过了这么短的时间，就要讲述古老的两河流域两千多年的悠久历史，并且真实地刻画当时的统治者，可能吗？"

迈斯纳的书告诉我们，这在20世纪是可以实现的。书中表明，一群狂热的考古发掘人员、科学家和业余爱好者在短短几十年间就将一段完整的古文化展现在了世人面前。的确，该书的附录部分有一份由恩斯特·F.威德纳（Ernst F. Weidner）编纂的年表，年表中几乎毫无遗漏地列出了两河流域历代统治者的姓名及生卒日期。亚述学家行为通常比较怪僻，其中这位威德纳堪称最为特立独行。因为他在《柏林画报》当了20年的小编辑，负责编排消遣小说和纵横填字字谜。但他同时发表了多篇有关亚述年代学的重要文章，并且出版了一本国际性的专业手册，这本书只印了几百份，受众仅为大学和独立学者。1942年，盟军的狂轰滥炸使得威德纳无法在柏林继续进行学术研究，才接受了奥地利的某个教授职位。《柏林画报》的所有员工都很惊异，与这么一位著名的亚述学家共事20年，他们竟一无所知。

迈斯纳的著作和其他同类书籍一样，重要性在于它们**能够**出版。书中将史料进行了通俗化的加工，也不啻一种科学上的成功，这种成功甚至超越了莱普西乌斯的第一部埃及编年史。这些书中汇编了三代学者废寝忘食、孜孜不倦搜集而来的资料。它们所呈现的并不是个人的成就，而要归功于众多科研人员夜以继日地长期工作，有的在法国驻摩苏尔（Mossul）领事馆的公事房，有的在哥廷根大学的教师办公室，有的在幼发拉底河和底格里斯河间的炎炎烈日下，还有一个英国军官在狭小的船舱里摇曳的灯光下盯着楔形文字冥思苦想。

这些辛勤的工作取得了考古学界无可比拟的成果，因为这儿几乎没有任何遗迹能够诉说过去的恢弘和伟大。这儿不像希腊和意大利这片孕育了古典主义的土壤一样拥有庙宇和雕像；不像埃及那样高高耸立着金字塔和方尖碑；也不像尤卡坦和墨西哥透过遗留在树林中的祭祀石台，讲述着屠杀活人祭祀神灵的故事。从贝都因人和库尔德人呆板的面孔上丝毫看不出他们祖先的辉煌与荣耀。当地生动的传说也只能追溯到哈伦·拉希德[①]统治下的繁荣时期，此前的一切都笼罩在一团迷雾之中。现存的仍在使用的语言同数千年前的语言已经毫无关联。

其成就之大还在于，除了《圣经》上的只言片语，以及两河流域遍布尘沙的平原上零星散布的土丘，再无任何史迹可作为研究的依据。也许还要加上人们在当地找到的碎陶片，上面刻有奇特的楔形符号，但人们一直将它们视作装饰图案，因为按照一位早期研究人员的说法，这些符号看上去就像"飞鸟掠过潮湿的沙地留下的爪痕"。

[①] 哈伦·拉希德（Harun-al-Raschid），是阿拉伯阿拔斯王朝第五任哈里发，786—809年在位，因世界名著《一千零一夜》生动地渲染了他的许多奇闻轶事而为众人所知。在他统治的23年间，国势强盛，经济繁荣，文化发达，首都巴格达成了阿拉伯帝国的政治、经济、文化中心和文人学士的荟萃之地。——译者注

第 19 章

博塔发现尼尼微

旧约中将两河流域的上游地区称作亚兰拿哈林（Aram-Nacharaim），即叙利亚在两河间的地区。上帝的愤怒降临的城市正位于此，也就是尼尼微及其南部的巴比伦大城，那儿的国王性格凶暴，他们除了上帝以外还信仰其他的神，因此要从人间消失。我们称这片土地为美索不达米亚（Mesopotamien）。今天这个地方被称作伊拉克，首都是巴格达。

幼发拉底河和底格里斯河均发源于土耳其，正如埃及的尼罗河一样，它们也把这块土地孕育成了文化的摇篮。两河从西北流向东南，在临近今天被称作巴士拉的地方交汇，然后注入波斯湾。

北部的亚述古国坐落在湍急的底格里斯河沿岸。南部是巴比伦，亦即古代的苏美尔（Sumer）和阿卡德[①]，位于幼发拉底河和底格里斯河之间，并沿河而下一直延展至绿色的波斯湾。1876年的《百科全书》对美索不达米亚这一词条作了如下注

[①] 阿卡德（Akkad），是人类历史上第一个帝国，在《圣经》中被称作亚甲，此处采用历史上常用的译法。——译者注

释:"在亚述和巴比伦的统治下,美索不达米亚达到鼎盛时期,阿拉伯人占领后,在哈里发的领导下再度繁荣,随着塞尔柱人(Seldschucken)、鞑靼人(Tataren)和土耳其人的入侵日渐衰落,现今已经部分成为渺无人烟的荒漠。"

这片荒漠上散布着神秘的土堆,顶部平坦,四面却很陡峭,它们历经了风沙的剥蚀,看上去像贝都因人干裂的羊奶酪。正是这些土堆激发了个别人的幻想,从而使得考古学在这两河流域依靠铁锹挖掘取得了最初的伟大成就。

保罗·埃米尔·博塔在青年时代就曾周游世界。1830年尚在行医的他接受了穆罕默德·阿里的聘任,1833年被法国政府任命为驻亚历山大市的领事。此后,他来到阿拉伯地区旅行并写了一本书,详尽地描述了所见所闻。1840年他在法国驻摩苏尔的领事馆任职。摩苏尔位于底格里斯河的上游,每当夕阳西下,博塔便骑马去郊外兜风,以避开闷热的市集,这时他看到了这些奇怪的土丘。

博塔是医生,对自然科学感兴趣。他也是外交官,懂得如何利用社会关系。只有考古学家这个头衔跟他可谓风马牛不相及。对于即将到来的伟大使命,他所具备的条件是懂得当地的语言,以及在长期旅行中练就的同先知穆罕默德的信徒交朋友的本领,不可或缺的还有他无法遏制的工作热情,就算是也门以及尼罗河沼泽湿地的恶劣气候也无法阻止他前进的步伐。

博塔就这样开始了工作。如果现在再回顾他的整个工作过程,我们就会意识到,他肯定既未制订详细的计划,也未依靠大胆的设想,准确地说,他凭借的只是朦胧的期望以及掺杂着的几

保罗·埃米尔·博塔
(Paul Emile Botta, 1802—1870)

分好奇,因此最终他的成功令他自己惊讶,也令全世界震惊。一到晚上,他就离开办公室,坚持不懈地查探摩苏尔周边地区。他挨家挨户地登门拜访,向他们提出千篇一律的问题:有古董卖吗?旧陶罐有吗?旧花瓶呢?你们建马厩的砖是从哪儿来的?这些刻有奇特的楔形符号的碎陶片是哪里弄的?

这些东西只要能买到,他就绝对不放过。但是每当他恳求卖家告诉他,这些旧东西是从哪儿搞到的,对方都会耸耸肩说:"真主伟大!这些东西遍地都是,只管用心去找。"

博塔发现,想从当地人口中打听出埋藏大量古董的地点,简直就是白费力气,于是他决定从最近的一个土丘开始挖挖看,也就是库云吉克(Kujundschik)附近。

但这个土丘是个错误的选择,至少对于博塔,对于第一年的挖掘工作来说是错误的。土丘下面埋藏的是亚述巴尼拔〔希腊语中称作萨尔达纳帕尔（Sardanapal）]①的一个城堡，它的发掘需要留待后人完成。博塔只是白费了力气。

很难想象，一次次的徒劳无获又一次次地坚持意味着什么。没有明确的指示，只是粗略的假想，这座土丘下一定埋着什么东西，辛苦的挖掘工作肯定会有所收获。于是他日复一日，周复一周，月复一月不停不休地挖下去，然而，除了几片刻着谁也看不懂的符号的破砖断瓦，或者几块要么残破不堪无法辨认本来面目，要么过于原始、毫无欣赏价值的雕像，别无所获。可以想象，这样的工作是何等滋味。

就这样整整挖了一年。

一年过去了，其间博塔不知多少次按照当地人的指点去挖掘，但每次都是乘兴而去败兴而归。这时来了一个阿拉伯人，絮絮叨叨的，一再比手画脚地描述一个土堆，说里面埋了好多东西，这些东西正是法兰克人要找的。屡次上当的博塔要把他打发走，也就不足为怪了。然而阿拉伯人更加地殷勤，他喋喋不休地说：他来自一个遥远的村庄，听说了博塔要找什么东西，他爱法兰克人所以想帮助他。他问博塔，是不是想找刻有文字的砖头？在他家附近，也就是他们那个村子所在的科尔萨巴德（Khorsabad）有好多好多这样的东西。他确定就是博塔要找的，因为他家的炉子就是用这样的砖砌的，他们村子里的人自古以来都是这么做的。博塔真想把此人从挖掘地赶走。后来博塔实在忍

---

① 亚述巴尼拔（Assurbanipal），亚述国王（前668—前627年在位），亚述帝国最后一个伟大的君主。在他统治时期，亚述的军国主义达到了崩溃前的顶峰。——译者注

受不了这个阿拉伯人了，于是就派几个手下跟他过去看看。从挖掘地到那儿大概有16公里。阿拉伯人给出的信息应该是准确的，毕竟当时的情况，后人无从知晓了。

博塔派人走了一趟，换来了他在考古学领域的名垂青史。那个阿拉伯人的名字却早已无人记起，永远地湮没在历史的长河中了。博塔成为这一繁荣了将近两千年，继而被遗忘，在这片土地下沉寂了两个半世纪的古文化遗产的最早发现者。

派去的人走了一个星期以后，其中一个兴冲冲地赶了回来，激动地汇报说：他们刚开始动手挖，就看到了一堵墙，还没等清理完上面的灰土，就露出了雕刻在上面的铭文，还有壁画、浮雕、猛兽……

博塔一听，立刻跃马扬鞭，飞奔而去。几小时后，他已蹲在一个坑里画起了素描，画的都是些极为稀奇古怪的形象，完全超越了欧洲人对形态的想象，有满脸络腮胡子的大汉，长着翅膀的走兽，还有一些是他自己在埃及从没有看到过，欧洲人也从未见过的。几天以后，他就把所有人都从库云吉克调了过来，集中力量进行挖掘。越来越多新的墙体浮出地面。这一刻，博塔不再怀疑，即使他发现的不是整个尼尼微，也是古代亚述国王最富丽堂皇的宫殿中的一座。这一刻，他再也不能独享成功，他要向巴黎、向法国、向世界宣告他的发现。他骄傲地写道："我相信，我是第一个发现众多雕塑品的人，这些雕塑品完全可以归入尼尼微的繁荣时期。"对此，报纸也使用显著标题予以刊载。

第一座亚述王宫的发现不仅对整个欧洲来说是一条爆炸性的新闻，对于科学界也是头等重要的新事件。在此之前，埃及一直被视为人类文明的摇篮，因为世界上还没有其他地方的人类历史能够追溯到那么久远，足以跟这个拥有木乃伊坟墓群的国家相媲美。迄今为止，只有《圣经》提到过两河流域，而对于19世纪的科学家来说，《圣经》不过就是一部《圣徒传说集》。古代作家所提供的零星线索就被看得更为重要了，不过，这些线索虽然值得信任，却常常自相矛盾，而且跟《圣经》里的内容不一致。博塔的发现恰恰证明了，在两河流域至少存在过一个不晚于古埃及的文明，倘使还相信《圣经》的说法，这一文明甚至可能更为悠久。它也曾强大过、辉煌过，但最终毁于大火和战争，从此销声匿迹。

整个法国为之沸腾了。为了方便博塔进一步的挖掘，法国政府动员了各方力量，给予了他极为慷慨的资助。从1843年到1846年，博塔整整挖了三年，他不仅要克服气候的恶劣和四季的轮回，应付当地民众的阻挠，还要摆脱帕夏的干涉。帕夏是土耳其官职名，因为这个地区在当时隶属于土耳其的统治，所以帕夏就是当地的总督。他是一个十足的恶霸。他贪婪成性，认为博塔这样不停不休地挖掘，唯一的解释就是："寻找黄金！"

他抓走了博塔雇用的当地人，严刑拷打，威逼他们说出博塔的秘密。随后又派兵包围了科尔萨巴德的挖掘地，并写信向君士坦丁堡汇报此事。这一切都无法动摇博塔的坚定信念。这个外交官可不是白当的，他将计就计获得了帕夏的官方授权。但帕夏私下里却禁止所有的当地人通过任何方式帮助博塔，否则将施以重刑，理由是这个法兰克人借挖掘之名，实际是要建一座用于剥夺美索不达米亚各族人民自由的监牢。

博塔毫不动摇，照旧进行着挖掘工作。

第19章 博塔发现尼尼微

亚述骑兵

宫殿终于浮出了地面,矗立在巨大的平台上。大批学者看到博塔的第一批报道后,立刻蜂拥而至,他们认为这座宫殿属于以赛亚预言中提到的萨尔贡王①,是他位于尼尼微郊外的避暑行宫,类似于法国的凡尔赛宫或者壮观的无忧宫②。一段段的宫墙从沙砾堆中挖了出来,显露出来几处庭院,可以看到装饰繁多的院门,富丽堂皇的厅室、廊庑和厢耳,一分为三的内宅以及一座雄伟的多层高塔的遗迹。同时出土的雕刻和浮雕数量也极为惊人。这个神秘的亚述民族在湮没了数千年后突然间展现在了我们面

---

① 这里的萨尔贡王(Sargon)指的是萨尔贡二世,在位时间为前721—前705年。——译者注
② 无忧宫(Schloss Sanssouci)的名字源于法文的sans(无)、-souci(忧虑),位于德国的波茨坦,是勃兰登堡地区波茨坦最著名的霍亨索伦家族的宫殿。——译者注

前，这儿随处可见的他们的雕像，工具和武器，无一不在向我们讲述，他们如何生活、如何战斗、如何狩猎。

然而，很多雕像都是用雪花石膏制作而成，极易风化，它们被层层砂土保护了这么久，突然间出土，在沙漠中炎炎烈日的照耀下，很快就粉碎了。为此，著名画家尤金·拿破仑·弗朗丹（Eugène Napoléon Flandin）接受法国政府的委任，立刻赶往挖掘现场。他曾经去过波斯，绘制了大量有关当地古代文物的图画并集册出版。他对于博塔的意义，就像维万·德农对于拿破仑的埃及委员会。但是德农画的东西，能够继续保存下来，而弗朗丹则不得不尽快用他手中的画笔和画纸记录下即将在他眼前消失的古文物。

博塔顺利地将大量雕刻品装上木筏，但是底格里斯河的上游山区，水流湍急，波涛汹涌，木筏难以控制方向，先是扭转，继而被冲得像陀螺一样转个不停，很快失去了稳定性，向一方倾斜，最终刚刚重见天日的亚述众神和亚述国王的雕像又不幸葬身河底了。

博塔并没有气馁，他又重新装载了一木筏的古文物，但这次是顺流而下，同时只要是想得到的防护措施他全都采用了。木筏成功到达入海口，这些宝贵的石雕被装上了一艘轮船。过了若干天，第一批亚述雕塑终于登上了欧洲大陆，几个月后开始在巴黎的卢浮宫展出。

博塔开始投入到一部大型图册的编纂工作，一个由九名科学家组成的委员会负责它的编辑出版。其中包括埃米尔·比尔努夫（Emile Burnouf），此人不久也跻身于法国最杰出的考古学家之列，也就是那位25年后海因里希·施里曼经常提到的"学识渊博的朋友"。还有一个是英国人奥斯汀·亨利·莱亚德，他的声望很快就超过了博塔。他延续着博塔的成功轨迹，成了最为幸运的、用铁锹掀开几个世纪历史面纱的考古学家之一。

但是，历史不会忘记博塔这位亚述考古发现的先行者。准确地说，博塔之于亚述，就如贝尔佐尼之于埃及，他是不畏艰难、勇往直前的"挖掘者"，是卢浮宫的寻宝人。此后，又一名法国领事维克多·普拉斯（Victor Place）承担了尼尼微古文物的挖掘和收集工作，相当于马里埃特在开罗从事的工作。博塔的著作现已成为考古学领域的经典著作，书名为《尼尼微古文物》（发现及撰文：博塔，绘图：弗朗丹），出版于1849年至1850年两年间，总计五卷。前两卷是建筑和雕塑的图册，第三、四卷是所收集到的铭文，第五卷则是文字说明。

第 20 章

破译楔形文字

有谁会买博塔的著作呢？有谁会去通读第三、四卷？又有谁能看得懂上面搜集来的铭文？

一切科学活动的历史证明，将发现付诸实践往往需要很长的时间。

博塔除了雕刻品外还收集了大量刻有奇特楔形符号的砖块，他让人把这些符号摹绘下来，寄往巴黎，因为他本身对如何解读这些字符一窍不通，而在巴黎，还有欧洲其他地区及中东，大批的学者已经掌握了解读这种文字的方法。

博塔的发现使他们第一次接触到如此大规模的有关这一古老帝国的实证材料，而早在几十年前他们就已经知道如何解密该帝国的文字了，这事儿听起来有些不可思议。但是，在博塔的著作出版之前，楔形文字的破译工作确实已经整整进行了四十七年。要想在破译方面有所突破，他们唯一缺少的就是不同于此前所见过的，不断更新并且更加准确、更加丰富的铭文。在他们掌握破译楔形文字的核心知识之时，萨尔贡的宫殿还沉睡在层层砂土之下，人们对于奥斯汀·亨利·莱亚德目前正在挖掘的尼尼微的了解也仅限于《圣经》故事。

继博塔的创举之后,莱亚德发现了尼尼微,此外另一位勇于冒险的英国人也利用自身的知识为楔形文字的搜集和破译做出了不可磨灭的贡献。就在距离博塔的挖掘地不远处,他让人用滑轮车将自己吊在悬崖峭壁前,目的只是为了抄录一块铭文。就此,在短短十年间,挖掘成果、考古发现、楔形文字的破译和完善、语言学知识以及两河流域古代民族的通史结合成了一个严密的科学框架,从而在19世纪中叶形成了一个完整的科学体系,以便随后的每一次挖掘发现都可以迅速得到科学考证或用于科学研究。

很有意思的一点是,第一个在破译楔形文字方面迈出决定性一步的人,其行为动机绝不是出于科学好奇心,也不是因为强烈的求知欲。他是一个德国人,1802年在哥廷根的一所文理中学任代课教师,时年只有27岁,虽年轻但前途无量。一次打赌促使他破译了一段楔形文字的前十个字符,而他的破译方法放到任何一个时代都堪称绝妙。

早在17世纪,我们就知道了楔形文字的存在。意大利的旅行家彼得罗·德拉·瓦莱(Pietro della Valle)第一个将临摹下的楔形文字带回了欧洲。1693年,弗朗西斯·阿斯顿(Francis Aston)在《自然科学会报》[①]中转载了两行由某个名叫弗劳尔

---

① 《自然科学会报》(*Philosophical Transactions*),是一本由英国皇家学会出版的科学杂志。它始创于1665年,是世界上最早专注于科学的杂志。杂志标题中的"哲学"也就是现在所说的科学。——译者注

(Flower)的东印度公司①驻波斯代表抄录下的楔形文字。此后，卡斯滕·尼布尔（Carsten Niebuhr）带回了有关那片土地最为振奋人心的信息，其中不仅包括文字和古迹，还涉及了风土人情。尼布尔是汉诺威人，受聘于丹麦国王弗雷德里克五世（Friedrich V）。1760年至1767年，他跟几名学者一起到东方探险。然而探险队其他成员在一年之内相继死于途中，只有他还幸存。尼布尔毫不畏惧，孤身一人继续上路，最终安全返回。随后他发表了著作《阿拉伯及其邻近国家游记》，该书在拿破仑远征埃及时一直伴其左右。

最早的这批楔形文字曲折辗转才来到欧洲，临摹得既糟糕，还残缺不全。它们大多并不是在地理学上所谓的狭义的亚述-巴比伦地区被发现的，而是几乎毫无例外地出自设拉子②东北7英里处一片遍布废墟的荒野，或者可称之为巨大的废墟堆，尼布尔认为这儿就是古都波斯波利斯的遗址。

与博塔在19世纪40年代靠铁锹挖掘出的古文化相比，这片废墟所属的时代要年轻得多。这儿是大流士③及薛西斯时期都城的遗址，曾经是一座规模宏大的宫殿，后为亚历山大大帝所毁。狄奥多罗斯说，它毁于一场"酒宴，当时亚历山大恣意狂饮，失

---

① 东印度公司与今天的跨国公司不同，是从自己政府那里获得贸易独占权而且拥有军队（包括舰队），在殖民地建立政府机构，对殖民地进行残暴的政治统治、经济掠夺以至于贩卖奴隶、毒品的军政经合一的殖民机构。——译者注
② 设拉子（Schiras）位于伊朗西南部，是伊朗最古老的城市之一，在波斯历史上，设拉子最早出现在公元2世纪的一份文献上，亦即萨珊王朝时期。——译者注
③ 大流士（Dareios），波斯王，在位于前522—前486年，其遗址发现于设拉子东北52公里的塔赫特贾姆希德附近，下文的薛西斯为其子。——译者注

去了理智"。克来塔卡斯①虽然把这事儿也归咎于同一场筵席，但认为肇事者是雅典的舞女泰伊丝，她跳得舞兴正酣时，顺手从祭坛抓起一根燃着的木棒，抛向宫殿的木柱间，亚历山大和他的随从醉意正浓，也学着她的样子闹了起来。古斯塔夫·德罗伊森②在《希腊化时代史》中指出："这则故事虽然编得极为高明，却不符合史实。"因为中世纪时期，还有伊斯兰教的统治者在这座宫殿中发号施令。后来，这儿才成了废墟，任由羊群四处觅食。最早游历到此的人见到好东西便肆意掠夺，因此，世界各地的大型博物馆几乎都藏有波斯波利斯的浮雕碎片。大流士的宫殿跟罗马斗兽场一样，一度成为采石场。20世纪还可以看到这片废墟年复一年地不断坍塌。1931年到1934年，恩斯特·赫兹费尔德（Ernst Herzfeld）受芝加哥大学东方学院的委托第一次有计划地考察了废墟堆，同时采取措施对其进行了保护。

  与世界上任何其他地区不同，美索不达米亚平原上各时期的古文化是交错重叠在一起的。因此，也就可能出现这样的事情了：一个阿拉伯人把几块刻满楔形文字的泥板送到一位考古学家在巴格达的办公室。这些泥板也许出土于贝希斯敦（Behistun）地区，上面刻有波斯王大流士的讲话。考古学家手头一直放着希罗多德的书，他想通过这位古希腊历史学家提供的资料以及新的研究发现证实，大流士在公元前500年左右达到了权力的顶峰，

---

① 克来塔卡斯（Kleitarchos），是古希腊历史学家。——译者注
② 古斯塔夫·德罗伊森（Gustav Droysen，1808—1884），德国著名历史学家。他的学术著作《亚历山大大帝》体现了德国"新历史学派"关于理想化的伟大人物的思想。——译者注

而且建立起了一个强大帝国的统治中心。但在研究其他泥板的时候，他却又发现上面提到的是古老的世系、战争、毁灭和杀戮。他还有可能找到关于汉谟拉比（Hammurabi）的记载，了解到其统治下的另一个在公元前18世纪极盛一时的帝国。或许泥板上记录的是亚述王辛那赫里布（Sanherib），讲述着兴盛于公元前7—8世纪的第三个强大帝国。要想知道这些古帝国之后的历史，考古学家只需要跟着那个阿拉伯人走上街头，就在下一个街角，蹲到人群中，全神贯注倾听说书艺人用他那单一的曲调却又极富感染力的顿挫讲述伟大的哈里发哈伦的故事。哈伦在公元800年左右达到权力顶峰，其英明睿智也是广为传颂，当时的欧洲正处于查理曼大帝的统治之下。如果把我们现在对两河流域的最新认识补充进去的话，那么位于今天的大马士革和设拉子之间的这个地区先后成为过六代古文明的中心，这些文明都曾强盛一时，雄霸四方，每一代都在古代史上书写下了极为浓重的一笔。它们就这样叠加在如此狭小的区域内，相互影响，相互补充，却又彼此独立，前后绵延了五千多年，共同谱写了这五千年跌宕起伏的人类史。因为在公元前3000年时，阿卡德王朝的某一城市就已经是建立在五层这样的文化废墟之上了，而那个时候，巴比伦还不存在。

显而易见，在如此漫长的时光洪流中，所有的一切都在改变，语言和文字也毫不例外。虽然同样历经沧桑，古埃及的象形文字变化并不大，楔形文字则不同，不同时期的文字简直就是大相径庭。博塔送去巴黎的楔形文字跟之前尼布尔从波斯波利斯带回来的看上去完全不同。尽管波斯波利斯出土的泥板只有2500

第20章 破译楔形文字

格奥尔格·弗里德里希·格罗特芬德
（Georg Friedrich Grotefend，1775—1853）

年历史，但上面的铭文已成为破译其他后来才发现于幼发拉底河及底格里斯河河谷的楔形文字的密钥，所以，在最早发表的所有关于破译楔形文字的文章中，从未提到过亚述或者是巴比伦的文字，所谈的一直只是波斯波利斯铭文。

格奥尔格·弗里德里希·格罗特芬德1775年6月9日出生于明登（Münden），先在出生地，后在伊尔弗尔德（Ilfeld）接受了中小学教育，继而在哥廷根大学攻读哲学。1797年，他开始在哥廷根当地的文理中学代课，1803年升任副校长，后来又到了美因河畔的法兰克福，任文理中学的副校长。1817年他成立了德语语言学学者协会，1821年成为汉诺威（Hannover）女子中学的校长，1849年退休，享受公职人员待遇，1853年去世。

格罗特芬德毕生循规蹈矩，既不会放荡不羁，也不会夜郎自大，但是，就在27岁的时候，他竟然借着酒兴跟朋友打了一个近乎荒唐的赌，说自己能够找到破译楔形文字的方法。当时，他手头上不过只有几张拙劣的波斯波利斯铭文的临摹本。但他却凭借年轻人的一股冲劲儿发现了问题的关键，从而攻克了这一被当时一流学者认定不可能解决的难题。1802年，他向哥廷根科学院递交了他的第一批研究成果。尽管格罗特芬德后来还写了很多哲学论文，但这些文章早已因缺乏趣味性而湮没无闻了，唯有这篇标题为《波斯波利斯楔形文字之考据》的论文经受住了时间的检验，成为传世之作。

在着手于该项研究的准备工作时，格罗特芬德发现，可供他参考的资料不过就是：波斯波利斯铭文中出现了几种截然不同的字形。有几块泥板上刻着三种字体，并且很明显地分列成三栏。当时，学者们通过主要希腊作家的作品早已通晓了波斯波利斯的统治者这些古波斯人的历史，身为人文主义者的年轻的格罗特芬德也不例外。众所周知，居鲁士（Kyros）大帝在将近公元前540年的时候给予了巴比伦人毁灭性的打击，建立了第一个强大的波斯帝国，从而宣告了巴比伦的永久终结。由此不难推断，铭文中至少有一种语言代表了征服者的语言。还可以假定，中间这一列最有可能是古波斯语，因为一般来说，人们都会把最重要的东西放在中间。此外，仔细观察的话会发现，有一组字符及另一个单独的符号出现的频率非常高。借助于文物学其他方向的研究，人们推测，这组字符的意思可能是"国王"。单独的这个字符，形状像一个由左上至右下倾斜的楔子，被视作单词间的标点，这就是当时所有关于楔形文字的研究成果，可以说是少得可怜。因为根据屈指可数的这几条假设，人们甚至无法确定，这些铭文要从哪一页读起，也不能确定，这些泥板究竟是哪头朝上哪头朝下，更不用说断定这些文字应该从左向右读还是从右向左读了，而格罗特芬德从青年时代业已形成决不草率行事的习惯，所以，他的研究工作必须从零开始。

整整二十年之后，商博良才破译了古埃及的象形文字，此人自认为如果考虑到研究的先决条件，他所面对的是一个无以复加的难题。但他毕竟还有刻着三种文字的罗塞塔石碑，能给他提供明确的译文，而格罗特芬德连这个条件都不具备。因为，虽然他面前的铭文同样由三种语言或文字写成，他却一个也不认识。于是，他就尝试着准确地描述这些文字，并由此展开破译工作。

首先，他论证了楔形符号是一种文字而不是装饰图案。由于这些符号中没有曲线，于是他断定，创造这些文字并不是为了书写，而只是想将它刻到坚硬的材料上以便于保存。今天，我们知道，这种记录方式看起来虽然如此笨拙，但在亚历山大大帝统治之前，却完全满足了两河流域和古波斯的政治及经济往来的需要。例如，今天仓库里的抄录员在复制生意往来的单据时，只需将印好了的原件附上复写纸跟需要复印的纸张一起放入印刷机中夹紧，而那时，他们则需要取出刚烧制好尚未变硬的泥板，用管状石笔将交货单誊抄在上面，自己保留样本，将复制件交给送货者。

接着，格罗特芬德指出，这些楔形的指示方向主要是四个，并且始终如此，此外楔形的尖端总是指向下方或者右侧。两个楔形相交而成的夹角开口方向也始终向右。这些论断看似简单，格罗特芬德却据此取得了最初的成功，从中推断出应该如何阅读这些铭文："手持铭文时，一定是垂直楔形的尖端向下，水平楔形的尖端向右，夹角的开口方向也向右。如果注意到这一点，就会发现，楔形文字绝不是垂直书写，而总是横向书写的，但是不能将圆柱印章和圆筒印章[①]上的字符作为判断铭文书写方向的标准。"同时，他还得出结论，楔形文字要从左向右读，而只有欧洲人才会认为这种读法是理所当然的。

然而，这些对于破译楔形文字来说用处并不大。格罗特芬德现在面临着决定性的一步。能够迈过这一步，就表明他是天才。此外，天才还意味着具有化繁为简的能力，并且可以从整体中识别出构建原理。格罗特芬德极富创造性却又具有决定性的想法就是惊人的简单。

他告诉自己，不要觉得人们会突然改变在纪念碑上题词的这种习惯，而他手头的楔形文字的临摹件正是刻在纪念碑上的铭文。在家乡的墓地，祖辈们的墓碑上总是刻有"安息吧"的字样，他们的子孙后代很有可能将这一习惯永远地沿袭下去。他知

---

① 圆柱印章和圆筒印章统称为滚印，是一种刻有图案，或刻有图案和文字，抑或只刻有文字的圆柱式或圆筒式的印章，上面的图案或文字多为凹雕，这样印迹就自然呈浮雕形式。圆柱印章在先，圆筒印章在后，是苏美尔文明的标志之一。滚印的产生早于文字，在文字产生之前，滚印部分地发挥着后来文字所发挥的传递和储存信息的作用。国家出现后滚印主要被用来表示某物的可靠性和所属性，表明某人参加了一项合法交易，或被用来防止盗窃行为。——译者注

道，新波斯纪念碑的碑文开头总有几个单词是一成不变的，如果说楔形铭文中有一列是古波斯语这一前提成立，那么这些词为什么不会出现在古波斯的纪念碑上呢？他所熟悉的较新的波斯碑文开头总是一成不变地枚举着世系的传承：

X，伟大的王，诸王之王，A 和 B 的王，
伟大的王、诸王之王 Y 之子……

为什么波斯波利斯铭文的开篇文字不会也是这样的套话呢？在他之前，已经有人提出，铭文中常出现的楔形文字组中有一组很可能指的就是"国王"，他的这一想法正是对上述猜想创造性的延续。这一设想可谓是突破性的进步，因为由此可以立刻得出下列结论：如果设想的字面意义正确，那么第一个单词一定是国王的名字；紧随其后的一个倾斜的楔形字符就是单词间的分隔符；接着一定是两个单词，而且其中之一的意思想必就是"国王"。"国王"这个单词在铭文的第一部分肯定是不断重复出现的！

此后，格罗特芬德的思维过程非常复杂，这儿只能简述一下他所运用的原理。只需要有一点点的想象力，就能够想象得到，年轻的代课教师格罗特芬德在时隔三千年以后，在距离楔形铭文发源地数千公里远的宁静小城哥廷根发现自己的设想正确时，内心充盈着的是一种什么样的成就感。现在就说成功，还是言之过甚。虽然他多次看到按照他推断的顺序排列的楔形文字，虽然他发现那个意思极有可能是"国王"的单词使用频率很高，但是，

会有人承认他的发现并视其为佐证吗？准确地说，这样的发现有什么价值呢？

他把之前的推理过程又重新思考了一遍，就在这时有了新的发现：他手头所有的铭文中，开头的楔形文字几乎只有两种不同的形式。尽管他对这些铭文进行了反复比较，得出的还是同一结论，铭文的开头不外乎这两组楔形文字，根据他的推论，这两种不同形式的开头语表示的应该都是国王的名字。他找到了同时包含这两个名字的铭文！

格罗特芬德思绪如飞。按照他的理论，是不是可以说刻有他手头这些铭文的石碑和纪念碑只是为了颂扬这两位国王而建呢？因为铭文中这两个国王的名字是紧挨着的，是不是意味着他们很有可能是父子关系呢？

当这两个名字同时并且分开出现时，他发现，第一个名字后面紧跟着"国王"这一字符，第二个名字后面却没有。顺着前面的思路，就可以推演出下面这个公式化的排列：

X王，Z之子

Y王，X王之子……

必须要清楚的是，格罗特芬德思考至此得出的所有结论，只是一种假设，其依据不过是有几个字符频繁出现并且一再重复以及它们的排列顺序。当格罗特芬德重新检查最后记下的这组序列时，他突然发现，一个可以证明自己理论的方法就在眼前，而且这种证明方法依据的是事实，足以令人信服，可想而知，此刻他是多么兴奋，多么激动。如果生活在一个问答游戏和猜谜游戏风靡的年代，细心的读者在继续读下去之前，可能也会去重新检查一遍格罗特芬德的推演过程。是什么引起了他的注意呢？绝不能忽视这一答案背后所蕴含的信息。对下一步的推理具有决定意义的是一处空白，更准确地说，缺了一个单词，再确切一点儿说，有一个名字后面没有"国王"这个单词，如果将这个名字归入到上面公式化的排列中，正好就是"Z"这个位置。

因为，如果这一排列正确，那么他表示的就是祖父、父亲和儿子这三代之间的传承，其中父亲和儿子是国王，而祖父不是。格罗特芬德暗自松了口气：如果我能够在我们知道的波斯国王中找到符合上面这一情况的祖孙三代，那么就能够证明我推理的方法是正确的，我也就会猜出这篇楔形铭文最初的几个单词！

破译的关键阶段还是留给格罗特芬德自己来解释吧："我确信，这两位国王一定属于阿契美尼德王朝[①]，因为我认为跟他们同时代的希腊人叙述事情总是不厌烦琐，相比之下希腊人编写的史书也是最可信的，于是，我开始查看波斯国王的世系表，研究哪些名字最符合铭文中的特征。不可能是居鲁士和冈比西斯（Kambyses），因为铭文中的两个名字首字母是不同的，也不会是居鲁士和阿达薛西斯（Artaxerxes），因为跟铭文中的两个名字相比，前者的名字太长，后者的名字则太短了。剩下的就只有大流士和薛西斯这两个名字了，从文字特征上看它们跟铭文也一

[①] 阿契美尼德王朝（Achämeniden，前550—前330），又称波斯第一帝国，是波斯首个把领土扩张到大部分中亚和西亚领域的王朝。——译者注

致，我相信这两个名字是正确的选择。此外，在儿子的铭文中父亲同样被称之为国王，而在父亲的铭文中就没再有这类称呼了，各种字体的波斯波利斯铭文都能证明这一点。"

　　这就是证据。整个逻辑推理过程极为严密，不仅是坚信自己理论的格罗特芬德，就是客观的批评者也无从挑剔。但是，现在还差最后一步。迄今为止格罗特芬德研究所参照的波斯国王的名字都是用希腊文写的，主要是希罗多德传下来的写法。因为格罗特芬德知道祖父的名字，于是他就此继续展开阐述："正确破译了人名以后，现在我认识的字母已经超过了12个，就这一王室称号来看，除一个字母外，其他所有字母都包括其中。接下来很重要的一步就是将这个从希腊人那儿知道的名字译回波斯文，确认每一个字母的数目，从而就可以破译出这个王室称号并且推测出书写这些铭文所使用的语言。现在，我从《阿维斯陀》（又称《波斯古经》）中了解到，Hystaspes在波斯语中有四种写法：Goschasp，Gustasp，Kistasp或者Wistasp，由此我就知道了大流士铭文中Hystaspes这个名字的前七个字母，至于后三个字母，我业已通过比较这几个王室称号判断出来了。"楔形文字的破译工作总算是开了个头。

　　随后要做的，就是进一步的补充和完善。值得注意的是，直到三十多年以后，研究工作才真正取得了具有决定意义的突破。新的发现要归功于法国人埃米尔·比尔努夫和挪威人克里斯蒂安·拉森（Christian Lassen），他们都在1836年发表了研究报告。

　　奇怪的是，很多人都知道商博良破译了古埃及的象形文字，但几乎没有人听说过格罗特芬德这个名字。而他，也只有他可以被称为破译楔形文字的先驱，有了这一重大发现，人们才能够了解两河流域大规模出土的这些古文物的历史意义。

我们称他为先驱，指的是时间上的领先。因为很多发现或发明作为人类智慧的产物会有不同的发现者或发明者，楔形文字的破译也是如此：这项工作先后进行了两次。有一个英国人完全独立于格罗特芬德，也成功地破译了楔形文字。值得注意的是，他的第一份重要研究成果直至1846年才公之于世，这一时间不仅要晚于格罗特芬德的发现，而且也晚于比尔努夫和拉森所做的补充和发展。

但是，与先他一步的学者的所有发现相比，还有更重要的事情留待这个英国人去完成。他要使楔形文字从学者的书斋走入大学课堂，他要从破译工作转向教授工作，使得这些知识具有实用价值，特别是当越来越多的铭文重见天日的时候，对它们进行编译也愈发显得必要了。因为，不久后的一天，有人发现了一个保存完好的图书馆，整整一图书馆都是刻有楔形文字的泥板！这就是另一个故事了，我们稍后再讲。

第 21 章

用实例检验

1837年，在波斯的贝希斯敦附近，正在当地服役的英国少校亨利·克莱斯维克·罗林森让人用滑轮车把自己吊在一块峭壁前，只是为了要摹拓上面的摩崖石刻。

继法国人博塔之后，这个英国人又一次将个人对亚述学的爱好跟政治及外交生涯联系在了一起。和恪守常规的格罗特芬德一样，罗林森的一生也颇具传奇色彩。他对古波斯的兴趣源于一次偶遇。17岁的时候，还是军校学生的他护船绕道合恩角[①]前往印度。整个行程长达数月，为了让乘客们打发时间，他编了一份甲板小报。乘客中有一位约翰·马尔科姆爵士（Sir John Malcolm），他是孟买的总督，也是一位杰出的东方学者，他对这位年仅17岁聪明伶俐的小编辑很感兴趣。两人畅谈了好几个小时，话题当然是约翰·马尔科姆爵士感兴趣的内容，无外乎波斯的历史、语言和文学。这些谈话决定了罗林森一生的

---

① 合恩角（Kap Horn），是南美洲智利火地群岛南端的陆岬，被广泛认为是南美洲的最南端。合恩角为世界五大海角之一，亦有着"海上坟场"之称。——译者注

兴趣，即使在后来承担着责任重大的政治任务，他也没有放弃这一爱好。

罗林森出生于1810年，1826年在东印度公司服兵役，1833年驻守波斯，时任少校。1839年，他成为阿富汗坎大哈的政治代表，1843年任英国驻巴格达领事，1851年升任总领事，同时被授予中校军衔。1856年他返回英国，进入国会，同年被选为东印度公司的理事。1859年作为英国公使出使德黑兰，1865年至1868年再次当选国会议员。

罗林森开始研究楔形文字时，所使用的泥板正是比尔努夫当年用的那几块。令人诧异的是，尽管对格罗特芬德、比尔努夫和拉森的研究成果一无所知，他仍然破译出了大流士、薛西斯和希斯塔斯皮斯[①]这三位国王的名字，所使用的方法竟然跟格罗特芬德极为相似！此外，他还译出了另外四个名字和若干单词，只是并不确定。1836年，罗林森第一次看到格罗特芬德破译楔形文字的论文，将两人各自译出的字母进行比较之后，他发现，自己明显比这位哥廷根的中学老师高出一筹。他现在缺少的只是刻有人名的铭文，人名越多越好。

贝希斯敦位于从哈马丹（Hamadan）经克尔曼沙阿（Kermanschah）至巴比伦的古代通商要道旁，自古以来就被视作圣地，亦被称为"诸神停留之地"，在这片土地上矗立着一处陡峭壁立的山崖，崖峰分为二处。就在这儿，大约2500年前，

---

① 希斯塔斯皮斯（Vishtaspa），为波斯安息省省长，大流士之父。希斯塔斯皮斯本人并无国王称号，文中称他为国王很牵强。——译者注

波斯国王大流士——这个名字在不同的语言中写法不同，如Darayawaush、Dorejawosch、Dara、Darab——命人在高出谷底50多米的地方雕像铸文，颂扬他的为人、事迹和战功。

在一处石梁上雕刻着许多人像，突立于峭壁之前。其中，大流士王的雕像高耸入云，不可为凡人之手所亵渎，只见他倚弓而立，右脚踩着被打倒在地的高墨达[①]，一个曾经篡夺了他的帝国的穆护[②]。他的身后是两名波斯贵族，持弓者和持矛者。前方则俯伏着他的手下败将，被处以极刑的九个"假王"[③]，他们双手被缚，颈系绳索，捆在一处。群雕的侧面和下方刻有14列铭文，用三种语言记录着大流士的丰功伟绩。虽然格罗特芬德早已识别出这三种不同的楔形文字，却不知它们究竟属于何种语言。崖壁上所雕刻的文字分别是古波斯文、埃兰文和巴比伦文，大流士命人在此雕像铸文，寄望于能将它流传万世：

朕大流士曰：
日后观寡人所书之碑碣
或此雕像者，
其毋损毁之，
其殚子孙后代之力

---

① 高墨达（Gaumata），或称伪巴尔迪亚。波斯帝国开国之君居鲁士二世死后，他的儿子冈比西斯即位，并将兄弟巴尔迪亚杀死，但冈比西斯的统治很不得人心，高墨达乘其远征埃及之际，伪称自己是巴尔迪亚，发动政变。冈比西斯挥师回国途中神秘死去后，高墨达被大流士一世联合其他贵族推翻。——译者注
② 穆护是古波斯语"Magus"的音译，为古波斯祭司阶层的称号。——译者注
③ 因这九人冒充为王室，故称之为假王。——译者注

尽心护卫之!

罗林森不仅是士兵也当过运动员,尽管铭文距谷底50米,26岁的他并未因高空作业而退缩。他悬吊在令人眩晕的高空,临摹着铭文中的古波斯文字,稍不留神就有可能坠落谷底。以致几年后他才敢再去抄录古巴比伦文字。大型悬梯、缆绳和攀缘用的爪钩都是必备的工具,但在当时,弄到这些器具并不容易。1846年,罗林森不仅仅向伦敦的皇家亚洲文会①递呈了这篇著名铭文的第一份准确抄本,同时还给出了完整的译文。至此每个人都能了解铭文上的内容,这不啻是楔形文字破译史上第一次伟大胜利。

在此期间,欧洲其他国家的学者也没有停止研究工作。取得决定性进展的首推德裔法国人尤里斯·奥佩特(Jules Oppert)和爱尔兰人辛克思(Hincks)。比较科学的发展使人的洞察力获得惊人的提升。比较语言学就为破译楔形文字提供了必要的理论支持。随着对《阿维斯陀》中的语言和梵语,最重要的还是对印欧语系各语言的了解不断加深,深谙比较语言学的学者们也就能够更加准确地总结出古波斯语的语法结构。在各国学者共同努力之下,已经确认的古波斯语的楔形字符大约有60个。这时,罗林森和其他学者已经开始致力于贝希斯敦铭文中其他文字的研究,就篇幅而言,这一铭文已远远超过此前收集到的所有资料。在罗

---

① 皇家亚洲文会,全名大不列颠及爱尔兰皇家亚洲文会,于1823年成立于伦敦,宗旨是调查和研究与亚洲相关的科学、文学及自然产物的课题。——译者注

林森发现贝希斯敦铭文之前，人们相信能够进一步破译出楔形文字，特别是博塔发现的那些铭文，然而这一大规模的发现突然间极大地动摇了这种信念。

我们还记得，波斯波利斯铭文和贝希斯敦铭文都是由三种不同文字写成。格罗特芬德信心十足地进行破译工作是从铭文中间这一列文字着手的，这也是歧义最少并且在时间上跟我们所熟知的某些语群最为接近的部分。在格罗特芬德之前，已有研究人员将这一列文字归为第一类。

刚一解决破译这类文字所遇到的难题，人们就开始投入到另两种文字的研究。为破译第二类楔形文字做出决定性贡献的是丹麦人尼尔斯·卢德维格·韦斯特高（Niels Ludvig Westergaard）。1854年，他在哥本哈根第一次发表了研究成果。第三类楔形文字的破译一部分要归功于奥佩特，另一部分还是要归功于罗林

亨利·克莱斯维克·罗林森
（Henry Creswicke Rawlinson，1810—1895）

森，当时他已经担任了英国驻巴格达的总领事。

研究第三类楔形文字时，人们很快就有了一个令人沮丧的发现：第一类文字是拼音文字，它有一个字母表，就像我们西方语言的字母表一样，其中字符本身就代表着读音。在第一类楔形文字中，通常情况下每组楔形字符代表一个字母。但是现在正研究的这类文字中，每个单独的楔形字符就是一个音节，经常还会表示一个完整的单词。更糟糕的是，一个字符甚至可以代表不同的音节或者是好几个意思完全不同的单词，人们研究的时间越久，这类情况出现的就越多，直至人们最终发现，这甚至可以被视作一种规律，不是规律的规律。

这下全乱套了！

要想在这种一词多义方面的混杂情况下找出些许规律，似乎是不可能的。但是，研究人员，特别是罗林森在发表这类研究成果时都特别补充说明，尽管存在多义性，这类文字还是可以阅读的。这些发现振奋了整个学界，同时也引起了普通读者的愤懑。于是专家和外行之间展开了一场激烈的讨论。很多知名的抑或不知名的作家、科学家和业余人士会在报纸的科学副刊和文学副刊提出质疑：认为这样一种完全混乱的文字的确存在过，真的是秉持一种严肃认真的态度吗？如果存在，这种意义模糊的文字现在还能读得懂吗？抨击声越来越猛烈，他们不假辞色地表示，发表这类言论的学者，首当其冲的是罗林森，最好放弃这种"不科学的玩笑"。

简单举例来说："r"用6种不同的符号来表示，视情况分别用音节 ra、ri、ru、ar、ir 和 ur 来表示。如果再加上一个辅音，那么辅音跟这些音节分别组合在一起就会产生不同的符号，新的符号代表ram、mar，等等。多个符号结合在一起成为一组表示某个概念或名称，但是因为这种结合，这些符号本身的音素值就会减少，由此就会造成意义不明确。于是就有这么一组符号代表著名的国王尼布甲尼撒的名字，按照这个名字的形式，正确的读法是Ne-bukudurriussur，如果把它拆分成单个的字符，按照惯有的音素数去读，结果就会读成An-pa-sa-du-sis。

当所有局外人都认为第三类楔形文字的破译工作混乱不堪时，在博塔曾经挖掘过的库云吉克，有人在一个埋于地下的房间里连续发现了上百块泥板。据考证，这些泥板是公元前7世纪中叶以后才制作完成的，上面所刻的都是为了帮助学生学习楔形文字而总结的对照表，即对照着拼音文字的含义，来对比单个楔形字符所表示的不同音素的值和意义。

这批出土文物的意义不可估量。毫无疑问，这就是字典！当语言从古代象形文字和音节文字开始简化为拼音文字时，也就是语言开始现代化的时候，这些泥板就成了学生们刚开始学习楔形文字时的必备物品。逐渐地，人们根据这些泥板编写了一整套适合初学者和提高者的"教科书"，然后又编了字典。字典中，苏美尔语[①]中的名称跟闪米特语[②]中的一一对应。最后还尝试着出

[①] 苏美尔语是古代两河流域苏美尔人的语言，是一种孤立语言，在公元前2000年前就已经灭绝，即使专家也很难懂苏美尔文字。尤其是早期的苏美尔文字非常难懂，因为它们经常不包含所有的语法结构。据说近代破解苏美尔语言以来，能够读懂苏美尔语文字的人不超过250人。——译者注

[②] 闪米特是西亚民族的语言、文化的一个的分支，闪米特语族包括古代两河流域的阿卡德语跟其延伸的两种方言所分化的语言——亚述语和巴比伦语，以及现代的阿拉伯语、埃塞俄比亚的阿姆哈拉语、亚拉姆语（亚兰语）、希伯来语和马耳他语等。——译者注

了一本专业词典，将与日常生活息息相关的事物一行行列出来，随后的第一栏是它们在苏美尔语中的名称（仅仅局限于宗教仪式及法学中常见的事物），第二栏是闪米特语中的名称。

即使这批出土文物意义如此重大，我们仍然要清楚一点，它们不可能包罗一切，因此它们对于破译第三类文字来说不过是提供了一些线索。至于这些破译人员要克服多少困难，走过多少弯路，犯多少错误，才能破译出第一批字符，才能说：是的，尽管很多字符语意不清，我们还是可以读懂这种最为复杂的楔形文字的，个中辛苦也只有专家才能体会。

这段混乱不堪的时期结束之后，罗林森决定要向公众证明这类楔形文字是可以读懂的，这时伦敦的皇家亚洲文会做出了一个极为不同寻常的决定，即便在科学史上，这一决定也实属罕见。

皇家亚洲文会在同一时间发给当时最著名的四位楔形文字研究专家一个密封的信函，里面装着最新发现的一篇很长的亚述楔形文字，要求他们即刻破译，并且不让他们知道还有其他人也接受了相同的委托。

这四位专家分别是：英国人罗林森、塔尔博特（Talbot）、爱尔兰人辛克思和德裔法国人奥佩特。他们同时开始工作，谁都没有想到还有其他人也做着同样的事情。每个人都按照自己的方法进行翻译。然后，四个人都把译文密封寄回。最终由一个专门的委员会负责审阅。不久之前还遭到百般质疑的事情，现在得到了彻底的证实：这些极为复杂的音节文字是可以看懂的。四篇译文基本一致！

当然，这一不同寻常的验证方式引起了很多学者的不满。在他们看来，这种方法只为迎合大众的掌声而失去了对科学的尊重，他们觉得自己被侮辱了。

1857年，《亚述国王提格拉特-帕拉沙尔（Tiglath-Pileser）的一篇铭文》（罗林森、塔尔博特、辛克思博士、奥佩特译）一书在伦敦得以出版。这一成果最好、也最令人信服地证明了，即使困难重重，即使跟所有人意见不同，也可以实现科学的目标。

亚述学继续向前发展。10年以后，第一部亚述语基础语法问世。研究方向从文字转向探寻语言的奥秘。今天，能够读懂楔形文字的科学家不胜枚举。如果在阅读时遇到障碍，其原因也不外乎文字本身不清楚，文本残缺不全，以及那些泥板、宫墙和古城历经三千年风吹雨打、沙泥封埋而出现的外观上的损缺。

第22章

尼姆鲁德土丘下的宫殿

伦敦的水晶宫建于海德公园,最早是用于世界博览会的展厅,在展会结束三年后,也就是1854年,迁往锡德纳姆并改作博物馆。

在这儿,西欧人第一次见识到了那些早已湮没的大都市的壮丽与奢华,按照《圣经》记载,这些城市都是罪恶的庇护所和堕落的渊薮,并常常因此受到诅咒。水晶宫中仿建了两个古亚述的大房间,还重现了一座雄伟的宫殿的外墙。这儿所展现出的建筑艺术令人叹为观止,迄今为止也只有在传说、神话、《圣经》以及那些真实性受到质疑的古代游记中才有类似的描述。

仿建的两个屋子一个是典礼大厅,一个是国王的寝室,里面陈列着罕见的长着翅膀的半人半兽像,此外还有正与狮子搏斗的"无敌英雄""大地之王"吉尔伽美什(Gilgamesch)的巨型雕像。墙面铺有彩色釉砖,完全不同于其他的建筑艺术风格。墙上的浮雕展现了2900年前伟大的国王亚述纳西帕尔(Assurnasirpal)在位时期狩猎及战争的激烈场景。

这些展品得以展出要感谢一个名为奥斯汀·亨利·莱亚德的

人。1839年,他来到位于底格里斯河畔的摩苏尔,此时的他一贫如洗,身边只有一个同行者。迄至锡德纳姆的水晶宫博物馆展出他发掘的珍宝的那一年,这个曾经的"穷鬼"已经当上了英国外交部的副部长。

莱亚德的生活道路跟博塔和罗林森极为相似。他们是天生的冒险家,全都声名显赫;也是重要的科学家,却从不故步自封;他们都投身于政治,并且熟谙与人交往之道。

莱亚德来自一个在英国定居已久的法国家庭。以下数据揭示了他的人生轨迹:1817年出生于巴黎,青年时期,他跟父亲在意大利生活过一段时间,1833年返回英国,开始学习法律。1839年前往东方旅行,随后在英国驻君士坦丁堡的公使馆工作。1845年开始在两河流域进行考古挖掘,1852年和1861年两次出任英国外交部副部长,1868年任公共工程部部长,1869年成为英国驻西班牙马德里的特命全权大臣。

他对东方的向往源于青年时代,他梦想着有朝一日能够来到遥远的巴格达、大马士革和波斯。22岁时,莱亚德在伦敦的一家律师事务所工作,办公室里空气污浊,散发着一股霉臭味儿。工作单调而乏味,上法庭成了他生活中一成不变的要务,于是他毅然摆脱羁绊,开始去追寻自己的梦想。

还是少年的时候,莱亚德就已经着手为梦想中的远行做准备,只要认为对此有所帮助,他都会去学习。在学习法律之余,他掌握了最为实用的技能:罗盘的用法,例如利用六分仪确定方位,以及所有地理测量仪器的使用。他也学了热带病的防治与外伤急救,甚至还学会了一点儿波斯语,谙熟伊朗和伊拉克的风土

第22章 尼姆鲁德土丘下的宫殿

奥斯汀·亨利·莱亚德
(Austen Henry Layard, 1817—1894)

人情。

1839年,莱亚德告别了位于伦敦的办公室,踏上他的第一次东方之旅。不久,他就展现出他的大多数同行望尘莫及的才能:他不仅仅善于挖掘,而且文笔出众,更能形象生动地记录下他的所作所为。

让我们看看他是怎么写的:

1839年秋和1840年冬天,我走遍了小亚细亚和叙利亚。同行者勤奋好学,求知欲丝毫不亚于我。我们全然不顾前方的危险,两人结伴而行,携带的武器尚可防身,马鞍后的背囊装满了我们的衣物。我们自己照管马匹,若是碰上热情好客的土库曼村民或者住在帐篷里的阿拉伯人,就交由他们代劳。就这样,我们融入了当地居民中。

回想起那些幸福的日子，我的内心便充满快意。晨曦中，我们离开简陋的小屋或舒适的帐篷，恣意按辔徐行。黄昏时，我们或许走到一处古旧的废墟，看见游牧的阿拉伯人支起了帐篷，或许来到一个没落的村庄，说不定那地方曾有过一个响亮的名字。

现在，我心中涌动着难以抑制的渴望：到幼发拉底河对岸去。因为历史和传统都把那儿视为西方智慧的发源地。大多数的旅行者都渴望跨过这条大河，考察这个地区。地图上可以看到，这片土地从阿勒颇（Aleppo）一直延伸至底格里斯河，白茫茫的宽阔的幼发拉底河是它跟叙利亚的分界线。亚述、巴比伦和迦勒底[①]还是如此神秘。和这几个名字紧紧连在一起的是伟大的国家，还有一些大城市在历史上留下的阴霾。荒漠中，巨大的废石墟荒芜凋散，全然没有古人游记中所描述的景象，无声地诉说着嘲讽。昔日强大民族的遗民验证了先知的预言，迄今他们仍在这片土地游牧，四处为家，无论犹太人还是异教徒都把这片平原视作本民族的发祥地。

3月18日，我和同伴离开了阿勒颇，依然没带向导，也没有仆从。4月10日我们到达了摩苏尔。在这座城市逗留期间，我们参观了底格里斯河东岸的巨石堆，公认的尼尼微的遗址。我们还骑马进入沙漠，探察了卡拉赫舍尔加特

[①] 迦勒底（Chaldäa），意即破土者。迦勒底人是闪米特人的一支，他们于公元前1000年初来到两河流域南部定居。迦勒底王国又称为新巴比伦王国。——译者注

（Kalah Schergat）小山岗。这也是一个巨石堆，位于底格里斯河畔，距离扎卜河①与底格里斯河交汇处约80公里。旅行途中，我们夜宿在一个叫作哈蒙阿里（Hamum Ali）的小村庄，村子周围依稀可以寻见一座古城的遗迹。我们爬上一座人造土丘，从最高处放眼望去，一片广阔的平原与我们隔河而望。平原的最东边有一排隆起的土丘，其中最高的一座呈金字塔形。平原的尽头，扎卜河隐隐若现，因为周边的地形，确认这就是扎卜河并不困难。最明显的标志就是色诺芬描述过的这座金字塔形的土丘，在它的附近，曾经有一万名士兵安营扎寨：这位希腊统帅在2200年前所看到的废墟就是这些土丘，当时这儿就已经是一座古城的遗迹了。虽然色诺芬把异族人口中古城的名字跟另一个希腊人听着耳熟的名字混淆了，称之为拉里萨（Larissa），但传统习俗还是暗示了它的源起。这座城市为尼姆鲁德（Nimlud）所建，属于人类最早的定居地，其遗迹也因此称为尼姆鲁德。

莱亚德并没有立刻深入考察这些承载着悠长历史的神秘土丘。但是他已经为之深深吸引，他围着土丘往复徘徊，不时地抚摸着它，就像守财奴抚摸上了锁的钱箱。在游记中，他也一再回忆起这个地方，并且尝试着用不同的词语来描述它：

"这是一处巨大的毫无形状可言的大土丘，现在杂草丛生，

---

① 扎卜河（Zab），是底格里斯河两条支流共有的名称，分别为大扎卜河和小扎卜河。文中指的是大扎卜河。——译者注

除了几处几乎垂直的坡面有冬雨冲刷出来的沟壑,裸露出它的真颜,再无人至的痕迹。"另一页上他又写道:"看看眼前这些荒芜残破的土堆,旅者已然无法用言语勾勒出它们的形状。"

莱亚德还将他在叙利亚所见到的景观和废墟跟这儿的景象做了一番比较:"别处的断壁残垣虽为丛生的杂草半遮半掩,依然可以看出昔日的精雕细琢,而这儿却只剩下了一处看不出原来形状的颓败的土堆,就像是一个小山丘凸立在被灼热的阳光烤焦了的荒原上。"

虽然很快就得踏上返程,但是倘若不满足一下好奇心,他总是心有不甘:"阿拉伯人中流传着这样一个传闻,说废墟里可以找到很多用黑色石头雕刻而成的奇形怪状的雕像。底格里斯河右岸的一段重要地带遍布着很多土堆、砖堆,我们花了一天的工夫对它们进行勘察,但是,绝大部分时间都徒劳无果。"

最后,他总结说:"相比于巴勒贝克神庙①和爱奥尼亚②的戏院,亚述这个地方众多的土堆给我留下了更为深刻的印象,促使我要更加认真地思考下一步计划。"

有一个土丘引起了他的特别关注,不光是因为它体积大,占地广,更重要的是它所在位置的名字。这是一个莱亚德熟悉的名字,一个直接让他联想到"人类摇篮"的名字,正如他在游记中

---

① 巴勒贝克(Baalbek)神庙是黎巴嫩著名古迹。贝克,意思是"城","巴勒贝克"意为"太阳城",公元前2000多年腓尼基人崇拜太阳神巴勒而修建这座神庙,使之成为祭祀中心。——译者注

② 爱奥尼亚(Ionien),是古希腊时代对今天土耳其安纳托利亚西南海岸地区的称呼。这个名字来自公元前2000年后期在爱琴海岸定居的爱奥尼亚人的部落。——译者注

所写，这儿叫作尼姆鲁德，是《圣经》中提到过的地方。

《创世记》第10章中记载，古实①是含②的儿子，含的父亲就是挪亚③。在人类遭受大洪水的惩罚之后，挪亚和他的三个儿子、儿媳以及各种各样洁净的、不洁净的畜类开始繁衍新生，古实生宁录④：

> 他为世上英雄之首。他在耶和华面前是个英勇的猎户，所以俗语说，像宁录在耶和华面前是个英勇的猎户。他国的起头是巴别、以力、亚甲、甲尼，都在示拿地。他从那地出来往亚述去，建造尼尼微、利河伯、迦拉和尼尼微迦拉中间的利鲜，这就是那大城。

但是莱亚德不得不回去了，因为微薄的旅资已经花费殆尽。他去了君士坦丁堡。在这儿，他结识了英国公使斯特拉特福·坎宁（Stratford Canning）爵士。莱亚德日复一日跟他讲述那些位于摩苏尔周边的神秘土丘，而且谈得越来越迫切，因为在此期间，保罗·埃米尔·博塔在科尔萨巴德附近的发掘已经吸引了全世界的关注。当然，莱亚德激情澎湃的描述和洋溢的热情也并不是完全没有打动公使。有一天，坎宁爵士送给他60英镑，此

---

① 古实（Chus），《圣经》中努比亚人的祖先。——译者注
② 含（Ham），《圣经》中挪亚的儿子，相传为非洲人与亚述人的祖先。——译者注
③ 挪亚（Noah），又称诺亚，是挪亚方舟的建造者。——译者注
④ 宁录（Nimrud），即尼姆鲁德，《圣经》中译为宁录，是挪亚的曾孙，总是跟耶和华作对。《圣经》记载，在洪水之后，他自封为王，大兴土木，成为人类历史上第一个统治者。宁录既跟上帝作对，又是巴比伦的王，而且兴建了八座城，包括巴比伦。——译者注

时28岁的他结束第一次中东之行业已五年之久,而在同一时间,博塔在科尔萨巴德已取得了最辉煌的成果。60英镑!对于莱亚德的宏伟规划而言,这实在是微乎其微,他矢志超越博塔的成就,然而博塔不仅有法国政府的支持,还因在摩苏尔挂职享有固定的官俸。

1845年11月8日,莱亚德乘船沿底格里斯河南下,着手挖掘尼姆鲁德的土丘。

他感到压力重重,因为要面对的不仅仅是经费不足的问题,毕竟距离他上次踏上这片土地已经有五年时间了,等待他的还有各种完全不同的困难。当莱亚德下了船,他才发现这个地方已是战乱频仍。其时,两河流域正处于土耳其的统治之下,而且刚换了一名总督。所有的总督似乎都承袭着同样的恶劣品性,他们把治下的土地看作供其剥削的源泉,把当地的居民视为会下金蛋的母鸡或者奶牛,吃的是草,挤出的却是奶。有关他们的趣闻逸事自古罗马起便多有记载。

这位摩苏尔的新任总督的统治是纯亚洲式的。关于他也不乏记载,有一本故事集似乎就取材于他。书中的他是一个典型的恶霸,就连外表也无不彰示着那丑陋的内心。他是个独眼龙,只有一只耳朵,而且又矮又胖,满脸痘疮。他讲起话来又凶又狠,举止粗鲁冲动,同时多疑成性,似乎总有人伺机在背后暗算他。他又是一个诡计多端的暴虐狂,害人的招数层出不穷。上任伊始,他颁布的第一批政令中有一条就是征收"牙税"。相比之下,欧洲的"盐税"就不算什么了。他晓谕百姓,因不得不食用这儿的粗饭劣肴,他的牙齿受损甚至可能拔牙,征税是为了补偿他本人的牙齿损耗和偿付拔牙的费用。与后来发生的事情相比，这不过是一幕滑稽的序曲。他的恶行令人胆寒。他的惩戒方式就是抢掠一空，城市遭到大肆洗劫，村庄则被恣意焚烧。

暴政之下必有谣言，而弱者则充当了这些谣言的传播者。某一天，摩苏尔有几个人听说，真主已经洞察了民情，帕夏很快就会下台了。没几个小时，这个消息就传到了总督的耳朵里。他灵机一动，很快有了主意，灵感或许来自意大利一本古老的小说。薄伽丘（Boccaccio）曾经写过一个类似的故事，但最终的结局是皆大欢喜。

接着，总督在一次出巡时假装病倒，当随从急匆匆地把他送到府邸时，他似乎已经奄奄一息了。目击者奔走相告，这个消息就像长了翅膀一样飞速地传遍了大街小巷。第二天，总督府的大门紧闭，从府墙内传来了护卫和家臣们单调的恸哭声，这时人群中爆发出了阵阵欢呼："赞美真主！帕夏死了！"总督府前很快就聚集起了一大群人，他们高呼着、狂喊着，诅咒着这个十恶不赦的暴君。就在这时，府门突然打开了，门内站着又矮又胖面目可憎的帕夏：一只瞎眼蒙上了眼罩，满脸的痘疮像筛子一样，因诡计得逞嘴角挂着狞笑。

他一个示意，士兵们便冲向惊呆了的人群。一场灭绝人寰的报复开始了，人头纷纷落地。在暴虐的同时，他贪婪的本性也暴露无遗。他没收了所有叛乱者的财产，同时侵吞了此前他的横征暴敛尚不能染指的所有人的财产，借口就是这些人"散布流言，有损土耳其的权威"。

人们终于奋起反抗了。摩苏尔周边荒原上的各个部族纷纷起义。他们各自为战，毫无组织性，采取的方式就是以暴制暴，以抢掠对抢掠。因此，再没有一条路是太平的，外国人的生命安全毫无保障。就在战乱时期，莱亚德为了挖掘尼姆鲁德的土丘，登上了这块土地。

莱亚德迅速分析了当地的局势，不到几个小时，他就意识到，决不能在摩苏尔透露他的计划。于是他买了一支重型猎枪和一把短矛，逢人便讲，他要到河谷对岸去打野猪。

几天后，他租了一匹马，向尼姆鲁德方向出发了，沿着这个方向最近的村庄住着掠夺成性的贝都因人。

接下来发生的事情简直不可思议：还没到晚上，他就跟距离尼姆鲁德土丘最近的部族的一个首领阿瓦德（Awad）交上了朋友。他甚至还以相当低廉的价格雇到了六个当地人，次日一早，他们就会去帮他搜寻"山肚子里"的东西。

是夜，莱亚德躺在帐篷里辗转反侧，毫无睡意：明天就知道他是不是还能这么幸运了。明天就可以吗？也许得几个月以后……博塔不是白挖了一年吗？

然而事实是，24个小时之后，莱亚德就已经挖到了两座亚述宫殿的宫墙。

一大早，他就爬上了土丘。四处寻查时，他发现到处都是刻有印章式铭文的砖头。他的新朋友，贝都因人的首领阿瓦德让他注意到，有一小截雪花石膏板露在土层外面。于是他决定就从这儿挖起。

七个人动手干了起来，很快就在土丘上挖出了一条长长的坑道。没几个小时，他们就有了第一批发现，那是几块垂直立在土

第22章 尼姆鲁德土丘下的宫殿

里的雪花石膏板，这些是墙体基座的残垣，上面雕刻有图案，也就是房间的护墙，从上面雕饰的华丽程度可以看出，只有宫殿才可能有这样的房间。

莱亚德将他的小团队分成两组。突然间，他既担心错过一个可能出土更丰富文物的发掘地，同时又希望能够挖出完整无损的宫墙，因为刚挖出的残块有被火烧过的痕迹，于是他让三个人从土丘的另一面开始挖起。他手中的铁锹再次表现出了探矿杖般的准确性。很快他又发现了一堵墙，上面有浮雕饰层，每两组浮雕由刻着铭文的装饰板隔开。莱亚德断定这是另一座宫殿的墙脚。

要想了解莱亚德在这个11月中发掘出的古文物到底是什么样子，还是看一下他自己如何描述这一段饰有浅浮雕的墙基吧：

这儿刻画了一幅战争场景，画面上是两辆奔驰中的马战车，每辆车上各有三名兵士组成一队。为首的兵士没有胡须，显然是个阉人，他身披全副甲胄，头戴尖盔，头饰跟诺曼人的很像。左手撑满弓，右手将弓弦拉至耳后，引箭待发，腰间宝剑在鞘，剑鞘末端与两头狮子都雕刻得极为精细。战车中余下二人，一个负责驾车，手持缰绳和马鞭，驭马疾驰，另一个手持圆形盾牌，用以挡住敌人射来的弓箭，盾牌很可能是由黄金锻造而成的。我惊异于浮雕的精美与华丽，不管是人物还是马匹，四肢及肌肉线条都雕刻得真实而细腻，人物的编排和整体的布局所体现出来的高超技艺也令我由衷叹服。

亚述贵族猎狮

今天，欧美各国的博物馆都陈列着这类浅浮雕。参观者通常只是瞥上几眼便过去了。然而这些浮雕是值得仔细观察的，因为它们采用的是现实主义手法，对主题刻画得极为详细，如果仔细观察过几十幅作品，就能够深入了解那时人们的生活，主要是《圣经》上所提到的那些暴君的生活。

在摄影技术发达的今天，海量照片使得学校里的孩子都会对这些雕刻品多少有点儿印象。但是，当莱亚德跟他那几个工人在荒漠之中辛苦挖掘、饱受风吹之时，只有博塔送去巴黎的雕刻跟上述浅浮雕有所类似。可想而知，莱亚德将它们挖了出来，拭去沉积在上面数千年的尘土时，面对的是全新的事物，这令他无比激动。

今天必须要清楚的是，对于欧洲世界而言，笼罩在两河流域之上的迷雾几乎是在一瞬间被揭开的：1843年，罗林森在巴格

第22章 尼姆鲁德土丘下的宫殿

达苦心钻研如何破译贝希斯敦铭文；同年博塔在库云吉克和科尔萨巴德展开发掘工作；1845年，莱亚德开始在尼姆鲁德进行挖掘。光是贝希斯敦铭文就让我们对波斯波利斯的统治者有了更为准确的了解，远远超出了迄今为止所有古代作家留下的资料的总和。而且今天，我们可以毫不夸张地说，我们对亚述和巴比伦历史的认识，对巴比伦和尼尼微这两座城市兴衰的了解，相比古代文化鼎盛的古希腊罗马时期要深刻得多，超过了所有古希腊和古罗马的历史学家，尽管他们生活的时代距离那段历史要比我们早上两千多年。由此可见，这三年的工作成果是多么辉煌！

阿拉伯人见莱亚德每天望着那些破碎的旧石膏板、对着那些雕刻和破砖头欣喜若狂，觉得他简直就是个疯子。但是，只要他付钱，他们就乐于帮他卖力地挖下去。然而在考古学领域具有开创性的先锋人物在成就他们事业的过程中都不是一帆风顺的。考察总是伴随着冒险，科学也无法回避风险，无私的奉献者通常会遇到阴险狡诈的小人。莱亚德也不例外。但是莱亚德是一个很机灵的人，颇有交际手腕。

挖掘工作进展很快，眼看着成功在望，莱亚德觉得最短暂的休息都是在浪费时间。就在这时，有一天，他的首领朋友阿瓦德把他拉到了一边儿，眼中闪着一丝狡黠，又暗示着赞同，他转弯抹角，一口一个真主，脏乎乎的手指捏着一个有着镀过金箔痕迹的小雕像转来转去，说来说去就是要让莱亚德明白，他大概知道这位尊敬的法兰克人要挖的是什么东西。他祝莱亚德交好运，能找到土丘下埋藏的所有金子，他并不怀疑莱亚德也会让自己分一小杯羹。不过一定要特别小心。因为工人中总有些蠢人管不住自己的舌头。莱亚德千万不能让挖出东西的事传到摩苏尔帕夏的耳朵里。说到这儿，他伸展双臂，以示帕夏的耳朵有多长。

但是，恶霸不仅自己耳朵长，而且耳目众多。这些奴才们把他当作神，死心塌地只为满足他的淫欲，一旦听到些风吹草动，立刻汇报给他们的主子。不久帕夏就开始对莱亚德表示起关心。他派来了一位军官和几名士兵。他们走过场地看了看莱亚德带人挖出的坑道和已经出土的雕刻，表示他们已经听说了某些地方有痕迹显示埋有黄金。然后，军官不忘礼节地传达了帕夏的命令，禁止再继续挖下去。

在这项宏大工程初显成绩之时，稍微耽搁些时间都会激起莱亚德的怒火，如今全面禁止，他的反应也就可想而知了。他纵身上马，向摩苏尔飞奔而去，似乎在追逐猎物，他要求立刻谒见帕夏。

他得到了召见，同时也见识到了一个东方人难以捉摸的多面性。帕夏举手起誓：当然他是非常乐意帮助莱亚德的，甚至愿意为他做一切事情，他钦佩法兰克人，尊重他们的民族，非常希望跟他们交朋友，今天如此，明天如此，直至生命终结，真主把他召回的那一刻。但是，想在那儿继续挖掘？这是不可能的。那儿是古代穆斯林的墓地。如果莱亚德仔细查看一下，就会找到墓碑。在所有虔诚的信徒看来，莱亚德的行为不啻一种亵渎。他们会群起围攻莱亚德，也会反对他这个帕夏，到那时，即使他想保护这位来自异邦的朋友，也是爱莫能助。

莱亚德的觐见是低三下四的，然而这种卑躬屈膝也没能换取丝毫成果。晚上，他坐在小屋前，觉得自己的工作是一子错满盘皆落索。原来他从帕夏那儿一回来,就立刻奔至土丘,仔细查看,是否真如那个恶霸所说,此处有穆斯林的墓碑。帕夏说的没错!当他在一个很偏僻的地方找到一块墓碑后,就闷闷不乐地掉头走了。他慢腾腾地走回住处,不停地思考,还有什么事儿可做。但是,这些本不是他现在该做的事情。他本该更仔细地查看那些墓碑,白天去见帕夏之前他就有机会先去查看一番的。他现在也不该躲回他的小屋里;就因为躲在屋里,他在第二天夜里错过了一幕好戏,如果看到了,他就会重新审视跟帕夏的谈话了。在这两个夜里,他原本有可能看到人影幢幢,蹑手蹑脚,通过小道奔向尼姆鲁德土丘,不时地传出喘息声以及石头轻轻碰撞的声音。他们成双成对地来,又成双成对地走,整整两夜都没有消停。难道他们与埃及的盗贼同属一类吗?如果是盗贼,他们在这儿又能劫掠到什么呢?这儿除了又沉又重的浮雕实在没什么可偷的。

莱亚德一定是具有某种不同寻常的魅力,绝对是精通交际艺术的大师。第三天早晨,他骑马来到土丘,正好碰到向他传达禁令的军官,他很快就跟那人攀谈上了。毋庸置疑,他打动了这位军官,令此人感到彼此很亲近。于是他私下告诉莱亚德,他跟手下奉帕夏之命不得不苦干了两夜,把附近村庄的墓碑都弄到了尼姆鲁德土丘。

他说:"为了伪造墓碑,使你不得在扎卜河和赛拉米亚(Selamijah)之间做出亵渎之事,我们破坏了更多的虔诚信徒的坟墓。我们和我们的马匹都累得要死,才把这些该死的石头弄过来。"

这个信息令莱亚德非常吃惊,不过他要是多加留意,会知道得更加及时,就在他考虑如何充分利用这一新情况之前,他的所有难题都以一种完全不同的，而且是意想不到的方式彻底解决了。因为在这次畅谈后不久，他就只能在监狱里见到这位帕夏了，银铛入狱的那个人并不是莱亚德！善有善报恶有恶报，恶人很少有长寿的，等待帕夏的不仅是调离原职，还有对他恶行的清算。莱亚德在一间漏雨的牢房里见到了他。他痛诉着："上帝造物竟是这个样子，昨天这些狗奴才还在亲吻我的双脚，今天就把所有东西都往我身上砸！"他看了看天花板："甚至连雨都来砸我！"

随着帕夏的倒台，莱亚德得以自由地开展工作。有一天早晨，工人们激动地从第二个挖掘处，也就是土丘的西北角，冲了过来。他们挥动着手中的锄头，叫喊着，甚至舞动起来。他们的表情很怪异，似乎是惊喜交加。"快来啊！先生！"他们喊道，"伟大的真主啊，他的先知穆罕默德！我们发现了尼姆鲁德，尼姆鲁德本人！我们亲眼看到了他！"

莱亚德急忙奔了过去，满怀的希望令他步履如飞。他并没有相信工人们说的。但是博塔的成就又使他心中燃起希望。莫非出土的也是类似博塔发掘的那种精美的半人半兽像？

接着，他看到了这座尚未完成的巨型雕像。这是用雪花石膏雕就的一只飞狮的巨大头像。"雕像保存得极为完好。表情静穆而威严，面部轮廓展现了娴熟的雕刻技法以及对雕刻艺术的深刻认识，这种技艺在如此早期的作品中实在是难得一见。"

莱亚德被深深感动了。后来他写道：

> 我花了几个小时来观察这些神秘的充满象征意义的雕

第22章 尼姆鲁德土丘下的宫殿

奥斯汀·亨利·莱亚德的工人在尼姆鲁德的亚述国王亚述纳西帕尔二世的王宫发现了一个门将的头像

像,并且一直在思考它们的意义和历史。这个民族会将哪些比人类更尊贵的形象供奉在神庙呢?那时天启宗教①尚未存在,人们要想表现某种至高无上的生物是何等智慧、多么强

---

① 天启宗教指三个世界性宗教:犹太教、基督教、伊斯兰教(按出现时间排列)。——译者注

大而且又无所不在，他们会从自然界中借用哪些比较突出的形象呢？很可能他们发现，人首最能体现理智和认识，狮身最能展示力量，而鸟儿的飞翔最能代表无所不在。这些人首飞狮并不是毫无意义的艺术作品，也不仅仅是想象力的产物，它们的形象最好地表达了内在的含义。它们令3000年前盛极一时的民族世世代代都充满敬畏，汲取它们的智慧。国王、祭司和武士都要经过它们据守的大门，向它们的祭坛献上祭品。此后过了很久，东方的智慧才广泛流传至希腊，希腊神话才能够吸收这些亚述的圣人早已熟悉的形象。人首飞狮很可能在永恒之城①建立以前就深埋地下了，它们的存在很可能也无人知晓。它们在人类的眼皮底下埋藏了2500年，现在终于重见光明，再现它们古时的威严。然而它们周围的景象已经彻底改变。昔日那个强大民族的奢华和高度文明早已不复人间，如今取而代之的是几个半开化部族的贫穷和无知。曾经华丽的庙宇和富裕的大都市也早已化为废墟和毫无形状可言的大土堆。现在，在当年供奉它们的殿宇之上，开垦出了道道犁沟，庄稼随风轻轻摇曳。埃及也不乏了不起的古迹，但是，几个世纪以来它们一直矗立在那儿，诉说着过去的辉煌和荣耀。而我面前的这些古文物才刚刚出土，也正是为了验证先知的话："亚述王曾如黎巴嫩中的香柏树，枝条荣美，影密如林，极其高大，树尖插入云中。"②

---

① 永恒之城指罗马，公元前8世纪开始筑城堡，后逐渐形成早期罗马城。——译者注
② 见《圣经·以西结书》第31章第3节。——译者注

第22章 尼姆鲁德土丘下的宫殿

《圣经·西番雅书》第2章第13至15节就是以这个可怕的预言作为终结:

> 耶和华必伸手攻击北方,
> 毁灭亚述,
> 使尼尼微荒凉,
> 又干旱如旷野。
> 群畜,就是各类的走兽必卧在其中,
> 鹈鹕和箭猪要宿在柱顶上,
> 在窗户内有鸣叫的声音,
> 门槛都必毁坏,
> 香柏木已经露出。
> 这是素来欢乐安然居住的城,
> 心里说:"唯有我,除我以外再没有别的。"
> 现在何竟荒凉,
> 成为野兽躺卧之处。
> 凡经过的人,
> 都必摇手嗤笑他。

这个预言在很多世纪以前就已经成为现实。但是现在,莱亚德又使得灾难过后的遗迹浮出地面。

挖出古物的消息迅速传开了,这个东西或多或少都让土生土长的当地人感到了惊恐。远近的贝都因人纷至沓来,有一个族长甚至带来了一半的部族,所有来人纷纷鸣枪,枪声迭起,好似在演奏一首气势恢弘的幻想曲,借此向一个自远古就已经陷落的世界表达敬意。他们都是骑马来到挖掘现场的,看到这座历经数世纪因雨水渗透而泛白的巨大头像,立刻举起双臂,高呼上帝。

莱亚德向族长百般解释,终于说服他下到挖出的坑洞里,让他相信眼前所看到的既不是魂灵,也不是可怕的神怪,亦不是他们所说的上帝。族长看毕,却惊呼道:"这不是人力所能为,而是那些传说中的巨人造的,伟大的先知,愿他安息①,提到过他们,说他们比最高的枣树还要高大,他们是挪亚,愿他安息,在大洪水前诅咒的神祇之一。"

在此期间,最早看到巨大头像的阿拉伯工人中有一个显然被吓到了,他丢掉手中的工具仓皇而逃,一直跑到了摩苏尔。在那里,他逢人便说,伟大的尼姆鲁德从坟墓中走出来了,这个消息在集市中引起了巨大的骚动。

当地的审判官很关心这件事情,他立刻审讯了这个逃跑的工人。发现的究竟是什么?尼姆鲁德的尸骨,遗骸?或者只是他的立像,也许就是人工雕刻的东西?他征求法典说明官的意见。法典说明官主要是从神学的角度考虑这一事件,他试着要弄清楚,人们是不是必须要把尼姆鲁德看作虔诚的信徒抑或毫无信仰的狗。

新任总督,也就是那个恶霸帕夏的继任者做出了一个英明的决定。他托信给莱亚德,对待"遗体"无论如何都要怀有敬畏之情,须暂时停下所有的挖掘工作。

---

① 穆斯林提到先知时,在其名讳后加上"愿他安息",以示敬意。——译者注

第22章 尼姆鲁德土丘下的宫殿

这已不是莱亚德第一次听到禁令了。他设法得到了总督的接见，并且令总督相信，继续进行挖掘工作绝不会伤害真正信徒的感情。这个时候，土耳其苏丹在伊斯坦布尔颁布的诏令终于到了，这使得莱亚德的工作再不会受到当地政府机构以及阿拉伯人宗教良知的干扰。

现在，雕刻品一件接一件地重见天日。很快，从土中挖出的飞狮和飞牛已经超过了13对。莱亚德在尼姆鲁德土丘西北角慢慢挖出了一座雄伟的建筑，作为发现者，他的声誉也因此远远超过了博塔，后来，这一建筑被考证为亚述纳西帕尔二世的宫殿，就是这位国王将都城从亚述古城迁到了卡拉库①这个地方。亚述纳西帕尔二世跟他的前任和继任者一样，秉承了尼姆鲁德的精神力量，《圣经》中描写尼姆鲁德时说，他"在耶和华面前是个英勇的猎户"。莱亚德在宫殿中发现了一些描绘狩猎场景的浮雕，其中的动物雕像采用了自然主义的表现手法，自从亚述纳西帕尔二世的王宫在欧洲广为传知，这种艺术手法赋予了一代又一代的现代艺术家新的灵感和创意。狩猎是亚述贵族的日常活动。不管是泥板，还是雕像，或者铭文都描绘了这种狩猎活动。亚述人建起了动物公园，并把它称为"天堂"，这也是现代动物园的前身。他们在露天的兽苑里放养羚羊和狮子。他们还举行围猎，并且用网来捕捉猎物，今天，这种方式在世界上的任何一个角落都很难看到了。

最令莱亚德发愁的就是，他怎样才能把其中几个巨型雕像完

---

① 卡拉库（Kalchu）即尼姆鲁德。——译者注

好无损地运到伦敦去。当年夏天恰好庄稼歉收，随时都有可能群盗四起，袭击摩苏尔周边的地区。虽然莱亚德在当地已经认识了不少朋友，但他的计划还是加速进行为妙。

有一天，一大群阿拉伯人和迦勒底人在靠近摩苏尔的一座半朽的浮桥奔上奔下，他们正在拉一辆又大又笨的板车，有的推，有的拖，有的牵。这辆车如此巨大，两头强壮的公牛都很难拉动。这个庞然大物是莱亚德让人在摩苏尔赶制的。因为当时能够使用的辅助工具非常少，在这种情况下，执行这项计划有很大的风险，所以他精心挑选了两座雕像——一座飞牛，一座飞狮——作为第一批货物。在所有雕像中，这两座不仅是保存最为完好的，也是体积最小的。

光是把这座飞牛像从废墟堆里弄出来，就需要从挖掘地到土丘边缘挖一条长30米、宽5米、深7米的大沟。莱亚德为这项艰巨的工程愁肠百结时，阿拉伯人却像过节一样欢欣鼓舞。他们跟埃及工人不同：当布鲁格施-贝伊骗那些埃及人将古代国王的灵柩沿尼罗河而下运到开罗时，埃及人一路唱着挽歌，满怀悲痛。这些阿拉伯人却借机释放自我，发出震耳欲聋的欢呼声。在这样热烈的气氛下，巨型雕像被滚到了车上。

莱亚德顺利地完成了第一步工作，当他晚上骑马返回住处时，阿卜杜-厄-拉赫曼（Abd-er-Rahman）族长陪他同行。莱亚德记录下了族长一路上所说的话：

> 了不起！了不起！世上肯定只有一个真主，他的先知是穆罕默德！先生，看在真主的份儿上，请你告诉我，你要用

第22章 尼姆鲁德土丘下的宫殿

这些石像做什么？为了挖这些东西你花了那么多钱！真的像你所说，你们的民族会从它们那儿学到智慧？还是像审判官大人说的，它们会运往你们女王的王宫，这些神像将会接受女王跟其他不信真主的人的朝拜？因为如果说智慧，这些雕塑不会教给你们如何制作更好的刀剪，如何纺出五颜六色的衣料，英国人正是在生产这些东西方面展现了他们的智慧。但是，伟大的真主！这不过是些石像，自圣人挪亚（愿他安息）的时代起它们就被埋在了这儿。也许它们在大洪水以前就已经埋在地底了！

我在这个地方生活了许多年。在我之前，我的父亲，我父亲的父亲就已经在这儿扎起了帐篷，安下了家，但是他们从来没有听说过这些雕像。1200年以来，真主的虔诚信徒就定居在这片土地了，真主万岁，只有这些虔诚的信徒才拥有真正的智慧，他们当中没有人听说过曾经存在着一个地下宫殿，甚至在他们之前生活在这儿的人也没有听说过。这时候来了一个法兰克人，他从一个遥远的国家长途跋涉来到这儿，正好就到了这个位置，他拿了一根棍子这里画条线，那里画条线。

他说，这儿是宫殿，那儿是大门，他还让我们看了一些东西，它们自我们出生时起就埋在我们脚下，而我们对此却一无所知。

了不起！了不起！这些都是你从书里学来的？还是有魔法？或者是你们的先知说的？

说说吧，先生！告诉我智慧的秘密！

夜幕降临了，尼姆鲁德土丘边上依然响彻着吵嚷声和喧闹声。人们伴着音乐，跳着舞蹈，在鼓钹齐鸣之中欢庆成功。那座灰白色巨大的飞牛雕像静静地躺在车上，注视着这个变了样的世界……

第二天早晨就要把雕像运到河边。但是车子太沉，水牛根本拉不动，莱亚德只好找人帮忙。族长不仅提供了人手和缆绳，还亲自跟莱亚德骑马在前面带路。一队人边走边舞，敲锣打鼓地跟在他俩后面，锣鼓声震耳欲聋，俨然是一个颇有规模的乐队在演奏。

300个人拉着车紧随其后。他们拼命地喊着号子，卫兵和监工不断催促他们前行。队伍最后跟着一批女人，她们尖声呼喊，鼓舞着这些阿拉伯人。阿卜杜-厄-拉赫曼手下的骑兵围着这支队伍表演着各种骑术，他们忽而奔前忽而撤后，佯装战斗。

然而行程并不是一帆风顺。车子在途中陷住了两次不说，将雕像装上木筏时着实把莱亚德吓出了一身冷汗。他以前也曾用木筏将一些浮雕运回国，但它们的重量要比这次轻许多，所以难度不及这次的一半。上次是先从摩苏尔运往巴格达，接着转运到位于波斯湾边上的巴士拉，在那儿将浮雕装上远洋船，因为利用了所有的技术手段，装船成了全程工作中最轻松的一步。但是这些飞兽实在是太沉了，而且在巴格达转运期间，莱亚德无法进行监控，所以他想避开这一步，直抵巴士拉。

摩苏尔的船夫还从未撑船到过巴士拉，他们近乎哀求地断然

第22章 尼姆鲁德土丘下的宫殿

拒绝了这个要求。凑巧的是,有一个巴格达的船夫因为欠下巨债面临着牢狱之灾,看在莱亚德愿意支付高额酬金的份儿上,他愿意冒险送一趟。雕像成功运达,并没有重蹈博塔的覆辙,因运输不慎致使雕像不幸沉到了底格里斯河底。

就这样,这一对人首翼兽巨型雕像在沉寂了2800年以后踏上了旅程。它们乘木筏在底格里斯河顺流而下数千公里,因为苏伊士运河直到1869年才通航,所以它们随后要绕过非洲,穿越两个大洋,行程近2万公里才得以最终抵达伦敦,从此以后便在大英博物馆安家落户。

在莱亚德暂时停止挖掘工作之前,他似乎拿着笔记本最后一次巡视了发掘现场。他记下了那里最后的景象,并将这些文字收录进几年后令他声名鹊起的著作《尼尼微和它的遗迹》:

> 我们登上这座人造土丘,地面上连一块石头的影子都没有,丘顶只是一片宽阔平坦的土地,上面要么种着大麦,摇曳着饱满的麦穗等待收割,要么就是干涸的黄土地,除了稀疏的几簇驼刺,再没有什么植被。有的地方还可以看到一堆堆低矮黑色的东西,几缕青烟从其间袅袅升起。那是阿拉伯人的帐篷,周围有几个衣衫褴褛的老妪,蹒跚着捡拾驼粪和枯枝。还有一两名少女,肩上扛着水罐或者头顶一束稻秆,身姿挺拔,步履矫健,或许是刚刚爬上丘顶。
>
> 侧面似乎有一队队的人从地下走出来,他们蓬头垢面,头发飞散,身上只披着轻薄而宽松的长衫,有几个人蹦蹦跳跳地,还不忘嬉笑打闹,但所有人都像疯子一样跑来跑去。

他们每人都提着一个筐，一跑到土丘边上，立刻把筐里的东西倒出去，引起了阵阵尘土飞扬。随后他们竭力飞奔而回，仍是一路连喊带跳，把筐子顶到头上晃来晃去。然后他们又像突然间冒出地面一样，突然间消失了。他们就是负责清理废墟中灰土的工人。

现在，我们打算下到坑道中去，于是踏上了在土中粗粗挖出的台阶。大约下了20英尺的样子，我们就突然置身于一对人首飞狮之间，这是通往宫殿的一个大门。地下巷道纵横，充满着喧闹和混乱。四下里都有阿拉伯人在往复奔跑，有的手提土筐，有的则给同伴送水。那些身着条纹罩衫、头戴奇特锥形帽的迦勒底人挥镐刨着坚硬的土地，每刨一下都会扬起厚厚的灰尘。时而从远处的土丘传来库尔德音乐狂野的旋律，正在劳作的阿拉伯人一听到乐声，立刻喊着号子和唱起来，浑身又充满了力量。

我们从人首飞狮像间穿过，步入中央大厅的遗址，只见两侧立着许多长有双翼的巨型石像，有的长着雕头，有的完全是人形，手中还拿着神秘的象征性的器物。左边还有一道大门，门两旁同样各有一座飞狮。但是其中一座横卧在地，挡住了入口，只有一个小洞刚好能从下面钻过去。穿过这道门又是一座双翼石像，还有两块浅浮雕，但是因为破碎严重，几乎看不出画面的原貌了。

虽然从这儿继续向前又挖了一条很深的坑道，但是再也没有挖到墙壁。厅对面一侧已经没有了，只剩下一堵高高的土墙。需要很仔细地查看才会发现原来墙壁的痕迹，也就是古时未经焙烧的黏土砖,现在这些砖块早就跟周围的土层一个颜色了。

很多原先倒在地上的雪花石膏板,现在已被工人抬起来,重新摆在了一处,上面雕刻着战车、骑士,还有屠杀及围攻的场景,不过重组后的浅浮雕俨然已打乱了原有顺序。也许因为工人们是第一次把这样一些小块的石膏板拼放在一处,所以我们观看时既好奇,又急不可待地想知道,浮雕还会给我们讲述哪些亚述历史上的重要事件,哪些我们尚不清楚的风俗习惯以及哪些宗教礼仪。

我们在这座具有古老历史和文化的废墟下走了大约100英尺,又来到一道门前,门口立着两尊由黄色石灰岩刻成的人首飞牛巨型雕像,其中一座保存完整,另一座早已轰然倒地碎成数截,石像的头部就倒在我们脚边。

我们继续前行,看到另一尊长着翅膀的雕像,它手中持花,或许要将花作为贡品呈献给飞牛。紧挨着这座雕像,我们还发现了八块精美的浅浮雕。有的浮雕再现了国王狩猎的场景,刻画他如何战胜雄狮和野牛,有的描绘了使用攻城槌围攻一座城堡的情境。现在我们已经到达了中央大厅的尽头,面前是一组极为精美的雕塑:两位国王立在象征着最高神祇的雕像前面,两侧有翼兽石像护卫,中间是一棵神树。这组浮雕前面有一个石头做的平台,在古时,上面有可能摆放着亚述统治者的王座,以便接见朝臣或战俘。

左侧是第四个出口,由两座石狮把守。穿过大门,面前便是一条很深的峡谷,谷北我们头顶的上方耸立着高高的废墟。靠近谷边的墙壁上刻有战俘的雕像，他们戴着耳环和手镯，手捧贡品，身后还背着猴子。两座巨大的公牛雕像以及另外两座超过14英尺高带有双翼的石像紧挨着峡谷的边缘。

因为废墟的这一面是以深谷为界，所以我们必须返回到黄色人首飞牛像。通过这两座石像蹲守的入口，我们便进入一个隔间，房间四周立有雕首石像，一端是由两个祭司或神祇守护的门道，房间侧面正中位置另有大门，守卫两侧的是飞牛雕像。不管我们现在往哪个方向走，都会通达许多房间。不熟悉这儿的人很快就会迷路。因为清理出来的灰土都堆积在房屋中间，所以整个挖掘地划分成很多狭窄的巷道。巷道的一边是雪花石膏板，另一边则是高高的土墙，有时可以看到墙里埋着花瓶碎片或者半块颜色鲜艳的釉砖。这是一条充满着艺术气息的浮雕长廊，若要漫步其中，欣赏这些奇特的雕刻和大量的铭文，大概需要一到两个小时。我们可以看到很多国王的雕像，两侧都立有阉人和祭司，同样多的还有长着双翼的神像，它们都手持松塔或法器，虔敬地站在神树前。

其他入口同样都是由一对飞狮或飞牛把守，可以通往其他房间。每个房间都会有新的东西给人以惊喜，同时也激发了人的好奇。拖着疲惫的步伐走出挖掘地，我们又站在了植被稀少的丘顶平台上，对面恰好就是进入坑道的入口，湮没已久的古建筑就这样重现人间。

莱亚德被这一切深深震撼了，他补充道："刚看过这些了不起的遗迹,此刻我们再去追忆其情其景,只觉得徒然,或许我们是为了相信,抑或是乐于相信,我们只不过做了一场奇异的梦或者听了一段东方神话而已。如果多年以后这些亚述宫殿的遗迹再次埋没于荒草之中,若有人从此经过,必然会认为,我不过是在梦呓。"

第 23 章

乔治·史密斯大海捞针

莱亚德在尼姆鲁德土丘的收获极为丰富，不仅数量可观，而且异常精美，已然超越了博塔在科尔萨巴德的成就。通常情况下，一个人在取得了如此巨大的成功之后，断然不会孤注一掷，拿自己的声誉做赌。冒险进行一次毫无必要而且极可能失败的尝试，莱亚德却偏偏反其道而行之。

挑选新的挖掘地时，有很多遍布砖石的土丘可供莱亚德选择，他最终却将目标锁定为库云吉克，博塔就是在这座土丘整整挖了一年，然而徒劳无果，几近绝望。

这个看似荒唐的决定表明，莱亚德远不只是一个幸运的发现者，总是依靠幸运之神指引方向。他已经从以往的挖掘工作中吸取了很多经验，他学会了判断土层表面沉积的厚度，懂得从极其细微的表征做出推论。

1849年秋天，莱亚德在底格里斯河对岸，与摩苏尔隔河相望的库云吉克，开始了新一轮的挖掘，结果发现了一座宫殿，它堪称尼尼微最宏伟的宫殿之一。

他让人先从丘顶打出一个垂直的坑道，挖到约20英尺深时

亚述国王亚述巴尼拔（前668—前627）猎狮。
曾用于装饰尼尼微北宫的浮雕局部

碰到了砖层，于是就从这个位置开始向各个方向挖掘水平巷道。很快就挖到了一座大厅，厅门两侧蹲守着飞牛雕像。四个星期以后，工人们就清理出了辛那赫里布（前704—前681）王宫里的九个房间，辛那赫里布是亚述帝国最强大也是最嗜血的统治者之一。

一篇篇铭文重现天日。不管是壁刻、浮雕与雕塑，还是华美的彩釉砖墙和马赛克，抑或刻在翠蓝色基底上的白色铭文，颜色多使用冷色和深色，调和成一种罕见的绚丽，其中最受偏爱的又数黑色、黄色和一种深蓝色。浮雕和雕塑都极具生动的表现力，在细节的写实方面要比在尼姆鲁德出土的雕刻品更胜一筹。

《垂死的牝狮》这幅精美的浮雕（很可能是亚述巴尼拔在位时期的作品）就出土于库云吉克。画面展现的是一头牝狮身负致命之伤，后半身已瘫软在地，仍挣扎着挺起前半身，试图站立起来，它昂头怒吼，显示出生命垂危之际的狂怒与嘶鸣。这是一幅具有强烈造型感和艺术表现力的浮雕，完全可以媲美西方任何时期最为出色的作品。

在《圣经》中，尼尼微是一座可怕的城市，但也是一座伟大而繁盛的城市，因此它相继受到先知的颂扬、毁谤和诅咒，现在，我们对它的认识早已不仅仅局限于这几位先知的话了。就在这个地方，莱亚德用铁锹揭开了它的面纱，令它重返人间。

尼尼微这个名字源于两河流域最伟大的女神宁孙（Nin）。它是一座非常古老的城市，环伊什塔尔庙①兴建，巴比伦法律的制定者汉谟拉比（前1792—前1750）就曾提到过这座神庙。但那时尼尼微一直是行省级的城市，而亚述和尼姆鲁德早已成为都城。

因为忌讳，辛那赫里布将都城从其父在位时期的亚述②迁至尼尼微，他统治下的疆土包括整个巴比伦地区，西至叙利亚和巴勒斯坦，向东一直延伸到长期无法征服的野蛮的土著民族居住的区域。

在亚述巴尼拔统治时期，尼尼微达到了鼎盛。那时，尼尼微城中"商贾之多胜于繁星"，它不仅是政治和经济中心，而且

---

① 伊什塔尔（Ischtar），是巴比伦的自然与丰收女神，名字的意思是"星辰"，在古代巴比伦和亚述宗教中象征金星，同时也是司爱情、生育及战争的女神。——译者注

② 辛那赫里布之父萨尔贡二世穷兵黩武，在连年征战中聚敛了大量财富，遂下令建立新城杜尔·沙鲁金，并迁都至此，但不久之后便死于战事。辛那赫里布即位后认为新都不祥，于是又将都城迁至尼尼微。疑似文中误将杜尔·沙鲁金当成了亚述城。——译者注

也是文化、科学和艺术的中心。但是到了他的儿子辛沙里施昆（Sin-schar-ischkun），虽然在位仅七年，就有米底①国王基亚克萨雷斯（Kyaxares）率兵攻至城下。在波斯和巴比伦军队的支援下，基亚克萨雷斯包围了尼尼微，并一举将它攻下，城墙和宫殿都被夷为平地，只留下一片废墟。

这件事发生于公元前612年，至此尼尼微作为亚述的都城不过90年就遭到了毁灭。但是在这90年间一定发生了某些事情，所以其声名在2600多年以后仍如往昔般显赫，这个名字象征着威荣，在这个名称背后，骇人暴行和强大力量，骄奢淫逸和高度文明，繁荣兴盛和突然衰落，肆意犯罪和量刑公正相悖而共存。

今天我们知道了真实的历史。若将考古挖掘和解读楔形文字有机组合在一起，我们就会对辛那赫里布和亚述巴尼拔以及他们之前或之后的亚述帝国统治者的生平有了深入了解，因此我们现在可以有根据地说：

尼尼微在人类记忆中留下的印象几乎全是屠杀、劫掠、压迫、恃强凌弱、战争和各种各样的恐怖事件，以及统治者们肆意杀戮惹来的惨祸，那些统治者只懂得施行暴政，因此很少有人正常死亡，总是被更为残暴的人所替代。

尼尼微就是亚述的罗马，一座迅速崛起的城市，伟大的城市，世界性的城市；一座拥有众多宏伟宫殿、大型广场和宽阔街

---

① 米底王国，是一个古伊朗王国，领土面积最大时西起小亚细亚以东，东至波斯湾北部。米底人隶属印欧语系，是第一批在伊朗高原地区定居的民族。亚述帝国曾入侵伊朗高原试图将他们征服，也因此促使米底各部落走向联合，从而形成了米底王国。——译者注

道的城市；一座不断实现技术革新的城市；一座统治阶层人数寡少的城市，不管他们的权力来自血统、门第、阀阅，还是来自金钱、武力，抑或上述所有因素的精妙混合体；尼尼微也是一座饱受欺侮、毫无权力的穷苦大众的城市，虽然在那些巧言令色的口号鼓吹下，他们恍若一再被赋予自由，但他们其实就是奴隶，必须工作，就像口号中所说：为全体大众的幸福工作，为民族的兴盛战斗。这些毫不安定的人群，就像20年一轮回的潮汐流，在社会革命和惬意屈从间反复，他们盲目而虔诚，如同这些城市中宫廷上的献祭品，乐于献出生命。包括尼尼微在内的这些城市不再只信奉一个神，而是相信很多神明，但这些神明通常是水月镜花，早已失去了原有的神力。这些城市充满了谎言和煽动性的口号，把政治视作持久的欺骗的手段。

尼尼微就是这样一座城市。

它矗立在这片土地上，远远就能看到熠熠生辉的王宫的正面，底格里斯河也倒映着它的倩影。王宫有外墙包围，这是一座高大的城墙，取名为"威严之光杀敌人亡魂丧胆"。城墙建于方石筑成的地基之上，厚度达10米，由40块砖砌出，高度为24米，共100块砖。外墙共15座城门，绕墙有宽42米的护城壕，通往"花园门"①的石拱桥堪称当时建筑艺术的奇迹。

王宫西侧的豪华宫殿得名"盖世无双宫"，为辛那赫里布所建。他命人把所有阻碍新的建筑计划的旧房屋统统拆除，就像当年的奥古斯都，硬生生把罗马城从砖建筑改成大理石建筑。

---

① 花园门，为尼尼微的十五座城门之一。——译者注

第23章 乔治·史密斯大海捞针

亚述主神阿舒尔的宴会厅前，辛那赫里布对于大兴土木的狂热展现得淋漓尽致。神殿总面积为16000平方米，建在岩石之上，他让人在殿四周凿出许多洞，并在地下用暗沟相连，然后填满泥土。这位统治者的动力之源是，他想在那儿看到一座花园！

辛那赫里布在建立政权伊始便修改了家谱。他否认萨尔贡是他的父亲，并将其先祖追溯至大洪水前的国王，那些半人半神的英雄，如阿达帕①和吉尔伽美什。

他的统治就是一部战争史。他在巴比伦之役中大获全胜，然后挥师攻打迦拉②和科萨巴（Kossä），公元前701年进攻推罗（Tyros）、西顿（Sidon）、阿什凯隆（Askalon）和以革伦（Ekron），还攻击了犹大的希西家③，希西家曾向先知以赛亚寻求过指引。辛那赫里布自夸在犹大国攻克了46座城堡，占领了无数的村庄。但是，他在耶路撒冷城前惨遭滑铁卢④。以赛亚曾预言："他必不得来到这城，也不在这里射箭，不得拿盾牌到城前，也不筑堡垒攻城。""耶和华的使者出去，在亚述营中杀了18.5万人。清早有人起来一看，遍地都是死尸。"

---

① 阿达帕（Adapa），为古代美索不达米亚埃里都（Eridu）的传奇英雄。据古代文献残片所载神话故事，因折断南风的翅膀而被天神安努传召受审，其守护神告诫他勿接受任何饮料和食品，因该饮食将决定其命运。但实际上安努宽恕了他，并赐予"生命粮"和"生命水"，可他拒绝领受，因而失去了永生。——译者注
② 迦拉（Gallä），即尼姆鲁德。——译者注
③ 希西家（Hiskia），是犹大国末年的君主，也是犹大国历史中极尊重上帝的君王，在位29年。他的德行在其前后的犹大列王中无人能及。——译者注
④ 原文中用的是Varusschlacht，意为瓦鲁斯战役，史上又称条托堡森林战役，即德意志的开国之战。它是古罗马在最强盛的时期遭受的最惨痛的失败，瓦鲁斯为罗马军团统帅。——译者注

今天，我们已经知道，击败辛那赫里布大军的是可怕的瘟疫：热带疟疾。他的征战之路一直延伸到亚美尼亚（Armenien）。他一次又一次同巴比伦作战，因为巴比伦人不愿逆来顺受，完全听命于他派去的酷吏。于是他率领一支船队直下波斯湾。他的军队"像一群群遮天蔽地的蝗虫"扑向巴比伦。辛那赫里布在谈起个人事迹时总是言过其实，一旦涉及数字，便随意捏造。其口吻与现代独裁者在人民和军队前惯常发表的演说别无二致，因为他们确信，大部分人对他的话深信不疑。令我们这些后辈备感欣慰的是，我们的考古学家在巴比伦的废墟中发现了一块小泥板，上面言简意赅地写着："看吧，就当你周围的人都是傻瓜！"

如果对这些民族历史上各个时期进行纵向研究的同时，也进行横向比较，那么我们无须刻意查找，便会很自然地发现，这些现象不过是历史的重复。

公元前689年，辛那赫里布决定将一再背弃他的巴比伦从这块土地上彻底铲除，此时他的凶暴残虐已达到了巅峰。城内居民一个接一个被斩杀，顷刻间血流成河、尸骸蔽道；私人住宅一律被拆毁；埃萨吉拉神庙（Esagila）和所属的庙塔被推倒在阿拉赤图运河（Arachtu-Kanal）中；最后又引水入城，街道、广场和房屋都被淹没，整座城市变成一片泽国。此时的他已是怒火中烧，仅使巴比伦这座城市从世界上消失，还远远不能平息他的愤恨，他要让它彻底地销声匿迹，不留下一丝影踪。他派遣船队装满巴比伦的土，一直运到提尔蒙（Tilmun），然后撒落在风中。

心头大恨得以消解，他似乎才平静下来，转而处理内政。为了取悦宠妾纳齐亚（Nakija），他打算立幼子阿萨尔哈东

（Asarhaddon）为储君。为此，他用武力胁迫神谕宣示所同意这一决定。他还召集了一次所谓的国民大会，征求他们的同意，参会者包括阿萨尔哈东的兄长、亚述的官吏和广大民众，大家都高呼"赞成"。但是，几名年长的王子密谋恢复祖制。公元前681年，他们趁辛那赫里布在尼尼微的神庙祈神之时刺杀了他。辛那赫里布就这样结束了一生。

莱亚德用铁锹挖掘出了两河流域的血腥历史，这不过是其中的一部分。另一部分藏在了一个两间房大的图书馆里，这两个房间显然是后来才在辛那赫里布的宫殿里增建的。

把它称为图书馆并没有言过其实。即使用现代图书馆的藏书量来衡量，这一措辞也毫不夸张。莱亚德发现的这些藏书总共有三万卷！这是一个泥板图书馆！

亚述巴尼拔借昔日辛那赫里布的宠妾、他的祖母纳齐亚之力登上了王位。他的性格与辛那赫里布完全不同。从他留下的铭文中可以看出，虽然他跟先祖一样没少吹嘘自己，但却秉性温和，喜爱平静和安逸的生活。然而这并不意味着他就没有发动过战争。他的兄弟们总让他感到芒刺在背，特别是沙马什-舒姆-乌金[①]，此人占领了巴比伦，自称为巴比伦国王。亚述巴尼拔将埃兰人[②]的王国夷为平地，征服了重建后的巴比伦，但是他并未效

---

① 沙马什-舒姆-乌金（Schamasch-schum-ukin），阿萨尔哈东之子，巴比伦之王。阿萨尔哈东去世时，他将领土分传两子，由亚述巴尼拔继承亚述，沙马什-舒姆-乌金继承巴比伦。——译者注
② 沙马什-舒姆-乌金叛乱得到了埃兰人的支持。埃兰人居住在伊朗高原西南部卡伦河流域，他们是伊朗高原的土著人。公元前1176年，埃兰人曾攻陷巴比伦，公元前639年，埃兰国被亚述人所灭。——译者注

仿辛那赫里布将它再次毁掉，而是施以仁政。有人写诗颂扬亚述巴尼拔，却绝不会将它献给辛那赫里布：

> 叛军放下武器，
> 战马卸下车辕，
> 兵士收起利矛，
> 松掉了弓弦；
> 这是发动战争的暴徒
> 彻底缴械归降。
> 不管城里家中，
> 抢掠已无影踪。
> 无论举国上下，
> 皆是弊绝风清。
>
> 谁人孤身出行，
> 亦可安然远游。
> 再无盗匪喋血，
> 亦无恶人行凶。
> 正可谓普天均安乐，
> 四海皆升平。

然而，真正令亚述巴尼拔名垂青史的却是泥板图书馆的建立，他原本是为方便自己阅读，才命人把所有的泥板都搜集到一处。泥板图书馆是一个具有重大意义的发现，也是莱亚德从事考古挖掘所取得的最后成果，此后莱亚德将出土工作移交给他人，自己返回英国投身政坛了。

图书馆中的泥板为了解整个亚述和巴比伦的文化提供了重要信息。所有泥板都是分门别类进行排放。这些泥板中有一部分是国王从私人手中募得，绝大部分都是副本，是他命人将分散于全国各地的原件进行复制而得。他曾派一名叫沙达努（Schadanu）的官员前往巴比伦，随后又修书一封特别指示："收到我的信，就去找舒玛（Schuma）及其兄弟贝莱蒂尔（Bel-etir）、阿卜拉（Apla）和你在博尔西帕①认识的所有艺术家，带着他们跟泥板一起回来，他们家里和埃兹达（Ezida）神庙有多少泥板，就带回多少。"

信的末尾是这样写的："把那些在亚述找不到副本的珍贵泥板统统都给我带回来！我已经给神庙的主祭和博尔西帕的城尹写过信了，命他们将典藏的所有泥板都交由你沙达努保管，其他人不得私自扣留。不管你们找到什么样的泥板或者记录宫廷礼俗的文本，都带来交给我！"

另外，他还雇用了学者和一大批"刻文艺术家"。在这些人的共同努力下，一个泥板图书馆筹建起了，馆藏图书代表了当时整体的知识水平，这些知识在很大程度上受到巫文化的影响，如法术、黑巫术和符咒。因此绝大部分泥板图书涉及的都是咒语、占卜和宗教礼仪。但也不乏医学著作，不过都带有强烈的巫医色

---

① 博尔西帕（Borsippa），位于巴比伦西南20公里。下文的埃兹达神庙，为博尔西帕的守护神主庙。——译者注

彩。还有些泥板的内容有关哲学、天文学、数学和语文学。（莱亚德在库云吉克土丘发现了学生上学用的泥板，这一发现为破译第三类楔形文字做出了不可磨灭的贡献。）

此外还发现了王朝世袭表、史事札记、宫廷敕令，甚至还有诗歌文学、史诗神话故事、歌谣和赞美诗。

其中有一部分泥板记录了吉尔伽美什的传说，吉尔伽美什是令人又敬又畏的半神，拥有着三分之二为神，三分之一为人的极高神格。这部作品是古老的美索不达米亚世界最重要的一部文学作品，也是世界上第一部伟大史诗。

但这批泥板的发现者并不是莱亚德，而是另一个人，这个人曾在阿比西尼亚（Abessinien）度过了两年苦不堪言的监禁生活，不久前才被解救出来。如果发现泥板的是莱亚德，那么他的盛名必会因之又增添浓重一笔。《吉尔伽美什史诗》耐人寻味的地方不仅是它的文学性，还有所讲述的故事内容，它揭示了人类最为远古的历史，这一史实足以让我们震惊，因为在挖掘库云吉克土丘时，没有人会去猜想，人类的历史真正起源于哪里。

发现这批泥板的人叫作霍姆兹德·拉萨姆（Hormuzd Rassam），他曾是莱亚德的助手，在莱亚德开始其部长生涯之后，受大英博物馆委托接手发掘工作。

拉萨姆是迦勒底基督教徒[①]，1826年出生于底格里斯河畔的摩苏尔，1847年入牛津大学读书，1854年为英国派驻亚丁

[①] 迦勒底基督教派是东仪天主教会之一。原属于聂斯托利派。7世纪末，由于内部矛盾转向罗马，承认罗马教宗的权威，罗马教宗很快建立了迦勒底宗主教区。今残存于伊拉克。——译者注

（Aden）的总督当翻译，不久就当上了副总督，当时他还不满30岁。1864年他作为外交使节递送国书给阿比西尼亚的国王西奥多（Theodor），却被独断专横的西奥多囚禁。霍姆兹德·拉萨姆在阿比西尼亚的监牢里待了两年才重获自由。不久之后，他就在尼尼微开始了发掘工作。

拉萨姆的挖掘成果并不逊色于莱亚德，但声誉却远不及他，因为和莱亚德相比，拉萨姆不具备两个条件：一是幸运，即需要第一个从事这项工作，有轰动性的新发现并能因此获益；二是可以成为外交家或社交家的个人魅力，也就是能够把自己的发现通过形象生动的描述、出色的语言表达和独特的视角介绍给广大读者和专业人士。

拉萨姆在已经被挖得乱七八糟的尼姆鲁德土丘中挖出一座长50米、宽30米的神庙，如果发掘人是莱亚德，他会对这一发现描述得何等细致。拉萨姆在尼姆鲁德以北14公里处不仅挖出了亚述巴尼拔时期的一座神庙，而且发现了一座阶梯状城市的遗址，在大量的出土文物中最受瞩目的是一个近7米高的青铜双扇门，在此之前还没有在两河流域发现过任何宫殿的大门或房门，这是最早的物证。而就在此时，拉萨姆的严酷无情招致工人不满，最终引起暴动，如果莱亚德在场，他又会用何等语气来讲述对这场暴动的镇压。如果是莱亚德最终发现了《吉尔伽美什史诗》，尽管他跟霍姆兹德·拉萨姆一样对这部史诗的历史价值知之甚少，但他在叙述寻找过程时笔调会何等朴实生动，表达方式又会伴有何等由衷敬畏。

这部作品为人类早期历史提供了极为丰富的史料，真正了解它的全部意义还需要经年的时间。今天出版的世界文学史无不在一开始就提到它。但现代作家在分析这部作品时通常言简意赅，他们充其量引用上十行诗文，从文学角度进行一下评述，指出这是所有史诗性叙事艺术的鼻祖，他们并不关心整部作品的**内容**，而该内容恰恰在史实上涉及了人类的起源，追溯到人类的始祖。这一起源的发现又要归功于另一个人，他在完成这项工作后的第四年就离开了人世，他在考古史上受到了极为不公正的待遇，通常只有边注和脚注才会提及这个普普通通的名字。

这个人就是乔治·史密斯，他本人也不从事考古研究，而是一名钞票印刷雕版工。1840年3月26日，史密斯出生于伦敦附近的切尔西（Chelsea），他属于自学成才，每天晚上都在斗室里忘我研习最早发表的那些亚述学著作。26岁时，他写了几篇文章，探讨当时极具争议的楔形文字字义。这些文章引起了学术界的关注。几年以后，他被伦敦的大英博物馆聘为埃及-亚述古物部的助理员。1876年英年早逝，时年36岁。生前他就已出版了12本专著，对许多重要的发现做了考据研究。

1872年，这位曾经的印刷雕版工正埋头钻研霍姆兹德·拉萨姆送回博物馆的泥板，尝试着破译上面的文字。此时，谁都不知道，还有过这么一部巴比伦-亚述时期的文学作品，而且它的文学价值与后世的文学佳作相比也毫不逊色。史密斯对这部作品的文学性并不感兴趣，因为就他本人而言，只能算得上一个有着远大抱负，同时很可能缺乏艺术鉴赏力的科学家。吸引他的是这部史诗的故事情节，是讲述了什么，而不是怎么讲述的，是故事的内容，而不是阐述的形式。这时候他才刚开始破译泥板上的楔

乔治·史密斯
（George Smith，1840—1876）

形文字。随着破译工作的展开，他越发急迫地想知道故事的结局，至于上面是怎么写的，他很少关心，直至最后也是如此。

史密斯逐个泥板翻译这部史诗，他先读到吉尔伽美什倚仗权势作恶多端，继而读到野人恩奇都①的故事，他被一名神妓②带入城中，只为战胜骄傲自大的吉尔伽美什。但是，吉尔伽美什和恩奇都这两个半神经过一场恶战，不分胜负，最终成为至交。他们结伴铸就英雄伟业，杀死了杉树林怪兽洪巴巴（Chumbaba），后来又向诸神发出挑战，只因他们粗鲁地冒犯了曾向吉尔伽美什求爱的女神伊什塔尔，并因此得罪了她。

---

① 恩奇都（Enkidu），《吉尔伽美什史诗》中的英雄人物，是创造女神阿鲁鲁造的第一个半人半兽的勇士。——译者注
② 神妓是古巴比伦神庙的产物，是侍奉爱神伊什塔尔的女祭司，兼职卖淫。这些女祭司往往十分美艳，而且精通淫技，卖淫的钱多用于庙中，并且负责在战场上鼓舞男子士气。——译者注

站在狮身上接受朝拜的女神，可能是阿斯塔蒂①
女神。这个银质雕花挂坠出自公元前8—前7世纪

  史密斯吃力地破译着泥板上的文字，接着了解到，恩奇都如何死于可怕的疾病，吉尔伽美什如何为他痛哭，为了避免同样的命运，吉尔伽美什踏上旅途，四处寻求永生的秘密。经过长途跋涉，他找到了人类的始祖乌特那庇什提牟（Utnapischti）。当初人类作恶，众神施以严惩之后，只有乌特那庇什提牟跟家人活了下来，并且得到永生。

  乌特那庇什提牟向吉尔伽美什详述了他幸免于难的神奇经

---

① 阿斯塔蒂（Astarte），是古代西北闪米特语地区的腓尼基人等所崇拜的丰饶和爱的女神，被认为与美索不达米亚文献记载的女神伊什塔尔为同一个神。——译者注

历。史密斯贪婪地读着这些文字，但就在他确定即将有重大发现并因此激动不已时，却发现拉萨姆送回博物馆的泥板上空缺的内容越来越多。最终史密斯断定，他手头只有部分文本，这部伟大史诗的结尾，也就是乌特那庇什提牟讲述的内容，只不过是些残章断句，对他而言这个结尾才是最重要的部分。

即便如此，残缺不全的《吉尔伽美什史诗》足以令史密斯心潮澎湃，难以平复。他无法保持沉默，公开了这个故事。这一发现在视《圣经》为至上圭臬的英国掀起了一场波澜。这时有一份颇具影响力的日报愿意帮助乔治·史密斯找回失落的泥板，这不啻是民主国家言论自由的绝佳范例。做出这个决定的是伦敦的《每日电讯报》，它愿出资1000金币，募人前往库云吉克寻找《吉尔伽美什史诗》佚失的文本，并送回英国。

这是一个很荒诞的想法。

但是乔治·史密斯，大英博物馆的助理员欣然应征前往。要求他做的，虽说只是去一趟距伦敦几千公里外的美索不达米亚，在一个巨大的废墟堆中——相对于这个土堆的体积而言，之前的挖掘工作几乎没有伤及它的皮毛——找到几块泥板。事实上，完成这样一项工作，无异于大海捞针。

乔治·史密斯接受了这项委托。

在依靠铁锹挖掘进行考古的历史上，又出现了一个不可思议的奇迹。史密斯找到了《吉尔伽美什史诗》佚失的部分。

他将384块泥板带回了英国，其中就包括乌特那庇什提牟所讲故事中残缺的部分，刚一读到这个故事，史密斯就异常激动。这个故事跟大洪水有关。虽然每个民族早期的神话中几乎都有关于洪水的记载,但都跟《圣经》中的故事无关,而这个故事中的大洪水恰恰就是后来在《圣经》中提到的那次。因为乌特那庇什提牟就是挪亚!下面这段文字就是《吉尔伽美什史诗》中的记载。乌特那庇什提牟受到仁慈的神埃阿(Ea)的保护,埃阿托梦给乌特那庇什提牟,告诉他众神要惩罚世人,于是乌特那庇什提牟谨遵神谕建造了一艘船:

> 我带上我的所有,
> 邀生命中的全部收获同船;
> 我让家眷亲属上船,
> 让田野中的兽类,草场上的畜类和所有工匠登船。
> 我进入船舱,关闭舱门……
> 当晨曦初现,
> 天际便涌起乌云……
> 白日骤然间化为黑夜,
> 至亲兄弟,相视却不得见,
> 天上的众神彼此也难以分辨。
> 众神因洪水惶惶不安,
> 他们飞奔逃窜,躲上安努神的高天。
> 他们像狗一样蹲在墙脚,静卧无言。
> 整整六天六夜,
> 狂风不停,洪水不息,巨浪吞噬大地。
> 第七日朝阳升起,风暴缓缓平息,
> 势如千军万马的洪流逐渐偃旗息鼓;

> 波涛静了，风暴止了，洪水不再上涨。
> 我眺望水面，怒吼声早已消寂，
> 全世界变成了一片泥海！
> 泥沼高及屋脊！……
> 我寻望大地，举目海平线，
> 远方浮现一座岛屿。
> 大船驶近尼什尔山，
> 在尼什尔山搁浅，恍若抛了锚。
> 第七日始破晓，
> 我遣出一只鸽子，
> 鸽子飞去，又盘旋飞还，
> 因无处栖息，它只得飞回。
> 我派出一只燕子，
> 燕子飞去，又盘旋飞还，
> 因无处栖息，它只得飞返。
> 我放出一只乌鸦，
> 乌鸦飞去，眼见水势已退，
> 它四下觅食，飞着，叫着，再没回转。

读到这里，还有谁会怀疑，这不是《圣经》中大洪水传说的原型？令人震惊的不仅仅是故事内容大致相似。我们可以看到，乌特那庇什提牟故事中的个别细节在《圣经》中得到了重现，甚至挪亚放飞的也是鸽子和乌鸦。

《吉尔伽美什史诗》的楔形文本给乔治·史密斯同时代的人

文字刻板员的小雕像,身着苏美尔人的典型装束:羊皮裙,这座石质坐像高将近40厘米,可能是公元前3000年的雕刻品

提出了一个爆炸性问题:《圣经》中的真相不再是最古老的史料了吗?

那么两河流域的历史究竟可以追溯到哪些史前时代?

迄今那段一直被视作盲区和空白的历史,即将揭开帷幕,随后要上演的是一幕幕更为古老的历史!

乔治·史密斯发现《吉尔伽美什史诗》几年以后,又一位法国人有了新的发现。这个人名叫厄内斯特·德·萨尔泽克

（Ernest de Sarzec），也是一位领事。1880年前后，他在巴比伦的特罗①附近从沙丘中挖出了一尊雕像，其艺术风格迥异于此前在两河流域任何地区的发现，到目前为止我们已经发现了很多与它风格相似的古文物，它们都是些年代极为久远的巨大雕像，是人类文明早期艺术的代表。

1899年春天，一个德国人开始挖掘巴别塔。

---

① 特罗（Tello），即古代吉尔苏城（Girsu）。——译者注

第 24 章

子弹绕着科尔德维飞

1878年，21岁的波士顿建筑师弗朗西斯·H. 培根（Francis H. Bacon）和他的朋友约瑟夫·撒切尔·克拉克（Joseph Thatcher Clarke）打点行装，准备去希腊和土耳其旅行。克拉克正在编写一本多立克式建筑史，培根则想搜集一些图样作这本书的插图。除了波士顿建筑师事务所提供了一小笔补助，他们每人身上只有省吃俭用存下来的500美元。

培根后来写道："在横渡大西洋前往英国的途中，我们粗略算了一下这次行程所需的花销，却发现如果依照寻常途径完成这次旅行，我们身上带的钱是不够的。因此我们决定，在英国买一条可以住的小船，自己驾船穿越英吉利海峡，沿莱茵河溯流而上，继而折入多瑙河，顺流而下至黑海，然后经君士坦丁堡，过达达尼尔海峡[①]到达爱琴海，在爱琴海上诸群岛间折回往复，参观那些古希腊胜地。就此圆满结束所有行程。"

[①] 达达尼尔海峡（Dardanellen），土耳其称恰纳卡莱海峡，是连接马尔马拉海和爱琴海的海峡，属土耳其内海，也是亚洲和欧洲的分界线之一，常与马尔马拉海和博斯普鲁斯海峡并称土耳其海峡。——译者注

第24章　子弹绕着科尔德维飞

三年以后，这两个极具活力的考古学者又一次踏上了旅程，他们要去位于特洛阿斯南部海岸的阿索斯（Assos）进行挖掘，不过这次有了新成员的加入。他们是科学家，但都很年轻，而且富有幽默感。

培根写道："1881年4月4日，我们经过长时间讨价还价花了8英镑买下了一条小船，就是士麦拿（Smyrna）港口用的那种船只，我们把它绑在轮船后面驶向米蒂利尼（Mytilene），将一大群贪恋小钱的人远远抛在身后的码头上。"迎面吹来的北风将他们困在了港口。"趁这空当，我们清扫、擦洗我们的小船，为给它取个什么样的名字争执不已，究竟是叫'阿里昂'（Arion），还是'萨福'（Sappho），抑或别的什么具有古典色彩的名字，我们总是无法达成一致，于是就把它命名为'Metschitra'，意思是新鲜乳酪！"

1882年4月1日，第三名成员加入了这个团队，与他们两人合作得非常愉快。他就是德国人罗伯特·科尔德维。20年以后，他被尊为20世纪最杰出的考古学家之一。

当时科尔德维年仅27岁。1882年4月27日，培根写下了对他的印象："科尔德维非常擅长结交朋友，正是跟克拉克与我都很投契的人！"这就是我们从科尔德维的同行那里了解到的他的第一个性格特征。我们今天之所以还能看到这一描述，是因为记录下这段话的人划着小船穿越欧洲来到地中海，并把这只船命名为"新鲜乳酪"，同时他本人也不失为一名严谨的科学家。至此，我们对克拉克和培根就不再赘述了，因为他们虽然同属伟大的考古学家，但声誉要远逊于那个当年应他们诚邀加入探险的第三人。

罗伯特·科尔德维1855年出生于德国的布兰肯堡（Blankenburg），先后在柏林、慕尼黑和维也纳学习了建筑、考古和艺术史。30岁之前他就在莱斯博斯岛[①]上的阿索斯进行过考古挖掘，1887年在巴比伦地区的色古尔（Surgul）和埃尔希巴（El-Hibba）进行挖掘，之后将挖掘地转向叙利亚，意大利南部和西西里岛，1894年重回叙利亚。

40岁到43岁间，他在格尔利茨（Görlitz）的一所建筑学校教书，1898年，43岁的科尔德维开始挖掘巴比伦城。

科尔德维是一个不寻常的人。作为科学家，特别是在同行眼中，他也算是另类。专业学者的著作中一旦涉及考古学，总是长篇累牍、枯燥乏味，科尔德维的文字中则洋溢着他对考古的无限热爱，他不会因为爱的蒙蔽，戴着有色眼镜去看当地的风土人情、充满诱惑的异域环境和日常生活中数不尽的乐事，也不会因为爱的浓烈而一时阻塞了他那汩汩喷涌的幽默之源。

考古学家科尔德维也颇富文采，他写了很多诗，虽隔行交互押着蹩脚的尾韵，却充满快乐，也留下了许多充满着智慧而令人会心一笑、心领神会的警句。当他已不再是一名大学生，而是享誉世界年已56岁的教授时，仍无所顾忌地发表了这样的新年祝词：

　　　　天命运数尽难言，
　　　　未来之途莫可测。

[①] 莱斯博斯岛（Lesbos），爱琴海东北部岛屿，为希腊第三大岛。——译者注

第24章 子弹绕着科尔德维飞

罗伯特·科尔德维
(Robert Koldewey,1855—1925)

乐在安然就寝前,

畅饮一杯科涅克①。

他还写了大量信札,文笔轻快风趣,漫不经心,不拘一格,在正襟危坐的正统学者看来,信中的内容不仅值得怀疑,而且有辱科学。

下面是他对一次意大利之行的描述:"除了挖掘以外,现在的塞利农特(Selinunt)再无其他事情发生,但是曾经有一群'恶魔'不期而至,离去时给这片土地留下了无法磨灭的苦涩记忆,至于个中原因,人们完全可以生灵活现地想象出来:放眼望去,紧邻着海岸线延绵起伏的平原上种满了茂盛的庄稼、丰硕

---

① 科涅克,是法国北部的一个地区,因该地区所出产的白兰地酒享誉盛名,所以该地区出产的白兰地酒又名为"科涅克",也就是我们常说的"干邑"。——译者注

的水果和鲜嫩欲滴的葡萄，这片沃土曾属于住在塞利农特的希腊人，他们在这里安居乐业了几个世纪，理所当然地享受着这一切。公元409年前后，迦太基人因为跟塞杰斯塔人起了争端，举兵打到了这里，他们的好日子也宣告结束。汉尼拔·吉斯贡（Hannibal Gisgon）下令用攻城槌撞开惶恐万分的塞利农特人的城墙。迦太基人完全忘记了，不久前他们还得到了塞利农特人的帮助，因而此次入侵也显得益发无耻和背信弃义了。汉尼拔的大军最终还是攻克了年久失修的城墙，双方展开了激烈的巷战，城中的妇女也加入了战斗，经过九天鏖战，16000人横尸街头。野蛮的迦太基人大肆杀劫抢掠，他们将砍下的人手及其他令人毛骨悚然的东西挂在腰带上，充当饰物，肆无忌惮在城中穿梭，不管是世俗百姓家，还是宗教神圣地都遭到了无情的践踏。这次大劫之后，塞利农特就再没有恢复元气，因此，今天塞利农特的大街上还常有野兔自由出没，我们晚上时不时还能吃上一顿兔肉，兔子是齐奥弗莱（Gioffré）先生用枪打到的，当我们晚上结束考察，泡在波涛滚滚的大海中一洗满身疲惫时，兔肉就已经烤好了。"

他还写了《来自歌剧和男高音之乡》："毋庸置疑，这儿的人都会唱歌，若是哪位男子唱不上高音C，就会被视作畸形或残障。"接着，他在随后几行文字中极为严肃地阐述了公元前5世纪是如何兴建寺庙的。而后，当他看到意大利的乡村警察时，又起了兴致，于是笔锋一转："……谁若看见他们身穿镶着宽边的燕尾服，头戴高顶宽檐三角帽，骑马从身旁经过，都会把他们当作骑着马的'红蛱蝶'。他们就这样骑马穿行在荒无人烟的公路，维持着秩序。"

在古老的阿克拉加斯（Akragas），他很高兴地发现了古代下水道；不久后，他就想到要写一本关于下水道发展史的书。"斐阿克斯（Phaeax）曾经见到过这一设施，为了纪念他，就将这些古老的水道命名为斐阿克斯水道。在这里，技术人员从一开始就备受重视。臭名昭彰的法拉里斯（Phalaris）是阿格里真托（Agrigent）的第一位暴君，此外，他还是一名建筑师和承建师，据说他在城堡里修建了一座神庙，并为之建了围墙，他还设计了'法拉里斯公牛'①，每每将活人置入铜牛施以极刑时，他便高呼：'我是法拉里斯，阿克拉加斯的暴君。'这一暴虐发明完成于公元前550年左右。今天的专业人士就很难取得如此'成就'了。"

希迈拉（Himera）神庙的发现令他激动不已地写下了这封信："可是昔日那个强大的希迈拉如今还剩下什么！……紧挨着火车站的地下残存着这座奢华神庙的零星遗迹，有几根柱子至今仍保留在一栋牛舍里。您一点都没看错，这儿说的就是牛舍。几头奶牛正就着柱面的凹槽来回蹭痒，这可不是在一座古代神庙前应该做和必须做的事情。鉴于目前这种状况，人们唯一能做的就是为神庙今日的境遇感到怅然所失，深表遗憾以及妒忌这些奶牛。因为有些德国的古代文化研究者非常希望能够夜宿一座古代的神庙！"

那个时候，意大利的道路还不安全。科尔德维却因未经历这

---

① 法拉里斯公牛，实际是一个叫佩里劳斯的人为法拉里斯设计的一只铜牛，牛屁股处有一块活动的板，可供人出入。把"罪人"关进铜牛之中，然后在牛下烧火，"罪人"就会在牛内发出悲鸣。这悲鸣的声音经过一定的装置传出，犹如牛鸣的声音。法拉里斯把佩里劳斯放进牛中，成了这一酷刑的第一位尝试者。——译者注

样的状况而感到失望。"十年前还很猖獗的强盗今天却难得一见。我们曾经在通往神庙的公路上见到一个看上去很危险的人大喇喇地叉着双腿站在那儿，古铜色的脸上闪烁着灼热的目光，粗犷的圆顶宽边毡帽以及其他所有穿的戴的无不花里胡哨，这么多的颜色我也只在过硫酸钠的色谱中见到过。因为附近有一家小酒馆，于是我们迅速躲了进去，谁知他竟也跟着我们进来了，我们与老板娘搭讪攀谈起时间来，她的大耳环十分招摇地晃个不停，几乎要敲到时钟上，这时，强盗操着带有口音的德语逐字说道：'现在还差一刻钟到五点。'原来他是威尼斯人，曾在奥地利和巴伐利亚做过很多工作，根本就不是强盗！"

1897年10月2日，罗伯特·科尔德维私下告诉一个朋友巴比伦之旅势在必行，并要求他保守秘密。但行程却推迟了。1898年8月2日，他又给这位朋友写信，跟他讲述柏林博物馆的总经理理查德·舍内（Richard Schöne）召开的一次会议，信中写道："挖出巴比伦！！"他特意在后面加了两个感叹号。"现在我正在为这次科学探险制订详细计划。考察时间暂定为一年。我在报告中为巴比伦的考古工作制订了五年计划，申请的总经费为50000马克，第一年是14000马克。"9月21日的信中写道："我是这次挖掘工作的负责人，月薪600马克……我简直太兴奋了，无法形容现在的喜悦之情……因为放到16年前，假如有人告诉我，我应该去挖巴比伦，我会觉得这人是个疯子。"

事实证明，他是正确的人选。38岁时，他写下了这么一句话："我心中总有个声音在不停地说，科尔德维，你现在只能做这件事情，于是其他一切对我而言都已无所谓了！"他就这样干了起来，甚至不顾荒漠里强盗射出的子弹从他身旁不断呼啸着掠过，以前他还曾怀疑过这些强盗是否存在。最终，他发现了塞米拉米斯花园①，发掘出了埃特曼安吉（Etemenanki），也就是巴别塔！

"英国人在巴比伦和亚述主要是利用竖井和地道进行挖掘，其中一些工作比较容易实现，但是大多数都相当费力和棘手，我习惯于先向洞内射击，把里面的动物驱赶出来，如猫头鹰和鬣狗，这些鬣狗有时候会被吓得不知道该不该去吃人。"这类注释在科尔德维的书信中随处可见。就像前一章所引用的文字，他总是恰如其分地做出边注，勾勒出许许多多有碍考古挖掘、令人头疼的琐碎事。这样的小事通常不会出现在那些作为长年研究成果呈现给学术界的科学著作中。这类作品不屑去描绘如何克服恶劣的气候、疾病和劳累，不愿去讲述如何应对愚昧无知的当地土著、目光短浅的地方首领、品行不良的警察和流氓恶棍，也不想去论及如何制服反抗的工人。

而科尔德维所写的书信对这些事件也做了相关报道。他在亚述古城负责一项中期挖掘时，写道："9月25日是发薪日，我们总算筹到了90名工人的工资。但是结算工钱的时候，其中的28人撂挑子不干了。可能是工钱对他们来说太少了，繁重的工作令他们双手都磨出了老茧，他们想得到更多的报酬。我同意他们离开，并且告诉他们，我为此感到高兴，因为正如我眼前看到的一切，我无法信任他们；也许他们已经有了其他的期许。又一

---

① 塞米拉米斯花园（Semiramis），即巴比伦的空中花园，古代世界七大奇迹之一，又称悬园，是公元前6世纪新巴比伦王国的尼布甲尼撒二世为心爱的王后塞米拉米斯修建的。——译者注

天,他们中的几个人又回来了,想要继续工作,我告诉他们,不可能。谁想走,我不会阻拦,但是谁走了,就甭想再回来工作。接着他们就在族长郝马迪(Homadi)的授意下,伏地请求我网开一面。郝马迪称,他的族人头脑简单,对此我表示赞同。最终我答应他,星期一重新录用这些人。于是今天,他们每个人都坐着羊皮筏子横渡底格里斯河,又回到了这里,因为他们住在河对岸,需要定期渡河,每当这个时候,他们身边似乎总带着这种已经放了气的像个大粗管子一样的渡河用具,就像汉堡人随身总带把雨伞。"

科尔德维还经常会描述路途中的重重危险,沙马尔部族强盗般的阿拉伯人以及库尔德的雅兹迪派[①]。由于路途不安全,荒漠中的商队总是漫天要价,所以买不到芦苇席、糖和油灯。他的工人必须在护卫队的保护下工作。然而这丝毫无碍他的幽默感。"前天,本尼·海德山姆(Beni Hedscheim)的人来到我们的工地,想要迅速夺回被抢走的羊。昨天,我们的人为这次袭击报了仇。大约有200个火枪手,领头的是族长穆罕默德,阿布德(Abud)和米斯埃尔(Mis'el)及约20名骑兵,去了切尔切尔山(Cherchere)地区。在那儿双方打了起来,像往常一样,枪击和殴斗纠结在一处。结果本尼·海德山姆那拨儿人死了一个枪手并失去了一把火枪。我方则有一名工人下腹中弹,头上还挨了好多棍,还有一个名叫戴贝尔(Deibel)的护卫队员大腿中了一枪,

---

[①] 雅兹迪派,是库尔德人的一支,属少数宗派,是一种混合了多神信仰、基督教和伊斯兰教的教义的宗教。由于他们认为神已经原谅了魔鬼,所以被基督教和伊斯兰教视为拜魔鬼者。——译者注

戴贝尔是一个典型的阿拉伯人的名字，而且很适合这位必须前来报仇的守卫。他在中弹的同时把对方击毙在地，随后缴获了对方的枪。这下双方的损失基本持平：我方伤了两人，对方损失了一人一枪。晚上，待人友善、个子不高的戴贝尔穿着件不是很干净的长衫坐在护卫队员住的小屋里，心情很是愉悦，一群人围着他，夸赞他像狮子一样勇猛，戴贝尔便自吹自擂起来，牛皮把天都吹破了，他的伤口处有一个不是很平滑的弹迹，他让人在上面漂漂亮亮地贴了块用面粉、盐和黄油制成的膏药。"

科尔德维自己也曾陷入枪战之中。对于这片荒漠的子民来说，火枪这种轻武器主要是一种可以发出爆鸣声吓人的武器，他们很喜欢这种东西，把它当成了法宝。这次又跟中期挖掘有关，不过这次是在法拉（Fara），科尔德维结束了那儿的工作，在一个闷热的夜里骑马返回巴比伦。

离开穆拉迪（Muradieh）后，走了大约两个小时，便有枪火从道路右侧的一个村庄袭来。这些住在路边的、一根筋的村民也许是把我们当成了蒙特菲克部落的阿拉伯人（Montefik-Araber），这种情形下要尽快跟他们对话，让他们停火。为了让他们确信自己认错了人，我们缓缓地骑马向枪火声靠近，直到霰弹击中了马鞍，因击中目标，呼啸而来的子弹发出的嗖嗖声变得尖锐起来，并且会出现瞬间的中断。

两名负责保护我们的士兵一直大喊："士兵，士兵！"为表示并无恶意，他们一再重申自己是士兵。但是他们的喊声湮没在了开枪射击时发出的嗒嗒声、男人们的吼叫声以及女人们带着颤音的口哨声,当地妇女习惯用这种方式鼓舞她们男人的斗志。

夜幕下,一群人松松散散地站成一排,在我们前方约100米处构筑起了一道防御线,火枪射击在空中反照出刺眼的、一闪一闪的圆形火光,这使得平时并不是很黑的夜色显得比正常情况更加朦胧。厨师助理阿卜达拉(Abdallah)正好赶上休假,跟我们同路回希尔利(Hilleh),此刻的他躲到了驮运行李的马匹后面,绝望地把手伸到面前,指尖紧抓衣角,大声呼喊着:"高贵的真主!"他的这副模样令其他人都忍俊不禁,大家在随后的旅途中不断以此来取笑他。

这时,那些阿拉伯人才从恐惧中缓过神来,逐渐恢复了理智,他们停止射击,跑了过来。大约200个赤裸着上身、深棕肤色的汉子挥舞着手中的火枪,像野人一样围着我们扭动起来,就像是在跳舞,听任我们痛骂:"你们这群猫头鹰!你们是什么东西?你们是狼啊?你们难道看不见来的是士兵吗?看不见这些法拉的长官和贵客吗?在这儿乱开枪,你们简直是胆大妄为,把整个草原当成你们自己的地盘了!"科尔德维说:"像这样的事情经常会见到!"接着又补充道:"胡乱开枪射击堪称这个地区的一大灾祸!"

第 25 章

埃特曼安吉——巴别塔

尼尼微的毁灭不同于巴比伦的毁后重建,它是彻底地覆灭了,为此古罗马作家琉善①特意在作品中让墨丘利②跟卡戎③隔空对话:"我的好艄公,尼尼微可是被彻底摧毁了,再未留下丝毫痕迹。没有人能说出,它曾经位于何处!"至于巴比伦,大将军那波帕拉萨尔④在巴别⑤建立了新巴比伦帝国,在他的嗣子尼布甲尼撒二世的统治下,这个地方又重现了昔日的强盛与辉煌。尼尼微覆灭73年以后,巴比伦被波斯王居鲁士攻陷,就此灭国。

---

① 琉善(Lukian),古罗马的唯物主义者和无神论者,古代文学最后一位重要作家、希腊语讽刺散文家,被称为"古希腊罗马时代的伏尔泰",对任何宗教迷信都持怀疑态度,古希腊诸神也被他嘲笑得体无完肤。——译者注
② 墨丘利(Merkur),在罗马神话中是朱庇特与女神迈亚所生的儿子,担任诸神的使者和传译,又是司畜牧、商业、交通旅游和体育运动的神,还是小偷们所崇拜的神。——译者注
③ 卡戎(Charon),是希腊神话中的冥河渡神,负责把亡魂渡到冥河的另一面去。——译者注
④ 那波帕拉萨尔(Nabopolassar,前658—前605),新巴比伦王国的开国君主,曾任亚述帝国的巴比伦总督,公元前626年摆脱亚述统治,在巴别城建国,史称新巴比伦王国,尼布甲尼撒二世是他的长子。——译者注
⑤ 巴别(Babel),即巴比伦城。——译者注

1899年3月26日,科尔德维开始在"卡斯尔"(Kasr)东侧进行挖掘,卡斯尔即巴别的王宫,与博塔和莱亚德不同,此时他已对这片废墟所埋葬的历史有了大致了解。关于两河流域的河口地区,诸如那儿的历史、民族和统治者,科尔萨巴德、尼姆鲁德和库云吉克的出土物已提供了大量资料,特别是亚述巴尼拔的图书馆,除了大部分泥板图书是副本外,还存有年代更久远的原始泥板。不过科尔德维的铁锹之下得以重现的会是哪个巴比伦呢?是汉谟拉比曾经统治过的、历经了阿姆鲁(Amurru)王朝11位国王的那个古老的帝国?还是惨遭辛那赫里布荼毒后重建的新巴比伦?

1898年1月,科尔德维就已经预感到会挖出巴比伦,当时他只是对这些不同的废墟所在地进行了调研,并且向柏林皇家博物馆的经理提交了报告,对于能否获得委任赴当地挖掘,他根本就没有把握。"然而,"他当时写于巴格达的信件中这样谈到巴比伦,"那里的出土物极可能以尼布甲尼撒的杰作为主。"

听起来他对于这样的收获似乎不是特别期待?但是当他得到正式任命时,欢呼声说明了一切。不久,所有的怀疑都会随着文物的出土而一一消失。

1899年4月5日,他写道:"我已经挖了14天,工作进展非常顺利!"

他最先挖到的是巨大的巴比伦古城墙。沿着城墙他发现了大块的浮雕,不过暂时只是些碎片,后来才得到修复,上面刻有:狮子的毛皮、牙齿、尾巴、爪子、眼睛;人的脚、胡子、眼睛;很可能属于羚羊类动物的细长腿;还有公猪。在仅8米长的城墙上，他就发现了约1000块浮雕碎片。他估计，浮雕的总长度将达到300米，于是他在同一封信中写道："据此估计，我大约会挖出37000块这样的碎片。"

这就是挖掘工作进行了14天之后预示的前景。

我们了解巴比伦，要感谢古希腊的旅行家希罗多德和阿达薛西斯二世的御医克特西亚斯（Ktesias）对它进行了形象的描述。他们擅长讲述各类奇迹，其中最伟大的当数巴比伦城墙。希罗多德描绘过巴比伦城墙的尺寸，但是2000年以来，人们一直视之为环游世界者习惯性的夸大其词。传说中，这座城墙的宽度足以容纳两辆四架马车并行。

科尔德维很快就挖到了这座城墙。他的工作更为繁重，其困难程度远远超过了世界上其他任何考古挖掘。在别处，挖掘出来的垃圾堆起来不过2—3米高，或者说距离古文物出土层6米高，但是这里，则需要清理掉高12米、厚度常常达到24米的覆土。二百多名工人在科尔德维的带领下不分寒冬酷夏，挖了整整15年有余。

科尔德维证实了希罗多德所言几乎毫无夸张，并且也就此取得他的第一个成就。他挖出了一堵7米厚的黏土砖墙，在其前方约12米处，又有一堵7.8米厚由烧干的砖砌成的围墙，与之并行的是一道3.3米厚的壕堤[①]，同样由烧干的砖砌成，再往前可能就是护城壕，若是有外敌来犯，就会往壕沟内注满水以御入侵。

两道城墙中间填满了土，积土很可能高达外墙的墙冠。这就

---

① 壕堤，指在护城壕边上筑起的围墙，用于更好地防御外敌。——译者注

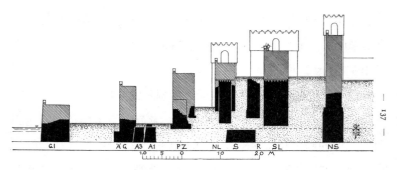

A1	那波帕拉萨尔修建的阿拉赤图堤坝 第一期	NS	南堡的北墙
A3	那波帕拉萨尔修建的阿拉赤图堤坝 第三期	PZ	平行的中墙
ÄG	更加古老的壕堤	R	一段较为古老的黏土砖墙的遗迹
GI	伊穆尔-彼勒①的壕堤	S	萨尔贡修建的城墙
NL	北部的黏土墙	SL	南部的黏土砖墙

巴比伦城南堡北面防御工事各道围墙的截面图

是可供一辆四架马车通行的环城甬道！城墙上方大约每隔50米就有一座敌楼。科尔德维估计内墙共有360座敌楼，依此看来，克特西亚斯所说的外墙共计敌楼250座，是极为可信的。

科尔德维挖掘出的这些城墙构筑了巴比伦的防御工事，也是全世界最伟大的城市防御设施。从城墙就可以看出，巴比伦曾经是整个中东地区最大的城市，比尼尼微要大得多。

因此，尼布甲尼撒写道："……我命人在东面环巴比伦筑起一道坚固的城墙，开凿护城壕，用沥青和砖铺筑壕壁，沿壕岸再筑一道山一样高的城墙；城墙上开凿了宽阔的城门，门扇由香柏木制成，外面包有紫铜。我还命人引水入壕，水流之大犹似大海的波涛汹涌，渡过这道壕沟如同渡过大海，这样巴比伦城的外围

---

① 伊穆尔-彼勒（Imgur-Bel），其遗址在今天的巴拉瓦特（Balawat）附近。——译者注

又形成了一道防线，恶意来袭的敌人从四面都无法威胁到城池。为防止敌人越过壕沟，我又命人沿壕沟堆起土堤，并用砖墙围住；我想方设法加固防御设施，使得巴比伦成为一座固若金汤的堡垒。"

如此深沟高垒的巴比伦，在当时无论使用何等攻势都是征服不了的。但最终不还是落入敌手了吗？办法只有一个：敌人是从内部分化瓦解，而不是从外部攻打进去的。坚固的城墙将敌人挡在城外之时，巴比伦的内部政治却始终混乱不堪，总是有这样那样的利益集团今朝得权，明日失势，无时无刻不企盼着外敌入城解救他们。世界上最坚不可摧的堡垒就这样失守了。

没错，科尔德维发现了尼布甲尼撒的巴比伦。就是这位被但以理（Daniel）[①]称为"诸王之王"和"金头"的尼布甲尼撒开始大规模兴建新的巴比伦城：重建城中的母神宁玛赫神庙[②]、埃萨吉拉神庙、尼努尔塔[③]神庙以及位于梅尔克斯[④]区的更古老的伊什塔尔神庙；修复阿拉赤图的堤坝；修建幼发拉底河上第一座石桥，开凿利比尔－希加拉（Libil-higalla）运河；扩建包括他的王宫在内的南堡；用彩釉动物浮雕装饰伊什塔尔门。

在尼布甲尼撒之前，所有的建筑物都是由日晒砖[⑤]砌筑，这

---

① 见《圣经·但以理书》第2章第37节。——译者注
② 宁玛赫神庙（Ninmach-Tempel），位于巴比伦城东。宁玛赫（Emach）是苏美尔三大神祇中的第三位，为"地母神"。——译者注
③ 尼努尔塔（Ninurta），古巴比伦神话诸神中的一位一般神祇，为拉格什的守护神、军神、战神，掌管暴风。——译者注
④ 梅尔克斯区（Merkes）位于巴比伦城伊什塔尔门的南部，在那里发掘出了保存完好的新巴比伦时期的房屋。——译者注
⑤ 日晒砖，指将黏土在四边有框的模子中模压成型，并在太阳下晒干。——译者注

种砖很容易受到风沙和气候的侵蚀,尼布甲尼撒在修建他的堡垒时,使用的主要是烧干的砖。在他之前,两河流域的古建筑之所以几乎销蚀殆尽,只剩下三三两两的破土堆,原因在于建筑材料不够坚固。尼布甲尼撒大兴土木之时,使用的材料要坚固得多,但是尽管如此,这些建筑也难逃厄运,并没有在后世多留下什么遗迹,究其根源却是几个世纪以来当地居民大肆拆取、滥加破坏以谋私用,就像后来教皇统治下的中世纪对罗马城中异教神庙毫不留情地清洗及破坏。现在的希拉(Hilleh)城和周围的很多村庄都是用尼布甲尼撒时期的砖块建起来的,我们之所以如此确定,是因为砖上还留有尼布甲尼撒的印戳。甚至今天用于阻止幼发拉底河的河水流入辛地叶(Hindijje)运河的拦河坝,绝大部分也是用古巴比伦人曾经足踏过的砖砌成的。倘若有一天这座大坝也灰飞烟灭,后来的考古人挖掘其遗址时,极有可能会认为尼布甲尼撒也曾在这儿筑起过一座堡垒。

尼布甲尼撒一再扩建他的王宫,因为已落成的宫殿总是无法令他满意,在他看来都"不足以显示帝王的尊贵",就在这样的不断增建之下,与其将这些建筑称为王宫,不如说是群宫,占地之广使得整个巴比伦城本身就宛如一座巨大的宫殿。尼布甲尼撒的王宫饰有大量富丽堂皇的彩釉砖雕,可谓流光溢彩,无处不彰显着一种冷峻、奇异、原始的华贵,堪称建筑史上的一大奇迹。此外,尼布甲尼撒声称这一切都是在15天内建成的,人们对这一说法深信不疑,广为传扬了几个世纪。

然而,科尔德维的挖掘成果中最为轰动世界的当数另外两大举世无双的建筑:庙塔和街道。

第25章 埃特曼安吉——巴别塔

巴别塔!

关于这个建筑,《创世记》第11章第3—4节有如下描述:"他们彼此商量说:'来吧,我们要做砖,把砖烧透了。'他们就拿砖当石头,又拿石漆当灰泥。他们说:'来吧,我们要建造一座城和一座塔,塔顶通天,为要传扬我们的名,免得我们分散在全地上。'"

科尔德维挖出来的只是巨大的塔基。但是基座上的铭文告诉他,巴别塔确实存在过。不过《圣经》上提到的那座塔在汉谟拉比时期就已经不存在了。为了纪念它,后人又在那个地方重建了一座。那波帕拉萨尔留下的铭文中说道:"那时巴别塔早已年久失修,坍塌殆尽,马尔杜克①命我重建,要我把塔基牢牢固定在地界的胸膛上,顶尖则直插云霄。"他的儿子尼布甲尼撒将这项浩大工程继续了下去:"我已竭尽全力为埃特曼安吉置上塔尖,令其与天比高。"

巴别塔塔身似多层巨大的梯形高台。希罗多德记载,塔身共计8层,层层相叠,愈高愈小,至顶层最小处建有神庙,可俯瞰全国。(塔身实际为7层)。

巴别塔所建之处地势平坦,名为萨赫恩(Sachn),字面意思是"平底锅"。科尔德维写道:"但是萨赫恩不过是我们今天所看到的样子,很久以前这儿曾是古老的圣地,矗立着号称'天地基石'的埃特曼安吉,也就是巴别塔,紧邻圣地四面的围墙还有为

---

① 马尔杜克(Marduk),意思是"太阳之牛",巴比伦城的守护神,是水、正义、魔法的化身,为万物的创造者,有复活死人的能力。——译者注

祭礼奉祀而修建的各式建筑。"

巴别塔塔基的宽度超过91米。

"尽管遗迹已是残破不堪，但是从中我们对巴别塔有了清晰而直观的认识，与之相比，所有的书面记载算得了什么！"科尔德维写道："硕大无朋的巴别塔在《旧约》中被犹太人视作人类骄傲的化身，周围又建有宏伟的祭司的宫殿、宽敞的仓库和不计其数的客房——连绵的白墙、华丽的铜门、环庭院而建的陡立的高墙、雄伟的大门以及林立着上千座神塔的塔林，整个建筑群必是气势恢弘，彰显了巴比伦的强大、昌盛和富裕，这在整个巴比伦帝国也是鲜有其匹。"

在巴比伦，每一座大城市都有自己的庙塔，但是无一能与巴别塔相比拟。当年总共耗用了8500万块砖才建成巴别塔，使之巍然屹立在这方土地之上。巴别塔的建造者也是奴隶；像埃及修建金字塔一样，监工们的皮鞭声在这儿也不绝于耳。但是两者之间有一点是截然不同的：金字塔是**一位法老**在通常较为短暂的人生历程中**为自己**而建，用于安放**自己**的木乃伊；巴别塔的建成则历经了几代国王，这项由祖父开启的浩大工程，在其孙子执政时仍在继续。一旦埃及的金字塔倾圮，或者被掠夺者破坏并洗劫一空，没有人会去把它重建抑或置满新的珍宝。巴比伦的这座庙塔则不然，它坍塌过，而且遭到多次毁坏，但之后又得到重建并装饰一新。

国王倾其全力修建庙塔并不是为了自己，而是为所有人。这座庙塔是整个民族的圣地，是成千上万崇敬马尔杜克大神的信徒朝拜的目的地。当他们第一次拜祭完马尔杜克大神，从塔底的下

第25章 埃特曼安吉——巴别塔

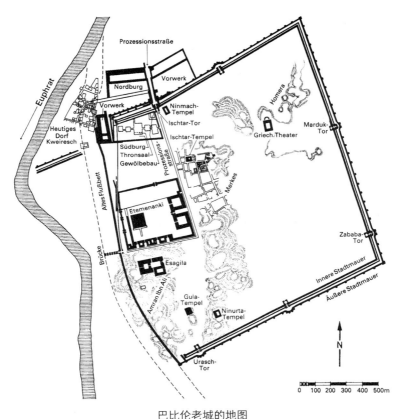

巴比伦老城的地图
埃特曼安吉这座庙塔和埃萨吉拉神庙显然不属于同一建筑群

庙[①]浩浩荡荡鱼贯而出时，会是一幅多么壮观的场面！据希罗多德记载，下庙的马尔杜克神像连同宝座、脚踏和祭案均由纯金制成，总重达800泰伦特。在祭司的寝宫找到了所谓的"原始泰伦特"，一只重29.68公斤的石鸭，上面雕刻的铭文称其为"一个标

---

① 据希罗多德记载，巴别塔上下各有一座马尔杜克神庙，分别称为下庙和上庙。——译者注

定泰伦特"。如果希罗多德的说法属实，那么照此推算，马尔杜克神像及其附属物应该耗用了大约23700公斤纯金。

成群结队的虔诚信徒吃力地攀爬巴别塔侧面的巨大石阶，又会是一幅多么震撼的景象！当他们抵达第二层时，祭司们早已通过庙塔内部的台阶上到了第三层，然后又沿秘密阶梯抵达塔顶马尔杜克的神庙。

神庙上的釉砖闪耀着深蓝色的光芒。希罗多德看到这座神庙是在公元前458年前后，也就是说在整座庙塔落成后约150年，当时的巴别塔仍然完好无损。不同于刚才所说的"下庙"，这座"上庙"不再供奉神像，庙内只有一张卧榻，上面摆满了佳肴美

巴比伦的最高神祇
马尔杜克大神和他的神兽

馔，跟希腊和罗马的上流社会一样，东方的贵族也是"躺着进膳"，卧榻前是一张饰金的桌子。这座神庙是马尔杜克大神的内殿，寻常百姓不得入内，因为马尔杜克会在这里现身，他的圣颜容不得世俗凡人亵渎。殿内只住着一名女子，她是从万千女子中精心挑选出来的，夜夜恭候大神驾临，供其享乐。

"他们还告诉我，"希罗多德虽感到怀疑，但仍然转述道，"大神会亲自造访神庙，并在这张卧榻上休息，在我看来却不可信。"

环庙塔建有围墙，墙内有许多客房供朝圣者居住，每逢盛大的节日，他们都会从远方赶来，准备朝拜。还有一些房屋是为马尔杜克大神的祭司而建，马尔杜克将王权授予了巴比伦的国王，作为他的神仆，祭司们自然也是权倾天下。埃特曼安吉就矗立在这样一所庭院的中心，就像是巴比伦城中的梵蒂冈，只是更加幽暗，而且极尽奢华。

图库尔蒂-尼努尔塔[①]、萨尔贡、辛那赫里布和亚述巴尼拔都曾攻占过巴别城，也都毁掉了马尔杜克的圣地——埃特曼安吉，也就是巴别塔。

那波帕拉萨尔和尼布甲尼撒又将其重建。尼布甲尼撒死后，公元前539年，波斯王居鲁士攻克了巴比伦城，他是第一个没有毁掉它的征服者。雄伟壮观的巴别塔吸引住了这位后辈的统治者，他为之而折服，不仅没有破坏它，而且命人将墓碑建成庙塔的形状，原型就是巴别塔，看上去俨然一个小型的埃特曼安吉。

---

① 图库尔蒂-尼努尔塔（Tukulti-Ninurta），即尼努尔塔一世，曾击败赫梯帝国和巴比伦，占领整个两河流域。——译者注

巴别塔终究又一次难逃厄运。波斯王薛西斯将它毁于一旦，只留下一堆瓦砾。后来亚历山大大帝远征印度时途经此地。庞大的废墟堆依旧散发着无穷的魅力，令他为之着迷。他先是拨派一万名士兵清理废墟，最后动用了全部大军。据斯特拉波记载，总共投入了60万人工[①]。

2200年以后，一位西方学者也来到这里，站在了亚历山大大帝曾经站过的地方。他不为求名，而是为了求知。他没有一万名士兵供支配，手下只有250个雇工。但他孜孜不倦地工作了11年，总共支出了80万人工。巴比伦终又展露出原有的面貌，再现了无与伦比的建筑奇观!

至今巴别塔仍被视作人类狂妄放肆的象征。科尔德维随后又挖出了巴比伦这座大城的另一部分，铭文中虽然提到过它，但从未在世界上引起普遍关注。

它只是一条大街，但是当它在科尔德维手下重现天日时，它的奢华和美丽就已堪称世界之最，超过了罗马的所有街道。如果不以长度来衡量这种美丽，现代都市的街道也难以与之媲美。这条街道并不是为了方便城市交通而修建，而是用作谒见马尔杜克大神的朝圣路，马尔杜克是巴比伦的最高神祇，这里所有的一切都效命于他，尼布甲尼撒也不例外。

尼布甲尼撒在位43年间，几乎没有停止过土木兴建。他在铭文中详细描述了这条街道："艾布尔-沙布（Aibur-schabu），巴比伦的大街，为使之成为朝拜马尔杜克大神的专用通道，我命

[①] 人工，一个人做工一天视为一个人工。——译者注

人垫上厚土将它加高,为使之配得上朝拜路的称号,又命人用角砾岩和山石铺砌了从伊露(Illu)门至伊什塔尔门的路面,将它跟我父亲修筑的那部分工程连接成一体,使之成为一条卓绝千古的大道。"

是的,这就是朝拜马尔杜克的通道。此外它也是巴比伦城防御工事的一部分,其军事作用丝毫不逊于任何狭关险隘,站在路中,左右视线均被挡住,因为道路两侧建有高达7米的防御墙。这条街道就像是一条深壑,从巴比伦的外围工事直通伊什塔尔门,这座大门才是进入巴比伦内城的入口。敌人若想攻克伊什塔尔门,就不得不穿过这条唯一通道。不过一旦踏上这条道,必然是死路一条!

道路两侧的围墙上饰有栩栩如生的彩釉浮雕,雕刻着约120头雄狮,每头雄狮长达2米,似乎正向敌人猛扑而去,当时人们普遍相信怪兽和恶灵的存在,当入侵者踏上这条像沟壑一样的石板路,已感身受威逼,惊惧不安,墙壁上雕刻着的画面必然会进一步威慑军心。只见那些狮子威风凛凛,昂首阔步,它们张开血盆大口,露出锋牙利齿,有的毛皮是白色,有的是黄色,鬣鬃亦分为黄色或红色,墙体的底色则是浅蓝或者深蓝。这条朝拜大道宽达23米。

路面先铺一层青砖,再浇上沥青,又用石灰岩凿成的巨大方石在街道中间再砌出一条宽路。这些石板的边长超过了1米,在其边缘高至一半处,饰有红白相间的角砾岩片,所有接缝处均用沥青黏合。每块石板有雕饰的那面都刻有如下铭文:"我是尼布甲尼撒,巴比伦之王,巴比伦王那波帕拉萨尔之子。为朝拜马尔

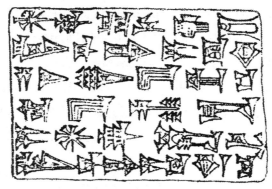

砖块也在传播着国王的盛名：尼布甲尼撒大兴土木所使用的砖上都刻有文字戳印，意思大致如下："尼布甲尼撒，巴比伦之王，埃萨吉拉和埃吉达（Egida）的守护者，巴比伦王那波帕拉萨尔之子"

杜克大神，我已用石灰岩石板铺砌了巴比伦的大道。我主马尔杜克大神，请赐予我永生！"

如铭文所言，保存下来的是伊什塔尔门。至今，在巴比伦的遗迹中，这座大门连同残存12米高的城墙依然最令人难忘。伊什塔尔门原本有两重巨大的城门，两侧各一个突出的雄伟塔楼。站在门前，不管目光瞥向何处，都会有光彩夺目的神兽映入眼帘。科尔德维估计，上面鳞次栉比地雕刻着575只神兽，它们色彩斑斓，在深蓝色墙体的映衬下，必然令初来乍到者为之着迷，同时也令他们对城门之内强大的王城肃然起敬。

伊什塔尔门上雕饰的神兽不仅有女神伊什塔尔的狮子，还有风暴神拉曼（Ramman）［又称阿达德（Adad）］的公牛，还有诸神之首马尔杜克的神兽似龙又似蛇的穆什护戍（Muschchuschu），它是幻想的产物，任何名称都无法传达它的形象，"穆什护戍"有四只脚，腿很长，后脚似鸟爪如钩般尖利，全身披有鳞片，长颈蛇头，眼睛很大，口吐双叉舌，扁平的颅骨上立有犄角……它就是巴比伦龙！

又一则《圣经》故事被剥下传奇的外衣，表明了它的真实性。先知但以理在巴比伦的狮子穴里身历耶和华（Jahwe）的神威，并由此验证了巴比伦龙在强大的上帝面前是多么软弱无力，他所信奉的天主耶和华才是千秋万代的神。

科尔德维说："人们或许可以想得到这样的场景，埃萨吉拉

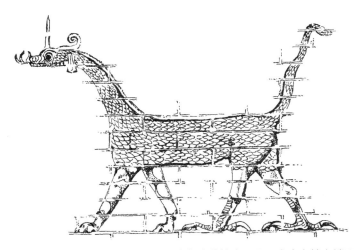

巴比伦诸神马尔杜克的神兽：巴比伦龙穆什护戍，是一个全身披有鳞甲，前爪似狮，后爪似鸟，双叉舌，头顶长角的巨兽。
巴比伦的伊什塔尔门上雕饰着很多穆什护戍

的祭司们在那儿捉了一只长得像龙的动物，一种爬行动物，也许是出现在当地的一只蜥蜴，把它放到神庙中一间昏暗的屋子里供人参观，谎称这就是活的西鲁什（Sirrusch，即穆什护戍）。因此下面这则故事也就不足为奇了：但以理用头发和沥青做成小饼喂这条'龙'，它吃后肚腹爆裂而死[①]。"

新年时，人们排着长队，浩浩荡荡，穿过这条大街去朝拜马尔杜克大神，那会是多么蔚为壮观的场面。科尔德维试图借助比较对此加以描述。

> 我曾经见过，四十名精壮男子用异床抬着圣母马利亚银像，高高举过攒动的人群的头顶，步出锡拉库萨主教堂[②]的大门，那立像比真人还高大，异床上面摆满了各种祭品、指环、宝石和金银饰物。在盛大队列的护送之下，伴着隆重的音乐声和雷鸣般的祈祷声，马利亚圣像被抬往采石场的花园。我想，当马尔杜克的神像被抬出埃萨吉拉神庙时，也许正好是抬出庙墙，踏上巴比伦的朝拜大道之际，万人朝圣的情形差不多就是这个样子。

---

① 该故事引自《次经》（或称《旁经》）的第11卷"比勒和大龙"。《次经》是一批在《旧约》正典之后出现的犹太典籍或著作，共14卷，大约完成于公元前3世纪至公元1世纪。那时犹太人经历乱世，《次经》反映了该民族对乱世的反应和对未来的盼望。——译者注
② 锡拉库萨主教堂（Syrakus），是意大利西西里岛东部城市锡拉库萨的主要教堂，位于奥提伽岛最高的部分，原本是雅典娜神庙，公元7世纪，被该市主教改为教堂，是一座拜占庭式建筑。——译者注

不过这样的比较肯定是缺乏说服力的。巴比伦的朝拜行列一定更加疯狂,更加激情,更加奢华,也更加野蛮。他们曾经将位列马尔杜克之下的众神的神像从埃萨吉拉神庙的"问卜室"一直抬到幼发拉底河畔,礼拜整整三天,才欢呼着送回神庙。

第 26 章

千年王室和大洪水

今天,当我们路上遇到黑猫,迷信告诉我们要转过身去①,此时谁想到过古巴比伦人?当我们看到表盘分为12大格(我们平时通常用十进制思考和计算),买鸡蛋以60个为单位,或者观星象卜祸福时,又有谁想起这个民族?

千万不要忘记他们,因为我们的部分思想和感情源于巴比伦。更确切地说,也许可以寻根溯源至巴比伦这片土地,但并非来自巴比伦人。

在这个地方,每一次发掘都会得到新的不可思议的启示,考古人发现,我们的意识和潜意识中,思想感情中,或多或少有些东西根植于巴比伦人的所思所感。但更令他们惊愕的是,越来越多的迹象表明,巴比伦人本身并非这些智慧的缔造者,他们也属于继承者,真正的缔造者是一个更加古老的民族,不仅比属于闪米特民族的巴比伦人早得多,也早于古埃及人。

---

① 欧洲人的一些迷信习惯可以追溯到巴比伦,如德语中有俗语称:"路遇黑猫,会遭到不幸。"——译者注

第26章 千年王室和大洪水

1946年，美国学者塞缪尔·诺亚·克莱默（Samuel Noah Kramer）开始发表他编译的有关该民族的泥板文献。经过了26年非常紧张和艰苦的破译工作，他于1956年出版了一本书，并且毫不客气地把书名定为《历史始于苏美尔》。他在书中阐述研究成果时，一改科学著作刻板严肃的学究气，以讲述的方式**娓娓道来**，写得趣味横生，幽默诙谐。他在书中提出了不少于27个"第一"，即人类史上**第一次**由这个民族记载下来的事物、经验或事件，并且大胆使用最现代的词语加以说明。为了不错过任何重要信息，我们把这些"第一次"一一列举如下：

1. 最早的学校；
2. 最早的"轻微行贿"事件；
3. 最早的少年犯罪；
4. 最早的"神经战"；
5. 最早的"两院制议会"；
6. 最早的历史学家；
7. 最早的减税事件；
8. 法典：最早的"摩西戒律"；
9. 最早的判例；
10. 最早的药典；
11. 最早的农历；
12. 最早的园艺实验；
13. 最早的宇宙进化论和宇宙起源学；
14. 最早的道德准则；

15. 最早的"约伯"[①];

16. 最早的格言和谚语;

17. 最早的动物寓言;

18. 最早的哲学"词语剽窃";

19. 最早的"天堂";

20. 最早的"挪亚";

21. 最早的"复活故事";

22. 最早的"圣乔治"[②];

23. 吉尔伽美什是苏美尔的英雄;

24. 最早的史诗文学;

25. 最早的情歌;

26. 最早的图书目录;

27. 最早的天下太平的黄金时代。

读到这些的时候,每个人也许都会产生疑虑,是不是作者头脑发热,牵强附会地把现代术语硬套在几千年前另一个世界所出现的社会现象上。但是倘若亲自读一下克莱默精彩的译文,我们便会因文中的记载诧异得说不出话来。例如:有17块泥板记录了父亲对儿子缺乏教养以及青年人普遍堕落感到不满而大加抱

---

① 约伯(Hiob),《圣经》中的人物。约伯是上帝的忠实仆人,以虔诚和忍耐著称。魔鬼考验他,把他变得又穷又病;他却在贫困中祝福上帝,诅咒自己的生日。真神曾两次对撒旦称赞约伯,理由是:他"完全正直""敬畏真神"以及"远离恶事"。——译者注

② 圣乔治(St. Georg),约公元260年出生于巴勒斯坦,为罗马骑兵军官,骁勇善战。他因试图阻止戴克里先皇帝治下对基督徒的迫害,公元303年被杀。公元494年被教皇格拉修一世封圣。圣乔治的故事传达了保护弱者、直面侵略者、牺牲成就圣洁的精神。——译者注

怨,读到这些的时候,就恍如听到了邻家的父子正在交谈。泥板上开篇就是父亲对儿子的质问:"你去哪儿了?"儿子回答说:"我哪儿也没去!"

我们很难料想到,考古人员是如何发现曾经存在过这样一个民族的。这次发现属于人类智慧的杰出成果。正是因为有了大批学者前赴后继,苦心钻研去破译楔形文字,这个民族的存在才得以发现。如果说,这个民族的存在是"推算"出来的,那也是再恰当不过了。

罗林森的后继者在破译楔形文字的过程中已经排除了很多困难,特别是这些字符的来源,此后楔形文字专家便致力于研究这些语言之间的关联性和相似性,他们发现了很多奇怪的事实,在研究过程中,他们得出了下面的理论,照其推究下去却得出了一个惊人的结论。

巴比伦-亚述文字具有多义性,并不能孤立地从字符本身去解释。这是一种集拼音文字、音节文字和象形文字为一体的文字体系,其构成错综复杂,不可能在巴比伦人初登历史舞台之际,一下子健全起来,而且就其本身而言,也表现出了长期发展的特征。这就是说,它很可能只是个"二手货"。为此很多学者以语言为重点进行了大量研究。成百上千个研究成果汇集在一起,互相补充,最终得出了这样的推断:并非属于闪米特民族的巴比伦人或亚述人创造了这种楔形文字,而是另外一个族群。它极可能来自东部的高地,而且不属于闪米特人。但是当时还没有出土文物能够证明这个民族的存在。

这显然是一个极其大胆的假设。然而,随着时间的推移,学者们越来越确定,他们的假设是正确的,虽然他们只是推断出有这样一个民族存在,在铭文中也未找到相关的记载,但还是毫不犹豫地给它起了名字。有的学者把他们称作阿卡德人,德裔法国人J.奥佩尔却将其命名为苏美尔人,后者最终成为通用名。这个名称取自两河流域最南部地区最早期的统治者的称号:"苏美尔和阿卡德王"。

以上只是简单描述了一下就该问题所进行的思考,提出的理论,以及最终推导出结论的过程。终于有一天,这个传给巴比伦人和亚述人文字的神秘民族露出了蛛丝马迹。他们留下的仅仅是文字吗?没过多久,学者们就发现,巴比伦和尼尼微的文化成果几乎都有着苏美尔这个神秘民族的影子,离不开它的前期铺垫。

我们在前文中提到过法国领事厄内斯特·德·萨尔泽克。他也并非科班出身的考古学家,而是半道出家,来到美索不达米亚之前,他对于考古发掘工作是一无所知。但是,这里神秘的废墟和土丘激起了他的好奇心,宛如40年前的保罗·埃米尔·博塔。刚开始发掘的时候,他完全是半瓶子醋,只想碰碰运气,谁料初战告捷,在特罗的一座土丘脚下,他幸运地挖到了一个雕像。这个雕像造型奇特,前所未见。萨尔泽克备受鼓舞,再接再厉,又发现了大量铭文。这个"推断"出的神秘民族——苏美尔人第一次揭开了它的面纱!

萨尔泽克将出土的珍贵文物装船运往巴黎的卢浮宫,其中最有价值的是一尊用坚硬的闪长岩精雕细凿而成的石像,雕刻的人物是苏美尔的地方贵族或者是祭司王古地亚(Gudea)。这个雕像在考古学界引起了巨大轰动!即使是最为审慎并且从不迷信数字

波斯波利斯出土的直径为1.9厘米的滚筒印章印出来的花纹。
图面上有一头高高跃起的狮子,前方依次是一只长着双翼的山羊和
一只飞鸟,前后各一株"生命树"成为这幅图景的边饰

的亚述学者看到这些出土物和上面的铭文,也不得不承认,新发现的残片中肯定有一些属于公元前4000年至前3000年的雕刻品,也就是说,它们是一个比古埃及文明还要久远的古文明的见证品。

巨大的建筑相继出土,它们是阶梯形金字塔,或称之为庙塔的遗迹。以前,这些庙塔是每座城市的标志建筑,就像清真寺必有尖塔,意大利的教堂总有孤立的钟楼,而德国的教堂都有塔楼一样。同时出土的大量铭文将美索不达米亚的历史不断向前推进,一直追溯到人类社会初现曙光的年代。就像克里特-迈锡尼文明的发现让我们进一步认识了古希腊一样,这个更远古世界的发现对于了解巴比伦也同样极为重要。

但是与古希腊相比,苏美尔文明不仅是更久远,而且要古老得多。它兴起的时间似乎可以在《创世记》中找到对应的年代:上帝降下大洪水,只有挪亚一家得以幸存,他们繁衍后代,支派立国。苏美尔人至少属于这最早的族类。

赞美半神吉尔伽美什的史诗中不是记载过这样一次大洪水吗？这部史诗曾经残缺不全，遗失的就是这个故事，后来，大英博物馆的乔治·史密斯来到库云吉克，在土丘里寻找缺失的泥板，最终在几百万块碎片中找到了它们。

1911年英国领事的妻子威妮弗雷德·丰塔纳（Winifred Fontana）夫人在家里接待了三位年轻的考古学家。领事夫人是位画家，因此，她在日记中提到了"……这三个在画家眼中都很出色的模特……"这三位考古学家是大卫·荷加斯（David Hogarth）、T. E. 劳伦斯（T. E. Lawrence）和伦纳德·伍莱。据说没过几年，他们中的一人便蜚声世界——不过不再是作为考古学家。他就是劳伦斯，在第一次世界大战期间，他领导了阿拉伯民族的起义。相形而下，知道伍莱的人要少得多，但是在考古界同仁心中，他的威望却与日俱增。

后来，丰塔纳夫人再次被问及对这三位考古学家当年造访时的印象，此刻，劳伦斯上校已经留名青史，在这种影响之下，丰塔纳夫人自然会说："是劳伦斯一再吸引我的注意……"

许久以后，当年同在英国领事家做客的一个叙利亚人表达了与丰塔纳夫人完全不同的看法。他说："伍莱先生那才是见过世面的人物，真正的完美绅士，年轻的劳伦斯跟他比真是相形见绌。"

很久以后，到了1927年至1928年间，47岁的完美绅士伍莱才开始在乌尔进行考古发掘，这座古城位于幼发拉底河畔，是传说中亚伯拉罕的故乡。不久，他就挖到了数量极其可观的文物，这些东西足以见证苏美尔这个民族的存在。他发现了"乌尔王陵"，找到了大批珍宝。这一发现大大加深了我们对巴比伦以前历史的

伦纳德·伍莱
(Leonard Woolley, 1880—1960)

认识,特别是提供了丰富的细节,使得人类文明这一早期阶段突然间有声有色地展现出来。这一点远远比发现黄金更重要。

在大批出土文物中,有两件特别引人注目:一件是某位苏美尔王后①的头饰,一件是所谓的"乌尔的马赛克旗"②。对于了解人类最古老的历史最具意义的却是他的另一发现,这一发现证实,《圣经》所讲的那些令人印象最为深刻的故事中有一则在历史上确有其事。他还有一个令人惊骇不已的发现,第一次曝光了一种我们想都不敢想的丧葬习俗。

伍莱也是依照常规,先在土丘中开掘沟道。挖到12米深时,他在土层中发现了灰烬、碎砖、陶片、瓦砾和垃圾。乌尔人就是

---

① 这位王后即下文提到的淑巴德王后,亦称普阿比王后。——译者注
② 乌尔的马赛克旗,又称"乌尔军旗"或"乌尔的旗帜",是乌尔人出征时的军旗,也是庆功的旗帜。马赛克是一种装饰艺术,通常指用许多小石块或者有色玻璃碎片等拼成的图案。——译者注

在这片废墟中为他们的王挖掘了陵寝。在一位王后的墓室里，发现了大量陪葬的珠宝饰品和黄金容器，还有两个幼发拉底河渡船的模型，一条铜制的，一条银制的，长度为60厘米。王后的头饰就是在那儿发现的。这是一件类似假发的金发箍，头套内置软而厚的垫层，表面缠金带成三道环饰，带上镶有天青石和红玉髓，最下面一道金带上坠着金环，第二道饰有金山毛榉叶，第三道则是金柳叶和金花。头饰顶部插着一把五齿金梳，上面装饰着金花并镶嵌有天青石，鬓角部位用金线盘成旋卷，半月形金耳环则低垂于耳侧。

凯瑟琳·伍莱[①]尝试着根据发掘出的古人头颅为曾经佩戴过这个头饰的王后做一个头部模型。出土的陶俑为她提供了发型参考，金带的长度告诉了她头套的尺寸。复原后的金发箍现在存放于美国费城（Philadelphia）的宾夕法尼亚大学博物馆，跟原件几无二致。这件精美文物向我们展示出，贵金属的加工艺术在大约4500年前已经发展到了何等程度，当时的艺术品位又达到了多么高的水平。

那件所谓的"马赛克旗"却含有极为丰富的史料，对苏美尔这个遥远的世界做出了生动的描述。它制作于约公元前2500年，分为上下两条长方块，每条长55厘米，宽22.5厘米。旗边上还加了两块三角形，估计是用于把旗子固定在旗杆上的，行军或者游行时，旗子会高高飘扬在队伍前面。

旗子以天青为底色，上面用大量珠母和贝壳拼接出很多小的

---

① 凯瑟琳·伍莱（Katharine Woolley），为伦纳德·伍莱的夫人。——译者注

场景。我们知道，古埃及宫廷官员的墓室中绘有大量壁画，为考古学家提供了大量有关古埃及人生活的史料。论丰富程度，旗上的图案虽不及它，但就细节而言却远胜之。它像一本4500多年前的画册，生动地将那个时代的诸多情境重现在伍莱眼前。若是考虑到这面旗子的制作年代，便可将其称为揭秘苏美尔文明的一把极为重要的密钥。

庆功盛宴向我们展示了当时人们的服装和使用的器具；驱赶牲畜的场景告诉我们当时人们饲养哪些家畜；战俘和士兵的队列让我们了解到当时的武器和装备；战车则向我们宣告，苏美尔人已将其应用到了战争中。巴比伦人、亚述人、波斯人以及马其顿人正是依靠那些战车军队才建立起了强大的帝国，但同样也是被那些战车军队摧毁的。

但是随后，伍莱便发现了一件令人毛骨悚然的事：乌尔的王陵里除了埋葬的国王和王后，还有其他人的尸骨。

这些墓穴中似乎曾发生过大规模的屠杀。其中一间墓室里，尸骸的颅骨旁有铜制头盔，手骨边放着长矛，这些应该是国王的侍卫。他们是被杀死的！还有一间墓室的尽头躺着九名宫女的尸身，头上还戴着华贵的首饰，很可能是为葬礼而佩戴的。墓室入口迎面立着两辆笨重的牛车，车内有驭手的骸骨，车前方躺着牛骨，旁边是仆从的尸骸。他们也是被杀死的！

伦纳德·伍莱在淑巴德（Schubad）王后的墓室中发现了许多被杀死的宫女，她们的遗骸整整齐齐排成两行。宫女行列的一端是一名乐师的尸体，他是宫中的竖琴手，臂骨下就是这件极为珍贵的乐器，显然，在受到致命一击之前，他还紧紧抱着这架竖琴。王后的灵柩边还俯趴着两具尸骨，似乎是一击毙命。

这一切只能有一种解释：这儿曾经进行过大规模的生人殉葬，把人的生命作为祭品！站在此处，伍莱明白，这儿的人祭是有意为之，或许是那些狂热的祭司施行的祭礼，只为替他们的王缔造一个神灵的王国。因为从这些尸骸的姿势，从整个墓葬的情形可以推断出，这些宫女、侍卫和仆从绝非自愿为他们的主子殉葬，这一点绝不同于印度的寡妇在丈夫死后自愿坐上柴堆，焚化殉夫。这儿只有被屠杀的祭品！用这种血腥的杀戮成就国王的尊严！

从这些出土物中又会得出什么样的科学论证呢？伍莱说："迄今所有的记载都未曾提到过这类生人殉葬，考古学界也没有发现过任何有关这类习俗的蛛丝马迹，即使是苏美尔王朝的后期，也同样鲜有该俗的残余。如果把这种人祭解释为对早期国王的神化……那么可以说，我们所知道的更伟大的神，自有历史记载以来，还从未要求过这样的礼仪：**这也恰恰证明了乌尔王陵极其古老！**"

伍莱还是想进一步探究苏美尔文化最古老的年代。

他开始有条理地向更深处推进发掘工作，这时，他在这些墓室下方，也就是距离地面12米处，挖到了一片黏土层，土层厚度超过了2.5米，中间既找不到碎片也未发现垃圾。

显然，这是自然形成的冲积层，其成因只有一个解释，若让地质学家来阐释，肯定比考古学家更令人信服：很久以前，肯定有一场洪灾席卷了苏美尔的大地。倘若一场洪水过后，形成了两米半厚的淤积层，那么一定是海啸和终日滂沱大雨共同作用的结果，这时的天空就像打开了所有的水闸。这不正如《圣经·启示录》第7章所说，有一天，洪水卷过山谷和丘陵，"那一天，大渊的泉源都裂开了，天上的窗户也敞开了。40昼夜降大雨在地上……水势浩大，在地上共150天！"

伍莱即将得出一个惊人的结论。

如果他还记得，《圣经》中的故事跟《吉尔伽美什史诗》中的内容有着惊人的一致，而《吉尔伽美什史诗》远比《圣经》古老得多；如果他去查看了所谓的苏美尔王表（"然后洪水来了，水退以后王权再次从天而降"）；除此以外，如果他还想到，两河流域出土的文物已经证实了古老传说和《圣经》故事的真实性，那么毋庸置疑，此刻的他已掌握了确凿的证据，可以证明这场洪水正是《圣经》中提到的大洪水。

正是因为历史上确实发生过这次洪水，才有了神话中的大洪水。当然，这次洪水并没有令人类灭绝到只剩下乌特那庇什提牟一家，即挪亚一家。美索不达米亚肯定发过多次大水，这次洪水无疑是极为严重的一次，因为幼发拉底河和底格里斯河下游的三角洲地带就是一片历经多次洪水冲积而形成的平原。

本章开始时提到过关于黑猫的迷信、把60作为计量单位以及表盘划分为十二格，随后引出了考古人对苏美尔民族的发掘，我们也以此作为本章的结束。

一条无形的长线贯穿在苏美尔人和我们之间，虽然它也曾在时间的长河中，被别的文明割裂，但这些文明已在此间自生自灭。这要归功于苏美尔文化的创造力，它有着非同寻常的能量，其影响渗透到了各个领域。不管巴比伦和尼尼微的文明之花开得多么绚烂,都是在苏美尔的土壤上生根发芽的。苏美尔文对于整个巴比伦文化的影响究竟有多么深远,相对于它之后的文化,又该如何评判它的功绩,我们想举几个例子加以说明。

苏萨(Susa)出土了著名的《汉谟拉比法典》石碑,从内容上看,它不过是把古代苏美尔人的法律原则和风俗习惯汇编在了一起。我们惊异于这部法典的"现代性",因为尽管受到宗教信条的限制,它仍然明确地规定了罪责概念,清楚地强调了纯粹的法学观点。例如血亲复仇,这一行为准则曾存在于稍晚时期的各个文明中,直至今日,这一可怕现象在欧洲的某些地区还时有发生,但是《汉谟拉比法典》却明令禁止这一行为,宗族仇杀在当时几近消失;苏萨碑文中最具现代意义的法律规定就是,由**国家**代替**个人**对不正当行为进行复仇。按照法典的规定,执法是非常严酷的,包括很多原始且残忍的肢体刑罚,充分体现了东方暴政的特点。但是《汉谟拉比法典》秉承的公平正义的态度一直影响到了后来的《查士丁尼法典》和《拿破仑法典》。

巴比伦人行医时离不开巫术,以至于在罗马人的惯用语中,巴比伦人或者迦勒底人还有"巫师"这层意思。而这种巫、医的结合起源于苏美尔人。巴比伦建有医校,享受国家资助。许多情况下,医生行医都要遵循宗教规定。其他时候则要对国家负责,也就是说在大多情况下要承担司法责任。例如,根据《汉谟拉比法典》的第218条,医生在行医过程中若出现疏失,将会受到如下惩处:"如果医生使用铜刀施行大手术,致使病人死亡,或者用铜刀动白内障手术,致使病人失明,应砍掉他的双手。"苏美尔人信奉占星术,他们的神灵和宗教信仰不仅流传到巴比伦和亚述,而且一直延续到后世的雅典和罗马,只是在名称和形式上有所不同。(我们已经知道,苏美尔的历史和传奇故事已经直接影响了《圣经》的内容。)

在巴比伦,天体学和关于星辰运动的学说已经高度发展,可以比拟后代的精密科学,为识星图、历法和计时提供了理论基础。阶梯形的庙塔就是天文观测台。巴比伦的祭司计算出了水星的运动,其精确度超过了后世的喜帕恰斯[①]和托勒密(Ptolemaios)。

巴比伦数学使用的是一种混合进制,以苏美尔人的六十进制为基础,并结合闪米特人的十进制。为解决两种进制交叉而产生的计算困难,他们发明了数表,也就是古代的计算尺。巴比伦人使用这种计数体系,可以计算出庞大的数值。希腊人在数学和天文学方面取得的成绩是有目共睹的,但是对他们来说,10000已经是一个"天文数字"了。直到19世纪,西方世界才有了"百万"这一概念。库云吉克土丘出土的一篇楔形铭文中列出了一道算术题,如果用现在的数字来表示它的运算结果,应该是195 955 200 000 000。笛卡尔和莱布尼茨生活的那个时代,西方人的概念中还没有这么大的数字!

但是,所有这些科学都无可救药地跟占星和占卜联系在了一起。苏美尔人和巴比伦人给我们留下了丰富的文化遗产,精华之中也掺杂着糟粕,最不足取的就是迷信。它总是给那些极其琐碎的小事披上一层神秘的外衣,若是与宗教妄想相结合,特别是

[①] 喜帕恰斯(Hippardios,约前190—前120),古希腊的天文学家,被称为"方位天文学之父",他编制有1025颗恒星的星图,并且创立了星等的概念,还发现了岁差现象。——译者注

想象着女人能成为巫婆,随之产生的后果是非常可怕的。这些东西也在罗马晚期及摩尔人统治阿拉伯的时期传到了欧洲。欧洲人编写过很多内容愚昧的图书,《女巫之锤》[①]是这些书中最具智慧的,然而它也不过是效仿了一篇楔形铭文,这篇铭文的年代要比它古老得多,共刻在8块泥板上,标题是《焚烧》。

为了说明苏美尔人影响深远的创造力,伦纳德·伍莱又从建筑方面举了一个例子:"亚历山大大帝征服两河流域以后,欧洲人才逐渐了解圆拱式的建筑结构。希腊的建筑师对这种新的建筑形式非常好奇,不断地进行研究,并把它……借鉴到了西方的建筑中……后来,罗马人取代了希腊人,又把这种建筑艺术发扬光大。今天,圆拱已成为西方建筑的一大特色,而在巴比伦时期,它就已经广泛应用到了各类建筑中:公元前600年,尼布甲尼撒重建巴比伦时大量使用了圆拱结构;乌尔有一处遗址是巴比伦国王库里-加尔祖(Kuri-Galzu)时期的神庙,今天尚存有一处圆拱,库里-加尔祖的在位时间是公元前1400年前后;公元前2000年[②]前后,乌尔城苏美尔市民的私人住宅中,砖砌的门拱是按照弯弓的样子修建的;在尼普尔(Nippur)发现的排水道上方也架设有穹顶,建造年代大约是公元前3000年;乌尔王陵墓室的穹顶将这一建筑结构的形成时间又提前了400或500年。显而易见,从早期的

[①] 《女巫之锤》(Malleus Maleficarum),1486年由斯特拉斯堡的普勒斯出版社出版,是魔鬼文献中最成功的著作之一。这部著作是针对宗教裁判官而写。与以前同类书籍的不同之处在于,它专门讲述如何侦查巫师的罪行。17世纪以前,这部书是追捕女巫的基本手册,号称妖法和巫术的知识宝库。——译者注

[②] 原文是"公元前1000年",按照逻辑判断及旧版本的说法,此处应为"公元前2000年"。——译者注

苏美尔文化到当代社会，圆拱是一脉相承的建筑结构。"

伍莱最后总结说："如果单纯按照成果来评判人的劳绩，那么苏美尔人尽管算不上杰出，但一定是值得钦佩的；倘若要按照对历史发展的影响进行评判，那么他们的地位理应高得多。苏美尔文明的出现照亮了当时尚处于原始、野蛮阶段的人类世界，苏美尔文明的意义也就在于，它是最早推动世界发展的民族之一。

"过去，人们认为，所有的艺术都源于古希腊，而希腊本身就像雅典娜一样，是从奥林匹斯之主宙斯的头颅中跳出来的。我们就在这样的时代中长大，但是现在，我们了解到，希腊文化是如何从吕底亚人、赫梯人那里取精去粕，如何从腓尼基、克里特、巴比伦和埃及采英撷华，才绽放出了永恒的生命之花。不过真正的源头还要更加古老：那就是存在于这些民族之前的苏美尔人！"

如果我们跟着考古学家追溯生命的痕迹，来到两河流域，来到这个发生过大洪水的地方，来到这个远古的国王统治下的地区，我们就会感受到传承了数千年的文化气息。如果我们看到，有那么多五千年前就已经出现了的事物，好也罢，坏也罢，迄今仍然影响着我们的生活，我们不得不承认，数千年的历史不过是弹指一挥间。

写到这里，考古学家的活动范围多在地中海沿岸，或者距其不远的地区。接下来，我们要跟着他们去一个更遥远的地方，探索一个新的世界，虽然它的没落距离今天只有几个世纪，但是在我们看来，相比于前面提到的那些古文明，它要更加陌生，更加野蛮，那里发生过很多更加恐怖的事情，这些事情通常是更加令人费解的。现在，就让我们前往墨西哥和尤卡坦的热带雨林。

第四部
阶梯之书

　　废墟城市横亘在我们的面前,犹如一艘在汪洋大海中被波涛击碎的三桅船;桅杆不见了,船莫名消失了,船员葬身海底,没人能说出它从哪里来,船主是谁,已经漂泊了多久,为什么遭难;消失的船员是谁也只能依稀根据相似船只的建构来推测,或许永远无法准确认定。

——约翰·劳埃德·斯蒂芬斯

面对首次发现时的感慨

玛雅神祇
英国建筑师弗雷德里克·卡瑟伍德绘制的石版画，
1839年和1841年他作为绘画员陪同美国考古学家和探险家
约翰·劳埃德·斯蒂芬斯踏上前往中美洲的旅途

第 27 章

蒙特祖马二世的宝藏

天色破晓，这位西班牙的指挥官就起了床，召集他的军队。号角吹响，嘹亮的号声越过水面，穿过森林，回声响彻山谷，继而慢慢消失，此刻，士兵们已迅速集合在旌旗下，心怦怦直跳。透过晨曦中的雾霭，依稀可见远处星星点点的火光，那是无数金字塔式神庙中的祭坛燃起的圣火，也就是都城的所在。太阳渐渐从东面的山脉升起，明媚的阳光洒遍美丽的山谷，在那绚烂的光辉中，庙宇、高塔和宫殿，一切历历在目。这是 1519 年 11 月 8 日，一个历史上非常重要的日子。这一天，欧洲人第一次踏上了西方世界[①]的都城。

这段文字出自 20 世纪的历史学家威廉·希克林·普雷斯科特，下文会对他进行详细介绍。他笔下描述的是一个历史性的时刻，西班牙探险家荷南多·科尔特斯（Hernándo Cortés）——他在信中都是这样署名——和他率领的 400 名西班牙士兵第一次看

---

① 美洲位于欧洲的西面，故被欧洲人称为西方世界。——译者注

到墨西哥城，当时是阿兹特克帝国的首都。

科尔特斯的手下除了西班牙人，还有大约6000名当地土著人，他们都属于那些依附了西班牙的部落，以阿兹特克人的世敌——特拉斯卡拉（Tlascalan）人为主，大军穿过了连接大陆和这座岛城的堤坝，越过一座巨大的吊桥。此刻没有一个西班牙人不清楚，他们已然置身于某位权倾一方的君王的掌控之下。他们意识到这位君王的权势，不仅仅是因为那些将他们团团围住的大批武士，也不仅仅是因为眼前那些宏伟的建筑，还因为所有土著人都讲述过的那些令人难忘的故事。

西班牙人一往直前。

他们来到城中央的宽阔大道，这时，一支盛装华饰的队列浩浩荡荡迎面而来，在阳光下熠熠生辉。三名手执金杖的文吏身后，数名身份显贵的侍从颤悠悠地抬着一顶金肩舆。宝座的华盖用五彩羽毛织成，镶满珍贵的宝石，并且包有银边儿。抬舆的侍从全都赤着双脚，步履疾徐有致，目光低垂。队伍行进到一定位置，便停了下来，肩舆中走下一位男子，身材高大而修长，年约40岁，肤色比普通人更白皙，乌黑光亮的头发又垂又顺，但不是很长，胡须只有稀疏的几根。他身披一件镶着珍珠和宝石的斗篷，衣角绕颈打有一结，脚蹬一双平底露趾黄金履，并用饰金绳带缚紧于脚踝处。在两名贵族的搀扶下，他缓缓向我们走来，前面有仆从不断铺放棉垫，以免有污秽脏了他的双脚。就这样，阿兹特克帝国的皇帝蒙特祖马二世站在了科尔特斯面前。

科尔特斯跳下马，也由手下的两名高级军官扶着，向这位当地的统治者迎了过去。

50年以后，这位征服者的部下贝尔塔尔·迪亚斯（Bertal Diaz）回忆这次会面时写道："我永远不会忘记这一幕。时隔多年，这一切依然历历在目，恍如昨日刚刚发生。"

这两人彼此对视，互致友谊，当然只是出于礼节言语上的友好，而并非真情实意，此刻，两个世界、两个时代在这里不期而遇。

本书已讲述了很多考古史上的伟大发现，对于欧洲基督教国家的人来说，无须再从废墟中追述某个陌生世界丰富多彩的古文化，而是亲身面对它，这还是第一次。科尔特斯站在蒙特祖马二世面前，就好像是布鲁格施-贝伊在"帝王谷"里突然见到了拉美西斯大帝，或者科尔德维在巴比伦碰上正在散步的尼布甲尼撒，而且他们彼此间还可以自由交谈，就跟此刻的科尔特斯和蒙特祖马二世一样。

但是科尔特斯是征服者，不是考古学家。吸引他的要么是那些值钱的宝贝，要么就是能够创功建业、扬名立万。他关心的是如何给自己和西班牙国王陛下谋取利益，充其量还想着把基督教的十字架插在这片土地上，但绝不是为了获得什么知识，除非人们把这种热衷于地理探险的欲望也看作一种对知识的渴望。科尔特斯与蒙特祖马二世初次见面后不到一年，蒙特祖马二世就死去了，又过了不到一年，光彩夺目的墨西哥城毁于一旦。被毁掉的难道只是墨西哥这座城市吗？——当然不仅如此！

文化史学家奥斯瓦尔德·斯彭格勒这样写道："历史上横遭非命的文明仅此一例，它既不是逐渐衰亡，也没有受到压制或者阻碍，而是在发展到最繁盛的时刻被彻底毁灭，就像一株向日葵被路人无情地掐去了花盘。"

为了解整个事件的过程，有必要回顾一下那段被称作"征服者时代"的岁月，在欧洲基督教史上，这也是一个被烈火与鲜血染红的年代，外披传教士的长袍，实以宝剑为标志。

1492年，热那亚的船长克里斯托瓦尔·科隆（Cristóbal Colón），后来被称为克里斯托弗·哥伦布（Christoph Columbus），在前往印度的航行中发现了邻近中美洲的岛屿瓜纳哈尼①、古巴（Kuba）和海地（Haiti），后来又发现多米尼加（Rominica）、瓜德罗普岛（Guadeloupe）、波多黎各（Puerto Rico）和牙买加（Jamaica），最后发现了南美洲和中美洲的海岸线。时隔不久，瓦斯科·达·伽马（Vasco da Gama）找到通往印度最近的航线，同时期，奥赫达（Hojeda）、韦斯普奇（Vespucci）以及费尔南多·德·麦哲伦（Fernando de Magellan）考察了新大陆的南部海岸。在约翰·卡波特②远赴美洲探险、麦哲伦完成环球航行以后，连成一体的美洲大陆已探明地区包括从拉布拉多（Labrador）到火地岛（Feuerland）的绝大部分。当努涅斯·德巴尔博亚③怀着每一个伟大发现者都不可或缺的激情，为了将

---

① 瓜纳哈尼（Guanahani），为哥伦布1492年10月12日登上美洲的第一块陆地，后改名为圣萨尔瓦多岛。——译者注
② 约翰·卡波特（John Cabot），意大利探险家，1497年，本想找到日本和中国的路线，结果乘一艘英国船到达一个"新发现的土地"——纽芬兰，当时他以为是今天的亚洲东海岸。——译者注
③ 努涅斯·德巴尔博亚（Nuñez de Balboa，约1475—1519），西班牙冒险家，发现了南海，即现在的"太平洋"。——译者注

太平洋"永远地"据为己有,全副甲胄驶入大海,当皮萨罗(Pizarro)和阿尔马格罗(Almagro)从西海岸入侵印加帝国①,也就是今天的秘鲁(Peru),只经过短短三十年的时间,欧洲最伟大的探险活动便就此拉开了序幕。发现之后就会有人进行考察,一旦探明情况,随之而来的必然是征服,因为这片新大陆蕴藏着超乎想象的财富。这儿所指的财富具有双重意义,一是可以开拓新的贸易源,二是可被掠夺的巨大宝库。

这是前所未有的冒险活动,使用的船只不大,放到现在只会用于内河航运,而且航行期间一再有人丢掉性命,倘若全盘否定那些道德及政治上的马基雅维利主义者,就此断定那些冒险活动的**最大动力**是掠夺财富,在今天看来已不再公平。若是把寻找多拉多②闪闪发光的黄金看作它们**唯一**的动力,似乎也不公平。乐于冒险不光是为了谋取利益,大胆也不只是源于贪婪的驱使。因为这些探险家和征服者不仅仅为了自己,为了伊莎贝拉(Isabella)女王和斐迪南(Ferdinand)国王,还为了卡尔五世(Karl V),也为了教皇,为了亚历山大六世(Alexander VI),这位臭名昭著的博尔吉亚③,1493年,他颁布诏书为葡萄牙和西班

---

① 印加(Inka)帝国,是11世纪至16世纪时位于美洲的古老帝国,其版图大约是今日南美洲的秘鲁、厄瓜多尔、哥伦比亚、玻利维亚、智利、阿根廷一带。帝国的重心区域分布在南美洲的安第斯山脉上。——译者注
② 多拉多(Dorado),当时西班牙征服者想象中的南美洲,是黄金国、宝山、富庶之乡。——译者注
③ 教皇亚历山大六世原名为罗德里哥·博尔吉亚(Rodrigo Borgia),1492年至1503年任教皇,是文艺复兴时期最具争议的教皇,他姓氏的意大利拼法Borgia,成为贬损教廷时的代名词。——译者注

牙划定了在世界上划分势力范围的分界线①。他们为了使徒陛下②远航，作为传教士，打着圣母马利亚的旗号去教化那些异教徒，他们船上从不缺少把基督教的十字插上新大陆的神父。

随着这些探险家和征服者来到美洲大陆，人类史上第一次有了全球的概念。思想、宗教、政治和探险各具使命。天文学、地理学以及建立于二者之上的航海学的发展为成立一个以欧洲为中心的真正"日不落"帝国的扩张政策提供了科学支持。狂热的信仰能够让这些探险家们高举神圣的大旗，甘于在汹涌的波涛中颠簸，是因为西班牙的下等贵族已经厌倦了无谓的幻想，他们摩拳擦掌，跃跃欲试。

做了这么多铺垫，现在足以进入正题了。总有一些意料之外的事情在我们认知那些已经消亡的古文明的历史过程中起到决定性作用，我们也不止一次记下了这样的事件。很高兴又要告诉大家一个这样的故事：在所有的征服者中，现在大家最感兴趣的一定是阿兹特克的发现者荷南多·科尔特斯，他原本是要当律师的。他讨厌这个职业，为了逃避，试图参加哥伦布的继任者尼古拉斯·德·奥万多（Nicolas de Ovando）领导的探险队，却未能成行，因为他爬墙去跟情人幽会时，墙突然坍塌了，落下的石头把他埋在了下面。这次放荡的行为是他有史记载的第一次冒险，他因此被压成重伤，在床上躺了很久，错过了奥万多船队的起程时间。如果这堵墙再高一些的话，谁也不知道新大陆的历史又会

---

① 这条分界线史称"教皇子午线"。——译者注
② 使徒陛下（Apostolische Majestät），是匈牙利君主的称谓，"君权传承自使徒"的意思。——译者注

发生什么样的变化。

然而,只要时代需要,即使是科尔特斯这样的人也是可以被替代的。

科尔特斯率领一支前所未有的战队大举扑向墨西哥城。16年以前,年仅19岁的他就来到了伊斯帕尼奥拉岛①,当地西班牙总督想给他划分块领地,他却傲慢地对其秘书说:"我来就是弄金子的,不是为了像农民一样去开荒种地!"具体情况就不再赘述了。24岁时,科尔特斯参加了贝拉斯克斯(Velasquez)领导的征服古巴的行动,他表现极为突出,但是随后却因加入反对新任总督的党派被捕入狱。他越狱逃跑,被抓回,继而再次越狱,最后跟总督达成了和解。他搞到了一处庄园,第一个将欧洲的有角牲畜引进古巴,同时开采金矿,不久就赚到了高达2000个到3000个卡斯蒂特兰诺金币这样一笔巨款。德拉斯·卡萨斯②主教属于为数不多的对新大陆的印第安人态度友好的人,他对此表示:"只有上帝知道,这些钱是用多少印第安人的生命换来的,上帝会要他偿还这笔债的!"

这笔财富的积累对于科尔特斯此后的人生道路起到了决定性作用。因为有了钱,他可以参与任何一种军备投资,作为回报他获得了一支舰队的最高指挥权,这支舰队由他跟总督贝拉斯克斯

---

① 伊斯帕尼奥拉岛(Hispaniola),为加勒比海第二大岛,亦称海地岛,位于古巴岛以东,波多黎各岛以西。——译者注
② 德拉斯·卡萨斯(de las Casas),16世纪西班牙多明我会教士,曾致力于保护西班牙帝国治下的南北美洲印第安人,对虐害他们的西班牙殖民者竭力控诉。他的著作《西印度毁灭述略》就是揭示西班牙殖民者种种暴行的重要文献。——译者注

共同组建,航行的目的地是土著人一再满怀憧憬描述的那个传奇般的国度。最后时刻,科尔特斯跟总督再次反目。当他率领这支投入了他跟他的朋友们全部家财的舰队到达位于古巴岛上的特立尼达城(Trinidad)时,贝拉斯克斯试图把他羁押起来。但是此时,科尔特斯手下的士兵都已宣誓效忠于他,如果执行此命令,就会引起所有士兵的反抗。总督只得作罢,于是,科尔特斯率领11艘船(最大的也不过100吨)踏上了他一生中最重要的探险之旅。

黑丝绒镶金战旗招展,上面绣着红色十字和一句拉丁文:"朋友们,让我们跟随十字架勇往直前,在这个标志下,只要我们有信仰,就会战无不胜。"战旗下,科尔特斯向这支军队发表了流传至今的讲话,结束时他这样说道:"你们人数虽少,但是具有坚定的决心,在跟没有信仰的人的战斗中,上帝从未弃西班牙人于不顾,只要你们不动摇,就不必怀疑,即使你们受到大批敌人的包围,上帝也会保护你们。因为你们是**正义之师**,你们将在绣着十字架的旗帜下战斗。斗志昂扬、满怀信心地前进吧!你们的起程之旅如此顺利,现在就将它延续到底,创下一番辉煌的伟业!"

1519年8月16日,科尔特斯从今天的韦拉克鲁斯(Vera Cruz)附近的海岸出发,踏上征服墨西哥之旅。他原本认为,必须打败的是些**部落**。现在看到,他必须征服的是一个**帝国**。他假想中的敌人是**野蛮人**,现在事实告诉他,他在同一个高度文明的**民族**作战。他想象在行军途中不过会遇到些村庄或居民点,现在眼前的景象却是,若干宏伟的城市拔地而起,城中巍然耸立着无数庙宇和宫殿。

疯狂的征服墨西哥之战就此拉开序幕，三个月后，科尔特斯的大军开进了蒙特祖马二世的都城。战争细节本书不再详述，科尔特斯克服了一个又一个的障碍：地形、气候和不知名的疾病，前后战胜的印第安人多达3万到5万。他攻城略地，所向披靡，战无不胜的威名早已提前传遍各个城市。领军期间，他极为细致地将统军战术和血腥杀戮结合在一起。他还展现出了绝顶高明的政治手腕，遣返蒙特祖马二世接二连三派来的新使节时，他总要赠送礼物；利用附属于阿兹特克皇帝的各民族间的矛盾来从中渔利；懂得如何将一个今天还是敌人的民族，明天就变成朋友，例如特拉斯卡拉人。他坚定地朝着目的地进军，蒙特祖马二世不彻底而且毫无目的的抵抗再也挡不住他前进的步伐，最后，这位掌控着远远超过10万兵勇的统帅竟然请求他，不要进入帝国的都城。

几乎无法为这次史无前例的胜利进军找到合乎常理的解释。科尔特斯的强大一方面在于他几近神化的威名，另一方面是因为有组织、有纪律的作战本身就使得胜利的砝码向他倾斜。正如一位历史学家所说，这场战争是希腊人和波斯人的又一次战斗。但这次的"希腊人"除了严格的纪律以外，还有了足以令任何敌人胆战心惊的新式武器——火器。他们还有一样一再引起印第安人惊慌失措的东西，那就是战马。在阿兹特克人眼中，它们是强悍的原始动物，他们认为人和马是长成一体的，即使后来他们俘获了一匹战马，一位首领命人把它剁成碎块，分送到各个城市，这种因迷信而产生的恐惧还是没有消除。

1519年11月8日，征服都城的这一天不可抗拒地渐渐逼近了，这次还谈不上征服，只不过是一次占领。科尔特斯在墨西哥的国都发现了自己从19岁起就梦寐以求想要得到的**宝藏**，但是这些珍宝再加上他们急不可待地把象征基督教的十字架插上了阿兹特克的神庙，竟引来了一连串让他们措手不及的复杂问题，科尔特斯及手下的西班牙人差一点儿为此丧失了所有胜利果实！

1519年11月10日，即科尔特斯率大军进入都城的第三天，他请求阿兹特克皇帝允许他在分拨给他及部下使用的一处宫殿里建一座小教堂。蒙特祖马二世立刻应允，并派阿兹特克的工匠前去帮忙。

与此同时，西班牙人自己便在皇宫中四下查探。他们注意到，古老的墙体上有一处灰浆是新抹上的，按照以往强征豪敛的经验推测，后面很可能是一扇门。虽然此刻他们还是暂住在宫中的客人，却肆无忌惮地把墙砸开。果然有一扇门赫然出现，他们立刻打开门并派人去请科尔特斯。

科尔特斯来到以后，向砸开墙的屋内望去，金光闪闪，晃得他不得不闭上眼睛。他面前是一个大厅，里面藏满了珍宝：极其华美的织物、珠宝、珍贵的器皿、各式金镶玉嵌的饰物、精美的金器银器以及堆得像小山高的金砖银砖。编年史学家贝尔塔尔·迪亚斯当时也在场，就站在科尔特斯身后，他后来写道："当时我还年轻，我觉得似乎全世界的财富都聚集在那间屋子里了。"

他们站在蒙特祖马二世的珍宝前，更准确地说，他们面前的是父子两代皇帝积蓄下来的财富！

第27章 蒙特祖马二世的宝藏

科尔特斯表现得非常明智，他命人立刻筑墙把门重新堵上。他非常清楚自己眼下的处境。他知道，他们现在正站在一座随时可能喷发的火山口上。想想看，据估计这座庞大的城市里建有65000栋房屋，与之为敌，这么一小撮西班牙人的军队能有几分胜算，因此，这些人的狂妄让我们今天仍会感到惊诧不已。

的确，他们又有几分胜算呢？这次冒险后来会怎样呢？想寻个时机把这些终于近在咫尺的珍宝从皇帝及其十万大军的眼皮底下运出都城，他们是不是一点儿希望都没有呢？他们会不会一时冲昏了头脑，认为，终有一日他们会把这个帝国的统治权据为己有，从而永远对它施行经济上的盘剥，就像此前他们在新大陆那些蛮夷的岛国攫取的巨大成功一样？

事实上，他们就是如此盲目。但是，在科尔特斯的约束下，他们的盲目并未超出现实政治可实现的范围，尽管这样的政治在今天看来是很不现实的。唯一的方法就是，把自己的军力安插在都城的正中心，这是一个只有不要命的冒险家才想得出，只有胆大包天的征服者才做得到的办法。科尔特斯观察得很清楚，蒙特祖马二世拥有几近神化的身份，经过深思熟虑他想到，只要控制了皇帝本人，他的臣民就不会有任何敌对行为。过了一段时间，他觉得时机已成熟，便邀请蒙特祖马二世移居他的宫殿，以便把皇帝的住所跟他的驻地连成一体。他阐述理由时，半是委婉的请求，半是巧妙的威胁，他手下最出色的骑士早已全副甲胄立在门外，蒙特祖马二世一时怯弱，竟屈从了他的提议。

当天晚上，奥尔梅多（Olmedo）和迪亚斯两位神父在新建好的小教堂里主持了圣弥撒。西班牙人在虔诚的避静①时，仪礼大厅的左侧是放着那些珍宝的房间，每一个正在祈祷的西班牙人都觉得其中一份属于自己。右侧则坐着珍宝的主人，这位皇帝虽然并未离开他的帝国，但此刻不过是几个人手中的傀儡，任人摆布，身边的几位高官显贵就这种有失尊严的处境对他百般劝慰。对于这个情境，贝尔塔尔·迪亚斯又补充说，所有西班牙人在祈祷时都表现得极为严肃和毕恭毕敬，"一方面因为仪式本身的要求，另一方面为了借助虔诚的力量对那些蒙昧的异教徒加以启蒙！"

科尔特斯至此可谓一帆风顺，没有碰到过任何变故。似乎他每做一件事情，都会得到庇佑。但就在这时，相继发生了三件事，令整个局面突然发生了变化。

先是西班牙人内部发生龃龉。科尔特斯认为，控制了蒙特祖马二世以后，就再没有理由让他对那批珍宝视而不见、置若罔闻了。为保全自己的尊严，倒霉的皇帝愿把全部珍宝献给科尔特斯远方的君主——伟大的西班牙国王陛下，并宣誓向其效忠不贰。但就他目前的处境来看，这种姿态已经起不到大作用了。科尔特斯派人把珍宝抬到一间大厅，以便估算价值。阿兹特克人虽然精通算数，但不识天平与砝码，西班牙人不得不自己赶制一个，最终称量结果，这批珍宝总价值高达162000金比索，如果按照19世纪的汇率进行换算，约合630万美元。在16世纪，这是一笔非

---

① 避静，是天主教内的一种宗教活动，指在一定时期内，避开"俗物"，进行宗教精修。活动方式一般为教徒听神父讲道和个人静思。——译者注

常可观的财富。当时，欧洲任何一个国家的君主恐怕都难以从国库中拿出这么多财产。无怪乎那些士兵把这些财富平均分配，算出自己应得的份额后，竟兴奋得快要发疯了。

但是，科尔特斯对于这笔财富的分配却另有打算。是他分配不公吗？他是西班牙国王委派的，分给国王陛下一份，不是理所应当的吗？如果不是他，科尔特斯，有谁会去装备船只，有谁至今还债台高筑，何况他总有一日还得偿还债务。于是，科尔特斯将这些珍宝进行了如下分配：五分之一归西班牙国王；五分之一归他自己；还要拿五分之一给总督贝拉斯克斯，因为科尔特斯无视他的命令，擅自率领所有船只远航，必须有所表示以平息他的怒气；另外要再拿出五分之一作为奖赏分给军中的贵族、炮手、火枪手、弓箭手和留守在韦拉克鲁斯海岸的驻军；最后的五分之一才用于平均分配。摊到每个士兵身上只有100金比索！可是相比他们立下的赫赫功绩来说，这简直是微不足道的，权当作小费来安慰他们看到全部珍宝后的心情！

科尔特斯的大军随时可能出现哗变。不时有人决斗，流血事件屡屡发生。于是，科尔特斯出面进行调解，他没有勒令禁止，而是巧言相劝。他手下的一名士兵说他"拥有数不尽的动听言辞，必要时便会滔滔不绝说一大堆"。士兵们做出了让步。科尔特斯极尽巧言如簧之能事，承诺给他们的今后的酬劳，远远超出了他们的想象。

眼下真正分下去的是哪些财富呢？只是用于平均分配的那五分之一。其余包括给西班牙国王、总督和科尔特斯自己的五分之四都留在宫中严加看守！

几个月以后，发生了一件比这要严重得多的事情。科尔特斯接到一名留守在海岸的军官的报告，从中获悉，总督贝拉斯克斯余怒未消，派了一位名叫纳尔瓦埃斯（Narváez）的军官指挥一支舰队在韦拉克鲁斯附近登陆了，这支军队唯一的任务就是解除科尔特斯的兵权，以公然反叛和逾越职权为名将其囚禁，押回古巴。报告中描述得极其详细。纳尔瓦埃斯率领的18艘舰船上共有900人，其中骑兵80名，火枪手80名，弓弩手150名，并配有大量重炮。这下，已经坐上墨西哥城这个火药桶的科尔特斯，又临外敌，这支来自他本国的军队不仅比他所能投入的军力强大得多，而且也是到目前为止派往新大陆作战的最强大的一支武装。

接着发生的事情就极不寻常了。此前总有人认为，科尔特斯之所以能取得这些成功，原因不外乎是运气好，凭一时的血气之勇，还有就是他的对手印第安人武器太落后，不过现在，他们必须要改变这种看法了。

科尔特斯决定，迎战纳尔瓦埃斯，把他彻底击败！

他凭的是什么呢？

他孤注一掷，委派一位名叫佩德罗·德·阿尔瓦拉多（Pedro de Alvarado）的军官统领三分之二的兵力，驻守墨西哥城，同时嘱托他看管好蒙特祖马二世，这个傀儡皇帝仍然是他们手头最重要的人质。自己则率领余下的三分之一人马迎击纳尔瓦埃斯，总共不过70名士兵！离开都城前，科尔特斯别有用意地跟蒙特祖马二世大谈如何惩处背叛自己的手下，并极力渲染刑罚的可怕，吓得这位优柔寡断的君王乖乖等着西班牙人回来对他下毒手，有大臣劝他趁这个绝佳时机奋起反抗，他对这些进谏竟一概充耳不闻。他极力讨好科尔特斯,在阿尔瓦拉多的严密护卫下,他坐着那顶金肩舆一直把科尔特斯送到堤坝前,跟他拥抱告别,并祝他旗开得胜,马到成功!

随后科尔特斯率领他的部队向高地平原进军。此刻,这支军队已经加编了一批印第安人,总人数扩充到了266名。就在狂风大作、暴雨滂沱之时,科尔特斯收到探哨来报,纳尔瓦埃斯的人马已经抵达坎波拉(Cempoalla),距离他们仅一河之隔。

纳尔瓦埃斯绝不是毫无经验或者不懂战术的指挥官,当晚他正要挥军渡河,一举拿下科尔特斯。但是天气恶劣,士兵们牢骚满腹,叫苦不迭,听得他动摇了决心。他相信,科尔特斯必不会在这个雨夜过河来袭,再加上充分信任自己武器的优越性,于是便撤回城里,安心就寝了。

科尔特斯却率队渡了河,突袭了敌军的岗哨。这是1520年圣灵降临节之夜,科尔特斯身先士卒,率领这支人数少、装备差的军队,高呼"圣灵"冲进了纳尔瓦埃斯驻满兵士、堆满武器的军营。

这次偷袭出人意料地大获成功。激战时间并不久,但是极为惨烈,一时间火光通明,间或夹杂着几道炮光,这些火炮尚未来得及再次发射,纳尔瓦埃斯的军营便被攻占了。纳尔瓦埃斯退守到一座神庙塔楼的顶部,仍在负隅顽抗,此时一支长矛戳中了他的左眼,紧随着他痛苦地呼号,科尔特斯大声欢呼:"胜利了!"

事后传闻,真正助科尔特斯一臂之力的是当地的一种萤火虫,它们个头非常大,突然间成群结队飞来,让守军误以为是一支庞大的军队手持火绳枪向他们逼近。不管怎么说,这场胜利毋庸置疑是属于科尔特斯的。他这次可谓大获全胜，大多数败军向他宣誓效忠，还缴获了大量的弓弩、火枪和马匹，视察这些战利品时，他最终确信，自远征墨西哥以来，他现在是第一次能够真正指挥一支强大的军队。

至此，科尔特斯的兵马虽少，却总能以一种不可思议的方式取得节节胜利，但是现在，这支队伍壮大了，却注定要遭遇失败。

第28章

被斩首的文明

西班牙人举着象征基督教的十字旗一路高歌凯进,"圣灵"指引他们赢得了最关键的战斗。只要他们在某个地方站稳脚跟,便在那儿竖起十字架,接着迅速建起教堂。神父会在每场战斗之前听取他们忏悔,在每次凯旋以后为他们举行隆重的弥撒,然后就尝试着向阿兹特克人传教布道。

本书并不想探讨传教事业的意义和正当性。只是必须指出:随着一步步进占阿兹特克帝国,与西班牙人打交道的不再是野蛮人。野蛮人的宗教由原始的万物有灵论、自然崇拜和鬼神崇拜构成,实质内容只是礼俗和习惯,很容易被动摇。西班牙人现在面对的是一种高度发展的宗教,尽管它整体上还属于多神教,但是对两个主神维齐洛波奇特利[①]和魁札尔科亚特尔[②]的崇拜已表现出了一神教的倾向。这种宗教与规范性的历法相结合,给整个阿

[①] 维齐洛波奇特利(Huitzilopochtli),是阿兹特克人的太阳神,也是战神。——译者注
[②] 魁札尔科亚特尔(Quetzalcoatl),是阿兹特克人信奉的羽蛇神,其字面义为"长着羽翼的蛇"。——译者注

兹特克文化打上了鲜明的烙印，而在当时西班牙人的认知范围内，只有那些世界性宗教或者具有救赎思想的宗教才具有这种影响力。

西班牙人及其神父的错误在于，对这一事实发觉得太晚了。

他们真的能够注意到这一点？为回答这个问题，我们得重温一下教会在16世纪初期的意义。科尔特斯进军墨西哥的那一年，马丁·路德只不过是个叛逆的修道士，发表了几篇具有煽动性的文章，哥白尼还没有公开他的新宇宙观，伟大的怀疑者伽利略和布鲁诺还没有出生。在那个时代，教堂之外没有艺术，科学和生活也无处不弥漫着宗教的气息。当时欧洲人的世界观是纯粹的**基督教**信仰。这是一种封闭的世界观，它坚信基督教的正确性、永恒性和救赎力量，这样的土壤必然会孕育出不宽容的恶之花。这就意味着，所有非基督教的东西都是异教的，一切不属于这种世界观的想法和行为都是野蛮的。

这一基本观念彻底阻碍了16世纪欧洲人对异质文明的认同，虽然它们的发达程度并**不逊色**于欧洲文明，但是在欧洲人眼中，**不同于自身的**、**有悖于**基督教世界观的文明都属于劣等的或者低级的文明。尽管墨西哥的征服者在那里看到很多显而易见的社会现象，都表明这是一个等级分明、高度发展的社会；尽管他们认识到，当地的教育体系已相当完善；尽管他们中有人发现，阿兹特克的祭司在天文学方面造诣极高，但这一切都未能动摇他们这种狭隘的观念。

至于阿兹特克人创造出的那些纯粹的文明进步，如城市规划、交通和户籍制度、恢弘的世俗建筑和宗教建筑等，更难以令西班牙人对这种偏见产生怀疑,他们认定面前的土著人属于蛮夷民族,必须要用基督教加以驯化。在他们看来,遍布潟湖、堤坝、街道和浮动花岛的富饶的墨西哥城中,一切都是魔鬼施下的障眼法。后来亚历山大·冯·洪堡来到墨西哥的时候,还见过这些漂浮在水面上的花岛,实际上那是当地人用香蒲编扎而成的筏排。

阿兹特克宗教偏偏有这样一种习俗,每一个看到其遗存的人无不惊惧惶恐,必会认为这是魔鬼的产物。这种习俗就是人祭,不仅献祭的数量相当惊人,而且形式极其血腥,由祭司划开活人的胸膛,掏出仍在跳动的心脏。那些西班牙人对此感到异常愤怒,不过,今天的我们或许需要提醒他们不要忘记,在同一时期,他们的宗教法庭对异教徒施用火刑时,也是把这些人捆缚在柴火堆中活活烧死的。然而,确凿无疑的是,阿兹特克宗教中人祭习俗的残忍程度是登峰造极的,远远超过了世界上任何地区在任何时期曾经出现过的同类习俗。

事实上,阿兹特克文明是高度教养和野蛮陋俗的混合物。但是狂热的西班牙基督徒不可能看到这属于**同一种**文明的两面。因此他们也认识不到,阿兹特克人不同于哥伦布、韦斯普奇和卡布拉尔[①]接触过的土著印第安人,这个民族可以忍受的屈辱是有底线的,那就是千万不要触及他们的宗教。西班牙人并未意识到,倚仗着手中令阿兹特克人望而生畏的武器,不管他们在城中怎样

[①] 卡布拉尔(Pedro Alvares Cabral,约1467—1520),葡萄牙航海家、探险家,被普遍认为是最早到达巴西的欧洲人。——译者注

胡作非为，只要他们不亵渎庙宇和神灵，就算是犯下惨无人道的暴行，都不会受到任何惩罚。可他们偏偏这么做了。

他们按照惯有的逻辑不断冒犯阿兹特克人的宗教信仰，这些轻率的举动差点儿断送了科尔特斯军事上和政治上的全部胜利果实。

值得注意的是，在科尔特斯的远征队伍中，最为狂热的宗教徒并不是神职人员。迪亚斯和奥尔梅多神父具有政治判断力，行使职权时颇为慎重，尤其是奥尔梅多神父，他在这方面表现得更为突出。

确切地说，按照所有史料，第一个试图让蒙特祖马二世改信基督教的正是科尔特斯本人，他或许是希望借此为自己的行为进行辩白。尽管科尔特斯讲得口若悬河、滔滔不绝，蒙特祖马二世只是礼貌性地听着。当科尔特斯最终把血腥的人祭跟天主教弥撒纯粹而简单的仪式进行比较时，蒙特祖马二世暗示道，他不觉得用活人祭祀要比吃上帝的肉、喝上帝的血更残暴。至于科尔特斯是否能辩证地驳倒这个观点，现在就无从查考了。

科尔特斯并未就此罢休。他请求皇帝准许他参观一座重要的神庙。蒙特祖马二世跟祭司们商量后，勉强同意了他的请求。科尔特斯随即登上了距其驻地不远、位于都城中心的大神庙。他示意奥尔梅多神父，这儿是最适合竖立十字架的地方，奥尔梅多神父劝他不要轻举妄动。然后，他们来到了一块碧玉石砧前，祭司会在上面用黑曜石刀屠杀人牲。这块杀牲石的前方就是战神维齐洛波奇特利的神像，西班牙人看得心惊肉跳，因为在他们的宗教中，自古以来只有戴着面具的十足的恶魔才会有如此狰狞的面目。神像的躯干上还盘绕着一条巨蛇,上面镶满了珍珠宝石。贝尔塔尔·迪亚斯当时也在场,他不由自主地移开了目光,却看到了更加恐怖的景象:整座殿堂的四壁涂满了早已干涸凝固的人血。他这样写道:"这儿散发出来的恶臭比卡斯蒂利亚①的屠宰场更让人无法忍受。"接着他看到了石砌的祭坛:上面摆放着三颗人心,他感觉这些心脏还冒着热气,流着鲜血!

他们又沿着无数的石阶往下走,没过多久,便看到一个土丘,上面建有一栋木屋。他们进去查看,发现里面整整齐齐摆放着被献祭的人牲的颅骨,一直堆到了房顶。有一个士兵数了一下,数量多达136000个。

此后不久,科尔特斯便将这座神庙的一座塔楼据为己用,他已一改之前凡事请求的态度,简单明了地向蒙特祖马二世提出要求,言语之间还夹带着威胁。科尔特斯在初次巡视塔楼后,曾经出言不逊,声色俱厉地批评阿兹特克人的宗教和神灵,听得蒙特祖马二世愕然无语。但是这次,当他提出索要塔楼的要求时,蒙特祖马二世被激怒了,第一次温言告诫,这种行为是他的臣民无法容忍的。科尔特斯却置之不理,悍然下令清扫神庙,搭建圣坛,并且在那儿竖起了十字架,摆放圣母马利亚的雕像,墙面则用鲜花进行装饰。塔楼里的黄金和珠宝不见了踪影,至于它们被弄哪儿去了,并不是我们想探讨的问题。据称,待到教堂落成,奏响第一首感恩赞美诗时,聚集在神庙平台和长阶上的西班牙人

---

① 卡斯蒂利亚(Kastilien),是西班牙历史上的一个王国,由西班牙西北部的老卡斯蒂利亚和中部的新卡斯蒂利亚组成。它逐渐和周边王国融合,形成了西班牙王国。现在西班牙的君主就是与卡斯蒂利亚王国一脉相承的。——译者注

为基督教的胜利高兴得泪流满面。

现在，距离阿兹特克人忍耐的底线只有一步之遥了。西班牙入侵者的进一步挑衅，终令他们忍无可忍，奋起反抗。

简而言之，事情的经过是这样的。当科尔特斯率军离开都城，置身于迎击纳尔瓦埃斯的伟大战斗时，阿兹特克的祭司派代表来找他的副手、驻守墨西哥城的阿尔瓦拉多，因为他们要在大神庙中举行一年一度的宗教庆典，载歌载舞为维齐洛波奇特利供奉香火，而西班牙人的小教堂正坐落在神庙的塔楼中，所以特来恳请阿尔瓦拉多的允许。

阿尔瓦拉多同意了，但是提出两个条件：一是不准阿兹特克人进行人祭，二是不准他们携带武器入内。

庆典这一天，大约来了600名阿兹特克人，大多是高等级贵族。他们全都身穿最华美的礼服，佩戴最贵重的饰品，并按约定未携带任何武器。仪式开始后不久，一大批全副武装的西班牙人便出现在现场，混杂到人群中，当整个典礼达到高潮时，有人按约定发出信号，西班牙人随即向这群手无寸铁的信徒发起攻击，把他们杀得一个不剩！

这次行动完全出乎意料。因为任何说法都解释不清它的动机，所以在历史上一直是一个未解之谜，当时的目击者称："地上一时间血流成河，宛如倾盆大雨瓢泼而过。"

当科尔特斯凯旋，率领大军返回墨西哥城中时，这儿已经彻底变了样。因为这次居心叵测的屠杀事件过后不久，阿兹特克人便勇敢地奋起反抗了，他们推举蒙特祖马二世的兄弟库伊特拉华克（Cuitlahuac）为首脑，来代替这位被囚禁的皇帝，随后便向阿尔瓦拉多驻防的宫殿发起猛攻，自此战斗不止，几乎未曾间断过。科尔特斯的到来，正好为阿尔瓦拉多解了围。可是，这种解围对于科尔特斯来说却意味着，他自己陷入了包围圈。而且，他要面对的事情还不仅如此。

科尔特斯竭力突围，然而他的每一次行动，在取得成功的同时，都要付出巨大的代价！他拆掉了300所房屋——阿兹特克人就毁掉各道护城大坝间桥梁，切断他的退路。他烧毁了大神庙——阿兹特克人旧恨未除又添新仇，大举进攻他的阵地。这时，蒙特祖马二世竟然毛遂自荐，表示愿为双方斡旋调解！这位皇帝的行为实在令人费解，他过去的辉煌战功是毋庸置疑的，在他的领导下，阿兹特克帝国达到了繁荣和权力的巅峰，但是自从西班牙人进入墨西哥城，这位一代枭雄竟突然间变得意志薄弱，昏聩无能了。他身着王服，佩戴上象征帝王尊严的饰品，手执权杖，向他的臣民发表讲话。民众却纷纷向他投掷石块，就地将他击毙。1520年6月30日，蒙特祖马二世，阿兹特克帝国昔日的伟大帝王，就这样离开了人世，至死仍是西班牙人的囚俘。

蒙特祖马二世一死，西班牙人的大军旋即面临着生死攸关的时刻，因为他们失去了手上最后一张王牌，也就丧失了跟阿兹特克人博弈的筹码。随后的一场夜战打得科尔特斯惊魂失魄，历史上将这一夜称为"忧伤之夜"（Noche triste）。

还记得，瓜分蒙特祖马二世的珍宝时，西班牙人的军中差点儿出现了哗变吗？

在这个"忧伤之夜"，科尔特斯下令全军殊死一搏，突围出城。面对上万名阿兹特克武士,他手下的这一小支兵马简直不堪一击,从中杀出一条生路,这个命令是相当令人绝望的,就在这时,他命人把珍宝全部搬出,一字铺开,嗤之以鼻地说道:"拿吧,想拿多少就拿多少。"不过作为警告,他又稍作补充:"但是要注意,不要负担过重,这次夜间行军,谁携带的东西最轻,活命的机会就最大!"他只留出五分之一的珍宝,以待日后献给他的主子,西班牙的国王。倘若他经历了这场溃败,还能活着回去,国王陛下看在这些珍宝的份儿上也许会宽宥他。为安全起见,他把护送珍宝的人马安排在行军队列的中间。

科尔特斯的旧部下知道,听他的话不会有错,于是只拿了很少的珍宝。而刚被收编不久的纳尔瓦埃斯大军的降卒尚不知道其中的利害关系,他们尽其所能,全身上下装满了珠宝首饰,腰带和靴筒也不例外,里面塞满金锭,最后还把镶满宝石的各种器具连捆带绑地缚在身上。他们拿了那么多东西,行动起来极为不便,出发后才半个小时,便气喘吁吁落在了队伍的后面。尽管如此,他们带走的很可能也只是一小部分珍宝,绝大多数仍然原封不动留在了宫中。

1520年7月1日的夜间,西班牙人开始突围,最初的半小时,他们顺利撤出了寂静的墨西哥城,抵达护城大坝,奇怪的是,阿兹特克人对此毫无反应,似乎他们害怕在夜间进行战斗。但是就在这时,阿兹特克的哨兵发出尖锐刺耳的呼叫,神庙里的祭司敲起战鼓,激烈的战斗打响了。

这是一场名副其实的鏖战。西班牙人在行动前自己用木头打造了一个可以携带的便桥,他们借此渡过了第一道大坝。此刻倾盆大雨不期而至，豆大的雨滴砸在地面上噼里啪啦直响，中间还夹杂着无数船桨划击水面发出的哗哗声，阿兹特克人的战船越驶越近。地面已变得又湿又滑，西班牙人寸步难行，不由发出了绝望的呼号。这时，随着一声尖厉的哨响，阿兹特克人发动了进攻。石头和箭矢骤雨般飞射而来，在浓重的夜幕和滂沱的大雨掩护之下，第一批阿兹特克武士跃上大坝，挥舞着手中的木棒，向西班牙人的脑袋狠狠劈去，与他们展开白刃战。这种木棒的两侧开有凹槽，中间镶嵌有多个坚如钢铁的黑曜石刀片。

西班牙人的先遣队到达第二道大坝原来的渡口处，却发现便桥不见了。随着连呼带喊，从拖后的队伍传来一个噩耗，令他们叫苦不迭：因为过多人马的挤踏踩压，这座便桥已经不堪重负，陷到了泥沼中，再也拉不出来了。先前有组织的撤退猝然间变成了仓皇逃窜，西班牙人已然溃不成军，一群群的散兵游勇为保全性命拼死一搏。无论是马军还是步卒，他们纷纷跳入护城壕，拼命逃向对岸。他们丢掉背包和武器，最后连黄金也不要了，这些东西就在这沉沉的暮色中销声匿迹。

西班牙人逃亡途中的战斗细节并不重要，在这儿也无须累述。最终活下来的西班牙人个个负伤，科尔特斯也不例外，所有报道称，他在战斗中表现得异常英勇。待到晨曦微露，天空依然阴阴沉沉，雨还一直下个不停，西班牙残余的士兵均已通过了所有堤坝，阿兹特克人则忙着收缴战利品，放松了追击，没有一鼓作气将敌人斩尽杀绝。此时，科尔特斯终于有了喘息之机，得以清点他的人马。西班牙人在这天夜里究竟损失几何，流传下来的说法都不尽相同。取其均数来看，幸存下来的西班牙人只有三分之一,盟军特拉斯卡拉人更是仅存四分之一或五分之一。此外,他们还失去了包括弹药在内的全部火器、一部分弓弩和大部分马匹。九个月前,在科尔特斯的率领下雄赳赳气昂昂开进墨西哥城的那支威武之师,如今只剩下一小撮人,而且一个个灰头土脸,丢盔卸甲。

然而,西班牙人的噩梦并未结束。随后的8天里,他们频频跟阿兹特克人遭遇,他们边打边退,希望尽快撤到他们的盟友、阿兹特克人的世敌特拉斯卡拉人的领地。不过他们的体力已严重透支,携带的干粮也吃光了,在这样又累又饿的情况下,行进的速度非常缓慢。1520年7月8日,溃败的西班牙人千辛万苦爬上了屹立在奥图巴(Otumba)峡谷边的山梁时,眼前的景象令他们魂飞胆寒,看来他们是大限将至了。

这条峡谷是西班牙人撤退的唯一通道,然而此刻他们举目远望,峡谷之中遍布着阿兹特克武士。这支军队阵容齐整,队列严明,远非此前与他们交锋时的样子。在这些作战方阵中,西班牙人很快认出了各队的指挥官,他们属于贵族,身上的战袍由彩色鸟羽编织而成,绚烂夺目,而普通武士则一律身着白色棉布戎装,就像白皑皑的雪地上兀自立着几只色彩斑斓的俊鸟,格外引人注意。

战势令人绝望,并未留给西班牙人任何思考的余地。他们又能做些什么呢?不能后退,必须前进。他们不愿成为献祭给阿兹特克众神的人牲,因为一旦被俘,等待他们的命运就是被关在木笼子里,养得肥肥壮壮,待到符合祭神标准便会被残忍宰杀。倘若拼死往前冲,或许还能杀出一条生路。他们别无选择。

就目前的情形看来，突出重围的希望极其渺茫——因为此时的西班牙人不仅人数寥寥，当初赖以取胜的枪火武器也已荡然无存，而对面的阿兹特克大军却有大约20万人——然而就在这穷途末路之际，奇迹出现了！

科尔特斯把手下的人马分成三队，将原骑兵队仅存的20匹战马编在两翼，然后义无反顾冲向密密麻麻的阿兹特克大军，他们立刻陷入了重围，就像是被人海所吞没。20名骑兵好不容易奋力冲出两条血路，却有阿兹特克武士迅速从后面补上空位，并且试图从背后袭击这些马匹，就像犁铧刚在干涸的土地上开出浅沟，两侧柔软的杂草便立刻聚拢，将沟痕掩盖。科尔特斯身先士卒，冲在最前面，战马被砍倒后又换了一匹，他的头部也被砍伤，尽管如此，他仍然不顾一切向前冲杀。但是阿兹特克军队的人数实在是太多了。就在厮杀之际，科尔特斯注意到不远处有一块很小的高地，上面聚集了一小队衣饰华贵的武士，护卫着中间的一顶肩舆。科尔特斯认出上面坐着的正是敌军的最高统帅齐胡阿楚（Cihuacu），因为他手中的权杖也是身份的象征，权杖的顶部有一面金网，代表军旗和部队的标徽。这时，奇迹出现了，既没有圣母玛利亚保佑，也不是圣徒显灵，这是荷南多·科尔特斯创造的奇迹。为此，突围成功的所有士兵围着熊熊篝火向他献上英雄颂歌，他当然是受之无愧。只见受了伤的科尔特斯跃马扬鞭，待手下两三名心腹骁将刚一聚集左右，便手持长矛和利剑，刺砍斩杀，冲破了阿兹特克人的严密阵线。在他的左突右冲之下，敌军武士阵脚大乱，尽皆披靡。只消几分钟，他便风驰电掣般冲到了阿兹特克大军的统帅跟前,挥矛猛刺,把齐胡阿楚戳了个透心凉,随后夺下用作战旗的黄金权杖,在乱作一团的士兵头上高高挥舞。

就在此刻,战局发生了彻底的转变,这场理论上必然失败的战役,赢得了实际的胜利。阿兹特克武士目睹昭示胜利的战旗落入白皮肤的征服者手中,惊恐万分,觉得这些西班牙人肯定比自己的神更加强大,于是纷纷溃逃。在荷南多·科尔特斯挥动手中战旗的时刻,阿兹特克人就已经失败了,此后不久,蒙特祖马二世的帝国也彻底灭亡。

历史学家曾说过下面这段话,可以视作本章的总结:"不管人们如何从道德角度评判西班牙人征服墨西哥的行为,单就作战而言,他们绝对值得钦佩和赞叹。这一小拨儿冒险家人数不多,武器和装备也只是一般,竟然在一个强大帝国的海岸登陆,那儿生活着一个彪悍好斗的部族……他们既不懂当地语言,也不了解风土民情,既没有地图,也没有指南针……他们完全不知道下面等待他们的是什么,是遭遇一个怀有敌意的民族,还是来到一片人迹罕至的荒漠;他们不顾一切深入腹地,尽管第一次与当地土著交火就险遭挫败,但并未停止向帝国都城逼近的脚步……看到当地民富国强、文明教化,他们不以为意,却更加坚定了原本的决心;他们逼帝国的皇帝束手就范,当众处死他的大臣,当他们被赶出都城时,丢盔弃甲,损兵折将,却能重聚残部,执行英明的战略,表现非凡的胆识,最终攻克了都城,在这片土地上牢牢建立起他们的统治;这么少的一群冒险家竟然可以成就这一切,不能不说是近乎奇迹的壮举,它的惊险程度超过了虚构的小说情节，在史书中也是无例可循。"

为了把整个故事讲得更清楚、更完整，还需要稍加补充：奥图巴之役过后，阿兹特克帝国又负隅顽抗了几个月，才最终灭亡。在此期间，阿兹特克人万众一心，再次凝聚成一股蒙特祖马二世统治下都未曾有过的强大力量，奋勇反抗科尔特斯大军的入侵，他们的表现无愧于"美洲罗马人"的英名。库伊特拉华克在位仅四个月便死于天花，继位的是年仅25岁的库奥赫特莫克（Quauhtemoc）。他率领民众誓死保卫国都，科尔特斯纵然是招兵买马，重整军备，这次卷土重来却遭受了比此前更为惨重的损失。但结局是无法改变的，墨西哥城毁于一旦，房屋被烧毁，神像被推倒，河道被填平——今天的墨西哥城再也寻觅不到昔日"水上威尼斯"的踪迹——库奥赫特莫克也被俘虏，惨遭严刑折磨，最终被绞死。

基督教化和殖民地化为这片土地开启了新的篇章。西班牙人被阿兹特克人围困在神庙中时，曾经站在陡峭的台阶上，亲眼目睹自己的同胞落入库奥赫特莫克麾下的祭司之手，然后被剖胸挖心，抛落在地。现在，他们在这座大神庙的原址上建起了一座方济各会的教堂，谨此献给圣方济各①，此后便一直播撒着基督教的荣光。城内的房屋统统重建。几年以后，生活在那儿的西班牙家庭达到2千户，这些家庭中经常除了西班牙人，还有印第安的奴仆，此外还有3万多户印第安人家。城外的土地则根据所谓的

---

① 圣方济各（Franziskus，1181—1226），是天主教方济各会和方济女修会的创始人。他是动物、商人、天主教教会运动以及自然环境的守护圣人。——译者注

"份地"①原则重新分配，这就意味着原阿兹特克帝国属下的所有民族都沦为了奴隶，此后陆续被征服的印第安部族也未逃脱同样的命运。唯一幸免的是特拉斯卡拉人，因为科尔特斯的胜利离不开他们的帮助，不过这种厚遇也只是一时的。有谁会希望，他们**永远地**享有这种自由？

墨西哥城的蓬勃发展为远方的西班牙王国创造了巨大的财富，不过这辉煌的成就难掩那些征服者内心唯一的遗憾，那就是蒙特祖马二世的宝藏被毁掉了。他们再次进入墨西哥城时，本以为还能找回"忧伤之夜"未能带走而弃在原处的那些珍宝，但它们已经踪影全无，直至今天，依然是下落不明。科尔特斯命人对库奥赫特莫克严刑拷问，但是直至把他绞死，都是徒劳无果，什么也问不出来。于是他命人潜水搜查所有护城河及潟湖，但是用脚蹚遍水底，也只是在个别地方发现零零星星遗漏下的珍宝；他们搜寻了很久，最终找回的珍宝总价值还不到13万卡斯蒂利亚金币。不多不少，正好相当于蒙特祖马二世宝藏的五分之一，也就是曾经承诺给西班牙王室的那一份。科尔特斯只得派人将失而复得的所有珍宝装船运回西班牙，献给国王陛下。后来，也就是1522年5月15日，科尔特斯在一封信中宣称，运送宝藏的船只被法国人劫走了，获悉这个消息，每一个曾经觊觎这批战利品的西班牙征服者都无法抑制内心深处的幸灾乐祸。阿兹特克帝国的这批珍宝最终并没有归卡尔五世所有，而是落入了法国的弗朗斯

---

① 份地（repartimientos），指拉丁美洲早期征服者赐给部下或同侪的领土，包括无偿使用当地劳力的权力。——译者注

一世（Franz Ⅰ）手中，他做梦都想不到会得到这些宝藏。

现在是我们暂停一下，进行思忖的时候了。因为本书的主要内容既不是地理发现史，更不是军事及政治上的征服史，我们真正感兴趣的是古代文明的发现过程，所以最后必须要探讨这样一个问题，科尔特斯征服墨西哥对于我们了解中美洲的古代文明有什么意义。

故事讲到现在，有一点或许非常清楚了：墨西哥在科尔特斯到来之前早就拥有自己的文明。但是到了1600年，这个文明就已经灭亡了，对于我们而言，它就跟此前所报道的其他所有文明一样彻底被历史湮没。如果从本书的立场出发，在评判科尔特斯时不是把他视作征服者，而是该文明最幸运的发现者之一，那么我们感兴趣的是，这个发现者以及他同时代的人和后世的人对于这个古文明有哪些关注。

在这个问题上，有些令人吃惊的事情需要注意。科尔特斯与他同时代的见证人并无不同，在任何时候他鲜少不暗示被他征服的这个民族的强大和意义；或许他担心若不如此，在具有批判意识的同时代人的心目中，他的功绩会大打折扣。但是他不仅摧毁了一个野蛮的异教徒缔建的帝国，而且"就像路人掐去了一株向日葵的花盘"那样无情地将一个文明彻底毁灭。至于这是一个什么样的文明，它的真正的意义又是什么，科尔特斯却丝毫不以为意。如果说他的做法确实有些匪夷所思，那么只能从时代精神和世界观来加以解释，在这种世界观下，也许会有人成为编年史作者，但是产生不了历史学家。不过还有一件事情更加令人惊讶，而且也是史无前例的：西班牙人在16世纪初征服墨西哥以后，对于那儿的生活，也就是古老的阿兹特克人的存在，事无巨细都有着极为丰富的认识，后世的人却把这一切统统**遗忘**了。随着新世界跟欧洲经济、政治的蓬勃发展关系越来越紧密，有关那些完全与这种发展不相干的美洲文化曾经存在过的认识在公众意识中也就彻底消失了，以至于很长时间里，几乎没有任何事件能够引起考古学界的注意，敏锐地把目光投向古老的美洲世界，给予它理所应当的关注。

有人指出，这一现象的原因可能在于，这些印第安文明不同于巴比伦、埃及和希腊文明，它们在历史发展过程中从未跟我们有过密切的联系，这种说法并不能令人信服。因为中华文明和印度文明距离我们也很遥远，尽管有陆路相通，但是相比四百年前就已彻底西班牙化并归入其在美洲大陆势力范围的墨西哥，这两大文明在经济上和政治上与我们的交往要少得多，不过我们对于它们的认识远远超出了古代美洲文明。此外，还有一点特别值得注意：美洲第一个重要的考古机构——美国考古学会1879年成立以后，在长达几十年的时间里把全部精力都放在了欧洲古希腊罗马时期的考古挖掘上。

由此可见，我们现在所讲的阿兹特克文明，不仅是一个已经消失的文明，而是——坦白而且公正地说——一个经历了第一次发现又被人们所遗忘的文明。

论及阿兹特克文明，我们已经多次提到它的强大和繁盛，现在是时候停止对它的盛誉了。因为这本书是按照研究的时间顺序著述的，而阿兹特克文明是第一个被发现的古代美洲文明，所以必须把它放到一个如此重要的位置加以阐述。我们接着会看到另一个更加重要的文明，它远比阿兹特克文明高级得多、古老得多，事实上，阿兹特克文明不过是它的一缕文明余晖。

与此同时，我们也会讲到古代美洲的**第二次**发现，讲到两个卓越不凡的人物：一个没有跨出书斋半步，却发现了被历史的尘埃湮没的古代阿兹特克人，另一个手持砍刀在热带雨林中披荆斩棘不断前进，发现了一个比阿兹特克更古老的民族，不过他只是第二个发现者，因为此前科尔特斯的一个同伴曾经遇到过这个民族。

但是这次发现相比于第一次要晚了很多，直到19世纪，古代美洲人的辉煌历史才得以重现。令人惊诧的是，即使是**第二次**发现古代美洲人，对它们的认识仍有不足，在文化史上也就没有做出恰如其分的评价，因此必须还要有**第三次**发现，才能真正全面地了解这些古代美洲人。有关这次惊人的发现我们会留到稍后的章节再详加阐述。

第 29 章

斯蒂芬斯先生买下一座城市

1839年的一个清晨,一小队人骑马沿洪都拉斯和危地马拉的边境,穿过喀摩坦(Camotán)峡谷。两个白人策马扬鞭跑在最前面,随后跟着的都是印第安人。虽然所有人都带着武器,但是他们并无恶意,只是希望平平安安通过这个地区。然而,手中的武器也好,一再声明无不良意图也好,都未能令他们避免被抓的命运。当天晚上全队成员都被关在了一个小城的"市政厅"中,负责看守的是几名粗野蛮横的士兵,他们全都喝得醉醺醺的,整夜吵闹不休,还疯了似的举枪乱射。

这不愉快的一幕敲响了约翰·劳埃德·斯蒂芬斯伟大科学探险的前奏,正是他第二次发现了古代的美洲。

1802年11月28日,斯蒂芬斯出生于美国纽约州的舒兹伯利(Shrewsbury),大学学习法律,毕业后在纽约州法院工作了8年。他酷爱古代文物,兴趣范围囊括任何一个时期古老民族遗留下来的各种文物。前一章我们曾提到的一个值得注意的现象,在他身上体现得淋漓尽致:这个美国人并没有前往蕴藏着大量古代文物的中美洲,去寻觅古代美洲那些古老部族的遗迹,因为他对此一无所知。他先去了埃及、阿拉伯和圣地巴勒斯坦，第二年又去了希腊和土耳其。33岁那年他已经出版了两本游记，此后，他不经意间看到了别人写的一篇旅游见闻报道，文章内容引起了他的极大兴趣，并从此改变了他的追寻方向。

1836年一位姓加林多（Garlindo）的上校受中美洲联邦①政府的委托，对当地原住民进行了官方调查，这篇报道正是相关的书面记录。调查内容大多是作者的直观体验，其中提及，在尤卡坦和中美洲的森林里可以找到一些造型奇特而且肯定历史非常久远的建筑遗迹。

这些注释出自一名军官的手笔，读起来味同嚼蜡，却令斯蒂芬斯异常激动。他努力搜寻这方面的其他报道，偶然发现了危地马拉史学家多明戈·尤阿罗（Domingo Juarros）写的一本书，书中援引了某位名叫弗朗西斯科·德·富恩特斯（Francisco de Fuentes）的人说过的话。这位富恩特斯声称，在他那个年代，即1700年前后，洪都拉斯境内科潘（Copán）的周边地区有一个古建筑群保持得非常完好；他把这个建筑群称作"竞技场"。

这些零星的报道对于斯蒂芬斯来说是十分重要的。难以置信的是，他并没有找到更多的资料，他自己也不过是单纯地想知道，征服者时代之前是什么样子。但是有必要重申一点，西班牙征服者在新大陆的发现，只要涉及当地的古代文明，统统都不为公众所知了。斯蒂芬斯想不到的是，距离他不远的地方还有一个

---

① 中美洲联邦，在19世纪上半叶，中美洲地峡区曾出现一个叫中美洲联邦的国家，存在时间大约有15年，地域包括现在的萨尔瓦多、危地马拉、洪都拉斯、尼加拉瓜、哥斯达黎加等地。——译者注

美国人跟他志同道合，当他起程前往中美洲的时候，此人正忙于搜集关于中美洲某个古老民族的一切可以找得到的文献资料。斯蒂芬斯不知道，此人足不出户，就可以在书斋里给他讲很多关于这些部族的事情，不仅如此，甚至还有可能预测到，他此行大概会发现些什么！

斯蒂芬斯四处为自己物色一个理想的旅伴，最终将目标锁定为他的英国朋友弗雷德里克·卡瑟伍德（Frederick Catherwood），此人是一名画家。这两个人结伴上路可谓相得益彰，他们之间的合作方式跟维万·德农用铅笔描摹拿破仑的埃及委员会搜集到的古文物，或者尤金·弗朗丹画下博塔从尼尼微的废墟中挖掘出来但很快就风化掉了的雕塑如出一辙。

斯蒂芬斯和卡瑟伍德忙着筹备这次旅行时，碰到了一个机会，使得美国政府承担了这项计划的绝大部分开支。中美洲在经济上已被纳入美国的利益范围。这个时候，美国派驻中美洲的代办突然离世，斯蒂芬斯在纽约州法院工作期间跟当时的纽约州州长、现任美国总统的马丁·范·布伦（Martin van Buren）建立了良好的关系，因此得以接任代办一职。于是在踏上这次旅程之时，他除了随身携带着许多推荐信，还顶着"北美美利坚合众国业务代办"的头衔。至此，已有多少外交官成为考古领域的开路先锋啊！

但是，到达危地马拉以后，一群喝醉酒的兵痞子袭击了他们这一小队人马，此刻，不管是推荐信还是头衔，统统都失去了效力。斯蒂芬斯是1839年来到的中美洲，他的境遇跟六年后到达美索不达米亚底格里斯河畔的莱亚德极为相似：这两个人都是贸然踏上了一片战事频起的土地。

当时的中美洲有三大派系：一派由萨尔瓦多共和国总统莫拉桑（Morazán）领导；一派以洪都拉斯的黑白混血儿费雷拉（Ferrera）为首；还有一派的领袖是危地马拉的印第安人卡雷拉（Carrera）。这个印第安人跟他的拥趸已经进入了战备状态，他这派人被颇不友善地称作"卡库雷科斯"（Cachurecos），意为"伪币"。此时，莫拉桑和费雷拉在圣萨尔瓦多附近已经打了一仗。莫拉桑将军虽然受了伤，但最终取得了战斗的胜利，人们都期待着他能够率军挺进危地马拉。约翰·劳埃德·斯蒂芬斯一行踏上的正是莫拉桑大军进军危地马拉很可能走的路线。

中美洲联邦已经分崩离析。指挥大大小小军队作战的有各个小邦国的将军，也有土匪头子，这些部队仗打得不多，到处抢掠更拿手，士兵大多数是印第安人、有色人种，还有个别的欧洲人，有些是来当地冒险的军官，还有些是从隶属拿破仑的意大利军队中跑掉的士兵。所有的村落都遭到了洗劫，一时间饥民遍野。当斯蒂芬斯打听哪里可以买到食物时，得到的答复千篇一律："这儿什么都没有！"他们只弄到了水。

斯蒂芬斯一行人来到一座小城，在"市政厅"借宿，市长接待了他们，他手持一根象征其尊严的白银包头手杖，流露出不信任的神情。入夜，斯蒂芬斯等人躺下就寝以后，他突然带着大约25名士兵闯了进来。领头的军官是卡雷拉党人，斯蒂芬斯在后来的描述中一直把这位冒险家称为"戴着锃亮帽子的先生"。在随后的解释过程中双方出现争执，发生了龃龉。斯蒂芬斯的仆人奥古斯汀猝不及防，被砍刀击中头部，受了伤，他痛得大喊：

约翰·劳埃德·斯蒂芬斯
(John Lloyd Stephens, 1802—1852)

"开枪,先生,开枪!"在松木火把的熊熊焰光中,斯蒂芬斯把他的通关文牒一一展开,同时也亮出了卡斯卡拉(Cascara)将军的印章,卡斯卡拉曾是拿破仑麾下的军官,后来逃到了这里,在当地有一定影响力,斯蒂芬斯颇费周折才弄到了他的推荐信。卡瑟伍德则是慷慨激昂地大谈国际法和外交法,不过这些对那群醉醺醺的士兵来说无异于对牛弹琴,还不如那些通关文牒给他们的印象深。眼下的局势一方面令人觉得像是"魔鬼兄弟"①的场

---

① 《魔鬼兄弟》(Fra Diavolo),法国喜歌剧的代表作之一。剧情描写阿尔凯希勋爵夫妇从罗马前往那不勒斯,中途遇到强盗,他们来到马泰欧的旅馆里,此时罗马已经派警官罗伦佐前往捕捉强盗并张贴告示,悬赏万元通缉盗匪首领。负责处理这件事情的骑警队长名叫罗伦佐,他爱着旅馆老板马泰欧的女儿采林娜。马尔考侯爵因对勋爵夫人垂慕已久,也尾随而来,晚上潜入旅店,藏于壁柜中,被阿尔凯希与采林娜发现。罗伦佐查询得知强盗头目魔鬼兄弟打算杀死阿尔凯希,攫取其夫人及财物,经查证,所谓"魔鬼兄弟"就是马尔考侯爵。于是案情了结,马尔考被捕,罗伦佐得到赏金并与采林娜终成眷属。——译者注

第29章　斯蒂芬斯先生买下一座城市

景再现，会以喜剧收场；另一方面，当三支滑膛枪对准斯蒂芬斯时，也有可能变得非常严峻。

这时，又来了一名军官，他的出现令紧张的气氛有所缓和。这人的地位显然更高，因为他头上戴的帽子比第一位军官还要锃光发亮。再次检查了通关文牒后，这位军官禁止任何人使用武力，可是却责令市长拿项上人头担保被拘禁者的人身安全。斯蒂芬斯急忙写了封信给卡斯卡拉将军，为使信件更加醒目，他使用一枚半美元的硬币钤印封蜡。硬币上"雄雕展翅，星星在松木火把的照映下熠熠闪光，所有人都凑了过来，想把这个东西看个清楚"。

斯蒂芬斯这一小队人彻夜未眠。那些士兵就在他们留宿的屋前扎下了营房，这帮人怪声号叫，吵闹不休，毫无节制地喝着烈酒。后来市长又走了进来，身后跟着那群醉醺醺的士兵。他手中拿着写给卡斯卡拉的信，竟然还未派人将它送去。斯蒂芬斯见状勃然大怒。这下，面对通关文牒和卡瑟伍德说教式的言辞都办不了的事儿，这种强硬的态度反倒奏效了。市长即刻打发一名印第安人出发送信，随后带着这群人离开了。斯蒂芬斯做好了长时间等待的准备，这时局势竟然扭转了。

待到次日太阳高悬，市长酒醒了，特地来见斯蒂芬斯，代表官方欢迎他的到来，并希望得到他的谅解。那群士兵则突然接到新的命令，在晨曦时分就已经全部撤离了。

科潘位于洪都拉斯境内，位于与之同名的科潘河畔。科潘河在汇入莫塔瓜河（Motagua）后，最终注入洪都拉斯湾。［千万不要把这座城市跟位于科班河（Coban）或者称作卡阿翁河（Cahabon）畔的科班城（Coban）混为一谈，该城位于科潘的西北方，已属于危地马拉的领土。]

科尔特斯征服阿兹特克帝国以后，为了追捕并惩处一名叛徒，曾于1525年率队从墨西哥进军洪都拉斯，当时走的正是这段路，他们穿越崇山峻岭和原始森林，行程超过了一千公里。

斯蒂芬斯、卡瑟伍德和他们的印第安向导及驮夫再次踏上旅途，不久就进入一片大森林，这里树高林茂，宛如绿色海洋将他们一举吞没，这时，他们才开始意识到，为什么在他们之前很少有旅行家和考古人员涉足此地。300年前科尔特斯曾描述过类似的森林："林中的树叶遮天蔽日，以至于士兵们都看不见该往哪儿行进！"驮运行李的骡子误入了沼泽，陷至腹部，斯蒂芬斯和卡瑟伍德想把它们拉出来时，手上脸上却被植物体表的棘刺划得血痕累累。天气闷热得像个蒸笼，令他们体乏无力。一群群的蚊子从泥沼中飞扑而来，叮得他们发起了烧。西班牙的旅行家唐胡安（Don Juan）和乌略亚（Ulloa）早在斯蒂芬斯来到这里的100年前就描写过这种热带低地气候："这种气候会将男人的体力消耗殆尽，致使女人在头胎分娩时死亡。会令公牛掉膘，母牛断奶，母鸡不再下蛋……"自科尔特斯以及这两个西班牙人生活的年代以来，大自然仍然保持着原来的面貌。若不是这个地区战乱频仍，使得斯蒂芬斯一开始就无法履行外交使命，以至于除了追求发现的乐趣，别无他事可做，也许他就半途而废了。

但是，对于斯蒂芬斯这类人而言，纵使环境再艰苦，也总能体味到一种别样的魅力。这片森林中道路险阻，障碍重重，闯入者总要不断跳来跃去，很快便会精疲力竭，不仅如此，人的嗅觉、面部和听觉也面临着极大的挑战。林中的低洼之处弥漫出腐

第29章 斯蒂芬斯先生买下一座城市

臭之气。桃花心木、黄木和洋苏木枝繁叶茂，连成一片。象牙棕榈树古木参天，棕叶长达12米，就像一把把巨伞遮蔽了天空。细心的话，会在沿途发现兰花。古老的凤梨树干顶着一颗颗硕大的果实，就像一簇簇的盆花。到了晚上，整个原始森林恍如从睡梦中醒来，吼猴开始咆哮呼号，鹦鹉呱呱嘎嘎叫个不停，各种嘶鸣声尖厉刺耳，其间断断续续回荡着沉闷的呜呜，像是受伤的野兽倒下时发出的呻吟。

斯蒂芬斯和卡瑟伍德一路披荆斩棘，穿越这个他们做梦都想不到的地区。尽管伤痕累累，血迹斑斑，满身都是泥浆，眼睛也发了炎，他们还是不畏艰难，勇往直前。这片像被施了魔法的森林似乎自开天辟地以来就不曾有人涉足其间，据说就在密林深处矗立着巨大的石头建筑，这可能吗？

斯蒂芬斯为人很真诚。事后回顾时，他坦言，越深入这个绿色王国，他就越发怀疑这种说法的可靠性。"我必须承认，我们两个，卡瑟伍德先生和我都萌生了一丝疑虑，接近科潘的时候，对于发现奇迹，我们更多的是抱以希望，而不是充满期待。"然而奇迹随后真的出现了。

在一片陌生的森林中的某个地方，找到一处销声匿迹已久的古建筑，的确很有吸引力，也会引起形形色色的关注，但是没有人会将这种事情称为奇迹。我们必须回想一下斯蒂芬斯是一个什么样的人：他对半个东方① 了如指掌，几乎所有古老民族的文化

---

① 东方，在这里指的是"近东"，即距离西欧较近的国家和地区，指地中海东部沿岸地区，包括非洲东北部和亚洲西南部，但伊朗和阿富汗除外，有时还包括巴尔干半岛。——译者注

遗址都留下了他的脚步。这个人只是怀着微茫的希望，并无什么伟大期待——因为伟大的标准对他而言大约等同于发现古埃及之类的壮举——正因如此，第一眼看到这番宏伟的景象时，他不由得愕然失语，当他最终想明白这一发现极可能会得出哪些科学推断时，几乎认为这就是一个奇迹。

再说此前，斯蒂芬斯一行抵达了科潘河，并且在一个小村落稍作停留，只为跟周边的居民建立起友好关系，村民中除了印第安人，还有白种人跟印第安人的混血儿，全都信仰基督教。随后，他们继续深入热带雨林，行进途中忽然发现前方有一堵方石砌成的高墙，墙体接缝严密，保存完好。一级级的石阶通向顶部的平台，但是因为上面草木蔓生，无法估算出高台的面积。

眼前的景象令他们激动不已，尽管如此，他们还是迟疑于是否该欢呼胜利，因为他们并不确定，面前的遗迹有没有可能是当年西班牙人的碉堡。他们离开小道走上前去，看到印第安向导已在挥刀猛砍层层叠叠交织在石墙上的藤蔓。向导把砍断的枝蔓扯到一边，就像拉开了舞台的帷幕，然后指给大家看一件高大的黑乎乎的东西，神情中充满期待，似乎在向评判家展示自己的作品。在这次发现中，他无疑是意外介入却带来极大转机的人物[①]。

斯蒂芬斯和卡瑟伍德也亲自操刀上阵，把遮盖住这个东西的藤枝蔓草砍个干干净净，随之呈现在面前的是一尊高大的石柱，一个他们之前从未见到过的雕刻品，从艺术创作风格来看，不管

[①] deus ex machina，指意料外的、突然的、牵强的解围角色、手段或事件，在虚构作品内，突然引入来为紧张情节或场面解围。——译者注

是在欧洲，还是在东方，他们都不曾见过这种工艺技法，也从未想过在美洲会有这样的石雕作品。

他们发现的是一座饰有非常精美图案的石雕，以至于第一眼看到时竟无法用语言来形容。这是一个四方形石柱，四面从上到下都刻满了浮雕和花纹，按照后来测量得出的数据，它的高超过了3米，宽1.2米，厚度达到0.9米。在这片原始森林浓浓绿色的掩映之下，高大的石柱益发显得灰突突的，不过刻痕中依然残存着一些昔日涂绘上的浓烈色彩，在石柱的正面，他们看到了一尊浮凸雕刻的神像，面容"威严肃穆，极具震慑力"。柱体两侧刻满了神秘的象形文字，背面同样饰有浮雕，"不同于我们之前见到过的任何东西"。

斯蒂芬斯被吸引住了，但他是一名真正的学者，即使面对这一完全出乎意料的景象，也没因为欣喜若狂而妄下定论。最初，他在极有把握的情况下，只是做出如下论断："不期而遇的这座石碑让我们确信，我们寻找的那些东西是极具吸引力的，它们不仅是一个神秘民族的遗存，而且还是艺术品，有一些新近发现的历史文献也表明，这个曾经在美洲大陆出现过的民族绝非野蛮人。"

斯蒂芬斯在卡瑟伍德的陪同下，拿着砍刀继续披荆斩棘向密林深处走去，他看到了第二个、第三个、第四个……加起来总共有14个饰有奇特浮雕的石碑，而且看上去一个比一个造型更完美，这时他终于可以进一步提出看法了。他曾经在尼罗河畔见到过古埃及的纪念碑，深知只有一个高度发达的文明才可能建成这样的石碑。他这样说道，在科潘的热带雨林看到的这些石碑，有些"比埃及人最漂亮的纪念碑还要具有观赏性,其余那些的艺术价值至少跟它们不分上下"。

在当时的世界,这一言论是具有轰动效应的。当他在一封信中第一次宣告这一发现时,这一信息不仅备受怀疑,还招致嘲笑。他能够证明他的说法吗?

"怎样开始呢?"斯蒂芬斯暗自揣度,因为这些纪念碑体积巨大,而且环围四面的原始森林宛如绿色城墙,实在难以穿越。"运走它们几乎是不可能的。森林中到处都隐匿着这样的遗迹。虽然这儿有条河流入大海,而纽约正好坐落在海边,但是水流却湍急汹涌。剩下的只有一个办法:把一个神像从纪念碑上凿下来,然后分成几段运出去,以此充当样品,但是余下的那部分碑体需要复制。"在随后的文字中他又进行了补充,直截了当将这个方案与一件最杰出的文化艺术作品加以比较:"收藏于大英博物馆的帕特农神庙的复制品就是珍贵的文物!"

不过他最终放弃了这个计划。因为他的身边有卡瑟伍德。卡瑟伍德曾经用画笔描绘了古埃及文物中那些叹为观止的雕塑,并且将这些画作结集成册出版。斯蒂芬斯敦促他开始作画。卡瑟伍德闻言却是一脸愁容,他抚摸着石碑上那些扭曲的面孔、神秘莫测的象形文字和杂乱无章的纹饰,一再查看光线的明暗,反复思量投射在浮雕上浓重的阴影,不停地摇头……

斯蒂芬斯不断地催促他,同时派向导返回途中停留过的那个村庄,让他四下里打听,谁知道有关这些神秘雕像的事情。但是村民中无人知晓。若是询问他们谁有可能制作出这样的艺术品,回答总是一成不变的:"谁知道(Quien sabe)!"

第29章 斯蒂芬斯先生买下一座城市

斯蒂芬斯继续向密林的深处走去,陪着他的是村子里的裁缝,名叫布鲁诺(Bruno),一个白种人跟印第安人的混血儿。一路上,他不断地看到新的雕像、石墙、阶梯和高台。发现的纪念碑中有一座"被植物庞大的根茎挤下了基石,另一座被浓密的树枝紧紧缠住,差点儿就被拔出地面,还有一座已经倒在了地上,被缠绵交错的藤枝蔓条裹了个结实。终于看到一座纪念碑是立着的,它的前方还遗存着祭坛,四面则有树木环抱,似乎要为它遮阳蔽雨,又像是护卫一处圣迹。森林中寂静无声,弥漫着肃穆的气息,这座纪念碑就像一位神灵在默默地为一个消失的民族致哀"。

斯蒂芬斯再次碰上卡瑟伍德时,告诉他还有50个古代遗迹需要绘制成图。但是卡瑟伍德根据以往的经验再次摇头表示画不了。他指出,这儿的条件无法作画,画画必须要有充足的光线。但林中光线太暗,而且阴影交错,遮盖住了物体的轮廓。

他俩商量着怎样才能解决这个问题,一直谈到了天亮。最终得出的结论是,他们必须有人帮忙。在那个村子里一定能找到人手。不是正好有一个白种人跟印第安人的混血儿从远处走了过来吗?这人穿得比他们的驮夫和此前他们见到过的其他人都要好一些,也更花哨一些。或许这个混血儿会找来他们需要的帮手?但是这个棕色皮肤的人来到他们跟前的时候,一副趾高气扬的样子,意想不到的是,他宣称自己是唐何塞·玛利亚(Don José Maria),并且出示文书表明科潘河畔发现纪念碑的这片土地归他所有。

斯蒂芬斯听罢不禁大笑。认为这些隐藏在热带雨林中的遗迹

"归某个人所有"的想法，在他看来很是荒谬。稍加询问，唐何塞·玛利亚便承认，虽然他曾经听人提到过有这样的纪念碑，但是……斯蒂芬斯未待他说完，就把他打发走了。

但是到了晚上，斯蒂芬斯躺在茅屋里的时候，又想起了所谓的归属问题，不由得思绪万分。这些遗迹究竟归谁所有呢？半睡半醒中，他猛然间做出了决定，"我们完全有理由认为它们归我们所有。虽然我不知道，是不是很快就会被人从这里赶走，但是我确定，这些东西就应该是我们的。我忽而想象着如何荣誉加身，忽而看到人们纷纷致谢，这些情景不断交错着在我眼前掠过，想着想着，我裹上了毯子，迷迷糊糊地睡着了"。

第二日，劈刀尖锐而短促的砍伐声便响彻了这片热带雨林。只见印第安人先把树干砍出一圈深深的刀痕，一砍就是12棵树，随后他们砍倒一棵，这棵树倒下时把其他几棵也都拖倒了，就连缠绕在树上的枝条和藤蔓也被扯到了地上。

斯蒂芬斯在一旁仔细观察这些印第安人。他一再试图从他们的面容上发现某种痕迹，可以表明他们的祖先拥有那种创造性的力量，只有这种创造力才能完成这样的石刻艺术品。这是一种当时世上未曾出现过的创造力，它呈现出残暴且怪诞的特征，不过表现形式却又卓尔不凡，好像并非一夜之功，而是在广阔的土壤上慢慢孕育发展起来的。但是在这些愚昧的印第安人脸上他看到的只有麻木不仁。

卡瑟伍德支起画架，以便尽快充分利用这好不容易才获得的光线，斯蒂芬斯却又钻进了热带雨林。他又在河边见到了石墙。第一眼看上去这座墙并不高，到了近前，方知比目测高度高得多。最主要的是它的占地面积要比估计的大很多。石墙顶部长满了荆豆属植物，看上去就像有人在墙冠上扣了一顶巨大的绿色草帽。当斯蒂芬斯跟随行的那个混血儿迈入荆棘丛，向石墙靠近时，引起了猴子的惊声尖叫。"我们是第一次在这儿见到类人猿。周围都是些不可思议的古迹，它们就像这个早已消失的民族仍未逝去的魂灵，在这里四处游荡，保护着昔日家园的废墟。"

接着，斯蒂芬斯发现有一座建筑呈金字塔形。他奋力爬上一级级宽阔的石阶，石阶间的结合处早已因为年复一年的幼芽萌起、新茎抽枝被顶出了空隙。石阶从浓密的刺灌丛深处拔地而起，高达枝叶疏散的冠丛时方迎来第一缕阳光，继而越过木棉树的顶梢，最终延伸至一处平台，此处距离地面的高度不少于30米。站在上面，斯蒂芬斯不由感到阵阵眩晕。曾经在这儿劳作的是一个什么样的民族？这个民族是什么时候灭亡的？他们是在几千年以前建的这座金字塔？那些不计其数的雕像又是在哪个时代、用哪些工具、奉谁的命令、为了纪念谁而创造出来的？但是有一点是确定无疑的：某个城市仅靠一己之力是无法创造出这样的艺术品和建筑物的，它的背后必定有一个强大的民族在全力支持。当斯蒂芬斯想到，还有多少这样不为人知的城市仍隐藏在洪都拉斯、危地马拉和尤卡坦广阔的热带丛林里时，便不由自主为他这项伟大的任务感到激动与不安。一时间，成千上万的疑问涌上心头，他却一个都无法解答。他向树梢上方纵目望去，看到那些灰白的古物泛着依稀微光。

废墟城市横亘在我们的面前，犹如一艘在汪洋大海中被波涛击碎的三桅船；桅杆不见了，船莫名消失了，船员葬身海底，没人能说出它从哪里来，船主是谁，已经漂泊了多久，为什么遭难；消失的船员是谁也只能依稀根据相似船只的建构来推测，或许永远无法准确认定。

斯蒂芬斯想要参观一下他的朋友卡瑟伍德的劳动成果，却看到了罕见的一幕：这位画家站在他们最早发现的那个石碑前，地上撒满了一张张的画纸。他的双脚都浸在烂泥里，从头到脚溅满了泥点儿，他不仅戴着手套，还用布蒙住脸，只露出两只眼睛，因为总有蚊子成群结队向他飞扑而来，他神情严肃，工作得专心致志，表现出不惜一切代价克服困难的决绝气魄。因为事实早已表明：卡瑟伍德感觉到，他的绘画方法似乎难以形神兼备地摹绘出这些古迹，作为艺术家，他熟谙的是传统画法，他堪称这类技法最后的杰出代表，但是至19世纪20世纪之交时，仅有某些英国的铜版画还沿用这种创作方式，随后传统画法便彻底绝迹于形式主义的艺术实验中了。

因为这儿展现给他的是一个完全陌生的造型世界，完全超出了欧洲人的图像思维，以至于他手中的画笔彻底失了灵，他无法弄清雕像各部分的比例关系，画着画着就会出现视角偏差，不管是使用还是不用"明箱"[①]——当时流行的一种辅助绘画装置，最后画出来的图样始终达不到他的要求。这个形状究竟是装饰花

---

① 明箱（camera lucida），1807年由渥拉斯顿发明，该装置使用一个棱镜，使人们有可能同时看到将要画的物体和画本身。——译者注

纹，还是人的四肢？这个图形到底是眼睛，还是太阳，抑或是某种象征性的符号？还有这儿，是某种动物的头吗？如果是，哪里会有这样的动物呢？这样狰狞恐怖的兽首难倒是异想天开出来的？这些石头早已变成了精美绝伦的艺术品，世界上任何地方都未曾有过这类独特的造型！斯蒂芬斯回忆当时的情景时，不无戏谑地写道："那神像似乎瞧不上他的绘画技艺，就连树上的两只猴子也像在取笑他。"

卡瑟伍德却从早到晚画个不停，终于有一天，他画成了一幅自己满意的作品。据说，后来正是这幅画引起了轰动。

接下来的事情就有些稀奇了。斯蒂芬斯需要依靠村民的帮助，于是跟他们的关系也密切起来。最初的交往非常友好，因为斯蒂芬斯会送给他们一些药品，这也是考古学者为博取当地人好感惯用的方法，此外还能帮他们出很多好主意。可是不久麻烦就来了。那个唐何塞·玛利亚三番两次跑来，赶都赶不走，此人一再出示表明其所有权的证明文书。跟他深入交谈之后，斯蒂芬斯发现，这片遍布废墟的森林在他看来毫无价值可言，似乎也从未引起过他的注意，林中所有的"神像"对他来说也没有任何意义，他之所以纠缠不休，只不过是觉得他作为所有者的权利受到了伤害。

斯蒂芬斯知道，自己身处于一个政局动荡不安的国家，为安全考虑，无论如何都要跟周围的居民和睦相处，因此他做出了一个惊人的决定，单刀直入地问道："您愿意多少钱卖掉这座早已成为废墟的城市？"

"我想，"斯蒂芬斯在书中写道，"他当时的错愕和窘迫绝对不亚于听说我要买下他那患有风湿病的可怜的老婆……他似乎是想不明白,我们俩究竟是谁疯了。那片土地在他眼中一文不值,而我却要买下来,他不由得疑窦顿生。"

为了强调自己只是想买下这个地方,并无其他意图,斯蒂芬斯极不情愿地向这个讨厌的唐何塞·玛利亚展示了有关自己身份的全部文书,有的证明他的品格毫无指摘,有的证明他是前来旅行的科学家,还有的证明他是强大的美利坚合众国的商务代办。他委托当地一位名叫米格尔(Miguel)的英语通大声宣读这些文书。头脑简单的唐何塞·玛利亚听着听着便很不耐烦了,他说,他要考虑一下,回头再来。

相同的一幕重复上演。米格尔再次宣读了这些文书,但是此举依然未能奏效。斯蒂芬斯看出,不买下科潘古城,他是休想得到安宁的。于是他开始分析生活在热带雨林的这些村民的性格特征,做出正确估计之后,他决定演一出戏来说服唐何塞·玛利亚,这一想法好像受到了某个荒诞不经的故事的启发。

他拖出旅行箱,取出他的外交官制服。虽然他早就认为自己在中美洲的外交任务已经落空了,但是没有穿过的制服还是应该保存好的。这位美利坚合众国的业务代办当着唐何塞的面庄重地穿上制服大衣,看得这个混血儿惊讶不已。虽然斯蒂芬斯头上戴的是一顶已经被雨水泡软了的巴拿马草帽,里面穿的是格子衬衫和白色长裤,而且裤子自膝盖以下溅满了黄色的泥点儿;虽然雨已经下了一整天,现在仍然滴答个不停,地上到处都是泥水洼,却有几缕阳光洒落在制服的大纽扣上,照得上面的山雕闪闪发光,制服上的金线刺绣和具有决定性说服力的徽章在阳光的映照下也格外耀眼，即便是在我们这个世界的其他地区亮出这样的标志，也足以令人动容。

唐何塞·玛利亚哪里见过这样的场面！他彻底折服了。约翰·劳埃德·斯蒂芬斯就这样买下了科潘古城，这座原始森林中被遗忘的城市！他形容当时的自己"形象很是奇特，活像一位非洲的国王，头戴卷檐帽，身穿士兵制服，神态自若地迎接一队英国军官"。

后来，他又补充说："读者或许急切地想知道怎样在中美洲购买古城。买城市跟买其他商品一样，价格取决于市场的供给量和需求量，但是城市毕竟不同于棉花或者靛蓝这类大路货，因此纯粹是卖主恣意定价，恰好当时这种商品无人问津。就这样，正如读者所知，我用50美元买下了科潘。这样的价格使得交易过程没有遇到任何障碍：唐何塞·玛利亚觉得我开出的价钱太高了，以至于把我当成了冤大头。假如我给出的价钱更高，或许他就会觉得我有些居心叵测了。"

很显然，虽然村子里没人明白到底是怎么回事儿，但这毕竟是一件少有的大事儿，理应好好庆祝一番。于是斯蒂芬斯举行了一场正式的招待会。全村居民都盛装出席。到场的有很多老妇人。与会人员都被递上了雪茄。卡瑟伍德的画作博得一致的赞叹。最后村民们参观了废墟和纪念碑，也不由得拍手称奇。这可真是件怪事儿。因为事实表明，在这里生活的人此前并没有见过这些雕塑。他们从未觉得有必要踏入这片闷热潮湿的热带雨林，甚至连唐格雷戈里奥（Don Gregorio）的几个儿子也没有来过这个地方。唐格雷戈里奥是当地最有权势的人，他的儿子们以勇敢著称，也是最了解森林的人。

1842年，斯蒂芬斯的著作《中美洲、恰帕斯（Chiapas）和尤卡坦游记》在纽约出版，不久之后卡瑟伍德也发表了相关的画作，这在报界立刻引起了轩然大波。公开辩论一场接一场，历史学家认为，此前对于整个世界的固有认识就此崩解，外行们则抓住那些极其大胆的推论不放，驳斥个不休。

斯蒂芬斯和卡瑟伍德带着满身的疲惫，从科潘出发继续向前进发，他们走过了危地马拉，又穿越了恰帕斯和尤卡坦。一路之上，随处可以见到玛雅人的遗迹。他们用文字和图片所展现出来的东西，提出的并不是一个疑问，而是把成千上万个问题一下子摆到了人们面前。突然间，人们纷纷去查找西班牙人留下的原始资料，他们了解了尤卡坦地区最早的发现者和征服者，读到了赫尔南德斯·德科尔多瓦[①]和弗朗西斯科·德蒙特霍[②]的英勇事迹，并从中发现了有关这个奇特民族的最早记载。一本四年前在巴黎出版的书引发了一场突如其来的讨论，书中讲述的内容与斯蒂芬斯的《尤卡坦旅行纪闻》大致相同，但此前却完全不被人关注。

这件事乍一看很奇怪。斯蒂芬斯的作品引起了巨大轰动，随后很快一版再版，而且在发表伊始就被翻译成了多种语言，没过多久便家喻户晓了。冯·沃尔德克（von Waldeck）的《尤卡坦浪漫考古行》虽然1838年就已经在巴黎出版，却鲜少有人问津，

---

① 赫尔南德斯·德科尔多瓦（Hernandez de Cordova），1517年在一次掳奴远征中发现了尤卡坦的东海岸。——译者注
② 弗朗西斯科·德蒙特霍（Francisco de Montejo），1527年着手征服尤卡坦，1549年仅在半岛的一半土地上建立了西班牙统治，从此再也没能扩大一步。西班牙人发现了久已衰落的原住民高度文明的遗迹。——译者注

现在几乎是不知所终了。可以肯定的是：斯蒂芬斯的报道更加翔实，文笔也极为出色，时至今日，这些文字读起来仍然妙趣横生。书中还插入了卡瑟伍德的绘画，这些作品本身富有艺术价值，而且非常精确地再现了古文物的原貌，以至于在今天的考古学者看来仍具有文献价值，因为当年他看到的，并且用手中的画笔记录下的那些东西，有很多都在时间的洗礼下被杂草掩盖、坍塌、风化或者毁坏。而沃尔德克身边却缺少这样一位优秀的合作伙伴。

但沃尔德克受到冷遇的主要原因或许是：当他的书出版时，法国正沉浸于发现了另一个完全不同的古文化的狂热之中，该文化跟法国刚发生的事件有着密不可分的关系。当年随拿破仑远征埃及的人尚在人世，公众正在为破译了象形文字而激动不已。不仅在法国，在欧洲，甚至在美国，所有目光都集中到了埃及！斯蒂芬斯不也是先去了埃及旅行吗？要想产生巨大的影响，必须能够对承袭以往的观念产生强烈的冲击。

每次有了新的发现，各种各样的离奇说法便会纷至沓来，现在，在玛雅人突然间受到公众注目之后，不可避免地又出现了那些荒诞的说辞。根据斯蒂芬斯的报道，有一点却是不容置疑的：古老的玛雅人是一个具有独特文化传统的民族，他们的文明程度完全可以与旧世界①的各个文明相媲美。从建筑角度来看或许就可以得出这样的结论，因为很久以后，玛雅人在数学领域的高度发展才被真正的认识。

人们关注的焦点主要集中在以下问题上：这个民族是从哪儿

---

① 旧世界，与新世界相对应，泛指亚、非、欧三大洲。——译者注

来的？玛雅人领地的北部和南部也有很多印第安民族，他们一直过着游牧生活，玛雅人跟他们是不是一脉相承的印第安氏族？如果是，为什么恰恰是玛雅人具有如此高度发达的文化？它的驱动力是什么呢？在这片美洲大陆上，跟旧世界伟大的古代文明完全隔绝，有可能产生一种完全属于自己的独特的文明吗？

有人特别就这个问题初步给出了大胆的解释。他们认为，独自创造出一种文明当然是完全不可能的。毫无疑问，在远古时代一定有人从古代的东方世界移居至此。迁移的路线呢？有人说，是通过位于大陆最北端、现在有可能存在于洪积层中的陆桥来到这里的！也有人认为让居住在赤道附近的人穿越极圈这种观点是混淆视听，他们坚持，在玛雅人身上看到了传说中的亚特兰蒂斯岛[①]幸存者的影子。这些解释都无法自圆其说，于是又有人异想天开地断定玛雅人是以色列人中的一支。

全世界都能够看到卡瑟伍德的画作，其中的一些雕像难道不是跟印度神像有着惊人的相似之处吗？另一些人承认的确如此，但同时指出，那些金字塔也带有明显的埃及特征。现在，又有一些研究人员表示，西班牙人的文献中已经明确提到，玛雅人的神话带有某些鲜明的基督教的特征。除发现了十字架这种具有象征意义的标志外，种种迹象表明，玛雅人也有关于大洪水的传说，

---

① 亚特兰蒂斯岛（Atlantis），最早出现于古希腊哲学家柏拉图的著作"对话录"里，是西方传说中一块沉入大海的陆地。西方人认为那儿曾经出现过一个高度发展的文明，后来自我毁灭，一夜间消失得无影无踪。几千年以来，关于亚特兰蒂斯是否存在，众多的历史学家一直争论不休，而考古工作者始终在寻找它的踪迹，这是一个人类至今无法解答的谜。——译者注

第29章 斯蒂芬斯先生买下一座城市

甚至连他们信奉的神灵库库尔坎①似乎也是弥赛亚②的化身,以上这一切都表明玛雅文化跟东方圣地巴勒斯坦有关。

正当这些讨论进行得如火如荼之时,有个人出了本书,他是一名书斋学者,而不是像斯蒂芬斯那样足迹遍布四方。他埋头于书房中,只是依靠敏锐的头脑去探索热带雨林中的奥秘,研究成果完全不亚于斯蒂芬斯用大砍刀开辟出来的道路,此时他的双目已几近失明。如果说斯蒂芬斯在洪都拉斯、危地马拉和尤卡坦发现了古玛雅帝国,那么这位学者则是重又发现了古阿兹特克帝国,即位于墨西哥的蒙特祖马二世的帝国。现在,问题真正开始扑朔迷离起来。

威廉·希克林·普雷斯科特出身于新英格兰的清教徒世家。他1796年5月4日出生于马萨诸塞州的塞勒姆(Salem),1811年至1814年在哈佛大学学习法律,被法学界公认为前途无量的未来之星,但是毕业后没过几年,他写字时,面前就不得不放上一个特殊的写字框,这就是所谓的"盲人写字框",发明者是一个名叫威治伍德(Wedgewood)的人。这种写字框就像小孩学写字时用的石板,只是用绷在框架两端的铜线代替了石板上所画的横线。因为用手肯定摸得到这些凸起的铜线,所以闭着眼睛都可以

---

① 库库尔坎(Kukulkan),即羽蛇神。玛雅人称作库库尔坎,阿兹特克人称为魁札尔科亚特尔,中文则统称为羽蛇神。是在中部美洲文明中被普遍信奉的神,一般被描绘为长羽毛的蛇形象。羽蛇神主宰着晨星,发明了书籍、立法,而且给人类带来了玉米,还代表着死亡和重生,也是祭司们的保护神。——译者注
② 弥赛亚,是《圣经》中的词语,与希腊词语基督是一个意思,在希伯来语中最初的意思是受膏者,就是救世主的意思,指的是上帝所选中的人,具有特殊权力,是称号而非名字。——译者注

威廉·希克林·普雷斯科特
（Willian Hickling Prescott，1796—1859）

在这样的板上写字。此外，还要先将一张复写纸放到铜线下面，然后使用刻写笔写字，这样复写纸上就会印出清晰的压痕，从而避免了用羽毛笔写字容易洇纸的现象。这就是说，即使是盲人，也能够写字。

威廉·希克林·普雷斯科特接近于失明。1813年，他在大学读书时因一次事故不幸失去了左眼。孜孜不倦的学习令他右眼的视力也急剧下降，以至于他花了两年的时间，遍访欧洲的眼科医生都未能挽回丝毫视力。他的法学研究之路就此突然终结。

于是，普雷斯科特强迫自己去研究历史，他表现出来的那种自律是旁人难以想象的。他使用"盲人写字框"完成了著作《墨西哥征服史》，将科尔特斯征服墨西哥的过程描述得惊心动魄，扣人心弦。但是这本书的内容远不止于此。为了勾勒出阿兹特克

第29章 斯蒂芬斯先生买下一座城市

帝国被西班牙人征服前后的全貌，他凭借着超乎常人的勤奋，查阅了跟征服者同一时代的人留下的所有资料，就连极其冷僻的史证也是他的参考对象。这本书出版于1843年，这也就意味着，除了不久前才发现的玛雅文明，现在突然间又冒出来一个跟它几乎同样神秘的阿兹特克文明。

在这儿提到普雷斯科特的书是要证明什么呢？显而易见，阿兹特克人和玛雅人之间存在着某种无法忽视的联系。例如说，他们的宗教体现出了很明显的一致性；他们的房屋、神庙和宫殿似乎是在同一理念的指导下建造的；但是二者在语言方面是一种什么样的关系呢？这两个民族又是存在于什么时间的呢？稍加对比便可看出，阿兹特克人跟玛雅人说的语言属于不同语系。阿兹特克文明显然是在最辉煌的时期被科尔特斯无情地"斩首"，而此时玛雅人文化及政治的黄金时代早已过去了几百年，当西班牙人抵达玛雅帝国的海岸时，这个民族明显已是日薄西山了。

如果不是普雷斯科特在书中做出了一些评注，使得中美洲文明因此又笼罩上许多新的谜团，那么用玛雅人是以色列人在史前美洲的后裔这一假说就足以令那些矛盾迎刃而解了。

例如，他在讲述科尔特斯率领败军从墨西哥城逃离的那个惊心动魄的"忧伤之夜"时，突然间转移了笔锋。中断叙述的地方正是西班牙人逃亡的途中，那是一片遍布废墟的荒野，当时的西班牙人正在受到追击，自然无暇注意这些废墟，但普雷斯科特却要停下来好好研究一番。在那片土地上矗立着特奥蒂瓦坎①金字

---

① 特奥蒂瓦坎（Teotihuacán），是一个曾经存在于墨西哥境内的古代印第安文明，大致上起始于公元前200年，并且在公元750年时灭亡。——译者注

塔，其中以太阳金字塔和月亮金字塔最为出众。这些建筑物如此宏伟，足以跟古埃及法老的陵墓相媲美。太阳金字塔高60多米，底边长度超过了200米，塔顶是一座太阳神庙。

这座雄伟的太阳神庙遗址距离墨西哥城徒步差不多只要一天的时间，也就是说它所处的位置正是阿兹特克帝国的中心。但是这一地理位置并未影响到普雷斯科特的判断，他根据印第安人的传统，断定这些金字塔并非阿兹特克人所建，很久以前，当阿兹特克人作为征服者入侵这个国家时，它们就**已经荒废**了。他还据此声称，在阿兹特克人以及玛雅人之前，中美洲和墨西哥一定还存在着**第三个**文化高度发达的民族，这是一个完全不同的民族，它的历史要更加古老。

他在书中写道："这些雄伟的建筑带我们走入了远古时代，建造它们的先人早已长眠于地下，尸骸亦已化为灰烬，今日的旅人走过这片灰飞烟灭的土地，怎能不百感交集！但是那些建造者是谁呢？是神秘的奥尔梅克人吗？奥尔梅克人的历史跟古老的泰坦族①一样，早已遗失在一个又一个传说的迷雾之中。或者像人们通常认定的那样，是热爱和平、勤劳敬业的托尔特克人？但是我们能够了解到的有关他们的一切，也都是源于捕风捉影的传说。修建这些金字塔的民族下属的各个部落会演变成什么样子呢？难道他们一直生活在那片土地上，被后来的野蛮的阿兹特克人同化了？……或者他们继续向南迁徙，为文明扩张找到了一片

---

① 泰坦，又译提坦，是希腊神话中曾统治世界的古老的神族，这个家族是天穹之神乌拉诺斯和大地女神盖亚的子女，他们曾统治世界，但被宙斯家族推翻并取代。——译者注

更广阔的天地？中美洲及尤卡坦的偏远地区发现的建筑遗迹展现出了比较高的技术水平，这会不会就是这种文明扩张的结果？"

现在，类似这样的猜想铺天盖地而来，为简便起见，我们只引用了普雷斯科特的话。这些猜测自然引起了众说纷纭，莫衷一是。尽管普雷斯科特已经令很多湮没于过去的历史重见天日，但是他认为："这一切是一个谜，时间为它蒙上了一层无法穿透的面纱……"——随后他又补充道"……这样一层面纱，世间是无人能够掀开的"，——对此他显得过于悲观了。因为今天的考古学家仍在继续挖掘，他们已经揭开了一百年前还无法破解的秘密。

第 30 章

插 曲

1863年的某一天,也就是普雷斯科特发表《墨西哥征服史》约20年后,马德里皇家图书馆来了一位读者,他在国家历史档案馆查找资料时,发现了一本泛黄的手稿。书已经很旧了,但是显然还从未有人读过。上面标注的日期是1566年,书名为《尤卡坦纪事》(*Relación de las cosas de Yucatan*)。文中附有一些很奇怪的、乍一看无法理解的速写。作者的名字是迪亚哥·德兰达(Diego de Landa)。

若是换成一般的读者,看到这部手稿,便会把它重新放回去,曾经这样做的人肯定为数不少。但是现在拿起它的这个人碰巧曾在法国驻墨西哥的公使馆当了10年的施赈员,并且自1855年起担任危地马拉萨拉马(Salama)地区一个名叫拉比纳尔(Rabinal)的印第安人村落的牧师,他孜孜不倦地学习印第安语,同时致力于研究当地古文化的孑遗。这人名叫查尔斯·艾蒂安·布拉瑟尔·德布赫布尔(Charles Etienne Brasseur de Bourbourg,1814—1874),当他拿起这本已经泛黄的小书时,并**没有**置之一旁,而是仔仔细细钻研了一番,最终得出了一项对于研究中美洲文化极为重要的发现。

威廉·希克林·普雷斯科特比斯蒂芬斯大九岁，而布拉瑟尔·德布赫布尔比斯蒂芬斯要小九岁。虽然布拉瑟尔·德布赫布尔直到1863年才有了重大发现，但这三个人的功绩是休戚相关的。斯蒂芬斯使玛雅古迹重现人间，普雷斯科特搜集考证了大量资料，第一次生动翔实地描述了阿兹特克人一段连贯的历史，尽管这只是阿兹特克文明的最后阶段。布拉瑟尔·德布赫布尔则为破译此前一直看不懂的那些装饰花纹和象形文字找到了第一把锁钥，尽管成效颇微，而且远非万能。这一发现的重要性暂且不表，我们得先清楚这些考古学家在美洲进行考古发现时面临的问题，它们截然不同于在旧世界进行考古发现时所遇到的种种困难。

苏美尔人来到美索不达米亚之后，在幼发拉底河和底格里斯河之间，从他们最初的定居点逐渐发展起了巴比伦-亚述文化。埃及文化不仅仅发源于尼罗河畔，而且世世代代为尼罗河所滋养哺育。狭长的爱琴海之于古希腊人，正如那些河流之于苏美尔人和古埃及人。这就是说，过去发现的那些伟大文明都属于大河文明，因此考古学家进行研究时，习惯性地将河流的存在视作文明产生的先决条件。但是现在，这些美洲文明虽然并非**大河流域**文明，但它们的繁荣和昌盛确是不容置疑的。

此外，一个民族有可能并且有能力发展农业和畜牧业以及饲养家畜也被视作文明产生的前提。尽管方式与众不同，玛雅人还是从事农业生产的。但是畜牧业呢？事实证明玛雅文明是唯一一个既没有家畜和驮畜，也没有车舆的人类文明。

自古以来,我们就知道巴比伦人和古埃及人的存在,对生活在亚洲、小亚细亚和希腊的古老民族也有所了解。虽然很多跟他们有关的东西都已遗失在了历史的长河里,但是还有很多在书面上或口头上流传了下来。很久以前他们就已亡族灭种,但是在他们逝去之后,他们创造的财富仍然继续开枝散叶,这些民族的消亡可谓历时弥久。至于美洲文明,我们此前已经提到过,是被"斩首"的。继西班牙人的铁骑金戈之后,神职人员来到了这里,原本能够让我们了解的这些民族的文字和图画被投入木柴垛,付之一炬。墨西哥的第一位大主教唐胡安·德苏马拉加(Don Juan de Zumárraga)在一次大规模的焚书中一举烧毁了所有能够找得到的书籍文献,主教和神父纷纷效仿,士兵们也不甘示弱,把剩下的那些也彻底销毁了。1848年,当金斯布罗爵士(Lord Kingsborough)整理他搜集到的古阿兹特克人幸存的文证时,发现竟然没有一份经过西班牙人之手!在西班牙人征服之前,玛雅文明的文献又留下了哪些呢?现在保存下来的只有三部古抄本。

一部在德累斯顿,一部在巴黎,另外一部分为两本,现在分别保存在西班牙的两个地方,它们分别是:《德累斯顿古抄本》[①]、《佩雷斯古抄本》[②]、《特洛亚诺古抄本》和《科尔特斯古抄

[①] 《德累斯顿古抄本》(*Codex Dresdensis*),因为保存在同名德国城市的萨克森州立图书馆里而得名。科学家估计,它的年代在公元1200年到1250年之间,是古代玛雅人留下的最精美、最复杂的文献。——译者注

[②] 《佩雷斯古抄本》(*Codex Peresianus*),因发现时包裹它的纸面上写着"Pérez"一词而得名,一般都称之为《巴黎古抄本》。——译者注

本》①，其中以《德累斯顿古抄本》最为古老。

既然已经列举了这几部玛雅古抄本，最后还得说一下对它们进行实地取证时遇到的种种困难。在希腊和意大利考古就是在文明的国度游历。在埃及考古，至少那儿的气候是同纬度地区最为舒适的。但是，谁若在19世纪决定去寻访玛雅人和阿兹特克人新的足迹，那么他就要远离所有的文明，来到一个气候条件极为恶劣的地狱般的世界。

也就是说，在中美洲进行科学考察要面对三大困难：第一是因这些文明本身的特点而提出的不同寻常的课题；第二是资料匮乏，从而无法进行对比或者推导出结论，因为除了那些废墟以外，几乎再无资料可考；第三是当地的自然条件、气候状况和社会环境等造成的重重障碍，以致无法迅速展开科考工作。

斯蒂芬斯和普雷斯科特令玛雅文化和阿兹特克文化再现人间，这是一次了不起的发现，但此后玛雅人和阿兹特克人再一次从公众的视野中消失得无影无踪，这件事难道不奇怪吗？四十多年过去了，只有极个别学者对这些民族有所了解，是不是有些不可思议呢？从大约1840年至1880年这段时间里，在这一研究领域虽然取得了无数的成果，却都不值一提，没有一项真正重大的发现，有点儿难以想象吧？即使是布拉瑟尔·德布赫布尔在马德里的档案馆的"发现"，也仅仅引起个别专业人士的关注，这不

---

① 《科尔特斯古抄本》(*Codex Cortesianus*)，因是科尔特斯征服墨西哥后带回西班牙的收藏品而得名，跟勃拉瑟神父发现的《特洛亚诺古抄本》(*Codex Troano*)合称《马德里古抄本》。《马德里古抄本》的手工虽然较差，但却是由8个抄写员写成，内容比《德累斯顿古抄本》更为多样。——译者注

有悖常规吗？

  三百年来，迪亚哥·德兰达的手稿一直静悄悄地躺在档案馆里，人人都有机会看到它，但却无人关注。这部手稿中记载了很多神秘的字符，借助于它们可以破解，至少可以部分破解为数不多的玛雅文献及文物的意义。但是现存的文献、石碑、浮雕和雕塑太少了，因此这些神秘字符几乎派不上用场，更无法通过比较来检验破解方法是否有效，而比较这一阶段在整个破译过程中是非常关键的。

第 31 章

弃城之谜

如果从尤卡坦北部的奇琴伊察（Chichén Itzá）向南到洪都拉斯的科潘，从危地马拉的蒂卡尔（Tikál）和伊克斯昆（Ixkún）向东穿过危地马拉城，向西至恰帕斯的帕伦克（Palenque）各画一条线，那么这两条线的终点大致可以看作古玛雅文明的端点。若是将这些端点连在一起勾勒出一个区域，那就是英国人阿尔弗雷德·帕西瓦尔·莫兹利（Alfred Percival Maudslay）在1881年至1894年间进行科学考察的范围，其时距离斯蒂芬斯到达此地大约有四十年之久了。

他的功绩超过了斯蒂芬斯。如果没有他的劳动成果，这项研究仍将会继续搁置下去。他不下七次深入热带雨林，拍摄了很多照片，写下了大量文字说明，并且把这些资料带到沿海地区。不仅如此，跟它们一起被带出森林的还有玛雅古文物的原件、浮雕和铭文的拓片及石膏模型。

这些东西运回英国以后，先是在维多利亚和阿尔伯特博物馆[①]

[①] 维多利亚和阿尔伯特博物馆，通常简称为V&A，是位于英国伦敦的一间装置及应用艺术博物馆。——译者注

展出，后存放于大英博物馆。当"莫兹利收藏展"对公众开放后，看到这些资料的人便开始探寻这些古文物本身的年份和来源。

关于这个话题，还得从迪亚哥·德兰达说起。这位尤卡坦地区的第二位大主教一定具有无法结合成一体的双面性，一方面是狂热的神职人员，另一方面是求知若渴的现代科学的爱好者。在他的心灵深处，这两个身份总是相互斗争，然而遗憾的是，最终占据上风的是他对宗教的狂热。因为迪亚哥·德兰达尚未担任大主教时，他跟其他主教一样，把玛雅人的文字视为魔鬼之作，下令将可搜集到的所有文献堆到一处，烧为灰烬。但是他无法抑制住人性中另一面的躁动不安，只好任用了一位幸存于世的玛雅王子当他的"山鲁佐德"，专门给他讲故事。然而事实表明，这个"山鲁佐德"擅长讲的远非神话故事。于是迪亚哥·德兰达不仅记下了形形色色有关玛雅人生活的片段、神灵的故事和战争的传奇，而且还在手稿中附上草图，从中可以识别出，玛雅人用哪些符号代表月份和日期。

讲到这里，大概每个人都会问，这些符号或许并非索然无趣，但是为什么说恰恰这一发现具有特殊意义呢？

原因在于，玛雅文物上总是刻有形状诡异的装饰纹样，未发现迪亚哥·德兰达手稿之前，看到它们的人只有一种感受，即毛骨悚然，但是现在，它们却因这寥寥几幅速写突然间绽放了丰富的生命华彩。考古学家们站在那些神庙、阶梯、石柱和壁饰前，手持迪亚哥·德兰达绘制的草图，反复揣摩着刚刚掌握的玛雅人计算时日的书写方式，他们发现：不管是装饰纹样，抑或浮雕、壁饰，还是雕塑，玛雅人所有这些艺术表现形式无不与某个时间

第 31 章　弃城之谜

玛雅人用来表示月份的符号

有着直接的关系！热带雨林中如此众多的艺术作品并不是用驮畜或者车舆一件件拉过来的，而是使用石器在石头上雕凿而成。每一座玛雅建筑都是一部石头日历！它们的布局绝非偶然，美学效果受掣于数学理念。在此之前，谁若对那些诡异可怕的石刻面孔看似毫无意义的重复或者突然的中断感到奇怪，那么现在就会知道，这不过是表示某个数字或者一种特殊的日历的承启方式。如果科潘的象形文字石阶上的坡面图案重复15次，就意味着经过了15个这样的时间周期。如果石阶本身有75级，就说明每一个时间周期为5天（15乘以5等于75）。这样一种完全从属于历法的建筑方式和艺术形态在世界上是绝无仅有、独一无二的。很多学者仅仅为研究玛雅历法便投入了毕生精力，随着对玛雅历法奥秘的探究越来越深入，学者们有了意外发现，为这个已经屡次让人们出乎意料的古代文明又添上浓重的一笔：玛雅历法的构建方法迥异于我们已知的所有历法，而且相比之下更加准确。忽略所有细微之处不计，玛雅的历法系统由以下几部分构成：首先是所谓的"卓尔金历"（Tzolkin）〔阿兹特克文明中称为"托纳尔波瓦利历"（Tonalamatl）〕，它由20个表示日名的符号跟从1到13这13个表示日数的数字依次组合循环，得到260种组合图标，代表260天；其次是所谓的"哈布历"（Haab），即玛雅的太阳历，按照这种计日方式，一个哈布年总计365天，分为18个月，分别用不同的符号表示，每个月是20天，年末另加上为期5天的一个周期。此外玛雅人还把"卓尔金历"和"哈布历"组合在一起加以考虑，这样又会得出一个新的周期。我们给这个新周期起了一个英文名称，叫作"历法循环"[①]，该名称同下面将要提到的另一英文名称已被科学界采纳并广泛应用。这样一个周期共计18980天，或者说52个哈布年，每年为365天。这种"历法循环"对玛雅人的生活特别重要，随后大家就会了解到这一点；最后还有一种所谓的"长计历"（Long-Count），这种计日体系与玛雅人开始年代纪元的时间有关。这个起始日期为"4阿霍,8孔姆库"[②]，若

---

① 历法循环（Calendar-Round），以260天为一个循环周期的卓尔金历与以365天为一个周期的哈布历正好每52个哈布年重复一次，即一次历法循环。——译者注
② 阿霍（Ahau），孔姆库（Cumhu），阿霍为卓尔金历中的第20个日名，孔姆库为哈布历中第17个月名。——译者注

是非要做一个慎重的比较的话,该日期在功能上相当于我们公元纪年中的耶稣诞辰,要注意的是,这二者只是功能上的相符,就日期本身而言绝不相同。

玛雅历法非常发达,也极为复杂,若要详加阐释恐怕得专门出本书,玛雅人用这种方式来计算时间,其精确度超过了世界上其他民族的任何一种历法。我们普遍认为现在通用的历法是最佳计日方法,这种看法是错误的。现行历法只不过是相对于之前的历法有所改进。公元前239年,托勒密三世(Ptolemaios Ⅲ)对

玛雅人用来表示日名的符号

古埃及的计日方法加以完善；儒略·恺撒（Julius Caesar）对原有历法做了修改，制定了新的历法，史称儒略历，直到1582年，罗马教皇格里高利十三世（Papst Gregor XIII）才用格里历取代了儒略历。倘若把所有这些历法采用的年的长度与天文学上计算出来的绝对年长进行比较，就会发现，玛雅历法中的年长最接近这个绝对值：

儒略历的年长：　　　　　365.250000天

格里历的年长：　　　　　365.242500天

玛雅历的年长：　　　　　365.242129天

天文学上计算出的年长：　365.242198天

玛雅人能够将最精确的天文观测结果跟错综复杂的数学计算方法结合在一起，这足以证明他们绝不缺乏理性思维，但是从另一方面来看，这个民族又彻底耽溺于极端的神秘主义。玛雅人创造出了世界上最精确的历法，同时也成为这个历法的"**奴隶**"。

历法科学的目的并不能仅限于历法本身。神庙和宫殿的外墙、柱石、壁饰以及阶梯坡面，无处不刻有表示数字的狰狞的人面符号，还有代表月份、日名和周期的象形符号。每一座建筑物的正面都饰有落成的日期。现在对于考古学家而言重要的就是，把这些建筑物按照时期进行编组，再把划分出的小组以时间为序排列起来，这样便可以看出相邻的两组建筑物是否出现了风格上的变化，简而言之，就是看到历史。

不过是哪个历史呢？当然是玛雅人的历史。答案显而易见。但是问题本身并非表面看来那么幼稚。因为以这种方式获得的所有认识都有着致命的缺陷，即考古学家只能看到玛雅人的历史，更确切地说,他们得到的这些有关玛雅人的数据跟我们的纪元毫无关联。

考古学家再次碰到了一个棘手的问题,这是他们在旧世界考古时未曾经历的。为了更容易地理解这个问题,我们假设欧洲近代史上曾经出现过这样的事例。我们假设英国在历史上跟欧洲大陆从无联系,在它的历法中,不是以基督诞辰年为纪元年,而是另一个我们完全不知道的日期,并且按照这种特有的纪年方式记录下了自己的历史。欧洲大陆的历史学家到了这里,对于从狮心王理查德到维多利亚女王这段时期内发生的历史事件之间的相

玛雅人用来表示数字的符号

互关系了解得一清二楚，但是由于他们不知道当地纪年的起始时间，因此就无法说明，狮心王理查德到底是跟查理曼大帝，抑或跟路易十四，还是跟俾斯麦属于同一时代。

在热带雨林之中，考古学家们面对这些古迹，所处的境遇正是上文假设的情况。例如，他们很快就能说出科潘的建筑比基里瓜（Quiriguá）的建筑早了多少年，但是若要问到这两座城市兴起于公元什么时间，他们甚至连建于哪个世纪都推测不出来。显然，下一步要做的事情就是找出玛雅历跟公历之间的对应关系。基本建立起这种关联之后，考古学家们得以越来越准确地用公历时间对玛雅文明的历史事件逐个加以定位，但是与此同时，他们又发现了一个新的问题，这也是玛雅这个伟大民族历史上令人费解的现象之一，即弃城之谜。

想必大家还记得，我们前面曾经说过，这个创造出世界上最精确历法的民族已经成为历法的奴隶。因为玛雅人并不是因为需要才兴建了那些伟大的建筑物，而是遵循历法建造的。这就意味着，每隔5年、10年或者20年，他们就会建起一座新建筑，并在上面雕饰上动工的日期。有时他们会在已落成的金字塔周边再建一座，那是因为历法要求他们永远记下新纪年开始的时间。几百年来，玛雅人一直按照固定的时间规律兴修新的建筑，未曾有过违背，镌刻在建筑物上的日期业已证明了这一点。只有在发生灾祸或者大规模迁徙时，才会打破这个规律。

也就是说，如果我们看到，在某个日期，某一座城市的建筑活动戛然而止，而另一座城市差不多在同一时间才刚刚开始动工建设，那么就可以得出这样的结论：前一个城市的居民突然弃城而去，在另一个地方又建起一座新城。

这种情况倘若只是地区性的，虽然疑问重重，不管怎样还能说得通。然而发生在公元前950年至公元前750年间的事情，却是倾尽一切理由都无法解释的。

因为整个民族，也就是生活在各个城市的所有居民，突然抛弃了固定的住房、熟悉的街道、广场、神庙和宫殿，一起迁徙到遥远而荒芜的北方去了。迁走者竟然没有一人返回过家园。就这样，那些城市日益荒废，热带丛林吞噬了街道，杂草蔓生，攀上台阶和栏槛，石缝中逐渐积满了随风飘来的尘土，于是便有树种在其间扎根发芽，幼茎顽强地生长，最终撑裂了石墙。庭院中的铺石路面或金字塔的石阶自此再也无人涉足。

要想知道这件事有多么令人难以置信和无法理解，我们须得打个譬喻，假定是法国人，他们有着上千年的历史，现在突然间举国迁往摩洛哥，只为在那里沿着海岸线建立一个新的法国。他们抛弃了主教教堂和伟大的城市，突然离开马赛、图卢兹和波尔多，离开里昂、南特和巴黎，向南迁徙！不仅如此，他们一到摩洛哥，马上就开始按照原样重建那些刚被他们遗弃的主教教堂和城市！如果说这样的事情发生在法国人身上难以理解，那么玛雅人这样做至少也是同样不可思议。

考古学家们探究事实真相时，各种各样的解释纷至沓来。最自然不过的就是认为有外来入侵者将玛雅人驱逐出家园。但是侵略者会是谁呢？当时的玛雅社会正处于发展的巅峰，以它的军事实力来说，根本就没有哪个民族能够匹敌。况且这种解释本来也不成立，因为在那些被遗弃的城市中并没有发现任何遭到侵略的迹象。

会不会是自然灾害造成了这次民族大迁徙呢？不过只要对此多提上几个问题，答案自然不言而明：哪个地方有自然灾害留下的痕迹？什么样的自然灾害会让一个民族另觅他处重建新的王国，而不是在灾后重返家园呢？

或许是暴发了一场可怕的瘟疫？但是毫无迹象表明，玛雅人在大规模迁徙前人口出现大规模减少，并且因此才决定移居别处。恰恰相反，随后建起奇琴伊察等新城的那个民族非常强大。

要么就是气候突变，以致玛雅人无法在当地继续生存？可是从旧王国的中心到新王国的中心，直线距离不到400公里。姑且不论没有迹象表明气候曾经发生过突变，就算是有这样的变化，如果它严重到了令一个王国全民逃亡的程度，那么区区400公里远的地方肯定也会受到影响。

此外还可以从哪些方面做出解释呢？

我们说过，玛雅人属于城市居民。欧洲各民族都成为城市人不过500年，狭义上讲玛雅人跟他们并无不同：统治阶级（贵族和祭司）住在城中。不仅各种世俗和宗教势力以城市为中心，所有的文明教养、精神生活和良风雅俗也均始于城市。不过一旦没有了农民，所有这些城市就会失去赖以存在的根基。因为没有农民，就没有人种植农作物，城市人也就没有主食可吃，欧洲的主要粮食是谷物，中美洲同样也是谷物，却是当地特有的品种，被称作"印第安玉米"，简称玉米。

玉米维系了城市的延存，供养了统治阶级，同样孕育和滋养了玛雅文明。它也为文化的发展创造了最初的空间，因为玛雅人烧掉了热带丛林，才得以建起他们的城市，而那些地方曾经是一片片的玉米地。

与我们所知道的任何一个国家相比，玛雅的社会制度表现出了更为明显的两极分化。只要拿现代欧洲的城市跟玛雅人的城市进行比较，就可以清楚地看出这种社会制度的特点。在现代城市，虽然表面上可以看出居民之间的社会对立，但是社会结构表现为多层次、多元化，不同的社会阶层之间总有着千丝万缕的联系，而且可以相互流动和转化。与此相反，玛雅城市则赤裸裸地表现出阶级的对立。祭司的神庙和贵族的宫殿大都矗立在土丘之上。整个区域是封闭的，高墙紧锁，几乎就是一座堡垒，以前很可能也常用于防御外敌。石"城"四周都是用树叶和木头搭建的屋棚，里面住的是普通百姓，此外再无介于二者之间的民用建筑。玛雅民族中，除了极少数人为统治者，剩下的绝大部分都是被压迫的阶级。

这两个阶级之间有着惊人的鸿沟，完全超出我们的想象。玛雅社会似乎从未有过可以从中周旋的市民阶层。贵族与平民之间的界限极为严格。他们称自己为"almehenoob"，意思是"有父母者"，也就是说他们有高贵的血统。祭司是从贵族中选出来的，世袭的王侯也来自贵族阶层，他们被称作"王"（hlach uinic），意思是"真正的人"。所有民众都在为这些"有父母者"服务。农民把收成的三分之一交给贵族，三分之一给祭司，剩下的三分之一才属于他们自己。大家还记得吧，欧洲封建社会征收的"什一税"①致使民不聊生、民怨沸腾,最终引起了社会革命。播种以后到收获之前的农闲期,农民跟所有的奴隶便开始兴修那些伟大的建筑。没有车舆和驮畜,巨大的岩块全靠人力拖到工地,没有铁器和铜器,那些精美的雕刻和浮雕都是用石器一下下雕凿出来的。玛雅劳动人民的成就绝不亚于埃及金字塔的建造者,很可能比他们更胜一筹。

一千年来,这个阶级分化如此严重的社会制度似乎未曾有过动摇,但其本身就孕育着毁灭的种子。因为得不到来自下层的给养,祭司阶层高度发达的文明和科学变得越来越神秘,两者之间不会有任何经验上的交流。玛雅的知识阶层终日只顾研究星象,忘记了看看农田,这个他们赖以汲取力量的源泉。他们也忘记了发明一些辅助工具,用以免遭灾害侵袭。一个取得了如此重要的科学与艺术成就的民族,却没能发明出耕犁这种最重要同时也是最简单的工具,个中缘由只能用玛雅知识分子极端傲慢的思想观念加以解释。

因为纵贯玛雅历史,农耕种植一直停留在最原始的阶段。他们采用的是"刀耕火种"的耕作方式:先在热带雨林中选出一块地方,砍倒该范围内的所有树木,待到木头干透,在雨季来临前放火烧掉,等雨季一过,就用长长的尖木棍在地上挖出一个个小坑,每个坑中都撒上好些玉米的种子。一块地收割完毕,就要另

---

① 什一税,由欧洲基督教会向居民征收的一种主要用于神职人员薪俸和教堂日常经费以及赈济的宗教捐税,这种捐税要求信徒要按照教会当局的规定或法律的要求,捐纳本人收入的十分之一供宗教事业之用。由征收什一税而建立的制度亦称什一税制。——译者注

择一片林地重复这一过程。因为除了附近居民点有些少得可怜的天然粪肥以外,再无其他肥料可施,所以每块土地在收割过一次以后要休养很长时间才能恢复地力,再次种植作物。

这就是玛雅人**被迫**在很短时间内离开那些坚不可摧的城市的原因之一。

因为那里土地的肥力已经耗尽。收割后的土地需要休养,直到丛林再生,能够重新焚烧、播种,整个周期的历时越来越长。其必然结果是,为了进行火耕,玛雅农民不得不在热带丛林中越走越远,他们距离城市也就越来越远,城里的贵族全靠他们供养,没有他们就无法生存。最终在农田和城市之间出现了历经焚烧、耗尽地力的荒原!没有了农民,没有了农业生产作为基本保障,伟大的玛雅文明也就走向了终结,因为世上只可能存在没有技术的文明,却不可能繁衍没有耕犁的文明!最终,当城市与城市之间只剩下荒莽的草原时,饥荒出现了,玛雅人被迫踏上迁徙之路!

他们丢下了一座座城市和大片的休耕地,动身上路。当玛雅人在北方建立起新的文明中心时,那些被遗弃的神庙和宫殿也逐渐被热带丛林所包围,休耕地再次成为森林,昔日的伟大建筑被丛林掩盖,一直隐藏了上千年!这或许就是弃城之谜的答案。

第 32 章

通往圣井之路

一轮皓月高悬在热带丛林上空。这时距离玛雅人弃城北上已有1000余年,美国的考古学家爱德华·赫伯特·汤普森在仅有的一名印第安向导的陪同下,正骑马穿越玛雅人在北方建立的新帝国,在西班牙人到来之后,这个新帝国同样未能逃脱毁灭的命运。汤普森寻找的奇琴伊察是传说中最恢弘、最美丽、最强盛、最奢华的城市。长途跋涉至此,他们已是马疲人倦。汤普森又困又乏,耷拉着脑袋,马腿稍一踉跄,他就会失去平衡,险些跌落马下。这时向导突然高声呼喊。汤普森闻声大惊,骤然清醒,抬头向前方望去,看到了一个神话般的世界。

漆黑的树梢上方,耸立着一座巍然陡峻的土丘。银白色清冷的月光倾泻在丘顶,笼罩着上面的一处庙宇。只见它兀自立于树梢之上,寂静的夜色中,宛如建在一座印第安卫城之上的帕特农神庙。来到近前,这座神庙显得益发高大。印第安向导跳下了马,卸去马鞍,铺开毡毯,打算在这里过夜。汤普森却着了迷一样盯着这座建筑看个不停。他也下了马,当向导已经躺下就寝时,他独自徒步走上前去。土丘底部有一道陡峭的石阶通往神

第32章 通往圣井之路

庙，石阶上杂草丛生，灌木交织，有几处已经倾圮。

汤普森看出面前这座建筑物的形状类似于金字塔，他也了解埃及金字塔的意义。但是玛雅金字塔不同于吉萨金字塔，它不是国王的陵寝，从外形上看，它更像庙塔，不过它似乎只是用作石梁，承载着那些巨大台阶攀缘而上，一直通往神灵，通向太阳和月亮，在这方面，巴比伦的庙塔也要黯然失色。

汤普森拾级而上。沿路看到许许多多装饰着梯道的浮雕。土丘顶部距离地面将近30米，汤普森登至最高处，纵目四望，影影绰绰看到周边分散着很多建筑，他不禁数了起来：一座，两座，三座，不久便发现了12座，其中一些还是因为月光洒落在上面才露出些许容颜。

这就是奇琴伊察。在玛雅人大迁徙的初期，它原本可能是向远方推进最后的据点，后来逐渐发展成为辉煌灿烂的帝国中心。随后的几天，汤普森接二连三登上一座又一座玛雅人遗留下的古建筑，"一天清晨，我站在这座神庙的屋顶，此时第一缕阳光刚刚染红远方的地平线。四下里是一片难以言表的静谧，此时夜间的骚动已然停息，白日里的喧嚣尚未苏醒。头顶的天空，脚下的大地似乎都屏住呼吸等待着什么。很快，一轮又大又圆的太阳升上了天空，发射出耀眼的光芒，这一刻，整个世界开始吟唱。枝头的鸟儿和地上的昆虫共同高歌一首感恩奏鸣曲。大自然本身教会了最早的人类崇拜太阳，时至今日，人们的内心深处还一直遵循着这个古老的信条"。汤普森静静地站着，沉醉在这番景象中。热带雨林在他眼前逐渐消失，取而代之的是一片宽阔的土地，长长的队列正在徐徐前进，这时他的耳畔传来音乐声，所有的建筑都恢复了生机，宫殿忙于庆祝欢乐的节日，神庙正在举行祈神仪式。他极力向远处探寻详情，目光却在此刻顿住。幻想的帷幕突然被撕裂，把沉浸于想象过去的他拉回现实。这位考古学家看到了此行的使命。因为视线触及的地方，一条狭长的小径若隐若现，它通向的很可能就是奇琴伊察最令人震撼的神秘之地：圣井！

有关墨西哥和尤卡坦的考古发现介绍到这里，还没有出现跟施里曼、莱亚德以及皮特里同样类型的人物；除了约翰·劳埃德·斯蒂芬斯的第一次考察旅行以外，再没有人同时肩负考古和探险两大使命来到此地，既为取得科学成就又想寻找宝藏；也没有什么富有传奇色彩的事件发生，诸如在考古热情的驱使下用铁锹挖掘时，突然铲到了黄金。

爱德华·赫伯特·汤普森就是尤卡坦的施里曼，因为他是看了一本书中的记载，决定动身寻找奇琴伊察的，其他所有看过这本书的人都没有把书中的内容当真，他的这一行为像极了昔日的施里曼。汤普森身上也有莱亚德的影子，当年莱亚德踏上第一次发现之旅时，身上只有60英镑，同行的只有一人[①]，汤普森深入热带丛林时同样也是一贫如洗。遇到那些足以令旁人屈服的困难时，他又表现出了皮特里的坚韧执着。

汤普森决定去尤卡坦并不是基于某个大胆的想法，而是凭借一种信念，一种跟当年驱使施里曼寻找特洛伊同样的信念。他对

---

① 此处作者记述有误，按照本书第22章的说法，莱亚德踏上第一次发现之旅时只有一个同行者，旅资微薄，但并未提到具体数字，60英镑应为他踏上第二次发现之旅前接受英国公使所赠。——译者注

第 32 章 通往圣井之路

迪亚哥·德兰达的手稿给予了极大的信任。在这位主教的书中，他第一次读到了关于圣井的描写，即奇琴伊察的"献祭之井"（Cenote）。迪亚哥·德兰达根据玛雅人的古老传说记录下了这样的故事：每逢大旱，祭司和百姓就会排着长长的队列，穿越宽阔的街道，前往圣井，祈求雨神息怒。求雨的行列中还有据说可以博取雨神宽宥的献祭品：正值花季的少男少女。等到隆重的祭祀仪式结束，少女们便会被投入井中，井水深不可测，从未有人能够再浮上水面！

几乎每个民族都有歌曲对少女迈步走向水井的小道加以描绘，尽管经常暗含着象征性的深意，但总是用来表达对生活的挚爱。对玛雅少女而言，通往圣井的路却是条死亡之路。她们踏上这条不归路时总是身着盛装，只听一声沉闷的惨叫，她们便落入了散发着腐臭气味的井水中。

迪亚哥·德兰达还讲述了些什么内容呢？他随后补充写道，按照玛雅人的习俗，少女投井之后，还要掷入大量祭品，如器具、饰品和黄金。汤普森在手稿中看到了这样一句话："如果这片土地还有黄金的话，绝大部分必定是在圣井之中！"在其他人看来，这不过是对古老传说的夸大和渲染，汤普森却奉若至宝。他不仅相信它，而且下定决心要证实它。当他在那个皓月当空的夜晚，站在金字塔顶俯视通往圣井的小道时，他并没有意识到，要付出多少努力和辛苦才能达到这个目的。

多年以后，当汤普森再次来到圣井时，已是一位经验丰富的热带丛林研究者，他游历了尤卡坦半岛全境，足迹遍布南北，增强了识别种种奥秘的洞察力。眼下的他才真正可以堪比施里曼。

在他周围，有那么多宏伟的古建筑有待考察，对于任何一个考古学家来说，这都是极具吸引力的任务。他却将目光投向了这口天然古井，一个现在积满了淤泥、碎石和几百年陈污烂垢的黑洞。即使迪亚哥·德兰达当年的报道言之有据，如今想在这个汩汩冒着臭气的黑洞中找到古代祭司抛入的珍宝的遗存，可能性实在是微乎其微。

究竟怎样才能在井中进行搜寻？汤普森给出的回答是一种极为冒险的方式：潜水！

他在返回美国参加一次科学会议时，便四处为这项计划募集资金。虽然人人都认为他的想法很疯狂，但他最终还是筹到了钱。

那些人提醒他说："这个水坑如此巨大，而且深不可测，没有人能下到底去，也休想活着出来。如果你想自杀，为什么不选一个更舒服的死法？"

但是汤普森早已权衡过利弊，此刻是下定了决心，不达目的决不罢休。

> 我的下一步计划是去波士顿学习深海潜水。教我的老师是波士顿长码头的前海军上尉埃弗莱姆·尼克森（Captain Ephraim Nickerson），他在20年前就已经退役了。在他专业而且耐心的指导下，我逐渐成为一名相当不错的潜水员，但是我的技术绝非完美，不久后发生的事情便验证了这一点。接着我又弄到了一台适合这项计划的缆索式挖土机，上面配有一个绞盘、一套滑轮组和一根9米多长的起重杆。所有这些设备都被装到箱子里，打包妥当，只等一收到信件或电报

第32章 通往圣井之路

便运送过去。

之后，他回到了古井边。井口最宽处的直线距离大约是70米。他又用测深锤测量得出，从泥沼面至井底约有25米深。接着，他拿出真人形状的木雕，仿照手稿中的记载，把它们抛入井中，因为他相信，昔日那些玛雅少女正是作为可怕的雨神的未婚妻被投入古井的。这样做的目的是确定井底搜索的区域。完成这一切以后，挖土机便轰轰隆隆工作开了。

我怀疑，此刻是否有人能够体会得到我内心的激动不安。只见五名工人负责控制挖土机的绞盘和刹车，张开的钢臂向古井伸展，到了黑洞的中心，在其上方稍作停顿，继而转向迅速下降，插进那潭死水之中。然后再停几分钟，待到锐利的钢齿深入井底后彼此咬合，四名工人便俯下身子奋力转动绞盘，收回钢臂，当钢缆因负载了重物而绷紧时，他们那深棕色的皮肤下面，结实的肌肉也因用力过大开始像水银一样震颤。

挖土机的挖斗慢慢抬起，同时向着古井边缘移近，清澈的水珠从牢牢啮合的抓爪处滴落，而此前还像一面黑曜石镜子一样泛着红色的水面先是发出汩汩声，随后像开了锅一样翻滚起来。待钢臂扭转回来，上面的挖斗便把挖到的东西倾倒在木板搭建的平台上，这堆黑不溜秋的东西有朽木、烂叶、断枝和其他废弃品。然后挖斗又掉转方向，重回井面上方，再次向井底挖去。有一次挖上了一截树干，正好卡在抓爪之间，树干看着保存良好而新鲜，就像是昨天才被一阵狂风吹倒，落入井底的。这天是星期六。谁料到了星期一，树干便已风化殆尽，前日挖土机卸下它的那个石堆上面，如今只留下些许木头纤维，周围是类似木醋酸的斑渍。又有一次，挖上了一头美洲豹以及一只狍子的遗骨，这是一幕丛林悲剧无声的见证。

挖土机日复一日工作着，再没有什么新的发现，挖上来的除了污秽、烂泥、石头和树枝，还有一具动物的骨骸，它必是在干旱的季节嗅到了井底深处水的味道，投井溺亡的。在炎炎烈日之下，腐烂的气息从井中弥漫而出，井边越堆越高的污泥烂物亦散发着股股恶臭。

工作就这样一天天进行着。我开始白天里心绪不宁，夜间睡不着觉。于是我问自己："会不会我诱使了朋友们倾囊相助，并且把自己也变成笑柄，结果只是为了证明，这些传说不过是些许多人业已认定的无稽之谈呢？"

但是，就在几近绝望之际，这一天来临了。当汤普森像往常一样，在刚刚打捞上来的烂泥中翻找时，发现了两个奇特的黄白色树脂球。他拿到手里闻了闻，甚至又尝了下。他突然萌发了一个好主意，把这些树脂做的东西放到火边烤了烤，空气中立刻飘散出了一股醉人的芳香。汤普森从古井中打捞上来的是玛雅人在祭祀时焚烧的松香。这就可以证明，汤普森的决定是正确的吗？

第32章 通往圣井之路

爱德华·赫伯特·汤普森
（Edward Herbert Thompson，1856—1935）

与那堆积如山的废物和烂泥相比，这两块小小的松香算得了什么？在别人眼中，它们或许证明不了什么，但是对于汤普森而言却意义非凡：这为他插上了新的幻想的翅膀。"几个星期夜不能寐，这天夜里我第一次睡了个好觉！"他的估计是对的。随后，他期盼已久的珍宝接二连三再现天日，有工具和饰品，花瓶和矛尖，黑曜石刀和翡翠碗。接着他打捞上了第一具少女的遗骸！迪亚哥·德兰达所言千真万确。

在汤普森尚未开始"这次疯狂行为中最疯狂的举动"时，他又偶然发现了玛雅人一个古老传统的真正缘由。迪亚哥·德兰达主教给他指明了通向圣井的道路。1579年时任巴利亚多德市长的唐迭戈·萨米恩托·德·菲格罗亚（Don Diego Sarmiento de Figueroa）则告诉了他有关在古井边献祭的礼俗。一开始，汤普森觉得此人记载的内容极为隐晦，而且难以理解："当地的贵族和上层人士有这样一种习俗，斋戒60天以后，在天色破晓之时来到古井边，把自己家中的印第安女人投入深不见底的井中，同时要她们代表各自的主人向井中的神灵祈求一个符合主人心愿的好年份。这些女人未加捆绑，被用力掷入井中，重重落到水里，发出巨大的声响。傍晚时分，若是哪个女人还能喊叫，就会大声呼喊，井边的人便把绳索缒下井去，拉她们上来。女人们到了地面以后已是奄奄一息，于是在她们周围支起火堆，随后又在她们面前点燃了柯巴脂①。女人们苏醒后，便讲述起井底的见闻：下面有很多她们的同族，有男有女，一起迎接了她们。如果她们试图抬起头看看那些人，脑袋上就会遭到一顿重击。如果她们低头俯视下面，就会看见水底深浅不一，有很多山丘和沟壑。井底的人已回答了她们的问题，告知这一年对她们的主人来说是福还是祸。"

汤普森一直在探寻历史的真相，这个表面上充满了浓郁神话色彩的描述让他百思不得其解。汤普森准备了一艘平底船以备日后潜水之用，并把它停靠在古井中平静的水面上。有一天，他坐上船，并最终把它固定在像礁石一样突出的岩壁上，从该处往上距离挖土机所在的位置有大约20米，抑或更远。无意间，他的目光掠过小船，眼前的情景却让他有如醍醐灌顶。"在这个古老的传说中，最令人匪夷所思的就是幸存下来的投井女子讲述的内容，这一发现则揭开了其中的秘密。"

---

① 柯巴脂，用来泛指热带林木中的树脂，也特指前哥伦布时期中部美洲文化中用于仪式烧香和其他用途的芳香类树脂。——译者注

第32章 通往圣井之路

祭祀的圣井中，一池静水幽暗且浑浊，颜色时而由褐色化为翠绿，甚至变成血红，就这一现象稍后还会加以详述。就浑浊程度来说，阳光洒落水面，就像照在镜子上一样只会反射回去，而不发生折射。从甲板上俯视水面，似乎看到水下有"很多山丘和沟壑"。实际上，它们不过是我头顶正上方那块岩壁许多凸起或凹陷的部分映在水中的倒影。上文提到，苏醒后的女人还说井底下有很多她们的同族……这些人回答了她们的问题。当我仔细深入观察那些深深浅浅的倒影时，同样看到井底有很多她们的同族，而这些人也在回答问题。原来这些也是倒影，是我雇用的工人为看一眼平底船趴在井边，他们的头和部分身躯映在水底产生的影像。他们一边向下张望，一边小声交谈，他们的声音向下传递，碰到水面，又反射回去，我可以听到他们的轻声细语，听出他们的当地口音，不过听不懂他们在说什么。这件事儿解除了这个古老传统带给我的疑惑……

此外，周围的土著人早就宣称，圣井中的水偶尔会变成血水。我们发现，井水有时呈现出绿色是一种小到用显微镜才看得到的水藻造成的。有时显褐色源于井底枯萎的树叶。有时某些血红色的花种及谷种落到水里，让水面看起来像是凝固的鲜血。

提及这次发现，是为了证明我何以认为所有可靠的传说都有一定的事实依据，并且只要进行充分细致的观察总是能够解释清楚的。

至此，尽管最艰巨的那部分工作还没有进行，汤普森就已经取得了丰硕的成果，足以令其他所有人相形见绌。挖土机打捞上来的东西越来越少，最后只能挖到很少几块石头，这时，汤普森意识到，打捞过程中，由于挖土机的钢齿无法完全闭合或者存在缝隙，不可能再指望它把一些漏掉的东西挖上来了，现在，是时候用双手去打捞了。接下来的事情让这位不同寻常的考古学家自己讲述会更好：

> 此前我已经雇好了一位希腊潜水员，跟他约定了所有事项，这人名叫尼古拉斯（Nicolas），原本在巴哈马群岛（Bahamas）采集海绵①，现在过来了，还带了一名助手，也是希腊人。于是我们立刻着手为水下勘察做准备。
>
> 首先，我们把气泵搬上船，此时的船已不再像筏子一样在水面上漂浮不定，而是被固定成了浮桥船。接着，两个希腊人当上了师傅，他们给精心挑选出来的一些工人演示气泵的操作方法，因为一旦我们下到井里，生死就全系于这些气泵了。他们还教会工人们如何解读和回复来自水下的信号。待到他们确信，这些人已经培训成功，完全掌握了工作要领，我们就准备下水了。我们坐在挖斗中下到船上，穿戴好整套潜水装备：潜水服由防水材料制成，配有大个的铜头盔以及玻璃护目镜，靠近耳朵的位置有气阀，颈部拴着几近

---

① 海绵，多孔动物门生物的统称，是世界上结构最简单的多细胞动物，主要生活在海里，少数生活在河流湖泊中。——译者注

第32章 通往圣井之路

头盔一半重的铅链,脚上穿的是厚铁底帆布鞋。我装上喊话筒和通风管,仔细缚好救生绳,在尼古拉斯带来的希腊助手的搀扶下,跌跌撞撞走向甲板边通往水下的宽阔短梯。我刚踏上梯子,站在第一块横板上,所有负责操纵气泵的工人就排着队来到了我面前,这些土著青年秉性忠厚,他们郑重其事地跟我握了手,然后依次返回各自的岗位,等待开工的信号。他们的想法并不难猜测。他们认为再也见不到我了,于是跟我做最后的告别。然后,我松开扶梯,像一块铅一样沉了下去,身后冒起一串银白色的水泡。在最初下落的3米里,光线先由黄转绿,接着又变成紫黑色,此后就是一团漆黑。气压不断增强,压得我耳朵剧痛。我好不容易镇静下来,打开头盔里的气阀,这时两耳传来"噗噗声",疼痛感也随之消失了。这样重复了好多次,我才降至井底。下沉的过程中,还有一种感觉特别奇怪。我感到自己迅速失重,井底有一根巨大的石柱,是不知何时从地面那座被遗弃的古建筑的废墟上掉下来的,当我站在平坦的柱顶时,仿佛完全没有了重量。此时的我身上背的好像并不是什么重物,而是一个大气囊。但是,当我意识到,自己是唯一一个来到这里并且打算活着回去的人,又有一种特殊的情感油然而生。接着,那位希腊潜水员也下到水底,站在了我身边,我们彼此握了握手。

我随身带了一盏深水探照灯和一台水下电话,但是这两样东西在第一次潜水之后便被弃置不用、留在地面了。深水探照灯只适用于清澈或略有浑浊的水域。我们要工作的井底，周遭的物质既不是清水，也不是烂泥，而是因挖土机往复搅动形成的二者的混合物，黏稠得像粥一样，以致光线无法透过。于是我们不得不在黑暗中工作。但是时间不长，我们就不再感到那么不适，因为指尖的触觉神经不仅可以通过触摸区分物体，甚至能够帮助识别颜色。水下电话用的次数很少，很快也被丢到一边儿去了。因为通过喊话筒和救生绳同地面取得联系要比用电话更容易，甚至更快。

还有一些从未听其他潜水员提及的事情也引起了我的注意。尼古拉斯和我发现，在水深20至30米的地方工作时，我们可以坐下，如果把头盔上的护鼻对在一起，我们还可以自如地聊天。虽然声音听起来平淡且缺乏顿挫，就像是从极远的地方飘过来的，但是我可以向他发布指令，也能够很清楚地听到他的回答。水下奇怪的失重现象引发了一些可笑的事情，直至我习惯于这种状态。要想在井底从一个地方移到另一处，我只需要站起身，用脚蹬一下地面的石头，就立刻会像火箭一样发射出去，迅速穿过糨糊一样的污泥，落脚处常常会超过目的地好几英尺。

大致来说，古井是一个椭圆形，最长的直径为57米。林中地面至水面的距离在20到25米不等。水层的上表面容易确定位置，但其下表面及井底烂泥的最上层到底从哪个位置算起却很难说得清楚，因为它们之间并没有明确的界限。不过据我估计，水层和烂泥层加起来的总深度是19米。沉积下来的烂泥有9米厚，足以容纳大大小小的树枝和相当大的树根。其中还包藏着岩石碎块，大小形状各不相同，就像

第32章 通往圣井之路

葡萄干布丁中镶嵌着的葡萄干。大家想象一下,我们如何在这样阴暗无光的空间里工作:四周都是泥流,我们仔细搜寻井底粗糙的石灰岩上的每一道裂缝和间隙,只为找到挖土机没能打捞上去的东西。大家也可以设想这样的场景:在水流的涌动下,不断会有大石块脱离原位,在那伸手不见五指的暗色中嬉戏般向我们袭来。尽管如此,情况并未像听起来那样糟糕。诚然,这些沉重的石块随时都可能以任何一种方式坠落下来,我们既看不见,也无法控制。但是只要我们的身体以及喊话筒、通风管、救生绳都远离井壁,就不会有太大的危险。因为岩块脱落时,我们先会感受到由此产生的水压,之后许久岩块才会降至该处,即使我们没有主动避离,水压也会像巨大的软垫子冲过来,把我们推开,这时的我们经常是头朝下,脚朝上,仿佛是蛋清悬在一杯清水中,颤巍巍的,但又保持着平衡,直至这股涌动的暗流逐渐平息,我们才得以重新用脚站立。假如我们一不小心背倚井壁,落石就有可能像一把巨大的剪刀,把我们齐崭崭劈成两截,雨神则又多得了两个献祭品。

现在,这个地区的居民认为,巨蛇和水怪住在圣井深处黑暗的地方。这种认识是源于的对古老的蛇神崇拜淡漠的回忆,还是源于当地某些人切切实实看到过的某些东西,不过都是推测而已。我曾见到过巨蛇和蜥蜴在这井水中游曳,但它们只是在捕猎时不慎从树上跌落井中,继而试图逃离出去。除此以外,井中再未见到特别巨大的爬行动物或者怪物的踪迹。

虽然我从未落入过任何可怕的爬行动物的魔爪，但是有一段经历还是值得一说的。我跟希腊潜水员二人正用手指在井底一处狭窄的裂缝中搜寻，因为收获颇丰，便置某些防范措施于不顾。突然我觉得头顶有什么东西，感到一个庞然大物正悄无声息地滑动着迎头向我倾压下来。我毫无抵抗之力，便被某种滑溜溜、黏糊糊的东西压到了烂泥之中。一时间，我全身的血液都凉透了。接着，我感觉到希腊人正在我身边使劲儿推什么东西，于是我帮着他一起干，最终两个人都脱身出来了。原来是一段腐烂的树干从满是污泥的岸边滑落，下沉时正好压到蹲下工作的我。

有一天，我坐在井底的一块岩石上，欣赏着刚刚发现的宝贝，一口金属铸造的钟，兴奋之余，我彻底忘记了本该要做的事情：打开气阀。我把钟装进袋里，站起身想换个地方，却突然像吹起来的气泡一样不断被推向上方。这件事儿很好笑，但也很危险，因为在这么深的水下，人的血液如同香槟一样充满细小的气泡，上行时如果速度不够慢，没有给血液适应的时间，就会导致一种疾病，病情严重的话会剧痛致死。幸亏我当时头脑足够清醒，在尚未升得很高之前，就果断开启了气阀，从而免遭这一厄运。但是由于这次疏忽，我至今仍饱受耳膜受损和听力减弱之苦。

尽管我已经打开了气阀，上升速度越来越慢，但被震得昏头昏脑，一头撞上了船底。接着，我立刻明白发生了什么事情，当我想到，那群工人听见我撞到船底的声音，一定会惊恐万分，便不由得发笑。我钻出船底向船上爬去，胳膊伸到了甲板上。头盔刚刚露出水面时,我就感到两条胳膊抱住了我的脖子,一双双不安的眼睛向护目镜里张望。他们帮我脱掉潜水服,让我坐到椅子上休息,我慢慢恢复了正常状态,喝上一杯热咖啡,享受着阳光的沐浴,这时,岸上那个年轻的希腊人给我讲起了刚才的情景。

他说:"这些人听到您出人意料地浮上水面,并因此撞击船底的声音时,脸都吓白了。我告诉他们发生了什么事儿时,他们都难过地摇头,其中一人,就是那个忠厚的老胡安·米斯(Juan Mis),说道:'这下完了,主人(El Amo)啊,我们的主人死了。他定是被蛇神吞掉后又吐了出来,我们再也听不见他对我们说话了。'这时他的双眼已噙满了泪水。但是当您的头盔现身于甲板之上,他透过玻璃护镜向里望过后,便把双臂高举过头,心怀感激地说:'谢天谢地,他还活着,还在笑。'"

至于我们用挖土机以及潜水作业在这个大水潭里寻获的成果,第一件也是最重要的一件就是,我们能够证明,有关圣井的各种传说中所有重要的细节都是真实的。其次是我们发现了大量玉石刻成的雕像、金片和铜片锻造的雕像、柯巴脂块和松香粒、许多残余的骸骨、大量掷矛,还有许多镶有工艺精美的燧石、方解石或者黑曜石尖镞的长矛,以及一些古代织物的残片。所有这些都具有很大的考古价值。其中几样东西几乎是纯金的,制作工艺包括浇铸、锻打、雕刻……大部分所谓的黄金制品都是品质稍差一些的合金,其中铜的含量要大于黄金。这些东西的主要价值就在于,上面浇铸或镌刻着含有象征意义的符号。打捞上来的物件大多都是残片或碎块。它们很可能是还愿时的祭品，在举行仪式时由祭司打碎，掷入井中。因为不管断口在何处，玉石人像的头部或者金片上雕刻出的人物面部总是完好无损的，所以有理由认为，这些玉石挂件、金盘以及其他金属或石制物品被打碎后，就等同于被杀死。众所周知，美洲这些古老而文明的民族跟亚洲北部比它们还要古老的先民一样，认为玉和其他被奉为圣物的物件是有生命的，至今蒙古人仍未改变这种观念。因此打碎或"杀死"这些物品，它们的灵魂就可以充当被献祭的女人的饰品，那么当女人的魂灵得以觐见天上最高的神祇之一胡纳尔·胡（Hunal Hu）时，装扮会比较得体。

汤普森关于圣井文物最早的报道公布于众之后，引起了全世界的关注。毕竟整个发掘情况太不同寻常，不仅如此，从古井中的烂泥汤里打捞出来的珍宝也过于丰富。相形之下，这些东西本身的物质价值反倒是次要的了。

汤普森写道："花费了如此巨大的财力物力，能够从圣井中打捞出这些东西，它们值多少黄金并不重要。不过任何东西的价值都是有关联的。历史学家探寻人类的过去，工程师研究土层以下的东西，他们殊途同归，都是为了保障人类的未来。这批物品中，有一些表面上装饰着象征性的符号，可以说，这样的物品本身就已经蕴含了很多思想和信念，通过它们，可以跨越时代追溯到这个民族最早的故乡、远隔千山万水的那个国家。若是能够为证明这一点做出一点点贡献，付出毕生的劳动或许也是值得的。"

第32章 通往圣井之路

尽管如此，奇琴伊察宝藏中的黄金出土物在考古史上也不容小觑，就价值而言，在20世纪除了图坦卡蒙的宝藏，再无其他能出其右。但法老的黄金随着木乃伊一同下葬，堆放在他的周围，以这样尊贵的方式陪他安息。而圣井中的黄金则散落在众多少女的遗骨附近，她们是残酷无情的神灵和灭绝人性的祭司的牺牲品，伴着一声尖叫投井而亡。当她们被抛入井中时，会不会有人抓住其中一位祭司不放，硬生生把他也拽入井下呢？伴随着大量的女性颅骨出土了唯一一个男性颅骨，其眼骨凸出极为明显，应该是老年男子的头颅。他是不是一位祭司呢？

1935年，汤普森与世长辞。他这一生应该说没什么值得遗憾的了，虽然正如他自己写的那样，他为考察玛雅文明倾尽了"家赀"。他当了24年美国驻尤卡坦的领事，在将近50年的考古挖掘以及研究生涯中，很少待在办公室里。他终年浪迹热带丛林，跟印第安人生活在一起。他与印第安人几乎别无二致，吃的是他们的食物，住的是他们的茅舍，还说着他们的语言。因为中毒，他的一条腿行动不便，在圣井中潜水又让他患上了慢性耳疾。但他并未后悔当初的选择。对于工作，汤普森总是充满热情，但经常会表现出一种过度的狂热。在早期报道中，他得出的推断经常过于草率，从而超出了事实的真相。例如有一次，他在一座金字塔里发现了些墓穴，一个接一个排列整齐有序，接着又在金字塔底座下面的岩石里挖出了主墓，于是他就认为发现了传说中玛雅人的先师库库尔坎的长眠之处。但是这种热情就没有必要了吗？怀疑会令人丧失行动力，难道不是只有这种热情才能够让人忘却怀疑吗？——在此期间，尤卡坦、恰帕斯和危地马拉也进行了大量的考古挖掘工作。最后飞机在科学考察中发挥了作用。飞行员查尔斯·林德伯格（Charles Lindbergh）独自驾机横越大西洋，也许他就是第一个从空中俯瞰北美大陆的人。当年科尔特斯发现新世界的时候，这片土地就已经非常古老了。1930年，P. C. 小马德拉（P. C. Madeiro）和J. A. 梅森（J. A. Mason）飞越了中美洲的原始林海。他们从空中拍摄了照片，并且绘制地图，标出了此前尚未为人所知的古代玛雅人的居民点。

但是，玛雅帝国最大最繁华的城邦奇琴伊察出土的东西比其他任何地方都要多。今天呈现在游客面前的景象，与汤普森在那个值得纪念的月夜看到的已是完全不同了。今天，这些废墟已摆脱了热带丛林的重重包围，保存完好的古代遗迹高高矗立在空旷的土地上。当年用大砍刀开辟出来的林中小径，如今已经修成了公路，旅游者乘坐大巴车就可以来到这里。他们看到了"武士神庙"及其柱廊，陡立的石阶从柱廊伸出，通向金字塔的顶部。他们还看到了所谓的天文台，那是一座圆形建筑，开凿窗户只为用于观察特定的星宿。他们徒步穿过大型的古球场，其中最大的一个长160米，宽40米，年轻的玛雅贵族（jeunesse dorée）热衷于在这里举行一种类似于篮球的比赛。最后，他们来到卡斯蒂略（Castillo）金字塔前，它是玛雅最大的金字塔，石阶跨越九层高台，延伸至顶部的庙宇，即为"羽蛇神"库库尔坎修建的神庙。

如果游客的目光流连于那些可怕的面孔，诸如恐怖的蛇头、狰狞的神祇的面孔和咆哮的美洲豹，就会感到头晕目眩；如果他们为了解这些装饰花纹和象形文字的秘密而来，就会获悉，这里的每一个符号，每一幅绘画以及每一座雕像都跟天文学上的数字有关系。某个蛇头眉毛上的那两个十字,库库尔坎耳侧那一只美洲豹的利爪,一扇门的形状,无数凸起的眼睛,石阶上一再重复的那些雕刻主题的形式,这一切都表示数字和时间。世界上再没有哪个地方会用如此恐怖的艺术形象来表达数字和时间。有游客断定,只有僵化的数学的世界无异于地狱,于是便环顾四周在雕塑中寻找生命,哪怕找到一株植物也好,他看遍了玛雅文明杰出的雕像和纹饰,却发现,这个民族以玉米为生,住地周围也都是奇异而繁茂的植物,但是在他们所有的造型艺术中,植物形象却极为罕见。不计其数的花卉,只有寥寥几种成为雕刻的素材,而800多种仙人掌,竟无一进入装饰艺术的殿堂!

"武士神庙"前立有两根这样的蛇柱:长着角的蛇头紧贴地面,蛇嘴大张,蛇身向后、向上伸展,蛇尾曾经支撑起庙顶。站在这些蛇柱以及这座"武士神庙"前,不,应该是站在几乎大部分奇琴伊察的建筑物前,考古学家们越来越确信,这里的建筑风格独具特色,既不同于科潘和帕伦克,也不同于彼德拉斯内格拉斯(Piedras Négras)和乌夏克吞(Uaxactún)。通常来说,一个新帝国与其古帝国相比,艺术风格总会有所不同,但就玛雅文明而言,二者间的区别不仅如此。考古学家从风格学角度进行了研究。这儿是一条线,那儿是一个纹饰,这儿是神的面具,那儿是纪年符号。他们反复查看,仔细比较,最后得出结论:在这里劳作的是一个陌生的民族,这里的建筑融汇了迥异的思想,表现为不同的工艺。

但是这些迥异的思想从何而来呢?是谁把它们传递过来的呢?考古学家把视线转向了墨西哥,不过不是阿兹特克帝国(因为阿兹特克民族要比玛雅人年轻得多），而是当地的建筑，它们在阿兹特克人入侵以前就已经非常古老了。

强大的玛雅文化也会受到外来影响，这的确是一件令人惊异的事情，难道历史上就找不到什么蛛丝马迹来解释这一点吗？难道再也找不到一个像迪亚哥·德兰达这样的人指引后人了解这个事实了吗？至少应该有人提到过这些伟大的"建筑师"所属的那个神秘民族吧，难道真的没有这样的人吗？

确实有人提到过这个民族。这人虽然闻名已久，但是并没有得到应有的重视。他就是阿兹特克的王室后裔，伊克特利切特尔王子（Ixtlilxochitl），一个非同寻常的人。

第 33 章

森林和熔岩下的梯道

大约150年前，威廉·希克林·普雷斯科特谈到过这位伊克特利切特尔王子："他是大征服年代繁荣一时的阿兹特克王室的嫡系后裔。他利用每一个机会汲取新知识，不仅如此，他也非常勤奋，而且能力超群。他一心想重塑那个古老但已沦为废墟的王室逝去的荣誉，而且讲述的故事本身也带有浓烈的个人色彩，尽管如此，因为他的坦率和诚实，人们对他一般都是褒扬有加，那些看过他手稿的西班牙作家都会毫不怀疑地以他的说法作为依据。"

继普雷斯科特之后，学术界对这位王室后裔有很多不同的评价。《史源学考证一百年》一书认为他是一个浪漫的说书人，一个印第安的宫廷诗人，对于他讲述自己民族的辉煌伟业表示充分理解，并给予赞许，但是并不相信他的话。实际上，他所报道的内容也令人惊异不已，往往是难以置信的。很久以后，才有两位专门从事墨西哥考古研究的德国学者爱德华·泽勒（Eduard Seler）和瓦尔特·勒曼（Walter Lehmann）开始相信伊克特利切特尔的报道具有"一种历史上的核心意义"。

在考古学的历史上,一再会出现这样的短暂时期:考古学家历经千辛万苦,刚刚为某一历史时期勾勒出一幅完整的画面,却通过新搜集到的史实发现,这幅画面很可能失了真。我们可以不止一次地观察到,人们要么将这些史实置之不理,要么谨慎地绕着它们兜圈子,就像猫儿围着热粥转,心怀惧意地回避这样的失真以及新画面的形成。这就是科学的自我保护。考古学的热粥也是必须晾凉了才能喝的。于是考古学家始终围着古代墨西哥的建筑和废墟兜圈子,似乎掩盖了一半遗迹的熔岩仍然是燃烧着的河流。因为通过对昔日玛雅领地的发掘和研究,考古学家已经绘制出一幅脉络清晰、色彩鲜明的历史画卷,对其背景也已有了深入认识,但是阿兹特克人曾经生活在其脚下的这些建筑却根本无法融入这幅画卷之中。倘若人们根本没有注意到这些建筑——没人会刻意**寻找**它们,自然会置若罔闻。例如普雷斯科特曾经提到过特奥蒂瓦坎这座已经沦为废墟的城市,科尔特斯在那个"忧伤之夜"溃逃之时,就曾经从旁边经过,正常情况下这样的注释是不可能被忽视的。但是事实上,直到19世纪末,几乎所有的考古学者都对此视而不见。审慎的暗示和特别多的问号就是对这些远古遗迹的全部评注。直到突然有一天,人们接二连三发现了这些遗迹。本来早就会发生的事情,现在才突然接踵而来。这种置若罔闻之所以令人惊讶,是因为找到这些金字塔根本不需要装备什么科学探险队;抵达那里无须顶着高烧拿着砍刀在前方开路,跟危险的野兽搏斗,在难以穿越的热带丛林中跋涉。难以置信却又毋庸置疑的是,人们乘坐火车就可以直达那里,或者在星期天的下午悠闲地步行过去。因为见证了中美洲文明的这些最伟大、最出色的古迹中，有一些距离墨西哥城坐火车的话不到一个小时，甚至有几处就挨着城边。

伊克特利切特尔王子接受了洗礼，是西班牙人的朋友。他非常博学，熟谙祭司阶层所掌握的各种知识，还悉心聆听那些口头的传说。战争结束以后，他就开始撰写本民族的历史，却没有人愿意相信这些报道。他笔下的这段历史上溯到远古时代，起始于托尔特克人建立的图拉城（Tula）。他记载了托尔特克人的伟大成就。这个民族精通文字、数字和历法，修建了神庙及宫殿。他们不仅仅是图拉城的统治者，而且还是智者。他们颁布的法律公正严明，体现了人人平等。他们的宗教宽容仁厚，没有后世那些骇人听闻的暴行。据伊克特利切特尔记载，托尔特克帝国延续了三个世纪，帝国末年饥鸿遍野，内战不断，王朝更迭不休。随后，另外一个民族，奇奇梅克人（Chichimeken）占领了这片土地。幸存下来的托尔特克人则流亡国外，先是逃到塔巴斯科（Tabasco），后来又迁往尤卡坦！

最早通过考古发掘证实伊克特利切特尔笔下这段历史的据说是一个法国人，奇怪的是，尽管如此，他未能让人们相信这位印第安历史学家所言确凿。没有一位考古学家相信伊克特利切特尔记载的图拉城曾经存在过。虽然他把这座城市描述得极为具体，但是人们总拿它跟神话中的图勒城（Tule）相提并论。即使墨西哥城的北部有一座小城就叫作图拉，但是因其四周并无遗迹可以证明伊克特利切特尔神话般的记述，所以考古学家对此不以为意。即使到了19世纪80年代，法国人德西雷·萨赫内（Désiré Charnay）——更多的是作为寻宝人，而非考古学者——在这座又被称为图拉德阿连德（Tula de Allende）的小城附近无意间"刮"到了一座金字塔，研究工作也未因此有所进展！

第二次世界大战期间，世界上其他地区几乎都在对现存的所有文明进行着破坏，这时墨西哥的考古学家才开始发掘他们的古代文明。

看吧，那里发生了什么！

1940年，全世界的考古学家都要向这位印第安王子鞠躬致敬！这样的敬意当年不是也向指引施里曼挖掘特洛伊的荷马以及引导莱亚德发现尼姆鲁德的《圣经》表达过吗？因为曾经不相信他的考古学家发现了托尔特克人最早的城市——图拉古城！他们发现了太阳金字塔和月亮金字塔！在几米厚的土层之下，他们还找到了保存完好的浮雕和造型精美的雕刻品。

著名记者埃贡·欧文·基施（Egon Erwin Kisch）作为德国流亡者在墨西哥生活了几年，他是第一个"采访"月亮金字塔的人。一看到这重现人间的别样世界，他便沉醉其中，随即记录下了当时的心境："金字塔跟采访者彼此交谈之际，有一个面部轮廓分明的印第安人站在平台上俯身倾听。难道是伊克特利切特尔在蒙受400年的放逐和谴责之后，为重新拿回理应属于他的科学荣誉，与金字塔一起从地下走了出来吗？"

上文提到，这个"文明**背后**的文明"，也就是被阿兹特克文明湮没的传说中的托尔特克文明，接二连三被揭开面纱。但是这种说法对吗？

事实确实如此，墨西哥城的居民在这些金字塔**之间**或者**旁边**生活了好几百年，却对其一无所知。去田里忙农活时，他们要经过这些金字塔。田间休息时，金字塔就在他们脚下，他们坐在那儿呷上一口普逯酒①，这是一种夺去很多男人性命的烈性龙舌兰酒，托尔特克人就已经知道它的酿造方法了。假如他们哪一次喝倒了，非要径直朝着地下走，鼻子就会碰上一座金字塔。

现在——按照考古研究的标准来说——勘察工作一个接一个地展开。不到30年的时间，文物发掘就取得了举世轰动的成绩。1925年，考古学家在墨西哥城西北的边缘地带挖出了羽蛇神金字塔，随后发现，它不是**一座**金字塔，而是8座，就像一个石头砌的洋葱，一层包着另一层。按照历法的提示，很可能每隔52年便增建一层这样的建筑，也就是说，仅这一座建筑就修建了400多年，就规模而言，也只有欧洲的大教堂可与之比拟！考古学家在墨西哥城中挖掘当年科尔特斯命人彻底毁掉的大神庙的遗迹，果然发现了墙基！接着，考古学家移师城外，在距离这座城市50公里远的地方屡次发现金字塔，最终发掘出了今天的圣胡安特奥蒂瓦坎（San Juan Teotihuacán）。这里是规模最大的金字塔群，也是古老的托尔特克文明最杰出的见证，也被称为"向神祈祷的城市"［这是"特奥蒂瓦坎"一词的含义，在此有一点值得注意，墨西哥语中的"特奥"（teo）在古希腊语中就是"神"的意思，但是同时需要补充说明的是，这种音似纯属巧合，不能从中得出任何结论］。这座古城遗址方圆有17平方公里，看样子

---

① 普逯酒（Pulque），在印第安文明中，普逯酒经常被宗教所用，除了饮用之后可以帮助祭司们与神明的沟通（其实是饮酒后产生的酒醉或幻觉现象），他们在活人祭献之前会先让牺牲者饮用普逯酒，使其失去意识或至少降低反抗能力，而方便仪式的进行。——译者注

像是城中居民在逃离之前用几米厚的土层将它掩盖了，就工程量来说，这项保护工作的惊人程度绝不亚于兴建本身。因为那些有着独特石阶非常雄伟的阶梯形金字塔高达6米。

最后，考古学家将工作推进到了墨西哥各省。爱德华·泽勒第一个描述了位于墨西哥城南部80公里处霍奇卡尔科（Xochicalco）的堡垒式金字塔。考古学家来到乔卢拉（Cholula）进行挖掘！在这个地方，科尔特斯曾经背信弃义，行为的卑劣无耻堪属一生之最，同样在这里，考古学家们现在发掘出了世界上最大的金字塔，它的原始底座面积超过了胡夫金字塔，此外他们还在这座金字塔内部发现了长达数公里的错综复杂的通道！挖掘工作继续向南转移。1931年，墨西哥人阿方索·卡索（Alfonso Caso）受政府委托在瓦哈卡（Oaxaca）附近的蒙特阿尔班（Monte Albán）进行发掘——挖掘人员或许无人言明，但很可能期冀已久的事情发生了：

发现了一处宝藏！

蒙特阿尔班的宝藏。还是让文笔更精彩的人来描绘这一切吧。这人就是心思缜密细致的记者埃贡·欧文·基施，他也对这座山进行过采访。

他这样问道："世界上还有什么地方会像这里一样彻底湮没得无影无踪，让我们空有疑问却百思不得其解？在这个地方，我们更多的是着迷还是困惑？"接着他又追问个中原因：

> 是因为这个建筑群过于庞大，一眼望不到边际？还是因为这些金字塔，看起来像是通往天庭的奢华阶梯？或者是因

为神庙里的庭院，借助于想象力可以感受到成千上万的印第安人密密麻麻聚集在那里，进行着狂热的祈祷？抑或是因为那座天文台，嵌在墙体中的瞭望孔与子午圈形成方位角？再或者是因为看到了一座体育场，共有120排向斜上方延伸的石头座位，而在欧洲，自古罗马时代以来直至20世纪，再没有建过这类雄伟的建筑？

难道是因为墓葬的排列秩序，数百个墓穴安放在一起竟互不干扰，毫无墓地的局促？还是因为那些彩色马赛克艺术，那些人物、情景、符号和象形文字组合在一起的湿壁画？或者是因为那些陶制容器，那些弧线精美的祭祀盘，那些轮廓为几何直线的四脚坛，每只脚的内部各有一只铃铛，若有人心生邪念想把它抬走，铃声就会响起发出警报？

要么就是因为那些饰品？在蒙特阿尔班出土的饰品面前，纽约世界博览会上展示的古代以及现代黄金锻造艺术难道不黯然失色吗？

这些宝藏中只有很少一部分陈列在墨西哥国家博物馆的展柜中！

谁会相信"野蛮人"竟能使用如此精密的加工工艺打磨水晶石，竟能雕镂黄金，将其等分为854段，再分别镶嵌上大小均匀的宝石，一并串成多达20圈的项链？有一枚胸针造型是死亡骑士，如此狰狞恐怖的形象恐怕连卢卡斯·克拉纳赫[①]

[①] 卢卡斯·克拉纳赫（Lucas Cranach），德国文艺复兴时期的重要画家，与丢勒并列为16世纪早期德国最重要的造型艺术家。——译者注

也创作不出来。膝带类似于英国的嘉德勋章①。耳环像是用泪珠和芒刺编织而成。头饰形同三重冕,只有教皇中的教皇才配得上它。编织的圆环用于装饰指甲。手镯和臂箍饰有凸起的花纹。外衣的别针和搭扣材质各异,有玉石、绿松石、珍珠、琥珀、珊瑚、黑曜岩、美洲豹的牙齿、兽骨和贝壳。还有一个黄金面具,它的面颊和鼻子上罩着一张经过雕刻的战俘的人皮。盛放烟草的器皿是由浸透过黄金后又经过特殊处理的南瓜叶制成的。克沙尔鸟的羽毛做的扇子……试问哪一位拜占庭皇后,哪一位印度土邦主夫人,哪一位美国亿万女富豪在世时所拥有的华贵首饰可以堪比这些印第安人死后还要带入坟墓的陪葬品?

"疑问,蒙特阿尔班只有疑问",这是基施为其墨西哥报道的这一章节所加的标题。只是蒙特阿尔班充满疑问吗?

真正确定的只有一点:这三个民族②的文化紧密结合在了一起。三个民族都建有金字塔,塔身的阶梯都通向神祇、太阳或者月亮。就我们现在所知,所有这些金字塔的方位都有天文学上的意义,修建时间则受到历法的约束。第一个得出这一结论的是美国人小里克特森(Ricketson Jr.),1928年他在瓦哈克通(Uaxactún)对一座玛雅金字塔进行考察时证明了这一点;

---

① 嘉德勋章(Hosenbandorden),1348年由爱德华三世设立,是今天世界上历史最悠久的骑士勋章和英国荣誉制度最高等级。嘉德勋章最主要的标志是一根印有"Honi soit qui mal y pense"(心怀邪念者蒙羞)金字的吊袜带,在正式场合下勋章佩戴者要佩戴这个吊袜带。——译者注

② 这里的三个民族,指托尔特克人、阿兹特克人和玛雅人。——译者注

今天我们通过对晚期的奇琴伊察金字塔和古老的蒙特阿尔班金字塔进行考证也都得出了同样的结论。这三个民族都生活在他们那个伟大的历法循环的达摩克利斯之剑①下，也就是说，如果他们相信，每过52年世界就会灭亡一次，那么他们便会感到生命岌岌可危。祭司的权力正是源于这种观念，因为只有祭司才能避除即将来临的灾难。随着时间的推移，他们采用的方式越来越严酷，或者说越来越残忍，最终酿成骇人听闻的生人祭祀，祭奠大地以及春天之神西佩托堤克②时，为表达对神的敬意，祭司会主持剥皮仪式，随后将血淋淋的人皮披在自己身上，而充当祭品的人牲此刻尚未咽下最后一口气，仍在那里不停抽搐。

这三个民族之间的紧密关系也表现在他们信仰的神祇上，这些神灵间的相互关系就如同希腊诸神与罗马诸神的关系。主神之一，伟大英明的魁札尔科亚特尔，在危地马拉被称作库库马兹（Kukumatz），在尤卡坦则被称为库库尔坎；他的形象就是"长着羽毛的蛇"，在这些民族的建筑物上，无论是属于早期文明还是晚期文明，都可以寻见他的身影。

无数的出土文物业已证明，美洲原住民是蒙古人的后裔，他们在2万或3万年前通过海峡陆桥或者乘坐小船穿过西伯利亚或

---

① 达摩克利斯之剑（Damoklesschwert），源自古希腊传说：狄奥尼修斯国王请他的大臣达摩克利斯赴宴，命其坐在用一根马鬃悬挂的一把寒光闪闪的利剑下，以示位高多危。人们用"达摩克利斯之剑"借比安逸祥和背后所存在的杀机和危险，告诫人们要经常反思潜在的风险并化解之。——译者注
② 西佩托堤克（Xipe Totec），意为"剥皮之主"，在阿兹特克神话中，是金匠的守护神，同时也代表早春的生长力。——译者注

阿拉斯加（Alaska）来到美洲。但是至于特奥蒂瓦坎文明的缔造者以及托尔特克人从何而来，为什么这些少数民族才是这些古老文明的原创者，我们并不知道。

的确，我们甚至不能肯定，古代美洲文明的主要奠基者是否真的是"托尔特克"这个民族。因为还有很多的不解之谜，例如，在墨西哥随处可见萨波特克人（Zapoteken）或者奥尔梅克人的遗迹，他们在文明发展的过程中到底起了什么样的作用？现在我们一般会把托尔特克人视作玛雅文明和阿兹特克文明的先驱，如果这样的话，我们必须清楚，我们只是暂时用这个集合名词代指中美洲所有文明的缔造者。或许托尔特克这个词真正的含义不过是"建筑大师"！

但是，为了理清这三个伟大帝国之间的相互影响，我们或许可以拿它们与旧世界的文明做一下比较，德国学者特奥多尔－威廉·丹策尔（Theodor-Wilhelm Danzel）在一本有关墨西哥的著作中曾经打过这样的比喻，这里不妨引用一下：

> 为了突出阿兹特克文明和玛雅文明的特点，有时可以拿旧世界的文明作个譬喻，即把阿兹特克人比作罗马人，玛雅人比作希腊人。这个譬喻大体是恰当的。玛雅人实际上是一个四分五裂的民族，各个部落各自为政，彼此之间摩擦不断，只有在抵御共同的敌人时，他们才会暂时结成坚固的同盟。尽管玛雅人的政治意义甚微，但是亦在雕刻艺术、建筑、天文和算术等领域取得了杰出的成就。
>
> 阿兹特克人则是一个好战的民族，他们的帝国建立在另

一个民族的废墟之上，那就是托尔特克人，这个民族根本抵挡不住他们的强大攻势。如果扩大这个譬喻的范围，那么托尔特克人就相当于伊特拉斯坎人。

对于那些略带耐心浏览了这本书的读者，我们还可以再打一个譬喻。托尔特克人（也许还要加上比他们更古老的民族）的历史作用类似于极富创造力的苏美尔人。如此看来，玛雅人就可以比作巴比伦人，他们享用着那些杰出的发明，建立起自己的文明帝国。阿兹特克人就是好战的亚述人，虽然仍是那卓越才智的受益者，却已经纯粹运用于武力扩张。既然做了这样的譬喻，就不妨再进一步：墨西哥城在最辉煌的时刻被西班牙人"斩首"，这不正像当年亚述人的都城，繁华的尼尼微被波斯人毁于一旦！

但是，这两个譬喻都无法解释一个事实，那就是：托尔特克人亡国很久之后，突然间重新崛起，他们闯入玛雅人的新帝国，在奇琴伊察留下了自己的烙印。这在古代史上绝无仅有！不过真的是这样吗？事实有可能截然不同。在墨西哥流传着一个完全不同的故事，这个传说甚至以神话的方式将西班牙人的入侵提前纳入了当地民族发展史。它的主人公是魁札尔科亚特尔，此前提到他时我们只是简称为神。魁札尔科亚特尔来自一个"太阳升起的国度"。他身披白色长袍，蓄长须，教授人们各种知识，树立公序良俗，制定贤明的法令。在他建立的帝国里，玉米穗长得足有一人高，树上结出的棉花五颜六色。但是出于某个原因，他不得不离开这个帝国，于是带着他的法律、著作和歌谣又踏上了来

魁札尔科亚特尔是玛雅文明和阿兹特克文明中最重要的神祇之一，也被称为库库马兹和库库尔坎。这些名字的意思都是"长着羽毛的蛇"。本图是根据奇琴伊察的一幅浮雕所绘

时的路。他在乔卢拉稍事停留，再次用他的智慧造福当地人民。随后他走到海边，放声哭泣，继而自焚。他的心脏化成了启明星！另一种说法是，他乘船而来，又乘船而返。但是有关魁札尔科亚特尔的这些传说中，有一点是一致的，就是他承诺还会再回来！

前文中多次谈到，如何验证某些传说的核心内容具有历史真实性，由此我们也不要简单地认为上面这个乍一看荒诞不经的故事纯属颇具诗意的杜撰。传说中的魁札尔科亚特尔蓄有长须，对于本身几乎不留胡须的印第安民族来说，这是一个非常不同寻常的特征，如果虑及这一点，我们难道不可以把白色长袍理解为白色的皮肤吗？

再进一步想，魁札尔科亚特尔的形象难道不可以看作来自于遥远的异国的传教士？（这里只是完全引用他人严肃提出的观点）。如果有人说，在魁札尔科亚特尔身上看到了公元6世纪时期最早的天主教传教士的影子，难道不像吗？

我们不知道。

我们知道的只有一点：当年入侵墨西哥的西班牙人让阿兹特克人想起了那位长须白袍的大神最后的承诺，把他们当成了"来自东方的白色神灵"——这些西班牙人（让我们把所有的民族自豪感放到一边，换个概括的，更加恰当的说法：这些欧洲人）——他们肯定不是传布社会道德和公平正义的魁札尔科亚特尔的后代。

第五部
尚未写就之书

  我们作为人类要想学会谦逊的话，暂不必将目光投向星光璀璨的天空，只需回眸望向那些几千年之前已先于我们存在而又在我们眼前消逝的文明世界。

第 34 章

古老帝国新探

至此，我们完成了对重大考古发现的概述，也就此结束了一次纵贯上下五千年的历史邀游。

但是就这个主题而言，却远未能详尽。因为一本书的篇幅要考虑到它本身所能产生的经济效益，所以我们不得不未尽其言，就此搁笔。不过从大量考古发现中选择上述事例加以详述，我们也是别有用意。记述这些发掘工作时，我们并没有遵循时间顺序，而是按照它们发生的文化区域独立成篇，分四卷逐一介绍几乎是自成一体的四个闭锁的古文明圈，它们属于人类高度发达的文明中最为重要的代表。

本书定名为《考古学传奇》。为了配合这个标题，我们特意选择了以上四大文明，因为在对它们的考察过程中，考古实际上成了一项富有传奇色彩的探险活动。

但是谁又敢断言，正在进行发掘的考古学家不会再发现迄今仍不为人知的古代文明。的确，世界各地仍散布着一些神秘的古代遗迹，以这种孤寂的方式证明着自己的存在，但是至今都未向我们透露，它们究竟是在哪个文明的土壤上繁殖出来的花朵。目前考古界争论最多的就是复活节岛①上的神秘立像——大约260尊黑色凝灰岩石像，它们的头部曾经还戴着一顶红色凝灰岩雕刻的帽子。这些石像默然地矗立着。岛上还发现了大量的木板，上面刻有类似于象形文字的字符，它们或许可以帮助我们解开雕像之谜。1958年，德国的民族学家托马斯·巴尔特尔（Thomas Barthel）发表了他的著作《复活节岛古文字破译的若干依据》，文中附有他对大量象形符号的阐释。在此之前不久，挪威的动物学家、人种学家托尔·海尔达尔（Thor Heyerdahl）再度登上并探访了复活节岛。1947年，他乘康提基号木筏②从南美洲出发，横渡太平洋，抵达了土阿莫土群岛（Tuaoto-Inseln）（隶属波利尼西亚），目的是证明使用这种交通工具可以实现这里与秘鲁间的互通。

因为语文学家曾经秉承一项基本原理，即没有双语对照的文本就不可能破译用未知语言与未知文字所撰写的铭文，不过那个时候，这种观点业已被推翻。1930年，德国人汉斯·鲍尔（Hans Bauer）以惊人的速度一举破译了乌加里特文字③，他只花了短短

---

① 复活节岛（Osterinsel），是南太平洋中的一个岛屿，位于智利以西外海3000公里以外，它是世界上最与世隔绝的岛屿之一，以数百尊充满神秘的巨型石像闻名于世。——译者注
② 康提基号木筏（Kon-Tiki），以印加帝国的太阳神康提基来命名，用南美的筏木加上当地的一些材料来建造，并完全以当年征服了印加帝国的西班牙人所描绘的图面来复原制作，1947年4月28日出航，并于102天后的1947年8月7日到达土阿莫土群岛。此次航程是他们模拟太阳神康提基因为战败而从的的喀喀湖逃向东方的一次远征。——译者注
③ 乌加里特语（Ugaritische），是一种在古代腓尼基沿海城市乌加里特发现的已经灭亡的迦南语。乌加里特字母表含有30个楔形文字字母。——译者注

几周时间，就正确解读了现存的30个字符中的17个。发现双语文本的幸运（不过是只会眷顾有能之士的幸运）降临到了赫尔穆特·Th.博塞特（Helmuth Th. Bossert）身上。1947年，他在今天土耳其境内的卡拉提佩（Karatepe）发现了一块浮雕，上面刻着这篇用两种语言撰写的铭文，至此，三代学者呕心沥血钻研未果的这种赫梯象形文字最终得以破译。

然而，20世纪最伟大的一项破译工作却是由一位门外汉完成的。1952年，年轻的英国建筑师迈克尔·文特里斯（Michael Ventris）在没有第二种语言可以对照的情况下，破译了所谓的"线形文字B"，并且发现该文字是一种古希腊的方言，世界各国的学者为此苦苦研究了50载却都未能有所建树。那些刻着一行行谁都不认识的字符的泥板早已不是什么陌生的东西了。发掘克诺索斯王宫时，阿瑟·埃文斯发现了大量这样的小泥板。因为此前在克里特岛上有过这样的发现，所以考古学家很快就确认，泥板上刻的是文字，毫无疑问，他们立刻开始尝试破解这些符号。

选自铭文的开头：交付物品时标注的符号，可以看出它们代表的东西，同时也说明了其来源地。这些货物运往的是位于埃及阿拜多斯的蝎子王一世（König Skorpion I）的陵墓

但是泥板上的文字明显呈现为两种不同类型：一种年代早些，一种年代略晚。埃文斯把比较古老的那种文字命名为"线形文字A"，与之相应，把直到公元前15世纪才开始使用的那种稍晚一些的文字称为"线形文字B"。

一次幸运的偶然事件推动了破译工作的进程。1939年，美国的考古学家卡尔·威廉·布勒根（Carl William Blegen）在伯罗奔尼撒半岛的西海岸发现了迈锡尼时代皮洛斯（Pylos）的宫殿，它作为耄耋之年的明君涅斯托耳（Nestor）的王宫在《伊利亚特》和《奥德赛》中起到了重要的作用。1930年至1938年间，布勒根已经成功地继续了施里曼和德普费尔德在特洛伊的挖掘工作。那么现在，他在希腊发掘出一座宫殿的遗址，并且意外发现了一个存有大约600块小泥板的档案室，泥板上的文字显然与克里特岛发现的"线形文字B"属于同一类型。破解这种文字所需的基本资料突然间增加了很多。

当然，科研人员仍在继续致力于该文字的破译工作，但是直到第二次世界大战以后，这些泥板的照片才得以发表。英国的建筑师迈克尔·文特里斯也是研究者之一，他在1936年，即年仅14岁的时候，听了一次埃文斯作的关于克诺索斯考古发掘的报告，并且深深为之吸引。1952年6月24日，文特里斯在英国广播公司BBC的广播中作了一个报告，第一次向广大听众介绍了他的工作，并在最后阐述了他的结论：泥板上的"线形文字B"这种语言是希腊语。"在过去的几个星期里，我得出这样一个结论：归根结底，在克诺索斯以及皮洛斯发现的这些泥板上刻的一定是希腊文，当然这是一种难以理解的古希腊语，它的使用年代要比荷马在世的时间还要早上500年,但是尽管如此,它仍然是希腊语。"

事实证明,这个外行的推断是正确的。剑桥大学的语言学家约翰·查德威克(John Chadwick)听完这个报告以后,对文特里斯的假说进行了检验,起初的怀疑最终被激动兴奋所代替。7月9日,他向文特里斯表示祝贺。随后的几年,他俩合作编写了权威著作《迈锡尼时代的希腊文献》,并于1956年出版。古希腊有很多非常重要的无法解释的谜团,至此最终有一个得以破解。

但是,即使到了今天,在很多国家的土地上,随时还会有几乎不可预料的惊人事情发生。于是最近几年,有一个问题被再次提出来讨论:我们所知道的最早的书面文献真是出自苏美尔人之手吗?最早的文字难道不可能出现在埃及吗?之所以又有了这样的质疑,是因为在古埃及早期国王的墓地阿拜多斯发现了U-j号坟茔。1988年,德国的考古学家君特·德赖尔(Günter Dreyer)在那儿考察了公元前3000年前后的埃及法老蝎子王一世的长眠之处。他找到了一些证据,能够证明埃及象形文字很可能是迄今为止所知道的最古老的可以读音的文字。在大约160块象牙片或者骨片上刻有50多个字符或者象征动物的符号,显而易见,这是一些附注,说明了这位法老的陪葬品的来源。如果把这些符号当作音节来读的话,就会发现,乍一看毫无意义的东西,突然间焕发了生命力,可以用来表达某个概念。例如,如果把鹳(Storch,读作"ba")跟椅子(Stuhl,读作"st")拼在一起,得出的这个词就是"巴斯达"(Basta),它是位于尼罗河三角洲的一个地方,即希腊人所说的布巴斯提斯(Bubastis)。

不久以前，中美洲也传来消息称，有一个新发现或许会谱写这片大陆的文字历史。考古学家在墨西哥奥尔梅克文明的所在地发现了一块不起眼儿的石板，上面刻着可以被称之为文字的符号。字符的总数为62个，看上去有点儿像鱼、昆虫或者玉米的穗轴，其中有几个符号重复了多次。与之同时发现的碎片属于公元前900年前后的物件。这段文字迄今仍未能破译。今后的研究工作将会证明，该文字是否可以真正归入奥尔梅克文明（公元前1200年至前400年）。

自20世纪以来，考古发现的数量每十年都会有所增加。只有那些毫无意义的战争才会令这项工作暂时中断。有些考古学家为专门研究某一个综合课题投入了毕生的精力。例如法国人克劳德·F. A. 谢弗（Claude F. A. Schaeffer）致力于研究古叙利亚港口城市乌加里特（Ugarit）；德国人库尔特·比特尔（Kurt Bittel）则为发掘古代赫梯人的首都哈图沙（Hattusas）倾注了一生的心血。

公众们一再惊异于，不管是在大城市的中心，还是在荒僻山顶的冰层里，考古界的专家抑或外行总会有当地人绝对意想不到的发现。使用现代的方法对一个早已为人熟知的挖掘地重新进行发掘，会有多么重要的发现，又能取得多么丰硕的成果，特洛伊是证明这一点最好的例子。许多人都曾认为，布勒根在1930年至1938年间主持的发掘工作可以为在希沙利克土丘的考古工作画上一个句号了。但是在2005年业已逝世的德国蒂宾根大学的史前史学家曼弗雷德·O. 科尔夫曼（Manfred O. Korfmann）的率领下，一支国际考古队于1988年再次对特洛伊进行了挖掘，他们的发现一再震惊世界。同时，第一位正式发掘特洛伊的考古人海因里希·施里曼和他的发掘成果也再次引起了学界的关注。著名的"普里阿摩斯宝藏"的下落也再次成为讨论的对象。第二次世界大战结束时,它们在柏林动物园边的防空掩体里不翼而飞,直到1993年,才被"发现"似乎藏在莫斯科的普希金博物馆里。

特洛伊的发掘带来了很多的惊喜,最令人难忘的成果之一就是在这座城堡山的隘口前,在标记为特洛伊Ⅵ①(公元前1750年至前1250/1230年)及特洛伊Ⅶa(公元前1250/1230年至前1180年)的地层中发现了居民点的遗迹。因为在特洛伊Ⅶa发现的居民点在经历了一次强烈的地震以后,仍表现出同前一个地层中居民点的连续性,所以今天也把它称作特洛伊Ⅵi,从该地层的遗迹可以明显看出,它毁灭于一场失败的战争。虽然此前考古学家早有猜测,该地层可能存在湮没了的居民点,但是直到最近的发掘才验证了他们的推断。这个居民点被一道壕沟围绕,地磁勘探及挖掘作业已经证实了壕沟的存在,南面和西面至今仍留有一段700多米长的遗迹,这道壕沟很可能是作为屏障用以抵御公元前2世纪时最先进的武器——战车。据测算,这个居民点的面积大约是30万平方米。至于当时那里住了多少居民,现在就不得而知了,但是估计会达到5000至1万人,对于当时的社会情况和该地区粮食生产的基础条件来说,这个数字已是相当可观了。

---

① 自1871年在希沙利克发现特洛伊城遗址废墟后,考古学家陆续于该址发掘出更多座不同时期特洛伊城的遗址,而这些遗址分别被考古学家以特洛伊"Ⅰ-Ⅸ"命名,分别代表着公元前3000年至公元400年的9个时期。施里曼所认为的特洛伊遗址是在第二层,后来的考古学家进一步考察,证实特洛伊是在第七层的第一个小层。——译者注

当然随着新的发掘和研究工作不断开展，海因里希·施里曼以及他的成果和著作也再次成为关注的焦点。虽然他在考古领域做出的基本功绩并未有所动摇，但是这位公关天才在某些事情上的作为肯定会令他的形象有所折扣。施里曼是否真的如他在一年后的著作《伊萨卡、伯罗奔尼撒和特洛伊》中所写那样，于1868年探访过希沙利克土丘，在今天看来似乎存有疑问。如果当时确实是他的第一次到访，那么在此之前他应该一直不知道这个地方的意义。英国商人及领事弗兰克·卡尔弗特曾提示施里曼，希沙利克土丘湮没着废墟，于是施里曼在1865年就买下了土丘东北部这块地方，接着就在那里挖开了。至于卡尔弗特对确定特洛伊的位置所做的贡献，施里曼后来却保持沉默，绝口不提。

有关《伊利亚特》中提到的特洛伊战争的问题，至今仍未找到答案。考古学家考察了特洛伊各地层的居民点，虽然发现很多遗迹可以证明围绕这座城市进行过多次战争，而且今天仍有很多学者认为，《伊利亚特》并不是凭空杜撰，不管多么含混模糊和微不足道，它都具有一定的历史真实性。但是他们引用的所有论据都不足以驳斥这种说法：公元前1180年前后特洛伊VIIa/VIi毁灭的历史原型可能是迈锡尼某位国王领导下希腊人之间的一场军事冲突，后来荷马在公元前700年左右写《伊利亚特》时引用了它并加以歌颂。但是这个客观的事实并未妨碍很多人依然相信曾经发生过那场特洛伊战争，在他们想象的世界中，一个神话时代的英雄人物纷纷重现在眼前：阿喀琉斯和赫克托耳，奥德修斯和特洛伊木马以及帕里斯和海伦。

虽然就像荷马笔下的特洛伊及迈锡尼的英雄那样，想象力一再带来新的发现,"帝王谷"的魅力似乎也并未因缺失幻想的空间而减少,特别是长眠于此的最著名的法老图坦卡蒙,一如既往地吸引着考古人的关注。他的KV62号陵寝原本被认为是最后一个未被发掘的墓穴,但是2006年,一支美国的考古队在距离图坦卡蒙墓只有7米远的地方发现了同样属于第十八王朝的KV63号墓室。考古人员在里面发现了7具木棺,此外还有数千个瓷罐、干枯的鲜花和植物、纺织品和饰品,但是并没有找到木乃伊。他们认为,墓穴的主人应该是图坦卡蒙的王室成员,这一推想至今还没有得到证实。

直到现在,图坦卡蒙也没有得到真正的安息。这位年轻法老的死因究竟是什么,这个问题总是被反复追问。中毒、生病、谋杀,考古学家们讨论了各种各样的可能性。为了找到问题的答案,在几年前曾对图坦卡蒙的木乃伊做了计算机断层扫描。绘制出的约1700张三维图像应该可以令真相大白。结果表明,这位法老显然不是由于后脑受到重击而亡。他很可能死于因一次骑马出现意外而造成的后遗症。图像显示,他左侧的大腿明显有一处骨折,这次受伤很可能是从马上坠落造成的。在没有动手术,也没有使用抗生素的情况下,裸露的伤口可能会感染,从而引起致命的败血症。事实是否真的如此,或许永远都无法说清。

另外,还有一些考古学家幸运地发现了一些引起轰动的古文物,它们之所以登上世界各大媒体的头版头条,有的是鉴于这些文物自身的实际意义,不过经常只是因为耸人听闻的发掘环境。乌尔的伟大发掘者伦纳德·伍莱在1937年至1939年间便一直在土耳其的阿拉拉赫(Alalakh)附近从事勘探,1946年起再度对该地区进行考察，1947年，他宣布发现了一位国王的陵寝，此人名叫雅里姆－利姆（Yarim-Lim），距离今天差不多有四千年。美国人尼尔森·格吕克（Nelson Glueck）也是一名成功的发现者，随着"所罗门王宝藏"的出土，他的职业生涯达到了巅峰。此前考古界一直认为，所有的埃及金字塔都是法老的陵寝，古老的墨西哥金字塔则只是神庙的庙基，这一看似毋庸置疑的论断现已被墨西哥考古学家阿尔贝托·鲁兹（Alberto Ruz）推翻。1949年，他在帕伦克的一座玛雅金字塔内发现了国王的墓穴。五年以后，埃及的扎卡利亚·格奈姆（Zakaria Geneim）完成了一件不可思议的事情：他在萨卡拉附近进行挖掘，发现了一座完全不为人知的阶梯金字塔。在秘鲁北部的西潘（Sipán），考古学家发现了一座从未有人入内的陵墓，里面堆满了奇珍异宝，墓主是古代秘鲁的一位统治者，属于自耶稣诞生前后至公元7世纪昌盛一时的莫切文明。考古学家在西潘王陵中发现的宝藏，不管是奢华的程度，抑或是惊人的数量，都会令人联想到图坦卡蒙的陵寝。发掘出的古文物已委托位于美因茨的罗马－日耳曼中央博物馆的专业人士进行了修复，这可以看作科学家之间进行国际合作的一个很好的事例。

同样引起轰动的是在蒙古境内的阿尔泰山脉发现了一具古代游牧民族战士的干尸：他死于公元前3世纪，年龄大约在30到40岁，与两匹马一起被埋到了一座坟丘中，由于常年冰冻和积雪覆盖，干尸得以完好地保存下来。至于这位金发无名氏是否属于斯基泰人（Skythe），即是否是那个令希腊人又敬又怕的骑马民族中的一员，迄今为止还无法确定。

第34章 古老帝国新探

还有一次发现的物品纯属巧合，但却属于信仰基督教的整个西方考古界最有趣，也是最重要的出土文物，直到今天，世界各地的学者仍被它深深吸引，甘于坐在书房中苦苦钻研它。那是1947年，一位年轻的贝都因人在寻找走失的山羊时，在一个山洞中发现了很多装有卷轴的陶罐。重现天日的经文成为当时的头号新闻。这个山洞位于死海沿岸一座名为库姆兰（Qumran）的山丘附近，考古学家在这儿以及周边其他山洞里陆陆续续发现了800多卷写满经文的羊皮卷。文章大多用希伯来语写就，可以分成四类：《旧约》经卷，其中包括比较完整的《以赛亚书》；未被列入《圣经》正典的所谓的伪经；此前不为人知的宗教文献；最后一类则是难以归类的文本，诸如《为亚历山大·雅拿［Alexander Jannai，又称作约拿单（Jonathan）］祈祷》。《死海古卷》是否来源于艾赛尼派①聚居的库姆兰地区，被使用了多少年，今天再次遭到质疑。这些羊皮卷绝大部分出自公元前1世纪，只有个别卷本年代更早一些，它们更有可能反映的是当时整个犹太教的概况。

最具科学意义的发现当数位于安纳托利亚（Anatolien）地区恰塔霍裕克（Çatal Hüyük）附近一个新石器时代的山间村落（前7400—前6000），发掘时间是1961年至1965年，由詹姆斯·梅拉特（James Mellaart）主持。这座约21米高的山丘远离所谓的近东文明的"摇篮"，如果说它是因规模和位置备受关注，

---

① 艾赛尼派（Essener），自公元前2世纪至公元1世纪流行于巴勒斯坦的犹太教派。由小型修道院团体形成，会员恪守摩西律法，严守安息日，与世隔绝，在耶路撒冷不采寺庙膜拜，靠自己的劳力支撑。通常将妇女排除在外。——译者注

那么在房屋中发现的那些艺术品令人惊叹的程度至少不亚于此：有生动夸张的壁画，描绘了狩猎的场景，人物与野兽的比例明显失衡，人要小很多；有栩栩如生的墙面浮雕，雕刻着一对对的豹子和暂且被视作圣母的女性形象；此外还有用石膏塑造的兽首和兽角。直到今天，尚未发现与之同一时代的类似叙事壁画。为什么在那个时代，在那个地方会出现那么充满表现力的壁画，这个问题至今仍未找到答案。

确认在土耳其东南部哥贝克力山丘（Göbekli Tepe）发现石器时代遗址所引起的轰动程度并不亚于当时在恰塔霍裕克的发现。那是一个巨石林立的独一无二的广场，建成时间在公元前1万年及公元前9000年前后。

巨石为T形，由整块石柱雕凿而成，高度可达5米，而且围成了一个个石头圆圈，这也是哥贝克力遗址的独特之处。巨石外观似抽象的人形。圆圈都是由若干较小的石柱摆放而成，矗立在圆圈中心的两块巨石明显比周围的更加高大。石柱上通常刻有动物浮雕，有的独立成画，也有的构成一幅幅场景，诸如蛇、鸟、狐狸、羚羊、野猪、蟾蜍、野牛或者蜘蛛。这些动物有什么象征意义目前仍然是一个谜。发掘者推测，这个地方曾经是祭祀先人的场所，当时人们仍以狩猎或者采集食物为生，正处于向"新石器时代革命"发展的初期，也就是向农耕生活过渡。但还无法确定，事实是否果真如此。

第二次世界大战后，对于考古学而言最为重要的事情却是自然科学技术所带来的爆炸性影响。过去几乎从未尝试过的水下考古和航空考古得到了新动力，崭新的考古时代也就此拉开序幕。

当美国的考古学家保罗·柯索（Paul Kossok）从空中发现安第斯山脉（Anden）中有一片由所谓的"印加古道"连成的交通网时，便早已提前进入了考古新纪元。对幅员非常广阔的区域进行考古勘察时经常会使用航拍，从空中望去，行人宛如蚂蚁般大小，单凭脚力他们或许永远无法丈量或者穿越这片地方。今天，在整个考古过程中，航拍是理所当然需要进行的前期工作之一。因为航空照片会清楚地显示不同的植被和土壤颜色，根据这些迹象可以判断地面以下是否埋藏有古老的建筑。

有些构筑物只有从空中才能真正看出它的形状，其中令人印象最为深刻的无疑要包括著名的纳斯卡（Nazca）线条，这一奇观位于南美洲的阿塔卡马沙漠（Atacama-Wüste）北部荒无人烟的土地上，属于今天的秘鲁。这些数公里长的线条和动物轮廓也被称为地画，自从1926年它们被发现以来，便受到广泛关注，一再引发种种猜测。这些描绘了动物和神灵的线条图——例如鲸鱼和蜂鸟——是通向外太空的跑道？还是标识地下河道的地图？抑或是世界上最大的天文历？所有这些都不足以解释镶刻在荒原上的巨画。不过秘鲁考古学家乔尼·伊斯拉（Johny Isla）和他的德国同事马尔库斯·赖因德尔（Markus Reindel）率领的考古队似乎已经破解了这个谜团。

在他们之前，也有人做出过类似猜测，但是苦于无法证明，现在好像已经真相大白：在荒原上修建的这些著名线条曾经是被用作供仪式队列行进的道路。对于这项仪式的发起人，水崇拜显然起到了举足轻重的作用。在几千年以前，祭司不得不祈求神灵把安第斯山脉的水源引过来。随着天气愈加干燥，纳斯卡地区的沙化情况就愈加严重。到了公元600年前后，这片土地彻底沦为了荒漠。于是人们离开家园，去别处寻找绿洲。几个世纪过去了，当气候再度变得湿润，回归纳斯卡定居的人们早已忘记了他们祖先的文化。

今天，对规模较大的居住区以及特殊地域进行勘探考察时，航拍考古业已成为不可或缺的辅助手段，与此相同，水下考古的作用也不容小觑。不管是博登湖（Bodensee）湖畔的木桩建筑，还是遗失于江河里的宝藏，抑或是地中海的沉船残骸，甚至是沉没于大海洪流中的整座城市，随着科学方法和技术仪器的一再更新，这类发现的数量也在不断增加。特别引起轰动的是法国水下考古学家弗兰克·戈迪奥（Franck Goddio）率领的团队1992年开始在亚历山大港海域进行的科学考察。他们在距离水平面几米以下的地方发现了古希腊罗马时期举世闻名的塞拉皮雍神庙遗迹，这座神庙位于坎诺帕斯（Kanopos）古城及周边地区，由于不断受到尼罗河三角洲软土的冲蚀，最终在一场地震中湮没，自公元8世纪起便一直遁身海底。一千多年以后，沉寂已久的狮身人面像、神像、献祭品和残余建筑终于重返地面。

1984年，在土耳其南部海湾发掘出了一艘沉船，这次发现意外地让我们对青铜时代晚期的商贸活动有所了解。这艘长约15米的帆船沉没于乌鲁布伦（Uluburun）海角前的水域，它大概从东方驶来，途经此地，或许是要前往迈锡尼的西部。值得注意的是船上运载的商品：有10吨铜锭和1吨锡锭，按照这个配制比例正好可以冶炼青铜；此外船里还有产自地中海东部诸国和岛屿的陶器和饰品、埃及的饰品和玻璃、亚述的印章、迈锡尼地区的武器和陶器，甚至波罗的海的琥珀珠。船上的珍贵物品堪属非洲黑檀木、象牙、水晶、玛瑙、釉陶，以及3个鸵鸟蛋，当然还有黄金。乌鲁布伦沉船首次展示了青铜时代晚期地中海地区原材料贸易和奢侈品交换的概况。

19、20世纪之交，孤独的潜水员在希腊海岸采集海绵时，从海底这个"蓝色博物馆"打捞上了第一批古希腊双耳陶器，但是直到胆识过人的法国探险家雅克-伊夫·库斯托（Jacques-Yves Cousteau）发明了水下呼吸器，昔日的这种海底打捞才演变成真正的水下考古。地中海沿岸水域的古代沉船数以百计，其中蕴藏的财富没有人能够想象得到。

首先将技术和物理方法引入考古学的是一位非专业人士。这个人就是意大利的工程师和实业家卡洛·M.莱里奇（Carlo M. Lerici），他将此前只用来在荒漠和山地寻找石油或水源的地球物理学方法运用到考古工作中的地表勘测。初次实践是在罗马北部古伊特拉斯坎人的大墓地。他通过高度灵敏的仪器，在很短的时间之内便确定了数百处地下墓室的位置，并且利用自己发明的一种特殊钻机避免了挖掘空墓所造成的不必要的劳动：先用钻机钻透墓室顶部，接着将一个"潜望镜"从钻孔伸入墓穴拍摄照片，这样在发掘前就探测清楚了墓室内部的情况。莱里奇可以称为翻版施里曼。这位富有的实业家在事业达到巅峰之际决然离去，彻底投身于考古发现，并不惜为之耗费巨资。不到十年时间，也就是1964年，他便宣布仅在切尔韦泰里（Cerveteri）和塔尔奎尼亚（Tarquinia）地区，就新发现了5250处伊特拉斯坎古墓！

然而对于现代考古至关重要的两种自然科学辅助方法则是

美国人发明的：它们分别源于原子物理学和生物学。至此，考古学家最古老的梦想终于得以实现：能够准确确定出土物品的年代。1948年，美国人威拉得·F. 利比（Willard F. Libby）基于以下原理发明了"放射性碳年代测定法"：所有有机物中都存在碳-14这种放射性同位素，而它的衰变速度是已知的。那些在有文字记载前业已存在的古墓总会通过当时的残余物向利比发明的这个"考古学时钟"泄露出它的落成时间。不过用这种物理化学方法测定年代，并不能精确到年，因为测量结果总会有正负差，年代越久远，误差就越大。那时，另一位美国人致力于研究另一种方法已经几十年了，此人名叫安德鲁·E. 道格拉斯（Andrew E. Douglass），本来是物理学家和天文学家，他利用树木年轮测定年代，并由此创立了树轮年代学。现在这一方法经过亚利桑那（Arizona）大学一个科研团队的不断改进，在短短几年时间里已达到了很高的精确度。

该学科遵循的原理不过是对树木、残存的树体——即使碳化了——的年轮数目和特点进行科学分析，从而测定出其生长的准确年代。这种方法早已为人所熟知了，目前所做的就是对它加以完善，因为人们发现，年龄完全不同的树轮有可能重叠或者错位，特别是墓穴及废墟中残存的树体，年轮总会发生交错，把一棵树的过去"强加"给另一棵树。运用这种方法，在北美洲的某些地区，对前哥伦布时期遗址的研究已经推进到了公元元年，或者用追溯这个词更合适。不能具体到公元纪年中任何一个绝对日期的年代序列被称作"洪泛"年表，即只能断定这件文物比那一件早一年或者晚一年，不管该年表属于哪一个千年，使用树轮断代法都可以确定其准确时间。此外，它可以确定我们对于旧世界考证过的时间数据是否属实，所以具有不可估量的价值。

到目前为止，对于有些树种而言，考古学家已经制定出了惊人的年轮表。例如，所谓的霍恩海姆曲线①可以将年代测定至公元前12483年，对于东地中海青铜时代，爱琴海树轮断代项目②已将树轮年表制定到了公元前1800年。坐落于亚利桑那大学的树木年轮研究实验室为美国西部制定的树轮年表回溯到了公元前6700年。

但是今天，其他自然科学方法也极大减轻了考古学家确定年代、来源及真实性等方面的工作。人们将这一自然科学和人文科学的交叉学科称为考古定年学③。同位素分析、X射线荧光分析或者中子活化分析是在实验室里已经成功实现的方法。借助于物理学上的地磁勘探技术，考古学家在对地下进行发掘之前，能够对他们所期待的发现有一个初步的直观的了解：这里是一处居民点，或者是一座墓穴，还是一段墙体。卫星图像也已被用作分析和复原地面古迹的工具，例如亚述古城的城市规划。

所有这些现代化方法不仅完善了考古研究的质量，而且也大幅度提高了研究成果的**数量**。在某些领域，每天都会有新发现，

---

① 霍恩海姆曲线（Hohenheimer Jahrringskaleder），一种年轮测定法，科学的年代测量方法，可以不间断地测定至公元前12483年（2006年数字）。——译者注
② 爱琴海树轮断代项目，该项目成立于1973年，由美国纽约康奈尔大学的彼得·伊恩·库尼赫尔姆主持，目的是在爱琴海地区主要是意大利、希腊、土耳其、格鲁吉亚、黎巴嫩和埃及的范围之内，为不同的树种制定出完整的树轮年表。——译者注
③ 考古定年学，以碳-14年代测定法等测定考古学标本之年代的科学。——译者注

久而久之这些资料便堆积如山，以至于整理、阐释等纯科研工作都跟不上了。于是刚刚发掘出的资料便被送进了博物馆，只等着在那儿被再度发现，这何尝不是一种危险。

但可喜的一点是，这门曾经如此深奥的科学已经向公众敞开了大门。在我们这个时代，人们的精力似乎已完全被每天必须面对的以及未来会有所威胁的事物占据，事实上，他们对过去产生了好奇，这种对历史的关注与日俱增，无法抑制。当埃及政府宣布要修建一座大坝，可惜落成后的蓄水会淹没几处古迹之时，反应之强烈是前所未料的。这项工程主要涉及了阿布辛贝的摩崖雕像和其他近百处古迹，这些全都属于人类社会最古老、最重要的艺术瑰宝。抢救古文物的呼声响彻文明世界。上到大型组织，下至小学班级，纷纷设立救助基金。联合国教科文组织出面干预，二十多个国家联合起来挽救阿布辛贝神庙！

还要说些什么呢？

世界各地都在继续进行考古发掘。因为我们需要了解过去的5000年，才能比较从容地面对未来的100年。

年　表

Ⅰ. 古希腊/迈锡尼–克里特（弥诺斯）文明年表

（正体=希腊/大陆，*斜体=克里特*）

前3000—前2100/前2000年：　青铜时代早期/希腊青铜时代早期（FH）
前2100/2000—前1600年：　青铜时代中期/希腊青铜时代早期（MH）

迈锡尼文明时期

前1600—前1125/前1100年：　青铜时代晚期/希腊青铜时代晚期（SH）
前1400—前1300年：　希腊青铜时代晚期ⅢA（迈锡尼宫殿时期）
前1300—前1200年：　希腊青铜时代晚期ⅢB（迈锡尼宫殿时期）
前1200—前1125/前1100年：　希腊青铜时代晚期ⅢC

弥诺斯文明时期

前3100—前2000年：　*前宫殿时代，弥诺斯文明早期（FM）*
前2000—前1200年：　*宫殿时代*
前2000—前1700年：　*旧宫殿时代，弥诺斯文明中期（MMⅠ和MMⅡ）*
前1700—前1380年：　*新宫殿时代，弥诺斯文明中期Ⅲ和弥诺斯文明*

	晚期（SMⅠ-SMⅢA）
前1380—前1200年：	宫殿时代末期，弥诺斯文明晚期ⅢA和ⅢB
前1200—前1000年：	后宫殿时代，弥诺斯文明晚期ⅢC和亚弥诺斯文明
前1125/1100—前1050年：	亚迈锡尼文明时期
前1050—前900年：	原始几何时期
前900—前700年：	几何时期
	（这三个时期根据古希腊瓶画艺术风格的不同阶段命名。）
前750年前后：	希腊殖民化开始
前508/前507年：	克里斯提尼推行改革
前500—前494年：	爱奥尼亚反抗小亚细亚的波斯统治者
前490：	希腊人在马拉松平原战胜波斯军队
前480：	希腊人在萨拉米斯海战中战胜波斯军队
前431—前404年：	雅典人与斯巴达人之间的伯罗奔尼撒战争；雅典战败
前356—前323年：	亚历山大大帝
前100—前44年：	恺撒大帝
前27—14年：	奥古斯都（前63—14）执政时期
79年：	庞贝和赫库兰尼姆毁灭

Ⅱ．古埃及年表

前3300年—前3032年为所谓的第零王朝；在阿拜多斯发现了这个朝代国王的陵墓；这一时期产生了最古老的文字。

早王朝时期

第一王朝　前3032—前2853年（共8位国王）
　　　　　前3032—前3000年在美尼斯（阿哈）的统治下，上埃及和下埃及实现了统一；定都孟斐斯
第二王朝　前2853—前2707年（共11位国王）

古王国时期

第三王朝　前2707—前2639年（共6位国王）
　　　　　前2690—前2670年：左塞尔命人在萨卡拉修建了阶梯状的金字塔
第四王朝　前2639—前2504年（共8位国王）
　　　　　前2639—前2604年：斯奈夫鲁，建造弯曲金字塔和代赫舒尔红金字塔
　　　　　前2604—前2581年：胡夫命人在吉萨修建第一座金字塔
　　　　　前2572—前2546年：卡夫拉命人在吉萨修建第二座金字塔
　　　　　前2539—前2511年：孟卡拉命人在吉萨修建第三座金字塔
第五王朝　前2504—前2347年（共9位国王）
第六王朝　前2347—前2216年（共7位国王）
第七王朝　前2216（仅持续70天）
第八王朝　前2216—前2170年（共17位国王）

第一中间时期

第九、第十王朝　前2170—前2025/2020年（共18位国王）

中王国时期

第十一王朝　前2119—前1976年（共7位国王）
第十二王朝　前1976—前1794/1793年（共8位国王）
　　　　　　前1956—前1911/1910年：辛努塞尔特一世

第二中间时期

第十三王朝　前1794/1793—前1648/1645年（约50位国王）

第十四王朝　（在尼罗河三角洲东部）前1794/1793—前1648/1645年（附庸国王）

第十五王朝　（人统治）前1648/1645—前1539/1536年（共6位国王）

第十六王朝　（希克索斯封臣的统治）与第十五王朝同时

第十七王朝　（仅在底比斯）前1645—前1550年（约15位国王）

新王国时期

第十八王朝　前1550—前1292年（共14位国王）

　　　　　　前1550—前1525年：雅赫摩斯一世赶走了希克索斯人

　　　　　　前1525—前1504年：阿蒙诺菲斯一世

　　　　　　前1504—前1492年：图特摩斯一世，第一位安葬在帝王谷的国王

　　　　　　前1492—前1479年：图特摩斯二世

　　　　　　前1479/1473—前1458/1457年：哈特谢普苏特，在代尔拜赫里建造女王神庙

　　　　　　前1479—前1425年：图特摩斯三世，埃及帝国版图达到最大

　　　　　　前1428—前1397年：阿蒙诺菲斯二世

　　　　　　前1397—前1388年：图特摩斯四世

　　　　　　前1388—前1351/1350年：阿蒙诺菲斯三世，巨大的孟农半身雕像，修建卢克索神庙

　　　　　　前1351—前1334年：阿蒙诺菲斯四世/埃赫那顿，一神教

　　　　　　前1337—前1333年：斯门卡瑞

　　　　　　前1333—前1323年：图坦卡蒙，信仰重新转向古老的宗教

　　　　　　前1323—前1319年：伊阿

　　　　　　前1319—前1292年：哈伦海布

第十九王朝　前1292—前1186/1185年（共8位国王）

　　　　　　前1290—前1279/1278年：塞提一世

前1279—前1213年：拉美西斯二世，修建阿布辛贝神庙

前1258：埃及与赫梯在卡迭石战役之后签订历史上保存下来的有文字记载的第一份和平条约

第二十王朝　前1186/1185—前1070/1069年（共10位国王）

前1183/1182—前1152/1151年：拉美西斯三世，战胜"海洋民族"

前1103/1099—前1070/1069年：拉美西斯十一世，最后一位安葬在帝王谷的国王

第三中间时期

第二十一王朝　前1070/1069—前945/944年（共7位国王）

第二十二—第二十五王朝　前946/945—前655年（共29位国王，有时候同时统治埃及的不同地区）

后王朝时期

第二十六王朝　前664—前525年（共6位国王）

第二十七王朝（波斯人第一次统治）前525—前401年（共7位国王）

在这些国王之中，大流士一世（前522/521—前486/485）和薛西斯一世（前486/485—前465/464）也是希腊人两个最强大的敌人

第二十八王朝　前404/401—前399年（共1位国王）

前404/401—前399年：阿米尔泰乌斯，第一次将波斯人驱逐出埃及

第二十九王朝　前399—前380年（共4位国王）

第三十王朝　前380—前342年（共3位国王）

前380—前362年：奈科坦尼布，在他统治时期，卢克索建成了狮身人面像大道

第三十一王朝（波斯人第二次统治）前342—前332/330年（共4位国王）

希腊统治者　前332—前306年

前332—前323年：亚历山大大帝

托勒密王朝　　前306/304—前30年（共17位国王）

前204—前180年：托勒密五世；在他统治期间出现了破解古埃及象形文字的密钥罗塞塔石碑

前51—前30年：克莉奥佩特拉七世，恺撒和马尔库斯·安东尼的情人

罗马帝国皇帝　　前30—395年

前27—14年：奥古斯是第一位冠有法老头衔的皇帝

383—395年：狄奥多西一世，又称狄奥多西大帝，是最后一位统治统一的罗马帝国的君主；在他的统治下，一切非基督教祭礼和仪式均被禁止

Ⅲ．美索不达米亚年表

（正体=巴比伦，*斜体=亚述*）

史前史（前4200—前3200年）

　　乌倍德文化

　　苏美尔人在幼发拉底河畔定居；村庄发展为城市，如乌鲁克

早期史（前3200—前2900年）

早王朝时期（前2900—前2250年）

　　早王朝时期Ⅰ和Ⅱ

　　乌鲁克的吉尔伽美什

　　早王朝时期Ⅲ

　　乌尔王陵

前2300年前后在亚述建成了古伊什塔尔神庙

阿卡德王朝（前2250—前2140年）
  萨尔贡一世建立起阿卡德王朝，占领了美索不达米亚；阿卡德语成为官方语言

古提人统治时期（前2140—前2100年）

乌尔第三王朝（前2100—前2000年）
  阿卡德王国灭亡
  苏美尔语成为官方语言
  修建第一座金字塔形庙塔

古巴比伦时期（前2000—前1595年）
  前1792—前1750年：巴比伦的汉谟拉比，巴比伦在美索不达米亚南部取得了政治上的统治地位
  前1595年：赫梯人占领巴比伦

古亚述时期（前2000—前1775年）

中巴比伦时期（前1595—前1100年）
  喀西特人统治巴比伦，他们的来历至今还不清楚
  阿卡德楔形文字和苏美尔楔形文字被统一

中亚述王国（前1335—前1050年）
  前1263—前1234年：沙尔曼纳萨尔一世
  前1114—前1076年：提格拉特-帕拉沙尔一世

伊辛第二王朝（前1157—前1026年）
  前1125—前1104年：尼布甲尼撒一世

新亚述王国（前900—前612年）

前883—前859年：亚述纳西帕尔二世

前858—前823年：沙尔曼纳萨尔三世

前745—前727年：提格拉特-帕拉沙尔三世

前721—前705年：萨尔贡二世

前704—前681年：辛那赫里布，前689年摧毁巴比伦城

前680—前669年：阿萨尔哈东

前668—前627年：亚述巴尼拔

前612：毁灭尼尼微

新巴比伦王国（前625—前539年）

  前625—前605年：那波帕拉萨尔战胜亚述人，建立新巴比伦王国，巴比伦城成为其精神及文化中心

  前604—前562年：那波帕拉萨尔之子尼布甲尼撒二世将这个王国带到了强盛的巅峰

  前555—前539年：纳波尼达是新巴比伦王国最后一位统治者

  前539年：巴比伦被波斯王居鲁士二世（又称居鲁士大帝）占领

阿契美尼德王朝

  阿契美尼德王朝源自伊朗的中央省波斯，占领了近东和小亚细亚

希腊人统治时期（前331—前138年）

  亚历山大大帝攻占了波斯统治的地区

  亚历山大大帝于前323年去世以后，他的部将塞琉古建立了以自己的姓氏命名的塞琉古王朝

Ⅳ. 中美洲年表

（玛雅文明和阿兹特克文明）

前1200—前400年：奥尔梅克人创建了中美洲第一个高等文明。出现了拥有宫殿

和神庙的类似于城市的文明中心

前1000年前后：第一批玛雅人在今天的危地马拉定居，前800年前后建立了纳克贝这个地方。这些玛雅人有可能是从今伯利兹所在地区迁徙来的

前300年前后：村庄发展成类似于城市的文明中心

元年前后：出现了最早的大城市，如位于墨西哥中心的特奥蒂瓦坎和玛雅人的埃尔·米拉尔多

经过几百年，特奥蒂瓦坎成为中美洲最强大的城邦。在随后的几百年里，特奥蒂瓦坎文明影响了整个中美洲。400—600年间，至少有10万人生活在那里

300—900年（古典时代）：玛雅文明达到全盛时期，并且扩张到今天的危地马拉（如蒂卡尔）、洪都拉斯（如科潘）、伯利兹（如卡拉考）、墨西哥南部（如奇琴伊察和帕伦克）等地区。出现了很多城邦，它们由国王统治，贵族则被任命为城市的管理者。不同的城邦，例如以蒂卡尔或者卡拉克穆尔为中心，结成同盟，这些同盟彼此会展开激烈的战争

378年：中心城市蒂卡尔的统治者"伟大的美洲豹之爪"去世，他很可能遭西亚·卡克（"生于火中者"）行刺身亡，此人是来自特奥蒂瓦坎的特使，他在蒂卡尔建立了一个新的明显受到特奥蒂瓦坎文明影响的王朝

425—825年：亚克库毛在科潘建立了一个统治这个城邦大约400年的王朝。在"烟豹王"（628—695）的统治下，科潘发展为一个强大的城邦

560—700年：蒂卡尔没有再兴建神庙和金字塔。原因很可能是被敌对的城邦卡拉克穆尔征服了。直到695年，阿赫卡王（682—734）才战胜来自卡拉克穆尔的对手

700年前后：特奥蒂瓦坎被掠夺和洗劫。侵略者不明，他们终结了这座城市在政治和经济上的统治地位

750年起：玛雅人开始从南部低地地区迁移几乎所有的城市，这次大规模移民持续至950年前后，同时标志着后古典时期的开始。原因有可能在于不稳定的政治局势、人口迅速增长以及由此造成的食物短缺。结果造成了很多城邦间军事冲突增加。在这段时期，居民人数从几百万减少到

数十万。逃亡到北部的人显然越来越多，他们在那里安家落户，直到1250年前后奇琴伊察都是那里的中心城市，随后被玛雅潘取代

900—1200年：来自若干城邦的游牧民族打造了托尔特克帝国。都城是图拉。1200年前后，托尔特克帝国的霸权以及对其他民族的艺术影响力才被摧毁，可能是好战的游牧民族所为

1200年前后：阿兹特克人抵达墨西哥的高地山谷，他们先是受雇为雇佣兵。1325年前后，他们在今天墨西哥城的所在地建起了特诺奇蒂特兰这座城市。1440年前后在蒙特祖马一世统治期间，占领了整个墨西哥高原；这时大约有300万人臣服于阿兹特克的统治者

1519年：科尔特斯在特诺奇蒂特兰得到蒙特祖马二世的迎接

1520年：阿兹特克人反抗在"忧伤之夜"被驱逐的西班牙入侵者；蒙特祖马二世离世

1521年：西班牙人抓获了阿兹特克帝国最后一位统治者库奥赫特莫克，并于1525年2月28日将他绞死

1524—1527年：西班牙人占领了位于今危地马拉境内高地的几座玛雅城邦

参考文献

继本卷书《神祇、陵墓与学者》之后，现在已出版了《神祇、陵墓与学者插图版》和《考古学的光荣伟业——神祇、陵墓与学者文献版》。这三卷书构成了一个三部曲，它们通过文本、以文献资料为依据的图片和原始章节，在考古学历史方面提供了迄今可以阅读的、整理好的、内容或许最为丰富的资料，这些资料包含了大量即使对于学界而言也是湮没许久的史实。插图版和文献版同样包括近百本参考文献及大约300条图片来源说明。三部曲之后又出版了一本特别卷《狭窄的山谷和黑色的山：赫梯帝国的发现》，这本书还是同样附有约400个书目说明。——本书的参考文献随着每次再版都会有所补充，增加一些重要的、浅显易懂的著作，以便对此感兴趣的读者和学生能够从现引用的将近1000本书和图片中了解到最新的研究成果和科学观点。

导　言

Benz, Marion/Maise, Christian:《Archaologie》, Stuttgart 2006.

Bibby, Geoffrey:《Four Thousand Years Ago》(Dt. Ausgabe《Zu Abrahams Zeiten》, Reinbek 1964).

Bibel (Altes und Neues Testament).

Borbein, Adolf H. /Hölscher, Tonio/Zanker, Paul (*Hrsg.*):《Klassische Archäologie. Eine Einführung》, Berlin 2000.

Brinkmann, Vinzenz/Wünsche, Raimund (*Hrsg.*):《Bunte Götter. Die Farbigkeit antiker Skulptur》, Ausstellungskatalog Hamburg 2007.

Bulle:《Handbuch der Archäologie》(Bd. VI des《Handbuchs der klassischen

Altertumswissenschaften》), München 1913.

Cleator, P. E.:《Lost Languages》, London 1959.

Daniel, Glyn E.:《A Hundred Years of Archaeology》, London 1950.

Daux, G.:《Les Etapes de l' Archeologie》, 1942.

Delitzsch, Friedrich:《Babel und Bibel》, Leipzig 1903.

Freyer, Hans (Bearb.):《Das Erwachen der Menschheit》, Berlin 1931.

Frobenius, Leo:《Der Ursprung der Afrikanischen Kulturen》, Berlin 1898.

—,《Kulturgeschichte Afrikas》(Prolegomena zu einer historischen Gestaltlehre), Zürich 1933.

Glover, T. R.:《The Ancient World》, Penguin Books, 1948.

Haberland, Wolfgang:《Amerikanische Archäologie. Geschichte, Theorie, Kulturentwicklung》, Darmstadt 1991.

Haskell, Francis/Penny, Nicholas:《Taste and the Antique》, Yale/London 1981.

Hawkes, Jacquetta (Hrsg.):《The World of the Past》, I. - II., New York 1963 (Eine Anthologie von Ausgrabungsberichten).

Heizer, Robert F.:《The Archaeologist at Work, A Source Book in Archaeological Method and Interpretation》, New York 1959.

Hennig, Richard:《Von rätselhaften Ländern》, München 1925.

Hertslet W L.:《Der Treppenwitz der Weltgeschichte》, Berlin 1927.

Hölscher, Tonio (Hrsg.):《Klassische Archäologie. Grundwissen》, Stuttgart 2002.

Hrouda, Barthel (Hrsg.):《Methoden der Archäologie. Eine Einführung in ihre naturwissenschaftlichen Techniken》, München 1978.

Jensen, Hans:《Die Schrift,》Glückstadt 1935.

Jirku, Anton:《Die Welt der Bibel, Fünf Jahrtausende in Palästina-Syrien》, Stuttgart 1957.

Kemmerich, Max:《Kulturkuriosa》, I. - II., München 1910.

Kenyon, Kathleen M.:《Beginning in Archaeology》, New York 1953.

Koepp, Fr.:《Archäologie》, I. -IV., Leipzig 1919-1920.

—,《Geschichte der Archäologie》in《Handbuch der Archäologie》, herausgegeben von Walter Otto, Band I., München 1939.

Lübke, Wilhelm:《Die Kunst des Altertums》(Bd. I aus《Grundriss der Kunstgeschichte》), Eβlingen 1921.

Meissinger, K A.:《Roman des Abendlandes》, Leipzig 1939.
Meyer, Eduard:《Geschichte des Altertums》, Ⅰ.-Ⅴ., Stuttgart/Berlin 1926-1931.
Michaelis, Adolf:《Die archäologischen Entdeckungen des Neunzehnten Jahrhunderts》, Leipzig 1906.
Oppeln-Bronikowski, Friedrich von:《Archäologische Entdeckungen im 20. Jahrhundert》, Berlin 1931.
Piggot, Stuart (Hrsg.):《The Dawn of Civilization, The first World Survey of Human Cultures in Early Times》, London 1961.
Reinhardt, Ludwig:《Urgeschichte der Welt》, Ⅰ.-Ⅱ., Berlin/Wien 1924.
Robert, Carl:《Archäologische Hermeneutik》, Berlin 1919.
Rodenwaldt, Gerhart:《Die Kunst des Altertums》, 1927.
Schefold, Karl:《Orient, Hellas und Rom in der archäologischen Forschung seit 1939》, Bern 1949.
Schmökel, Hartmut (in Zusammenarbeit mit Heinrich Otten, Victor Maag und Thomas Beran):《Kulturgeschichte des Alten Orient》Stuttgart 1961.
Schnapp, Alain:《The Discovery of the Past》London 1996.
Schuchhardt, Carl:《Die Burg im Wandel der Weltgeschichte》Potsdam 1931.
Settis, Salvatore:《Die Zukunft des〈Klassischen〉》, Berlin 2004.
Spengler, Oswald:《Der Untergang des Abendlandes》, Ⅰ.-Ⅱ., München 1920.
Springer, Anton:《Kunstgeschichte》, Ⅰ.-Ⅴ., Leipzig 1923.
Toynbee, Arnold J.:《A Study of History》, Ⅰ.-Ⅵ., London 1933-1939 (dt.《Studie zur Weltgeschichte》, einbdg, von D. C. Somervell gekürzte Ausgabe, Hamburg 1949).
Wegner, Max:《Altertumskunde》, Freiburg/München 1951.
Wheeler, Sir Mortimer:《Archaeology from the Earth》, London 1954 (dt.《Moderne Archäologie》, rowohlts deutsche enzyklopädie, Band 111/112, Reinbek 1960).
Woolley, C. Leonard:《Mit Hacke und Spaten》, Leipzig 1950.

第一部　雕像之书

Beck, Herbert/Bol, Peter C. /Bückling, Maraike (Hrsg.):《Agypten, Griechenland, Rom. Abwehr und Berührung》, Ausstellung Frankfurt, Tübingen 2005.
Borbein, Adolf H. (Hrsg.):《Das alte Griechenland. Kunst und Geschichte der Hellenen》, München 1995.

Bossert, Helmuth Th.:《Alt-Kreta》, Berlin 1923.

Buschor, Ernst:《Die Plastik der Griechen》, Berlin 1936.

Chadwick, John:《The Decipherment of Linear B》, New York 1963.

Chaniotis, Angelos:《Das antike Kreta》, München 2004.

Cobet, Justus:《Heinrich Schliemann. Archäologe und Abenteurer》, München 1997.

Corti, Egon Cäsar Conte:《Untergang und Auferstehung von Pompeji und Herkulaneum》, München 1940.

Curtius, Ludwig:《Antike Kunst》, Ⅰ.-Ⅱ. (im《Handbuch der Kunstwissenschaft》, Athenaion), Potsdam 1938.

—,《Deutsche und Antike Welt》, Stuttgart 1950.

《Der Schatz aus Troja. Schliemann und der Mythos des Priamos-Goldes》, Ausstellungskatalog Moskau, Stuttgart/Zürich 1996.

Evans, Arthur:《Scripta Minoa》, Oxford 1909.

—,《The Palace of Minos》, Ⅰ.-Ⅲ., London 1921-1930.

Fimmen, Diedrich:《Die kretisch-mykenische Kultur》, 1924.

Fündling, Jörg:《Die Welt Homers》, Darmstadt 2006.

Goethe, Johann Wolfgang von:《Winckelmann und sein Jahrhundert》, 1805.

Guzzo, Pier Giovanni/Wieczorek, Alfried (Hrsg.):《Pompeji. Die Stunden des Untergangs-24. August 79 n. Chr.》, Ausstellungskatalog Mannheim, Stuttgart 2004.

Hampe, Roland/Simon, Erika:《Tausend Jahre frühgriechische Kunst》, München 1980.

Hertel, Dieter:《Troia. Archäologie, Geschichte, Mythos》, München 2001.

Holm/Deecke/Soltau:《Kulturgeschichte des Klassischen Altertums》, Leipzig 1897.

Homer:《Ilias》und《Odyssee》, übersetzt von Johann H. Voß, Hamburg 1793.

Justi, Carl:《Winckelmann》, Leipzig 1866.

Korfmann, Manfred O. (Hrsg.):《Troia. Archäologie eines Siedlungshügels und seiner Landschaft》, Mainz 2006.

Krauss, Theodor:《Lebendiges Pompeji. Pompeji und Herculaneum-Antlitz und Schicksal zweier antiker Städte》, Köln 1977.

Latacz, Joachim:《Troia und Homer. Der Weg zur Lösung eines alten Rätsels》, 5. Auflage, Leipzig 2005.

Lichtenberg, Reinhold von:《Die Ägäische Kultur》, Leipzig, 1911.

Ludwig, Emil:《Schliemann》, Berlin 1932.

Maiuri, Amedeo:《Pompeji》, Novara 1956.

Marinatos, Spyridon:《Kreta, Thera und das mykenische Hellas》, München 1986.

Martin, Jochen (Hrsg.):《Das alte Rom. Geschichte und Kultur des Imperium Romanum》, München 1994.

Matz, Friedrich:《Kreta, Mykene, Troja》, Stuttgart 1957.

Meyer, Ernst:《Briefe von Heinrich Schliemann》, Berlin/Leipzig 1936.

Palmer, Leonard R.:《Mycenaeans and Minoans》, 2. Ausgabe, New York 1965.

Pendlebury, J. D. S.:《A Handbook to the Palace of Minos, Knossos with its Dependencies》, London 1954.

Pfister, Kurt:《Die Etrusker》, München 1940.

Schliemann, Heinrich:《Ithaka》, Leipzig 1869.

—,《Mykenä》, Leipzig 1878.

—,《Ilios》, Leipzig 1881.

—,《Troja》, Leipzig 1884.

—,《Tiryns》, Leipzig 1886.

Schuchardt, Walter-Herwig/Wiegand, Theodor:《Carl Humann》, 1931.

Siebenmorgen, Harald (Hrsg.):《Im Labyrinth des Minos. Kreta-die erste europäische Hochkultur》, Ausstellungskatalog, München 2000.

《Troia-Traum und Wirklichkeit》, Ausstellungskatalog, Stuttgart/Braunschweig/Bonn 2001/2002.

Uhde-Bernays, Hermann:《Winckelmanns kleine Schriften》, Leipzig 1913.

Vietta, Egon:《Zauberland Kreta》, Wien/Wiesbaden 1952.

Welwei, Karl-Wilhelm:《Die griechische Frühzeit. 2000-500 v. Chr.》, München 2002.

Winckelmann, Johann Joachim:《Sendschreiben von den herculanischen Entdeckungen》, 1762.

—,《Neue Nachrichten von den neuesten herculanischen Entdeckungen》, 1764.

—,《Geschichte der Kunst des Altertums》, 1764.

—,《Monumenti antichi inediti》, Ⅰ.-Ⅲ., Rom 1767.

Wünsche, Raimund (Hrsg.):《Mythos Troja》, Ausstellungskatalog. München 2006.

第二部 金字塔之书

《Ägyptische Mumien. Unsterblichkeit im Land der Pharaonen》, Ausstellungskatalog,

Landesmuseum Württemberg, Stuttgart, Mainz 2007.

Belzoni, Giovanni Battista:《Narrative of the Operations and Recent Discoveries in Egypt and Nubia》, London 1820.

Bonnet, Charles/Valbelle, Dominique:《Pharaonen aus dem schwarzen Afrika》, Mainz 2006.

Breasted, J. H.:《Ancient Records of Egypt》, Ⅰ.-Ⅴ., Chicago 1906-1907.

Beckerath, Jürgen von:《Chronologie des pharaonischen Agypten. Die Zeitbestimmung der ägyptischen Geschichte von der Vorzeit bis 332 v. Chr.》, Mainz 1997.

—,《Die Ägyptologie》, Leipzig 1891.

—,《Steininschrift und Bibelwort》, Berlin 1891.

Burckhardt, Johann Ludwig:《Travels in Nubia》, London 1819.

Carter, Howard/Mace, Arthur C.:《Tut-ench-Amun》(Bd. Ⅰ), Leipzig 1924.

Carter, Howard:《Tut-ench-Amun》(Bd. Ⅱ), Leipzig 1927.

Champollion, Jean-François:《Lettre à M. Dacier, relative à l'alphabet des hiéroglyphes phonétiques》, Paris 1822.

—,《Panthéon égyptien》, Paris 1823.

Denon, Vivant:《Voyages dans la Basse et la Haute Égypte》, Ⅰ.-Ⅱ., Paris 1802.

Desroches-Noblecourt, Christiane:《Life and Death of a Pharao, Tutankhamen》, London 1963.

Ebers, Georg:《Papyros Ebers》, Ⅰ.-Ⅱ., 1875.

—,《Eine ägyptische Königstochter》, Ⅰ.-Ⅲ. (Roman), 1884.

Edwards, A. A. B.:《Pharaohs, Fellahs and Explorers》, 1891.

Edwards, I. E. S.:《The Pyramids of Egypt》, Penguin Books, 1952.

Erman, Adolf:《Die Hieroglyphen》, 1917.

—,《Die Literatur der Ägypter》, Leipzig 1923.

—,《Die Welt am Nil》, Leipzig 1936.

Friedell, Egon:《Kulturgeschichte Ägyptens und des Alten Orients》, München 1951.

Goneim, Mohammed Zakaria:《The buried Pyramids》, London 1955 (dt.《Die verschollene Pyramide》, Wiesbaden 1955).

Hartleben, H.:《Champollion》, Ⅰ.-Ⅱ., Berlin 1906.

Hawass, Zahi:《Bilder der Unsterblichkeit. Die Totenbücher aus den Königsgräbern in Theben》, Mainz 2006.

Hornung, Erik: 《Tal der Könige》, Zürich, München 2002.

Klengel, Horst: 《Hattuschili und Ramses. Hethiter und Ägypter-ihr langer Weg zum Frieden》, Mainz 2002.

Lange, Kurt: 《Pyramiden, Sphinxe, Pharaonen》, München 1952.

Lepsius, Richard: 《Denkmäler aus Ägypten und Äthiopien》, 1849-1959, Textbände 1879 bis 1913.

Ludwig, Emil: 《Napoleon》, Berlin 1930.

Mariette, Auguste: 《Monuments of Upper Egypt》, London 1877.

Meier-Graefe, Julius: 《Pyramide und Tempel》, Berlin 1927.

Mertz, Barbara: 《Temples, Tombs and Hieroglyphs. The Story of Egyptology》, New York 1964.

Parlasca, Klaus/Seemann, Hellmut (Hrsg.): 《Augenblicke. Mumienporträts und ägyptische Grabkunst aus römischer Zeit》, Ausstellungskatalog Frankfurt/München 1999.

Petrie, William M. Flinders: 《Ten years' digging in Egypt》, 1881-1891.

—, 《Methods and aims in archaeology》, 1904.

Reybaud: 《Histoire scientifique et militaire de l'expédition française en Egypte》, I.-X., 1830-1836.

Scharff, Alexander/Moortgat, Anton: 《Ägypten und Vorderasien im Altertum》, München 1951.

Schlögl, Hermann A.: 《Das Alte Ägypten》, München 2003.

Schott, Siegfried: 《Hieroglyphen. Untersuchungen zum Ursprung der Schrift》, Mainz 1951.

Schulz, Regine/Seidel, Matthias (Hrsg.): 《Ägypten. Die Welt der Pharaonen》, Köln 1997.

Sethe, Kurt: 《Die altägyptischen Pyramidentexte》, I.-Ⅳ., 1908-1922.

Steindorff, Georg: 《Die ägyptischen Gaue und ihre politische Entwicklung》, 1909.

—, 《Blütezeit des Pharaonenreiches》, 1926.

Wiese, André/Brodbeck, Andreas (Hrsg.): 《Tutanchamun-Das Goldene Jenseits. Grabschätze aus dem Tal der Könige》, Ausstellungskatalog Basel/Bonn 2004.

Wildung, Dietrich: 《Ägypten von der prähistorischen Zeit bis zu den Römern》, Köln 1997.

Wilkonson, Richard H.:《Die Welt der Götter im Alten Ägypten. Glaube, Macht, Mythologie》, Stuttgart 2003.

Wolf, Walther:《Die Welt der Ägypter》, Stuttgart 1958.

第三部 庙塔之书

Botta, Paul Emile:《Monuments de Ninive déouverts et décrit par Botta, mesurés et dessinés par E. Flandin》. Ⅰ.-Ⅴ., Paris 1847-1850.

Diez, Ernst:《Entschleiertes Asien》, Berlin 1943.

Grotefend, Georg Friedrich:《Beiträge zur Erläuterung der persepolitanischen Keilschrift》, Hannover 1837.

Hedin, Sven:《Bagdad, Babylon, Niniveh》, Leipzig 1918.

Hrouda, Barthel (Hrsg.):《Der alte Orient. Geschichte und Kultur des alten Vorderasien》, Gütersloh 1991.

Hrouda, Barthel:《Mesopotamien. Die antiken Kulturen zwischen Euphrat und Tigris》, München 1997.

Jordan, Franzis:《In den Tagen des Tammuz》, München 1950.

Jursa, Michael:《Die Babylonier. Geschichte, Gesellschaft, Kultur》, München 2004.

Kittel, Rudolf:《Die orientalischen Ausgrabungen》, Leipzig 1908.

Koch, Alexander-Hist. Museum der Pfalz Speyer (Hrsg.):《Pracht und Prunk der Großkönige. Das Persische Weltreich》, Ausstellungskatalog Speyer 2006.

Koldewey, Robert:《Das wiedererstehende Babylon》, Leipzig 1914.

Koldewey/Schuchardt, Walter-H.:《Heitere und ernste Briefe》, Berlin 1925.

Korn, Wolfgang:《Mesopotamien, Wiege der Zivilisation. 6000 Jahre Hochkulturen an Euphrat und Tigris》, Stuttgart 2004.

Kramer, Samuel Noah:《History begins at Sumer》, New York 1956.

Kubie, Nora Benjamin:《Road to Niniveh: The Adventures and Excavations of Sir Austen Henry Layard》, New York 1964.

Layard, Austen Henry:《Autobiography and Letters》, 1903.

—,《Niniveh and its remains》, Ⅰ.Ⅱ., London 1849 (deutsche Ausgabe von Meißner, Leipzig 1850).

—,《Niniveh and Babylon, being the narrative of discoveries》, London 1853 (deutsche Ausgabe Leipzig 1856).

Lawrence, Thomas Edward:《The letters of T. E.》, London, o. J. (dt. T. E. Lawrence: 《Selbstbildnis in Briefen》, München/Leipzig 1948).

Lloyd, Seton:《Foundations in the Dust》, London 1949.

Meißner, Bruno:《Babylon und Assyrien》, Ⅰ.-Ⅱ., 1920-1925.

—,《Könige Babylons und Assyriens》, Leipzig 1926.

Nissen, Hans J. /Damerow, Peter/Englund, Robert K. (Hrsg.):《Frühe Schrift und Techniken der Wirtschaftsverwaltung im alten Vorderen Orient. Informationsspeicherung und-verarbeitung vor 5000 Jahren》, Ausstellungskatalog Berlin 1990.

Parrot, André:《Sumer, The Dawn of Art》, New York 1961.

—,《The Arts of Assyria》, New York 1961.

Rawlinson, George:《A Memoir of Major-General Sir Henry Creswicke Rawlinson》, 1938.

Rawlinson, Henry Creswicke:《The Persian cuneiform inscriptions at Behistun》, 1846.

—,《Commentary on the cuneiform inscriptions of Babylonia and Assyria》, 1850.

—,《Outline of the history of Assyria, as collected from the inscriptions discovered in the ruins of Niniveh》, London 1852.

Saggs, Henry William Frederick:《Mesopotamien. Assyrer, Babylonier, Sumerer》, Essen 1975.

Schmidtke, Friedrich:《Der Aufbau der babylonischen Chronologie》, Münster 1952.

Schmökel, Hartmut:《Ur, Assur und Babylon. Drei Jahrtausende im Zweistromland》, Stuttgart 1955.

Seipel, Wilfried (Hrsg.):《7000 Jahre persische Kunst. Meisterwerke aus dem Iranischen Nationalmuseum in Teheran》, Ausstellungskatalog Wien 2001.

Smith, George:《Assyrian Discoveries》, London 1875.

Weidner, Ernst F.:《Studien zur assyrisch-babylonischen Chronologie und Geschichte》, 1917.

Wiesehöfer, Josef:《Das frühe Persien. Geschichte eines antiken Weltreichs》, München 2002.

Wilhelm, Gernot (Hrsg.):《Zwischen Tigris und Nil. 100 Jahre Ausgrabungen der Deutschen Orient-Gesellschaft in Vorderasien und Ägypten》, Mainz 1998.

Woolley, Sir Leonard:《Ur of the Chaldees, A Record of seven Years of Excavation》, Pelican Book, London 1952.

—,《Vor 5000 Jahren》, Stuttgart 1929.

Zettler, Richard L. /Horne, Lee (Hrsg.):《Treasures from the Royal Tombs of Ur》, Ausstellungskatalog Pennsylvania 1998.

第四部 阶梯之书

《Azteken: Ausstellungskatalog》, Berlin/Bonn 2003.

Batres, Leopoldo:《Teotihuacan》, Mexiko 1906.

Bowditch, Charles P.:《A suggestive Maya inscription》, Cambridge, USA, 1903.

—,《Mexican and Central American antiquities, calendar systems and history》, Washington 1904.

Catherwood, Frederick:《Views of ancient monuments in Central America, Chiapas and Yucatan》, 1844.

Charney, Désiré:《Cités et ruines américaines》, Paris 1863.

Collier, John:《Indians of the Amerikas》, New York 1948.

Danzel, Theodor-Wilhelm:《Mexiko》, Ⅰ. - Ⅱ., Hagen 1923.

—,《Mexiko und das Reich der Inkas》, Hamburg, o. J.

Dieseldorff, Erwin Paul:《Kunst und Religion der Mayavölker》, Ⅰ. - Ⅲ., Berlin 1926-1933.

Eggebrecht, Eva und Arne/Grube, Nikolai (Hrsg.):《Die Welt der Maya. Archäologische Schätze aus drei Jahrtausenden》, Ausstellungskatalog Hildesheim, Mainz 1992.

Greene, Graham:《The Lawless Roads》(dt.《Gesetzlose Straβen》, Wien 1949).

Humboldt, Alexander von:《Reise in die Äquinoktialgegenden des neuen Kontinents》, Stuttgart 1859-1860.

Joyce, Thomas A.:《Mexican Archaeology》, London 1914.

—,《Central American and West Indian Archaeology》, London 1914.

Kingsborough, Edward Lord:《Antiquities of Mexiko》, Ⅰ. - Ⅸ., London 1831-1848.

Kisch, Egon Erwin:《Entdeckungen in Mexiko》, Berlin 1947.

Landa, Diego de:《Relacion de las cosas de Yucatan》, 1956 (frz.:《Relation des choses de Yucatan》, herausgegeben von Brasseur de Bourbourg, Paris 1864).

Lehmann, Walter:《Ergebnisse und Aufgaben der mexikanischen Forschung》, Arch. f. Anthr., Braunschweig 1907.

Maudslay, Alfred P.:《Bilogia Centrali Americana》, Ⅰ. -Ⅳ., London 1889-1902.

《Maya-Sculptures, Guide to the Maudslay Collections of》, British Museum, London 1938.

Morley Sylvanus Griswold/Brainerd, George W.:《The Ancient Maya》, 3. Auflage, Stanford 1963.

—,《The rise and fall of the Maya Civilization in the light of the monuments and the native chronicles》, New York 1917.

Peterson, Frederick A.:《Ancient Mexico, An Introduction to the Pre-Hispanic Cultures》, London 1959.

Prem, Hanns J.:《Die Azteken. Geschichte, Kultur, Religion》, 2. Auflage, München 1999.

Prescott, William H.:《History of the Conquest of Mexico》, 1844 (zahlreiche deutsche Ausgaben).

Radin, Paul:《The Story of the American Indian》, New York 1944.

Ricketson jr., Oliver G.:《Six Seasons at Uaxactún》, Intern. Congr. of America, 1928.

Riese, Berthold:《Die Maya. Geschichte, Kultur, Religion》, 4. Auflage, München 2002.

Ruz, Alberto:《An Astonishing Discovery》, Illustrated London News, 29. August 1953.

Sahagun, Fr. Bernardino de:《Historia General de las cosas de Nueva Espana》, Ⅰ.-Ⅲ., Mexiko 1829 (engl.:《A History of Ancient Mexico》, translated by F. Bandelier, 1932).

Schultze-Jena, Leonhard:《Gliederung des Alt-Aztekischen Volks in Familie, Stand und Beruf》, Stuttgart 1952.

Seler, Eduard:《Gesammelte Abhandlungen zur amerikanischen Sprach-und Altertumskunde》, Ⅰ.-Ⅴ., Berlin 1902-1923.

Stephens, John L.:《Incidents of Travel in Central America, Chiapas and Yucatan》, New York 1842.

Termer, Franz:《Mittelamerika und Westindien》, Handb. d. Geogr. Wiss.

Thompson, J. Eric:《Civilization of the Mayas》, Chicago 1927.

Thompson, Edward Herbert:《People of the Serpent》, London 1932.

Vaillant, G. C.:《The Aztecs of Mexico》, Penguin Books, 1951.

Verrill, A. Hyatt und Ruth:《America's Ancient Civilizations》, New York 1953.

Westheim, Paul:《Arte antiguo de Mexico》, Mexiko 1950.

第五部 尚未写就之书

(Hier auch einige Werke zu den in diesem Kapitel erwähnten modernen Forschungen und naturwissenschaftlichen Hilfsmethoden.)

Allegro, John Marco:《The Dead Sea Scrolls》, Pelican Books, London 1956.

Barthel, Thomas:《Grundlagen zur Entzifferung der Osterinselschrift》, Abhandl, aus dem Gebiet der Auslandskunde, Bd. 64, Reihe B, Bd. 36, Hamburg 1958.

Bass, George F.:《Archäologie unter Wasser》, Bergisch-Gladbach 1966.

Baudin, Louis:《Les Incas de Pérou》, Paris 1942 (dt.:《Der sozialistische Staat der Inka》, rowohlts deutsche enzyklopädie, Band 16, 2. Aufl., Hamburg 1959).

Berger, Klaus:《Qumran. Funde-Texte-Geschichte》, Stuttgart 1998

Biek, Leo:《Archaeology and the Microscope》, New York 1963.

Bingham, Hiram:《Inca Land》, Boston 1923.

—,《Lost City of the Incas, The Story of Machu Picchu and its Builders》, New York 1948.

Brothwell, Don und Higgs, Eric:《Science in Archaeology》, London 1963.

(Hier wird über mehr als 50 verschiedene naturwissenschaftliche Methoden berichtet, die heutzutage der Archäologie dienlich sind.)

Ceram, C. W. /Lyon, Peter:《The Blue Museum》, Horizon, Vol. I, Nr. 2, New York, November 1958.

Cousteau, Jacques-Yves:《Die schweigende Welt》, Berlin 1953.

Crawford, Osbert G. S.:《Archaeology in the Fields》, New York 1953

Davies, philip R. /Brooke, George J. /Callaway, Phillip R.:《Qumran. Die Schriftrollen vom Toten Meer》, Stuttgart 2002.

《Die Hethiter und ihr Reich. Das Volk der 1000 Götter》, Ausstellungskatalog Bonn, Stuttgart 2002.

Glueck, Nelson:《Rivers in the Desert》, New York 1959.

Goddio, Franck:《Versunkene Schätze. Archäologische Entdeckungen unter Wasser》, Stuttgart 2005.

《Gold aus dem alten Peru. Die Königsgräber von Sipán》, Ausstellungskatalog Bonn 2001.

Grimm, Alfred/Schoske, Sylvia (Hrsg.):《Das Geheimnis des goldenen Sarges.

Echnaton und das Ende der Amarnazeit》, Ausstellung München, 2001.

Hagen, Victor W. von:《The Desert Kingdoms of Peru》, London 1964.

Heyerdahl, Thor:《Aku-Aku, The Secret of the Easter-Island》, New York 1958.

Julien, Catherine:《Die Inks. Geschichte, Kultur, Religion》, München 1998.

Kosambi, D. D.:《Ancient India》, New York 1965.

Kossok, Paul:《Life, Land and Water in Ancient Peru》, New York 1965.

Lerici, Carlo Maurilio:《A Great Adventure of Italian Archaeology》(1955-1965, Ten Years of Archaeological Prospecting), Lerici Editori, o. J., o. O.

Libby, Willard F.:《Radicarbon Dating》, Chicago 1952.

Mackay, D.:《Early Indus Civilizations》, 1948.

Mackay, E. J. K.:《Excavations at Mohenjo-Daro》, Delhi 1938.

Marshall John:《Mohenjo-Daro and the Indus civilizations》, I. - III., London 1931.

Mellaart, James:《Çatal Hüyük, A Neolithic Town in Anatolia》, London 1967.

Parzinger, Hermann/Menghin, Wilfried/Nawroth, Manfred (Hrsg.):《Im Zeichen des goldenen Greifen. Königsgräber der Skythen》, Ausstellungskatalog, Berlin/München 2007.

Piggot, Stuart:《Prehistoric India to 1000 B. C.》, Penguin Books, 1952.

Prescott, William H.:《History of the Conquest of Peru》, 1847 (zahlreiche deutsche Ausgaben).

Riese, Berthold:《Machu Picchu. Die geheimnisvolle Stadt der Inka》, München 2004.

Schaeffer, Claude F. A.:《Le Palais Royal d'Ugarit》, Paris 1956.

Siebenmorgen, Harald-Badisches Landesmuseum Karlsruhe (Hrsg.):《Vor 12000 Jahren in Anatolien. Die ältesten Monumente der Menschheit; Ausstellungskatalog》, Stuttgart 2007.

Spanuth, Jürgen:《Atlantis》, Tübingen 1965. (Das erste Werk, das *alle* bisherigen Theorien über Atlantis zusammenfasst und eine neue, unbewiesene hinzufügt.)

Stallings, William S.:《Dating Prehistoric Ruins by Tree-Rings》, Laboratory of Tree-Ring-Research, University of Arizona 1960.

Trümpler, Charlotte (Hrsg.):《Flug in die Vergangenheit. Archäologische Stätten in Flugbildern von Georg Gerster》, München 2003.

Ubbelohde-Doering, Heinrich:《Kunst im Reiche der Inca》, Tübingen 1952.

Wheeler, Sir Mortimer:《5000 Years of Pakistan》, London 1950.

—,《Early India and Pakistan》, New York 1959.

Wurster, Wolfgang W:《Die Schatzgräber. Archäologische Expeditionen durch die Hochkulturen Südamerikas》, Hamburg 1991.

Yadin, Yigael.:《Masada, der letzte Kampf um die Festung des Herodes》, Hamburg 1967.

特别致谢

在此要特别感谢专业科学家、考古学家米夏埃尔·西布勒博士从专业角度对本书进行了审阅。他将最近几十年间最重要的发现和最新的知识慎重地编入到策拉姆的原作,并使之融为一体。

他在审阅过程中审慎的态度、对原作者的尊重以及渊博的专业知识都给我留下了深刻的印象。再次感谢米夏埃尔·西布勒博士数月以来专心致志、卓有成效的合作。

汉内洛蕾·马雷克
2008年1月

策拉姆自传

我出生于柏林（1915年1月20日），生长在一个充满好戏剧和坏政治的纷乱时代，这个时代能让人一夜暴富，也能让人失业。我厌恶学校和老师。18岁起我进了一家出版社工作，与此同时我上了大学。这一年我在《柏林交易信报》上发表了有关文学和电影批评的几篇文章。一年之后，我创办了一个杂志和一家自己的出版社。一共出了四期杂志，出版社出了一本书，成绩还不算差。不久后，我为报纸撰写了大量文章并第一次在电台做了一次讲座——我写的广播剧也取得了不俗的业绩。但德国禁止各种批评后，这个不错的开端也就戛然而止。为了丰富阅历，我经常外出旅行；这时我的求知欲也极强，每天至少读一本书是我给自己订立的规矩。为了能够成功地躲开审查和各类创作组织，我遁逃到往昔中去，不久就成为乌尔斯坦因出版社下属一家杂志社《文化逸闻》栏目的专家。这个工作造成了我对"事实"的热情不断高涨，如果将这些"事实"归入人性的背景中，则完全能够用以完成最有趣的文学构建。正是这种努力成为战后我的第一本书的契机。

尽管从战争的第一天开始，我就坚信德国必败无疑，但这一认识并不能阻止我被卷入战争中最激烈的事件。我去过纳尔维克（Narvik），在斯大林格勒附近参加了钳式攻势，在卡西诺（Cassino）负过伤。战争结束给了我极大喘息的自由——思想自由这份政治厚礼激发了我的强大创造力。1945年到1948年我同时成为在汉堡新创刊的报纸《世界报》的编辑以及罗沃尔特出版社的主编（至1952年），青年杂志《本杰明》的共同发行人，同时成为德国北方广播电台夜间节目的拟定人，并为许多报章杂志撰写了大量的文章和论战性的文字，还为罗沃尔特出版社的许多现代文学作家写了序跋。

同时我对收集和整理"事实"的乐趣依旧；我发现考古学科史和考古学是一个新视域。一个十分偶然的机会，我接触到当时收集在德国某一个地方的最为丰富的材料。我用了整整四年半时间来"整理"，我在进行"构建"，从一个死气沉沉的马赛克图像中获得一幅生动的画，一个戏剧性的报告（而我觉得要写下来却十分艰难）；《神祇、陵墓与学者》，一本被翻译成26种文字的书，此书德国原文的出版数量即将达到200万册。

后来我又（为我自己）写了我最重要的一本书，不是遁入过去的，而是面对未来的具有"挑战性的笔记"［英文名《昨日明日》（*Yestermorrow*），阿澜·普莱斯-琼斯[①]为此书作了导言］，此书收集了我对文化哲学的迥异于主流观点的各种评论；奇怪的

[①] 阿澜·普莱斯-琼斯（Alan Price-Jones，1908—2000），时任伦敦《泰晤士报》文学副刊主编。——译者注

是这本书并未在德国和美国（这本书特别是为美国读书界写的）引起反响，而是在法国和西班牙引起了注意，并立刻被译为这两种文字。

经过四年半的写作，《第一位美国人》一书首先在美国出版了，而后1972年在汉堡附近的位于莱茵贝克的罗沃尔特出版社出版，一周之后，这本书就上了畅销书排行榜。

我于1952年结婚并在阿尔卑斯山的阿尔高尔（Allgäuer）买了一块山地。1954年，我们举家迁往美国，在纽约州的伍德斯托克生活了大约17年，住在一所位于大片林地和草地环绕中的乡间别墅中。

1971年我们回到了德国。我有一个儿子。因此我实际上做到了一个古老的谚语对一个男人的要求：建一幢房子，种一棵树，生一个儿子，还有——写一本书。

库尔特·W. 马雷克（Kurt W. Marek）在去世前几个月如上回顾自己的人生。他于1972年4月12日在汉堡去世，享年57岁。

库尔特·W. 马雷克
（1915—1972）

译后记

作为一部行销全球的畅销书,《神祇、陵墓与学者》自1949年德文版问世以来,已经被译成几十种文字,成为影响了几代读者的考古学经典之作。生活·读书·新知三联书店于1991年出版了刘迺元先生译自英译本的中文译本,这本书同样受到了广大读者的欢迎。迈入21世纪以后,为了满足读者需求,罗沃尔特出版社对该书进行了彻底修订,补录考古学的最新成果,插入大量精美图片,多方完善后再出新版。

为此,三联书店决定再出新译本。译介本书的意义不仅在于让我国读者了解那些伟大的考古发现,畅想四个古代文明的悠久和灿烂,认识那些勇敢执着的考古人,感受那些重大时刻内心的激动澎湃,也希望由此引起广大读者对我国考古发现及其历史的关注,期盼学界能够推出一部有关我国考古史的"事实小说"。

本书依据罗沃尔特出版社2008年德文版译出,相比刘迺元译本,不仅有原书修订造成的篇幅大增,而且在其他方面也有所改进。首先,因为直接译自德文版,所以在语言表述及文字内容上,更加符合作者的原旨。其次,书中人名、地名及其他专业术语尽可能都译成通用名称，并适当增加原文注解，以方便读者进一步查阅。再次，为了帮助普通读者更好地了解考古学及相关历史，本书添加了大量译者注。最后，本书保留了年表、地图、参考文献等附录内容，以裨益那些有进一步求知欲的读者。

本书导言、第一部第2章及第二部由张芸翻译，其余部分主要由孟薇翻译。成稿后，张芸对全文进行了多次校正，并最终定稿。孔令逊协助译者翻译了部分人名、地名，并添加了相关脚注，值得感谢。最后，我们要感谢刘迺元先生，他开创性的工作给我们提供了极好的借鉴，翻译中许多精妙之处带给我们诸多灵感和启示！

最后，由于本书虽是一本有关考古历史的通俗书籍，但文中涉及大量人名、地名，而且多是德文译名，不少历史地名十分冷僻，译者虽查阅了不少译名词典和专业书籍，并在互联网上搜索资料，但仍不能完全解决，未查到的名称只能暂时音译，不当之处敬请读者谅解！囿于我们的水平，译文中难免有乖谬之处，欢迎读者批评雅正！

张芸　孟薇

2010年8月30日